dtv

Annette Kolb (1870–1967) war die Tochter eines Münchner Gartenbauarchitekten und einer Pariser Pianistin. Die binationale Herkunft wurde bestimmend für ihr Leben und Werk. Sie wuchs in München auf, war musikalisch wie literarisch begabt, engagierte sich im Ersten Weltkrieg für den Pazifismus und mußte deshalb ins Exil in die Schweiz gehen. In den zwanziger Jahren spielte sie eine bedeutende Rolle im deutschen Literaturleben (Thomas Mann porträtierte sie später als Jeannette Scheurl in seinem Roman ›Doktor Faustus‹). Rainer Maria Rilke war von ihren Romanen begeistert, mit René Schickele verband sie eine lebenslange Freundschaft. 1931 erhielt sie den Gerhart-Hauptmann-Preis. 1933 emigrierte sie nach Paris, 1941 unter größten Schwierigkeiten nach New York. Nach dem Krieg lebte sie wieder in München und war bis ins hohe Alter literarisch, musikalisch, journalistisch und politisch aktiv. Für ihr Werk und ihre Verdienste um die deutsch-französische Verständigung wurde sie mit höchsten Auszeichnungen geehrt.

Armin Strohmeyr, geboren 1966, studierte deutsche und französische Literaturwissenschaft und Musikwissenschaft und promovierte mit einer Arbeit über Klaus Mann. Er lebt als Autor und Publizist in Berlin. Verschiedene Veröffentlichungen, u. a. ›Klaus Mann‹ (2000, <u>dtv</u> portrait 31031).

Inhalt

Vorbemerkung

Hermann Kesten, einer der engsten Freunde Annette Kolbs, meinte einmal: »Sie ›liebt es nicht, sich zu erinnern‹ [...] und veröffentlicht ihr Leben lang Erinnerungen. Ihre Romane sind verhüllte Autobiographien.«[1]

Sie selbst, aufgefordert, ein Bild von sich zu zeichnen, schrieb in ›Befohlenes Selbstporträt für Quartaner‹ (1932):

»Ob sie euch noch etwas zu sagen haben wird, und ob etwas von ihren Büchern noch bleiben wird, wenn sie tot ist, das sind Fragen, die nur ihr werdet beantworten können. Ihr werdet also mehr über sie wissen als sie selbst. Aber was sie besser weiß als ihr: sie hat sich, obwohl ihre Bücher nicht eben zahlreich sind, schrecklich geplagt. [...] Zum Schreiben drängte sie nicht das Talent, sondern ihre Meinungen und in der Gedanklichkeit, was immer man euch heute über sie erzählen mag, liegt der Schwerpunkt ihrer Arbeiten.«[2]

Der Chronist dieses fast ein Jahrhundert währenden Lebens folgte ihren Romanen und Erzählungen, ihren Essays und Plaudereien, ihren Briefen und Notizbüchern. Er tat dies in Bewunderung für ihr Talent und in Achtung vor der Courage, mit der sie ihre Meinungen verfocht, auch wenn er ihre Ansichten nicht immer teilen konnte. Er hofft, daß er die Leser dieser Biographie auf ihre Schriften neugierig macht. Franz Blei schrieb einmal an Annette Kolb: »Wär ich ein Verleger, machte ich eine Ausgabe deiner Werke in sechs hübschen Bändchen: das so hintereinander zu sehen und zu lesen, müsste eine reizende Offenbarung sein.«[3] Bis heute gibt es keine Auswahl- oder gar Gesamtausgabe der Werke Annette Kolbs. Der Autor hofft, mit dieser Biographie auch dahingehend einen Anstoß geben zu können.

Doch abgesehen von ihrem bewunderungswürdigen literarischen Werk hatte ihr Leben exemplarischen Charakter in einem Jahrhundert der geistesgeschichtlichen und historischen Umstürze und Katastrophen. Ihre Vita war beispielhaft und außerordentlich zugleich, indem sie sich ihre Überzeugungen, ihre Eigenheiten und ihre individuelle Freiheit wahrte, dies in einer

Zeit der Diktaturen, Ideologien und Massenpsychosen. Sie selbst fragte sich nach ihrer geglückten Flucht vor den Nationalsozialisten: »Nur ich bin entronnen [...] Warum? Warum? Was soll es heißen?« und fand die Antwort: »Ich soll es zur Sprache bringen!«[4]

In einem Brief an René Schickele schrieb Annette Kolb unter Verwendung der fürs Bayrische typischen doppelten Negation: »Nein dafür werde ich schon Sorge tragen, dass es keine Biographie von mir nicht gibt oder alles erst ... und erlogen, das wäre ganz wichtig.«[5] Der Biograph bittet die Dichterin an dieser Stelle um Verzeihung. Er hat, um nichts »erstinken und erlügen« zu müssen, auch viele bislang unveröffentlichte Dokumente, Briefe und Tagebücher eingesehen und ausgewertet. Die bisweilen eigenwillige Orthographie und Zeichensetzung Annette Kolbs wurden beibehalten.

Ich danke an dieser Stelle sehr herzlich den Rechteinhabern an den Werken Annette Kolbs, Frau Sibyll-Ann Kolb-Mertineit und Frau Annette Mallin-Ryder, für die großzügige Erlaubnis, aus diesen Materialien zitieren zu dürfen. Desgleichen danke ich den folgenden Rechteinhabern für Zitiergenehmigungen: Enzio von Kühlmann-Stumm (Richard von Kühlmann) und Menno Kohn (Franz Blei; © Erbengemeinschaft Franz Blei, vertreten durch International Literatuur Bureau B. V. Hilversum-Holland).

Zu großem Dank verpflichtet bin ich Frau Ursula Hummel und Frau Gabriele Weber vom Monacensia Literaturarchiv München. Immer geduldig, zuvorkommend und stets freundlich stellten sie Archivalien zur Verfügung. Dank geht auch an Elazar Benyoëtz (Jerusalem), an die Mitarbeiter des Deutschen Literaturarchivs Marbach/Neckar, des Bayerischen Hauptstaatsarchivs/Kriegsarchivs München und des Gemeindearchivs Badenweiler, hier vor allem an Herrn Bürgermeister Karl-Eugen Engler.

Auch danke ich Roland Biener und Uwe Bartels, die das Buchprojekt kritisch begleitet haben.

Berlin, im Oktober 2001   Armin Strohmeyr

»Sympathie zwischen Bayern und Frankreich« – Herkunft und geistige Voraussetzungen

In den 60er Jahren des 20. Jahrhunderts konnte man des öfteren beobachten, wie der junge, 1933 geborene Wittelsbacher Prinz Franz von Bayern in der Händelstraße 1 im Münchner Stadtteil Bogenhausen vorfuhr, um dort den Nachmittag bei Tee und Konversation mit einer alten Dame zu verbringen. Ihr Name: Annette Kolb. Als im Februar 1965 hochoffiziell ihr 90. Geburtstag gefeiert wurde, erstaunte sie die Öffentlichkeit mit dem Eingeständnis, sie sei bereits 95 und führe seit einem halben Jahrhundert falsche Papiere.

Diese beiden Anekdoten sind in mehrfacher Hinsicht bezeichnend für Leben und Haltung der Schriftstellerin Annette Kolb. Sie lassen etwas ahnen von der bisweilen skurrilen Liebe der überzeugten Demokratin zum Hause Wittelsbach, von der versponnenen Eitelkeit bezüglich des eigenen Alters und von der innigen Lust an Geheimnis und Geheimniskrämerei. Die beiden Geschichten aus den letzten Lebensjahren der Dichterin lassen den Blick aber auch hundert Jahre zurückwandern in eine Zeit, als Bayern noch Königreich war und es noch kein geeintes Deutschland gab. Annette Kolbs langes und aufregendes Leben umfaßte ein Jahrhundert, das von großen politischen, ökonomischen und soziokulturellen Umwälzungen geprägt war, ein Jahrhundert, in dem Deutschland eine führende und zugleich fatale Rolle spielte. In ihre Lebenszeit fallen der Krieg gegen Frankreich, die Gründung des deutschen Kaiserreichs, die drängende soziale Frage, die Erstarkung der sozialdemokratischen Bewegung, der Erste Weltkrieg mit dem Zusammenbruch des deutschen Kaiserreichs und des bayrischen Königreichs, die Räterepublik in München, die Weimarer Republik, die Diktatur der Nationalsozialisten, der Zweite Weltkrieg, die Teilung Deutschlands und die Gründung zweier deutscher Staaten, die zweite Demokratie auf deutschem Boden mit ihrer konservativen Ausrichtung unter Konrad Adenauer und ihren linken Gegenströmungen in der Jugend- und Hippiebewegung der 60er Jahre.

Annette Kolb hat dieses bewegte Jahrhundert kritisch begleitet, in ihren Schriften wie in ihrem öffentlichen Engagement. Sie
war katholisch und aufklärerisch zugleich, konservativ und liberal. Und sie strafte Kritiker Lügen durch die Kompromißlosig-
keit ihrer Zivilcourage, als sie, die die Freiheit über alles liebte
und verteidigte, mehrmals ins Exil ging: 1916 bis 1922 in der
Schweiz, 1933 bis 1941 in der Schweiz, Luxemburg, Frankreich
und Irland, 1941 bis 1945 in den Vereinigten Staaten, und noch
als »Exil nach dem Exil« die unruhigen Wanderjahre zwischen
Irland, Frankreich und der Schweiz von 1945 bis zu ihrer endgültigen Rückkehr in die Vaterstadt München im Jahre 1961.
    Ihre erzieherische und kulturelle Prägung weist jedoch über
Deutschland und dieses Jahrhundert hinaus. Sie führt über die
Eltern zurück ins liberal gesinnte, Künste und Wissenschaften
fördernde Königreich unter Max II. von Bayern. Es waren die
Herrschaftsjahre von Ludwig II. und dem Prinzregenten Luitpold, die Annette Kolbs künstlerische und politische Anschauungen prägten. Das »Deutsche« stand ihr so lange fern, als es für
sie ein Synonym für das »Preußische« war. Erst in der Weimarer
Republik konnte sie sich als Künstlerin, Katholikin, Pazifistin
und nicht zuletzt als Münchnerin mit dem Staat aussöhnen,
wenngleich in dieser Republik das von ihr verehrte Herrscher-
haus der Wittelsbacher keine Macht mehr besaß. Aus den letzten Lebensjahren stammt ein unveröffentlichter Essay mit dem
Titel ›Bayern‹, worin sie sich an das Königreich ihrer Kindheit
und Jugend erinnert und dessen zivilisatorischen Rang rühmt –
wenngleich im nostalgischen Rückblick des Alters euphemisiert:
»Wir nannten Bayern berufen: Es hatte eine Dynastie wie kein
anderes Land. Der Krieg und seine Greuel waren ihr fremd. Sie
hat gelebt für die Kultur, die Schönheit, den Frieden. In unserer
schwer bedrohten Zeit war Bayern mit seiner Dynastie ein
Glück und Segen für Europa.«[1]
    Wie Annette Kolb um ihr Alter ein Geheimnis machte, so auch
um ihre Herkunft. Es gab seit je Gerüchte über eine illegitime ad-
lige Abkunft ihres Vaters Max Kolb. Die Dichterin selbst – so sehr
sie mit der Monarchie kokettierte – wies zeitlebens alle Vermutungen brüsk zurück. Im Jahre 1917 strengte sie sogar einen

Rechtsstreit mit dem Genfer Verlag Éditions ATAR an, der behauptet hatte, sie sei »verwandt mit dem Hof des Königs von Bayern«.[2] Sie selbst hat jedoch im hohen Alter einmal ihrer Nichte ihre »wahre« Abkunft vom Hause Wittelsbach eingestanden.[3] Auch ihrem engsten Freund, dem Schriftsteller René Schickele, hatte sie von ihrer Verwandtschaft mit dem Königshaus erzählt.[4]

Max Kolb, der Vater Annette Kolbs, kam am 28. Oktober 1829 in München als Sohn von Juliana Lorz zur Welt. Diese war Zofe der Königin Therese von Bayern. Die offizielle Vaterschaftserklärung unterschrieb nach der Geburt der Lakai Dominikus Kolb, der damit dem Kind auch seinen Familiennamen gab. Der Knabe Max wuchs auf Schloß Possenhofen auf und durfte die Klosterschule von Scheyern besuchen. Die Schulkosten für den Sohn der mittellosen Zofe wurden vom Hause Wittelsbach getragen.[5] Es ist zu vermuten, daß Juliana Kolb ihren Sohn nicht von ungefähr auf den Namen Max taufen ließ, und daß Kronprinz Max, der nachmalige König Max II., der leibliche Vater des Knaben war. Die spätere berufliche Förderung Max Kolbs durch den König deutet ebenfalls darauf hin.

Als junger Mann wurde Max Kolb nach Berlin geschickt, wo er bei Peter Joseph Lenné zum Gartenarchitekten ausgebildet wurde. Es folgten Anstellungen in Potsdam/Schloß Sanssouci, in Gent und seit 1855 in Paris als »jardinier principal«, wo er seine Frau kennenlernte. Zu jener Zeit herrschte Napoleon III. als Kaiser der Franzosen. Wenngleich das Empire ein Jahr nach Annette Kolbs Geburt im deutsch-französischen Krieg unterging, wurden doch Stil und Lebensweise der bürgerlichen Pariser Gesellschaft im Kaiserreich prägend für ihre eigene Kindheit – durch ihre Mutter Sophie Danvin. Diese wurde 1840 in Paris geboren und – anders als ihr eher bodenständiger Mann – früh mit den Künsten vertraut. Ihre Eltern waren die damals bekannten Landschaftsmaler Félix Danvin und Constance Amélie Lambert-Danvin. Sophie selbst war hochmusikalisch und erhielt am damals in ganz Europa berühmten Conservatoire in Paris eine Ausbildung als Pianistin. Sie gewann mit sechzehn Jahren den Ersten Preis des Instituts, komponierte selbst und schrieb auch diverse Aufsätze und Betrachtungen.[6] Das Haus der

Danvins war nicht bohemienhaft, sondern durchweg bürgerlich-akademisch. So gesehen galt Max Kolb, der sich in Sophie verliebte, zwar als gute Partie (später brachte er es in München noch bis zum Oberinspektor und führte den Titel »königlicher wirklicher Rat«), doch bedeutete die Ehe, die Max Kolb und Sophie Danvin 1858 schlossen, für die Braut einen Abbruch der pianistischen Karriere.

Die Verbindung des bayrischen Gartenarchitekten mit der französischen Pianistin war eher eine amour fou als eine wirkliche Seelenverwandtschaft. Für Annette Kolb jedoch wurde die Ehe der Eltern und das Aufwachsen an der Schnittstelle zweier Kulturen zum Symbol für das Verbindende dieser beiden Völker, die zur Kaiserzeit und darüber hinaus oftmals als »Erbfeinde« propagandistisch diffamiert wurden. Zwar lebten Max und Sophie Kolb in ihrer Ehe eher nebeneinander her, doch taten sie dies mit einer gewissen Ironie und mit Achtung vor dem anderen. Annette Kolb schrieb: »Daß sie mit sechzehn Jahren den ersten Preis für Klavier am Pariser Conservatorium davongetragen hatte, imponierte zwar meinem Vater, doch besaß er für Musik ebenso wenig Verständnis wie sie für Botanik. [...] Ein sehr anmutiges und interessantes, aber ungereimtes Paar machte seine Hochzeitsreise nach London.«[7]

Annette Kolb setzte ihrem Elternhaus später ein zweifaches literarisches Denkmal, einmal in ihrem Essay ›König Ludwig II. von Bayern und Richard Wagner‹, ein andermal in dem autobiographischen Roman ›Die Schaukel‹. Noch wenige Jahre vor ihrem Tod hob Annette Kolb die binationale Ehe der beiden ins Symbolische der Völkerfreundschaft und flocht zugleich ihre Vorbehalte gegen Preußen und dessen Rolle bei der Einung des Deutschen Reiches ein: »Das alles in Folge der Kriege, an deren Ausbruch Bayern gewiss nicht schuld war. Sie liessen sich von den Berlinern blenden. [...] Es bestand von jeher eine Neigung zur Sympathie zwischen Bayern und Frankreich [...]«[8]

1859 kam König Max II. von Bayern nach Paris und griff wieder in das Schicksal seines illegitimen Sohnes ein. Der frisch verheiratete Max Kolb führte den König durch die von ihm angelegten Gartenanlagen und erhielt bald darauf aus München ein offizielles Angebot, die beiden botanischen Gärten zu übernehmen: »Haus, Licht und Holz frei, ein hübsches Gehalt, die Ermächtigung, Gärten anzulegen, wo sich ihm Gelegenheit bot, und last not least, freie Fahrt auf den bayrischen Staatsbahnen«, schrieb Annette Kolb später. Und augenzwinkernd weiter: »Meine Großmutter war außer sich, meine Mutter mochte ihm nichts erschweren. Die beiden Damen setzten sich zusammen und lasen ›Hermann und Dorothea‹, in welcher Übersetzung ahne ich nicht, und meine Großmutter schloß aus der Lektüre, die Deutschen seien zwar sehr kleinstädtisch, mais de braves gens [rechtschaffene Leute]. Das Beste war ein Kompromiß. Lang hielt man es natürlich dort nicht aus: zwei Jahre München, dann nach Paris zurück.«[9]

1860 zog die Familie einschließlich der Mutter Danvin (der Vater war bereits 1842 gestorben) nach München, in die Dienstwohnung des königlichen Gartenbauinspektors in der Sophienstraße 7. Aus den geplanten zwei Jahren wurden Jahrzehnte. Grund hierfür war zum einen die glänzende Karriere Max Kolbs unter Max II. (gestorben 1864), Ludwig II. (1864–1886) und dem Prinzregenten Luitpold (1886–1912). Zum anderen ließ es sich für Sophie Kolb und Constance Danvin innerhalb der französischen Gemeinde Münchens recht angenehm leben. Und schließlich vereitelte zehn Jahre später der Krieg von 1870/71 und der daraufhin geschürte Nationalitätenhaß eine Rückkehr nach Paris. Sophie Kolb hat zeitlebens Deutsch kaum verstanden, sie *wollte* es wohl nie lernen. Im Haushalt wurde – der Vater war beruflich viel unterwegs – überwiegend Französisch gesprochen. Mode, Umgangsformen, Kunst, Musik, Literatur orientierten sich am Second Empire. Das Zierliche, Elegante, das Dandytum und die Raffinesse im Geschmack kamen der süddeutsch-barocken Sinnesfreudigkeit entgegen: »Man stand noch im Zeichen des zierlichen Jäckchens zur weiten Crinoline, der seidenen Quasten, der aufgepolsterten Stühle und Schachteln, der wattierten Bonbonnieren. Auch das Leben war wattiert.«[10] Wenngleich das Leben Annette Kolb nicht mit wattierten Handschuhen anfassen sollte, eine gewisse Eleganz in Kleidung und Auftreten, ja selbst im Schreibstil, blieb ihr stets zu eigen.

Der Haushalt der Kolbs wurde in einer bald stadtbekannten Mischung aus Bürgerlichkeit und Bohème, aus finanziellem Leichtsinn und Beinahe-Bankrott geführt – oder vielmehr: improvisiert. Sophie Kolb spann sich in ihre künstlerische Welt ein, gab hin und wieder Klavierstunden und führte einen musikalischen Salon. Im hohen Alter definierte sie sich selbst einmal folgendermaßen – wobei sie sich sogar in der Zahl ihrer Kinder vertat: »J'avais quatre enfants et un piano.«[11] [»Ich hatte vier Kinder und ein Klavier.«] Der Anspruch an ihre eigene Rolle in der Gesellschaft scheint jedoch größer gewesen zu sein als dessen Einlösung. Eine spöttische, dabei liebevolle Darstellung findet sich in Annette Kolbs autobiographischem Roman ›Die Schaukel‹: »Denn was brachte die Braut schon in den Hausstand mit? Die Sonaten von Haydn, Beethoven und Mozart und noch einige andere Musikwerke in roten Prachtbänden mit ihrem Namen [...] Frau Lautenschlag [d.i. Sophie Kolb] war eine so zerstreute Hausfrau, daß es schon besser war, sie komponierte. [...]«[12] Und über den Talmiglanz des Haushalts: »Hier glitzert auch mancher Pokal, altes Kristall und Porzellan täuscht Luxus vor, silberne Tablette, silberne Eisbecher stehen in ihrem Glanze und werden nie gebraucht. Womit sollten Lautenschlags eine Eismaschine beschaffen?«[13] In dem Roman spielt Annette Kolb das Familienleben der Lautenschlags (alias Kolb) gegen die preußische Starre der Familie von Zwinger augenzwinkernd aus und kehrt die Mélange aus französischen und bayrischen Elementen – die für sie selbst schicksalsbestimmend wurde – stolz hervor: »War der Haushalt bei Zwingers à l'anglaise aufgezogen, so gebärdete man sich bei Lautenschlags je nach Laune, teils penetrant bayrisch, teils sehr weitgehend lateinisch. Niemand beanstandete dies. Das in Bayern noch wenig beachtete Alldeutschtum lag in der Wiege.«[14] Katia Mann erinnerte sich als alte Frau: »Sie [Annette Kolb] sprach immer so etwas betont bayrisch. Das war in München Sitte, die Aristokratie sprach bayrisch, und die Kolbs waren zwar keine Aristokraten, aber sie hatten einen Salon, gaben pariserische Nachmittagsempfänge, wo auch Hofgesellschaft und alle möglichen Leute verkehrten.«[15]

Das Haus in der Sophienstraße 7 (es wurde im Zweiten Weltkrieg zerstört) lag zwischen Königsplatz und Stachus, in unmittelbarer Nähe zum Alten Botanischen Garten und zum Münchner Glaspalast. Dies war eine 1854 erbaute, riesige Messe- und Repräsentationshalle in Stahl-Glas-Konstruktion, ein Meisterwerk der Ingenieurskunst von 234 Metern Länge und 25 Metern Höhe. Die Münchner waren dem Glaspalast – ähnlich wie die Pariser dem Eiffelturm – in Haßliebe zugetan. Der Brand der Halle im Jahre 1931 galt jedoch als Katastrophe (es verbrannten darin über 3000 teils weltberühmte Bilder und Skulpturen), womit Annette Kolb ihren Roman ›Die Schaukel‹ (1934) beginnen läßt.

Die Ehe der Kolbs war den damaligen Verhältnissen entsprechend kinderreich. Die ersten drei Kinder starben jedoch kurz nach der Geburt. 1865 kam Louise zur Welt. Sie starb 1890 im Alter von nur 25 Jahren. Es folgte Germaine (1868–1949), die erklärte Lieblingsschwester Annette Kolbs. Nach Annette (geb. 1870) kamen noch zwei Brüder zur Welt: Emil (gestorben 1933) und Paul (1876–1965), der sich im Alter eng an Annette anschloß und den sie »le petit frère« [der kleine Bruder] nannte. Als Nesthäkchen folgte noch Franziska (1880–1946).

Annette Kolb stand, noch ehe sie selbst vortragend an den Soireen teilnehmen konnte, unter dem geistigen Einfluß des literarisch-musikalischen Salons, den die Mutter in den Räumen der Sophienstraße hielt. Dieser Salon wurde in München nach und nach bekannt, wenngleich er nie die geistesgeschichtlich anregende Rolle der Soireen einer Rahel Varnhagen oder Henriette Herz spielen sollte. Die gesellschaftlich pikante Mischung, die sich ergab – es erschienen gleichermaßen arrivierte Künstler wie Bohemiens, abgehalfterte Landadlige wie abgedankte Königinnen –, verlieh der Einrichtung etwas leicht Zweifelhaftes und Anziehendes zugleich, so zumindest stellt es Annette Kolb im poetischen Rückblick der ›Schaukel‹ dar.

Das geistige Klima Münchens war nicht nur von französischer Kunst und Literatur beeinflußt, auch die Naturwissenschaften und die Geschichtsschreibung spielten in jener positivistischen, zukunfts- und technikgläubigen Zeit eine befruchtende Rolle. Max II. hatte Naturwissenschaftler, Historiker, Rechtsgelehrte,

Dichter und Maler nach München berufen. 1850 wurde die 18 Meter hohe, begehbare Statue der »Bavaria« Ludwig von Schwanthalers auf der Theresienhöhe errichtet. Es folgte der Bau des Glaspalastes und der Neuen Pinakothek (die im Zweiten Weltkrieg zerstört wurde). Am Königsplatz wurden 1862 die Propyläen in einer Mischung aus ägyptischen und griechischen Stilelementen errichtet. Als Max II. 1864 starb und sein 18jähriger Sohn als Ludwig II. den bayrischen Thron bestieg, ging der repräsentative Ausbau der Wittelsbacher Metropole als Zentrum von Verwaltung, Wissenschaft, Technik und Kunst weiter. Vor allem im kulturellen Leben gab der junge Ludwig entscheidende Anstöße: Im Mai 1864, keine zwei Monate nach der Thronbesteigung, ließ er Richard Wagner, der sich auf der Flucht vor Gläubigern befand und seit seiner Teilnahme an der Revolution 1848 in Dresden auch politisch anrüchig war, nach München rufen. Wenngleich Wagners Intermezzo an der Isar nur anderthalb Jahre dauerte, war diese Zeit sowohl für die Musikgeschichte im allgemeinen (Uraufführung von ›Tristan und Isolde‹ am 10. Juni 1865 im Münchner Hoftheater) als auch für das Haus Kolb im besonderen von Bedeutung. Auch wenn diese Ereignisse in die Jahre *vor* Annette Kolbs Geburt fielen, beeinflußte die von der Mutter inszenierte Begeisterung für Wagners Musik auch sie nachhaltig. Den Begebenheiten von 1864/65 widmete Annette Kolb als 77jährige noch ihr Buch über Ludwig II. und Richard Wagner. Darin schildert sie, wie im Gefolge des Komponisten auch Hans von Bülow eine Anstellung als Hofpianist erhielt und samt Ehefrau und Kindern an die Isar zog, in unmittelbare Nähe zur Familie Kolb. Verheiratet war Bülow mit der Tochter Franz Liszts, Cosima. In jene Münchner Zeit fiel auch der Beginn der Liaison Richard Wagners mit Cosima und die Geburt der gemeinsamen Tochter Isolde im April 1865.

»Keine halbe Minute entfernt«[16], ergab sich zwischen Sophie Kolb und Cosima von Bülow bald ein reger Austausch. Cosima war damals noch ihrer französischen Abkunft verpflichtet (sie war die Tochter der Gräfin Marie d'Agoult). Als sie zum ersten Mal den Salon Sophie Kolbs besuchte, habe sie ausgerufen: »Que je suis heureuse, de me retrouver dans une maison française!«[17] [»Wie froh bin ich, in einem französischen Haus zu sein!«] Sophie Kolb besuchte die legendären ersten Aufführungen von Wagners ›Tristan und Isolde‹. Max Kolb, sonst gegenüber der Musik eher gleichgültig, »plünderte den botanischen Garten zu jeder Première, um die prachtvollsten Blumen zu schicken«.[18] Einmal begegnete Sophie Kolb auch Richard Wagner, als dieser Cosima besuchte. Wagner habe auf Französisch einige Höflichkeitsfloskeln mit ihr gewechselt, seine deutsche Konversation mit Cosima verstand Sophie Kolb leider nicht. Während der Komponist in der Brienner Straße aufwendig hof hielt, mangelte es bei Bülows mitunter an Geld. Als Cosima, die neue Schuhe benötigte, sich in ihrer Not ausgerechnet an Sophie Kolb wandte, mußte diese – ihre Haushaltskasse war doch ebenfalls leer – sie abweisen.

Bald nach Wagners erzwungener Abreise aus München folgte ihm Cosima. Unmittelbar vor ihrer Abfahrt besuchte sie nochmals Sophie Kolb, um sich zu verabschieden. Sie werde ja sicherlich auch bald München verlassen und nach Frankreich zurückkehren, so Cosima. Im übrigen verstehe sie Sophies Heimweh nach Paris. Sophie entgegnete: »Que voulez-vous, j'ai le mal du pays.«[19] [»Was wollen Sie, ich leide an der Krankheit dieses Landes.«] Was sie meinte, waren melancholische Verstimmungen, an denen auch der König litt, dem sie einmal auf einem Spaziergang am Starnberger See begegnet war und der sie sogar gegrüßt hatte.

Als sich für Sophie Kolb die Hoffnung auf eine Rückkehr nach Paris endgültig zerschlug, nachdem Max Kolb einen Auftrag des Regensburger Fürsten von Thurn und Taxis zur Anlage eines Parks erhalten hatte, zog auch sie sich melancholisch mehr und mehr in die musikalischen Welten Schumanns, Chopins und Wagners zurück.

Ihren Vater schildert Annette Kolb in den nachgelassenen Aufzeichnungen ›The Book of Dreams‹ so: »Mein Vater war eine umherschweifende Natur, ein Perpetuum mobile, sehr schwer zu fangen, viel auf Reisen, zu Treffen und Kongressen, und, obwohl seiner Familie verbunden, oft ungeduldig darüber, daß er sich um jemanden zu kümmern habe. Er liebte die Familie zärtlich aus der Ferne, kam immer zurück, beladen mit reizenden Geschenken, aber er war mehr seinen Gärten ein Vater denn uns. Zuerst kamen seine Gärten. [...] Er war zufrieden damit, daß wir Besuche empfingen, solange wir nicht seine Anwesenheit erwarteten. So erschien er wie zufällig, nachdem die Gäste gegangen waren, oder frühestens dann, wenn sie gerade dabei waren zu gehen.«[20]

Später schreibt sie in ihrem Buch über Richard Wagner, Max Kolb sei weder ein guter Vater noch ein guter Gatte gewesen.[21] Doch zeichnet sie ihn im Roman ›Die Schaukel‹ in der Figur des Herrn Lautenschlag als durchweg sympathischen und warmen Menschen, der im Herzen ein Kind geblieben war[22], der zugleich jedoch nur für seine Gärten lebte und dem die Salonwelt Sophies verschlossen blieb. Immerhin hinderte er seine Frau nicht an der Ausrichtung ihrer Soireen. Auch scheint er tatenlos, ja hilflos zugesehen zu haben, wenn seine Frau und die Kinder sein Gehalt, das in seiner Position nicht gering gewesen sein dürfte, leichtsinnig und mit einem fatalen Hang zum Luxus zum Fenster hinauswarfen. Man leistete sich viel Überflüssiges, wie es sich für die »gute« Gesellschaft »schickte«, und war dann wieder völlig mittellos, wenn es um die Anschaffung notwendiger Dinge ging. Aber sie wußten, daß »die Armut im Grunde ein Freibrief war, aller Schablone, aller Konvention gegenüber«.[23] Daß man den Familienmitgliedern bisweilen »rettungslosen Größenwahn«[24] attestierte, war ihnen allen egal. So preist Annette Kolb die geistige Freiheit und künstlerische Urteilsfähigkeit der Hespera in ›Die Schaukel‹: »Blöde Urteile über Musik oder Bücher oder Bilder unwidersprochen hinzunehmen, weil sie von Leuten kamen, in deren Sold man geriet, das war nichts für sie, o nein.«[25]

Diese Freiheit in der Armut war der Nährboden für eine liberale Weltsicht, für einen unbelasteten Umgang mit der Kunst. Dies und die unter Max II. und Ludwig II. ohnehin offene geistige Atmosphäre Münchens trugen dazu bei, daß Annette Kolb als Frau aufwachsen konnte, die ihre eigenen Meinungen und Ansichten – auch unkonventioneller Art – besaß und verfocht, notfalls bis zur äußersten Konsequenz.

Die offene, tolerante, frankophile Geistigkeit Münchens, wie sie sich im Salon der Madame Kolb widerspiegelte, verlor an Glanz nach dem Krieg gegen Frankreich 1870/71 und der Gründung des Deutschen Kaiserreichs unter der Führung Preußens. Damit einher ging für viele Intellektuelle Bayerns ein gewisser Identitätsverlust. Ludwig II. von Bayern hatte die Kriegserklärung gegen Frankreich, das ihm persönlich nahe stand, ungern unterzeichnet. Auch war er nicht der Aufforderung nachgekommen, nach Versailles zu reisen, um als Oberhaupt des ältesten herrschenden Adelsgeschlechts Deutschlands dem genealogisch weit unter ihm stehenden König von Preußen die Kaiserwürde anzutragen. Lediglich Versprechungen Bismarcks auf Zahlungen aus dem sogenannten Welfenfonds hatten den hochverschuldeten Ludwig geködert. Der ursprüngliche Plan, die Kaiserwürde zwischen den Häusern Hohenzollern und Wittelsbach alternieren und Bayern an Gebietsgewinnen in Frankreich (an der Grenze zur bayrischen Pfalz) teilhaben zu lassen, wurde jedoch fallengelassen.

Die Untertanenhaltung, das Pflichtbewußte, Forsche, Disziplinierte, alles, was man gemeinhin als das »Preußische« gern belächelte, war vielen bayrischen Bildungsbürgern zutiefst suspekt und zuwider. Ein Beispiel für die Auflehnung gegen die Bevormundung durch Preußen in einem geeinten Reich ist der Eklat vom September 1891, als Kaiser Wilhelm II. München besuchte und sich mit den Worten »Suprema lex regis voluntas!« [»Des (preußischen) Königs Wille ist oberstes Gesetz!«] ins Goldene Buch der Stadt eintrug. Diese absolutistische Äußerung erregte in der bayrischen Öffentlichkeit Zorn und Protest. Auch Annette Kolbs Haltung gegenüber Bayern und Preußen wurde von dieser Atmosphäre geprägt. Sie, die »Deutsch-Französin«, blieb zeitlebens eine Gegnerin eines deutschen Staatsgedankens, der auf Stärke, Nationalismus, Militarismus und Fremdenhaß unter der Führung Preußens baute. Viel zu dieser Haltung beigetragen hat die Stimmung im Kolbschen Elternhaus. Der Krieg von 1870/71 jedenfalls stellte auch die Ehe von Max und Sophie auf eine schwere Probe. Annette Kolb berichtet: »O wie verwünschte sie [Sophie Kolb] da ihre Ehe! Mit zwei deutschen Kindern, als eine deutsche Staatsangehörige stand sie da, zerrissenen Herzens auf immer. [...] Mein Vater brachte sie nach Tegernsee [...] Über Frankreichs Niederlage trauerte er mit ihr. Mit der Vorherrschaft Preußens sah er die geistige Verheerung des Landes heraufziehen. [...] Hatte er aber früher manchmal gewünscht, daß meine Mutter deutsch sprechen lerne, so mutete er ihr das nie wieder zu. Mochte sie ihre französische Eigenart ungeschmälert behalten, ihr Haus nichts anderes wie ein französisches sein. [...] Gewiß bereicherte und verschönerte es auch das ihrer Kinder, doch um welchen Preis!«[26]

Der Preis war hoch: Annette Kolb wurde zwar in ein geistig aufgeschlossenes und liberales Haus hineingeboren, doch empfand sie von früh an schmerzhaft das Gefühl, heimatlos im eigenen Land zu sein, zwischen den Völkern, Sprachen und Kulturen zu stehen, zwei Vaterländer und zwei Muttersprachen zu besitzen und in beiden mit dem Herzen und der Seele zu wohnen. Ihre späteren Exilaufenthalte in der Schweiz, in Frankreich und den Vereinigten Staaten sind so gesehen nicht nur Antwort auf die jeweilige politische Situation von Krieg, Diktatur und Kaltem Krieg, sondern auch logische Konsequenz eines persönlich seit frühester Kindheit erfahrenen Dilemmas. Sie sind Folge einer Sozialisation, die zurückreicht in die Zeit vor der Entstehung des deutschen Kaiserreichs, eines Staatsgebildes auf der Grundlage nationalen Empfindens. Der Nationalismus konnte sich niemals durch objektive Reflexion definieren, sondern nur in aggressiver Weise ex negativo, indem er sich vom Fremden abgrenzte und das andere zum Feind erklärte. Annette Kolb waren die Auflehnung gegen dieses pervertierte ideologische Konstrukt und die Trauer darüber gleichsam in die Wiege gelegt.

»Meine geistige Einzelhaft« –
Kindheit und Jugend (1870–1888)

Annette Kolb wurde am 3. Februar 1870 in München geboren
und am 13. Februar von dem Benediktinerpater Odilo Rottman-
ner in der Kirche St. Bonifaz auf den Namen Anna Mathilde ge-
tauft. Patin war Anna Freifrau von Freyberg.[1] Der Name »Anna
Mathilde« wurde in der Familie seit je in »Annette« als Rufname
vereinfacht. Später gab Annette Kolb den 2. Februar (Mariae
Lichtmeß) als Geburtstag an. Grundsätzlich war sie jedoch gegen das Feiern von Geburtstagen. Hingegen war ihr das Fest der
Namenspatronin stets bedeutsam.

Die wenigen Erinnerungen aus der Vorschulzeit, die uns Annette Kolb im hohen Alter mitgeteilt hat, stellen prägende Urer-
lebnisse dar, die zu Leitmotiven für ein beinahe hundertjähriges
Leben wurden.

Das kleine, drei- oder vierjährige Mädchen stand einmal im
Garten unter einem Baum, vom Glück der Natur angerührt:
»Das Leben ist schön, dachte ich.«[2] Da fiel ein Blatt vom Baum
in ihre Hand, sie zerpflückte und zerriß es in seine Fasern und
wurde angesichts dessen »unsäglich verstimmt«. Die Zerbrech-
lichkeit und Endlichkeit alles Schönen, die Begrenztheit ihrer
selbst wurden ihr schlagartig bewußt: »Nicht der frohbewegte
Wipfel in der Höhe, das einzelne langweilige Ding in meinen
Händen war ja mein Anteil. [...] So schlägt der Grundakkord
unseres Wesens zum erstenmal in unserem Bewußtsein an; denn
es gibt nichts Neues im Menschen. Das *fin mot* eines Ichs ist ein
Motiv, und was hinzutritt sind Amplifikationen.« Dieser fin-
stere, disharmonische »Grundakkord«, ein Hang zur Melancholie, eine Uneinigkeit mit sich selbst, das Bewußtsein eigener Unzulänglichkeit, vermehrt um eine gewisse hektische Ungeduld
mit sich und anderen, wurde für Annette Kolb wegbegleitend
durchs ganze Leben. Viele ihrer Figuren in ihren Romanen und
Erzählungen leiden unter plötzlichen und scheinbar unmoti-
vierten Stimmungsschwankungen und machen es ihrer wohl-
meinenden Umgebung oft schwer. Der »Snob« Mathias im Ro-

man ›Die Schaukel‹ ist ein Beispiel dafür. Auch die unbestimmte Langeweile, das Leiden an einem scheinbar sinnentleerten Leben, der »ennui«, die »Krankheit des Jahrhunderts«, wie das 19. Jahrhundert selbstdiagnostizierend es nannte, befiel sie. Dieses Leiden an der Sinnentleerung in einer vordergründig gesicherten, zukunftsgläubigen Welt war verbreitet. »Schon ein Jahr darauf«, so Annette Kolb, »lernte ich [...] die Langeweile kennen, zu der ich neigte, wie andere zu Gichtschmerzen, und die mich anwehen konnte plötzlich [...]«[3]

Früh erfuhr sie die eigene Sterblichkeit in ihrem Spiel »Ich bin ich«. Der Siebenjährigen gelang es durch eine Art Meditation regelmäßig, die Grenzen ihres Bewußtseins zu verlassen, sie konnte in Trance »wie an einem Seil« in »immer dunklere Schlünde hinabgleiten«.[4] Aus dem Spiel wurde Ernst: Wie ein Drogenkonsument, der eine zu hohe Dosis eingenommen hat, drohte sie einmal in diesem Labyrinth des Unterbewußtseins verlorenzugehen: Es »faßte mich ein Entsetzen, als hätte ich mich verloren, als hinge das Seil meiner Identität in der Luft, nicht mehr zu erhaschen, und wie ein Ertrinkender rang ich zur Oberfläche, das heißt zu meinem Bewußtsein zurück. Ein Instinkt riet mir, von dem unheimlichen Spiel zu lassen.«[5]

Eine Grenz- und Todeserfahrung machte Annette Kolb bereits im Alter von fünf Jahren. Die Familie verbrachte 1875 einen Sommerurlaub in Steinach in Tirol. Am Garten floß ein Gebirgsbach vorbei. Beim Spielen fiel das Mädchen hinein. Vergeblich versuchte sie, sich an Gras und Ästen festzuhalten, das schnell fließende Wasser trieb sie der nahen Mühle zu. Statt um Hilfe zu schreien, biß sie instinktiv die Zähne zusammen und versuchte, Grund unter den Füßen zu bekommen. Sie konnte aus dem Bachbett klettern und kehrte »als rinnende Säule mit schwarzen und blutigen Nägeln ins Haus«[6] zurück. Unnötigerweise erzählte eine Magd dem soeben der Gefahr entronnenen Mädchen von einem anderen Kind, das unter den Schaufeln des Mühlrads umgekommen war. Das Schockerlebnis prägte sich ein: »Jetzt erst schrie auch ich, und niemals schwand der Vorfall aus meinem Gedächtnis. Er sollte bezeichnend werden für mein ganzes Leben.«[7] Annette Kolb zog ihre Lehre aus dem Vorfall.

Später, als sie in der NS-Zeit mehrmals nur knapp der Verhaftung entging, hatte sie gelernt, nicht gelähmt aufzugeben und zu schreien, sondern mit aller Raffinesse gespielten Gleichmuts und vorgetäuschter Kühle sich dennoch dem Untergang zu entwinden: »Wie viele andere Menschen geriet ich in allerlei Gefahren. Aber fast nie riß mich eine Hand zurück, fast immer war die Bühne leer, und ich entkam dennoch.«[8]

Das Kind war früh auf sich selbst gestellt in einem Haushalt, der salopp mit der Erziehung umging: »Ich bin nie in die Schule gegangen, ein altes Fräulein lehrte mich lesen.«[9] Noch bevor sie mit sechs Jahren in ein Klosterinternat nach Tirol geschickt wurde, lernte sie lesen und die Bücher lieben. Sie war geistig frühreif und aufgeweckt, verschlang Literatur, lebte in den Welten ihrer Helden. Kindlichen Mädchenspielen war sie abgeneigt: »Bücher waren meine Puppen. Ich verschlang, ich herzte sie.«[10] Eine bayrische Kinderfrau namens Anna Knörr, »knorrig und bockig über die Maßen, aber treu bis in den Tod«[11], kümmerte sich um das Mädchen. Von ihr mag Annette die Liebe zum einfachen Volk erhalten haben.

An einen Spaziergang mit der Amme knüpft sich eine Erinnerung, die Annette Kolb zeitlebens beschäftigte. Mit sechs Jahren habe sie für sich »die Judenfrage gelöst«[12]: Auf einem Ausflug mit Anna Knörr im Forst von Planegg sahen sie auf einer Lichtung eine Gouvernante und ein etwa zehnjähriges Mädchen. Das Kind, mit großen, blauen Augen, weichen Locken, in einem weiß und rosarot gestreiften Kleid, eine Korallenkette um den Hals, fing an, Seil zu hüpfen. Das Bild des hübschen Mädchens, das im Sonnenschein der Waldlichtung spielte, entzückte Annette. Als sie gebannt den Blick gar nicht von ihr reißen konnte, sagte Anna Knörr: »Sie gehört dem jüdischen Volke an.«[13] Auf dem Heimweg erzählte die Amme Geschichten vom jüdischen Volk aus dem Alten Testament, so auch vom Zug der Israeliten von Ägypten durchs Rote Meer ins Gelobte Land, was Annette befriedigt kommentierte: »Und dann waren sie wieder daheim.«[14] Als aber die Amme vom Tanz ums goldene Kalb erzählte, entspann sich der folgende Dialog:

»›Warum daß es sich nicht bekehren tut?‹ fragte ich.

›Sie sin aso‹, sagte Anna Knörr.

›Aber net für immer‹, sagte ich.

Erste Eindrücke sind deshalb unvergeßlich, weil ihnen etwas Bestimmendes eigen ist. Die kleine Szene im Walde dominierte natürlich die Geschichten der Anna Knörr. Sie legte die Grundlage meines Interesses für das jüdische Problem.«[15]

Wenngleich Annette Kolb in manchen späteren brieflichen Äußerungen antisemitische Anflüge nicht fremd waren, pries sie doch stets die künstlerischen und wissenschaftlichen Errungenschaften, die Deutschland seinen Bürgern jüdischen Glaubens verdankte.

Ein anderes Schlüsselerlebnis, das sich allerdings traumatisch in der Kinderseele auswuchs, waren die Jahre in einem Klosterinternat. 1876 gaben die Eltern das Kind in die Klosterschule der Salesianerinnen bei Hall in Tirol. Dort blieb sie bis 1882. Ausschlaggebend war nicht ein guter Ruf der Klosterschule, sondern der finanzielle Aspekt, denn, so Annette Kolb lakonisch über den »Genius des Geldes«, »auf diese Familie und ihre Unbedachtheit, auf diese Kinder und ihren Größenwahn hielt er ein mißbilligendes, ein eiskaltes Auge gerichtet«.[16] Max Kolb hatte die Gartenanlagen der Salesianerinnen gestaltet – wie so oft für ein »Vergelt's Gott!« – und ließ sich mit Sach- und Dienstleistungen »bezahlen«. (Ein andermal hatte er den Garten des Malerfürsten Franz von Lenbach in der Münchner Luisenstraße entworfen; zum Dank hatte Lenbach Germaine in Öl gemalt.)

Die Jahre im Klosterinternat stürzten Annette in eine schwere Persönlichkeits- und Glaubenskrise, die sie mehrfach literarisch verarbeitete. Später blieb die überzeugte Katholikin in gewisser Weise »antiklerikal« gestimmt, wie der Freund Hermann Kesten spöttelnd bemerkte: »wenn sie Nonnen auf der Straße sah, ging sie auf die andere Seite. Sie war erzkatholisch und antiklerikal und liberal . . .«[17]

Annette mißfiel in der Klosterschule die heuchlerische Frömmelei, das Breittreten mystischer Geheimnisse bei gleichzeitiger menschlicher Härte und Abgestumpftheit der Nonnen. Die Empörung über den Tod, den Annette Kolb nie anerkennen wollte (Hermann Kesten meinte einmal, sie sei nur aus »Abscheu vor dem Tod«[18] so steinalt geworden), war bereits damals in ihr angelegt und stürzte sie in Glaubenszweifel. In einem Bilderbuch sah sie eine Zeichnung, auf der ein Mädchen von einem Tiger angefallen wurde: »Empört rannte ich im Zimmer umher und blickte zu den illustrierten Inschriften empor, die an den Wänden hingen: ›Siehe, so sehr hat Gott die Welt geliebt‹ [...] Doch wie reimte sich dies! Wie konnte Gott dies zulassen, wenn wir seine Ebenbilder waren und seine Kinder?«[19]

Sie erhielt von den Klosterfrauen keine zureichende Antwort auf diese existentiellen Fragen. Vielmehr wurden spontane kindliche Regungen unterdrückt. Als einmal Geschenke der Eltern angekommen waren und Annette sie gleich auspacken wollte, wurde sie von der Oberin als »genußsüchtiges Kind«[20] gescholten. Annette Kolb rückblickend: »Dies Wort war mir neu, und ich vernahm es mit Interesse.«[21] Um den Kindern »Genußsucht« und Verzärtelung auszutreiben und sie abzuhärten, wurde im Winter kaum geheizt. Das Essen war schlecht und dürftig, die Schülerinnen hungerten und froren. Ihre Enttäuschung verbarg Annette Kolb hinter scheinbarer Gleichgültigkeit, Verletzungen hinter der Fassade snobistischer Glätte. Als »Snob« hat sie sich später auch im Selbstporträt des Mathias in der ›Schaukel‹ gezeichnet.

Daß sie etwas Besonderes war, spürte sie früh und kultivierte es, wobei sie sich wohl nicht immer beliebt machte. Ihre Sehnsüchte und Interessen legte die Wißbegierige in ihre Lektüre: »Bücher, Bücher. Anderes begehrte ich in meinem Kloster nicht. Sie allein halfen mir es vergessen. 3 Tage der Woche mussten wir italienisch sprechen. Mein Ideal jedoch wurde Amy Herbert. Amy Herbert in deutscher Übertragung. Ich schloß einen Pact mit einem englischen Mädchen und zwang mich vierhändig mit ihr zu spielen. Sie dafür mußte mir Englisch beibringen. [...] Ich wurde Amy Herbert nicht ähnlich, lernte aber früh vier Sprachen.«[22]

Zwar wurden in der Klosterschule Sprachen gepaukt und der Unterricht in Französisch und Italienisch gehalten (Annette Kolb beherrschte neben ihren beiden Muttersprachen Deutsch und Französisch und ihrem angestammtem Dialekt, dem Bayrischen, auch das Italienische und Englische perfekt, schrieb in diesen

Sprachen Essays und übersetzte aus ihnen); doch blieb dieser Sprachunterricht darauf beschränkt, den künftigen Damen der Gesellschaft zu ermöglichen, »Konversation« zu betreiben. Literatur galt als sittengefährdend und die Phantasie krankhaft reizend. So wurden dem Mädchen die Bücher alsbald von den Nonnen konfisziert.

In die Zeit des Internatsaufenthalts fallen auch schwärmerische Beziehungen zu gleichaltrigen Mädchen. Annette Kolb beschreibt rückblickend in ›Klosterleben‹ deren Schönheit und Grazie. Sie fühlte sich ästhetisch, vielleicht auch ein wenig erotisch angesprochen. Freilich schränkt sie in der Erinnerung ein: »Mit Livia, die erst neun Jahre alt war, wäre eine nähere Beziehung sehr möglich gewesen, doch sie gefiel mir zu gut. Wo ich bewunderte, verehrte ich schon. In Wirklichkeit wollte ich weder von Freundinnen noch von Vertraulichkeiten etwas wissen, sondern von höheren Wesen, die mich meiner enthoben [...]«[23] Diese uneingestandene Furcht, sich in einem anderen zu verlieren, sich aufzugeben, die frühe Erfahrung, daß zu große Nähe in Verehrung umschlägt, mag in Annette Kolbs späterem Leben ausschlaggebend dafür gewesen sein, daß sie sich Männern gegenüber versagte. Sie betonte zeitlebens ihre Jungfernschaft, verübelte es jedem aufs ärgste, der sie statt mit »gnädiges Fräulein« als »gnädige Frau« anredete. Doch wurde sie, auch wenn sie nicht als Schönheit galt, später von manchem umworben (den unglücklichen Flirt mit dem englischen Diplomaten John Ford machte sie zum Thema ihres ersten Romans ›Das Exemplar‹). Auch besaß sie, wie Hermann Kesten meinte, »das Genie der Freundschaft und Freundlichkeit und hatte auch in aller Welt, und wie sie sich rühmte, in allen Gesellschaftsklassen, ergebene Freunde, wie sie selber ein unbeirrbarer, unerschrockener Freund war [...]«[24] Auffallend ist jedoch, daß alle ihre engen Freunde glücklich verheiratet waren. Sie scheint solche Freundschaften geliebt zu haben, die von vornherein »ungefährlich« waren. Erotisches Empfinden war ihr nicht fremd, sie ließ es jedoch aus Furcht, die Herrschaft über sich selbst zu verlieren, selten zu. Die zitierten Erinnerungen an die Jungmädchen-Schwärmereien haben hier – so scheint es – Schlüsselcharakter.

Das Regiment im Kloster wurde von einer Schwester Oberin geführt, die den Kindern jeglichen naiven Glauben austrieb, indem sie der Religion und dem katholischen Ritus das Geheimnis entzog: »Sie hielt gerne Ansprachen, unermüdlich führte sie dabei Gott ins Feld. Kein Anlaß war ihr zu gering, um ihn zu nennen. Das Breittreten des Mystischen vollzog sie mit einer Gegenständlichkeit, die unsere Eindrücke verstümmeln mußte. Es ging mir wie so vielen. Daß Kinder einem Glauben, in den sie auf solche Weise eingeweiht wurden, eines Tages den Rücken kehren, ist das Naheliegendste, was es gibt, und erfordert spottwenig Geist.«[25] Von den Eltern war keine Hilfe zu erwarten, sie nahmen in der Befangenheit ihrer eigenen Probleme Annettes Bedrängnis wohl gar nicht wahr. »Meine Mutter, die war ja gut, als Kind vergötterte ich sie, aber sie kam viel seltener als mein Vater«, schreibt die Dichterin rückblickend. Kam er nach Tirol, so ließ es sie unbefriedigt: »Seine Besuche schüchterten mich ein. [...] er war jedoch viel zu eilig, um auf Kinder einzugehen, und wandte sich, kaum hatte er mich begrüßt, der Oberin zu und interessierte sich für ihren Garten, warf wohl Striche auf ein Blatt Papier.«[26]

Waren Kolbs in den Kreisen des Münchner Bildungsbürgertums trotz ihrer Extravaganz und ihres »rettungslosen Größenwahns«[27] halbwegs angesehene Leute, galten hinter den Klostermauern Geist, Bildung, Können und Esprit nichts. Hörigkeit gegenüber Besitz, blinde Verehrung von Titel und Adel waren bezeichnend für ein klerikales System, das noch fest in feudaler Zeit verankert war. Diese Erfahrung war für das heranwachsende Mädchen Annette besonders schmerzhaft. Als Reaktion hierauf mag sich später der Stolz auf ihre ureigenen Geistesleistungen ausgeprägt haben.

Waren der Oberin in bezug auf Annettes dubioses, halb bohemienhaftes Elternhaus immerhin noch dadurch die Hände gebunden, daß sie Max Kolb die Anlage ihres Gartens im wörtlichen Sinne »schuldete«, so bekam ein anderes Mädchen von einfacher Herkunft in demütigender Weise die Feudalstruktur zu spüren: »Zu den jüngsten Zöglingen zählte die recht unschöne Tochter einer Witwe, deren bescheidener Zuckerbäckerladen in demselben Tiroler Städtchen lag, dem auch unser Kloster angehörte. Wenn nun diese Oberin das Wort an die Kleine richtete, konnte sie es fast nie lassen, etwas von Linzertörtchen einzuflechten, und dies in einem Tone, der sehr deutlich besagte, daß ihre Herkunft zu gering sei für unser feines Institut.«[28]

Die Leidenszeit im Klosterinternat dauerte sechs Jahre. Annette Kolb meinte später, ihr Charakter sei damals in Gefahr gestanden zu verderben. Auch wurde sie in dieser prägenden Zeit vom sechsten bis zum zwölften Lebensjahr intellektuell zu wenig gefordert, eine Bildung weder im klassisch-humanistischen Sinne noch im Hinblick auf eine berufliche Ausbildung angestrebt. Unter diesem Mangel litt Annette Kolb später sehr, besonders als sie als Schriftstellerin im Licht der Öffentlichkeit und der Kritik stand. Hugo von Hofmannsthal, der einmal aphoristisch über sie urteilte, sie sei dumm, aber weise, war nicht der einzige, der so dachte. Um so erstaunlicher und bewundernswerter ist, daß sie sich aus eigener Kraft ihr späteres waches Engagement und ihre kritische Urteilskraft bildete und erkämpfte. Ein fürs spätere Leben positiver Effekt war sicherlich, daß sie in der Klosterschule lernte, aufmüpfig zu sein und ihren Kopf durchzusetzen. Als ihre Patin sie einmal fragte, was sie sich zum Namenstag wünsche, antwortete sie, sie möchte fünfzig Bogen Briefpapier mit dem eingeprägten Motto »D'Leut ärgern!«. Denn, so die Dichterin noch im hohen Alter, »auf meine Meinung war ich erpicht!«[29]

Als die Mutter an Ostern 1882 wieder einmal nach Tirol kam, fuhr sie mit Annette für zwei Tage nach Innsbruck. Dort lernte das Mädchen die Klosterfrau Mutter Angelini kennen, Stifterin des Ordens zur Ewigen Anbetung, eine gütige, warme Frau, die Annette reich beschenkte und dem hageren, in der Pubertät stehenden Mädchen den Rat gab: »Pour bien aimer Dieu il faut bien manger!«[30] [»Um Gott richtig zu lieben muß man gut essen!«] Mutter Angelini ist neben dem Kirchenmann Monseigneur Duchesne, den Annette Kolb um die Jahrhundertwende kennenlernte, eine der Personen, denen sie es verdankte, daß sie ihren Glauben trotz aller kritischen Vorbehalte nicht verlor.

Neben den seelischen Schäden und geistigen Versäumnissen

trug sie auch körperliche Deformationen davon, etwa Frostbeulen und verkrüppelte Füße.[31] Noch in der Not der Jahre nach dem Zweiten Weltkrieg schrieb sie:»Heute, da in Europa so viele Millionen die Pein des Hungerns erfahren, ist es mir eine Genugtuung, sechs Jahre hindurch täglich auf ein paar Stunden wenigstens, mit solchen Leiden bekannt gewesen zu sein.«[32] Inwiefern ihr schütteres Haar durch Mangelernährung im Internat hervorgerufen wurde, bleibt Spekulation. Daß sie zeitlebens Hüte trug, wurde von der Umwelt zu Unrecht als skurriles Markenzeichen, als Verschrobenheit belächelt. Selbst in den eigenen vier Wänden legte Annette Kolb den Hut nie ab, solange sich jemand im Raum aufhielt. Es war wohl nur zum Teil Marotte und Modespleen, sondern vielmehr Scham.

Endlich nahm die Mutter die Not ihrer Tochter wahr und zog die Konsequenz. Im Sommer 1882 durfte Annette nach München zurückkehren:»Hoch schlug mein Herz, als die schweren Klosterriegel auf immer hinter mir zufielen.«[33] Von nun an besuchte sie als »Externe« das Aschersche Institut in der Münchner Luitpoldstraße, unweit der Sophienstraße. Hier frönte sie offen und ungestraft ihrer vom Elternhaus genährten Liebe zu Frankreich und dem Haß gegen Preußen:»In meinen Schulaufgaben [...] schrieb ich das Wort Frankreich doppelt so groß wie die anderen, umkränzte es mit Schnörkeln in roter Tinte und setzte zum Überfluß ein Ausrufungszeichen dahinter, ohne daß es mir jemals verwiesen wurde. Dies Land behielt nun einmal in Bayern sein ganzes Prestige. Unbeliebt war nur die preußische Gesandtschaft.«[34] Dies kam nicht von ungefähr, hatte doch der preußische Gesandte Georg Freiherr von Werthern das bayrische Volk als politisch »noch ganz unzurechnungsfähig« bezeichnet und den jungen König Ludwig II. als feigen, doppelzüngigen »Hanswurst«.[35]

Prägend für die junge Annette Kolb wurde die Bekanntschaft mit Richard Wagners Musik, vermittelt durch ihre Mutter Sophie. Das Wagner-Fieber machte sich nun auch in Bayern breit. Wenngleich Ludwig II. im Tauziehen um den Komponisten 1865 nachgegeben hatte und auf Druck der Regierung das ursprünglich an der Isar geplante, von Gottfried Semper entworfene Opernhaus für den verehrten Meister nicht hatte bauen können, wurde nach vielen Kämpfen und Intrigen 1876 das Festspielhaus in Bayreuth errichtet. Annette Kolb dürfte Wagners Opern, wie viele Musikinteressierte der Zeit, durch Klavierauszüge kennengelernt haben. Sophie Kolb unterrichtete ihre Töchter früh im Klavierspiel. Später wurde auch ein Klavierprofessor engagiert. Das pianistische Können Annette Kolbs war, ebenso wie das ihrer ältesten Schwester Louise, außerordentlich gut. Louise wollte sogar den Beruf der Pianistin ergreifen, was ihr früher Tod jedoch vereitelte. Auch Annette liebäugelte zeitweilig mit dem Gedanken an eine musikalische Laufbahn, doch fehlte ihr auch hierin eine gediegene Weiterbildung an einem Konservatorium. Jedenfalls saß sie noch im hohen Alter, ihre Augen waren bereits so schwach, daß sie nicht mehr lesen konnte, häufig am Klavier und spielte aus dem Gedächtnis bevorzugt Werke von Mozart, Beethoven, Schubert und Debussy – mit erstaunlicher Sicherheit und Geläufigkeit, wie Zeitzeugen versichern.[36] Theater- und Opernbesuche gab es bei Kolbs wohl eher selten, dazu war das Geld zu knapp. So erwähnt Annette Kolb in einem Brief an René Schickele aus dem Jahr 1925 eigens den Besuch einer Aufführung, zu dem die 14jährige die Mutter einlud (und nicht umgekehrt).

Weit mehr als die Musik Wagners wurden seine Schriften für Annette Kolb wegweisend. Sie hat im Jahre 1905 in der autobiographischen Erzählung ›Torso‹ über ihre Wagner-Emphase geschrieben. Die Hauptfigur Marie durchläuft wie Annette Kolb eine verstörende Schulzeit im Klosterinternat. Die hier erworbene Halbbildung ist zu gering, als daß sie ihr eine Lebenshilfe sein könnte, jedoch groß genug, um »für die Alltäglichkeit auf immer verdorben, auf immer beunruhigt«[37] zu sein. Da stößt sie auf Richard Wagners Schriften, ein Initiationserlebnis, das in dem oberflächlichen Mädchen den Drang nach Erkenntnis und Wahrheitssuche entfacht: »Hier war sie: ein junges, bis ins Mark vergnügungssüchtiges Mädchen, das nichts mehr zur Ruhe bringen, in dem nichts den einen brennenden Wunsch mehr betäuben konnte: die Wahrheit zu suchen.«[38] Doch fehlt ihr weiterhin der Schlüssel zur Erkenntnis: »Was sie erstrebte, war ja zu schwer: Nichts, was Gleichgewicht und Disziplin des Geistes betraf, lag in ihr vorbereitet noch vererbt, und zu einem systematischen Denken war sie weder veranlagt noch geschult.«[39] Doch gelingt es Marie, durch die Lektüre von Richard Wagner, Schopenhauer, Kant und Platon, sich aus den Fesseln der Trägheit zu lösen, ja, sie findet sogar in der Auseinandersetzung mit diesen Denkern den im Klosterinternat verlorengegangenen Glauben wieder, weil sie erkennt, daß wahre Religiosität Zweifel, Toleranz, Liberalität und den Glauben an die Kunst als menschliche Ausdrucksform umschließt.

In den Erinnerungen ›Spitzbögen‹ (1925) spricht Annette Kolb sogar davon, sie habe als junge Frau eine so tiefe Sinnkrise erlebt, daß sie sich mit Selbstmordabsichten trug: »Über die Brücke gelehnt, bedachte ich nicht mehr die Ausblicke und Bahnen meines Daseins, nur noch die besten Arten, mich ihm zu entziehen.«[40] In dieser Lebenslage – die wohl aus psychologischer Sicht als nicht untypische Adoleszenzkrise zu werten ist – sei sie auf die zehnbändige Ausgabe der Schriften Richard Wagners gestoßen, sie habe ihn zu ihrem »Mentor« erkoren, »die tollste meiner ›Windmühlen‹«[41], wie sie im nachhinein lächelnd zugibt. Welche Schriften das im einzelnen waren, ist nicht bekannt. In ihren Erinnerungen ›Musik‹ von 1964 allerdings erwähnt sie zwei Bücher, ›Die Kunst des Dirigierens‹ und ›Kunst und Religion‹.[42] Hieraus kann zumindest geschlossen werden, daß die Betrachtung der Kunst als Religionsersatz, als quasi-religiöses Gemeinschaftserlebnis Annette Kolb angesprochen haben muß. Noch Jahrzehnte nach diesem Erlebnis preist sie »die Erhabenheit seiner [Wagners] Gesinnung, über die ich nicht mit mir handeln ließ«[43]. An anderer Stelle heißt es noch radikaler: »Aber meine geistige Existenz hatte ihre inavouablen [unaussprechlichen] Seiten: ich erachtete mich als ein wagnerisches Produkt.«[44] Uns Heutigen, die wir auch um die gefährliche intolerante, nationale und antisemitische Geisteshaltung Wagners wissen, mag dieses geistige Erweckungserlebnis der jungen Annette Kolb befremdlich erscheinen. Doch waren auch andere Schriftsteller der Jahrhundertwende, die in ähnlicher Weise im »ennui«, dem »mal du siècle«, einer kollektiven Sinnkrise befangen waren, vom Werk Wagners rückhaltlos überwältigt, ja hypnotisiert, man denke nur an Thomas Mann.

Immerhin gelang es Annette Kolb mit Hilfe dieses Idols, die Fesseln ihrer Ängstlichkeit, ihrer Mutlosigkeit zu sprengen. Diese Befreiung ähnelt einer Selbsttherapie, wenn man ihrer eigenen Darstellung glauben darf. Über ihre Erkenntnis, sie sei ein »wagnerisches Produkt«, führt sie weiter aus: »Mußte meine Verstiegenheit nicht Folge und Grund zugleich meiner Verlassenheit sein? [...] Über Gute und Böse ging die Sonne auf, über den Narren aber stand sie still. [...] meine geistige Einzelhaft schlug mir über dem Kopf zusammen.«[45] Die »Heilung durch den Geist«, um eine Formulierung Stefan Zweigs aufzugreifen, erfolgte bei Annette Kolb über die Vorstufe der bitteren Selbsterkenntnis: »Zweck- oder Sinnlosigkeit meiner verschütteten, greisenhaft verlebten Jugend bis zu den Sternen setzend, die letzten Lose auswerfend, da ich nichts zu verlieren hatte, wenn ich verlor.«[46]

Am Ende dieses mühseligen Prozesses, der sich über viele Jahre ihrer Jugend und ihres frühen Erwachsenseins hinzog, hatte sie sich zwar kein systematisches Denken anerzogen, wohl aber den Glauben an die Kraft der Gesinnung, an das umstürzlerische Moment des Ideals gefunden. Aus der Verpuppung trat sie mit festumrissenen Idealen und Ideen hervor, die sie zeitlebens unnachgiebig verfocht, auch wenn man ihr bisweilen Halsstarrigkeit nachsagte. Sie hatte eine schwere Lektion gelernt: »[...] mein Alleinsein war köstliches Umgebensein. Jegliche Gemeinschaft, mit dieser Einsamkeit verglichen, war Verlassenheit. War ich allein? Wo fände sich ein Wort für solche Vielsamkeit? [...] Ich saß aufgerichtet, meine Knie umklammernd, mein Gesicht vergraben. Mut, sagte ich zu mir, Mut, Mut.«[47] An diesem Mut, an ihrer Courage, hielt sie sich und andere fest. Sie wollte nicht mehr schweigen, sich den Mund verbieten lassen, wie einst in ihrer Kindheit im Klosterinternat: »Denn von der geistig besitzlosen Klasse wird das Recht auf eigene Meinung, so wir eine haben, am längsten angezweifelt und bekämpft; daher einem jungen Fräulein Niemand die beste Gelegenheit geboten wird, zur Menschenkennerin heranzureifen. Diesbezüglich befand ich mich in vorderster Szene, wo immer ich auftrat.«[48]

Vom »Fräulein Niemand« reifte sie zu einer eigenständigen Persönlichkeit heran, die, als sie zu Beginn ihrer Laufbahn ihre Artikel bei Zeitungen und Zeitschriften unterzubringen suchte und auf Widerstand stieß, ihr Gegenüber – ohne Widerspruch zu dulden – zurechtwies: »Ich habe etwas zu sagen. Was ich zu sagen habe ist wichtig. Ich habe etwas zu sagen.«[49]

»Nichtstun –, das wird nicht länger gehen.« – Literarische Anfänge (1888–1899)

Maßgeblich bei der Ausbildung ihres Selbstbewußtseins war auch der Salon der Mutter. Hier lernte Annette Kolb den unverkrampften, natürlichen Umgang mit Künstlern, Bohemiens, gekrönten und ungekrönten Häuptern. Selbst Franz Liszt besuchte, wenn er in München weilte, immer wieder Sophie Kolb. Der kosmopolitische Klaviervirtuose und Vater Cosima Wagners, der lange Jahre in Frankreich gelebt hatte, schätzte die Pianistin und die französische Aura ihres Hauses, was nach 1871 schon als kulturelles Relikt zu betrachten war: »Indes gab es«, so Annette Kolb in der Erinnerung, »in der wilhelminischen Ära keine französische Kolonie in München mehr. Schade. Je nun, es war halt so. Regte man sich deshalb auf? Nein, so weit ging man nicht.«[1]

1883 starb Richard Wagner in Venedig, sein Schwiegervater Franz Liszt im Juli 1886 in Bayreuth, im Juni 1886 ertrank Wagners Förderer König Ludwig II. im Starnberger See unter ungeklärten Umständen.

Auch die Familie Kolb hatte zwei Verluste zu betrauern: 1888 starb Sophies Mutter Constance in einer Nervenheilanstalt in Nancy. Dorthin hatte man die einst bekannte Landschaftsmalerin gebracht, die zusehends in geistige Umnachtung versank und ihre Tage damit fristete, Illustrationen aus Zeitschriften zu kolorieren. Zwei Jahre später starb erst 25jährig Louise, die älteste der Kolb-Töchter. Sophie Kolb zog sich daraufhin immer mehr in die kleine französische Welt ihres Salons zurück. Sie verließ kaum noch das Haus und wies selbst die Forderungen des Tages von sich.

Nach dem Tod König Ludwigs II. wurde sein jüngerer Bruder Otto König. Da er jedoch seit Jahren geisteskrank und damit geschäftsunfähig war, übernahm Luitpold, der Onkel Ludwigs und Ottos, die Regentschaft. Er leitete bis zu seinem Tod im Jahre 1912 die Amtsgeschäfte in Bayern und wurde als »der Prinzregent« in seiner volksnahen, bodenständigen Art bald zur Legende. München erlebte unter seiner Herrschaft – wie schon zuvor unter Max II. und Ludwig II. – eine künstlerische Blüte. Schwabing, das literarisierte »Wahnmoching« der Franziska zu Reventlow, wurde zum berüchtigten und avantgardistischen Künstlerviertel. Es war das München, von dem Thomas Mann in seiner Erzählung ›Gladius Dei‹ (1902) schwärmerisch schrieb, es leuchtete.

Neben Franz Liszt verkehrten in Sophie Kolbs Salon noch andere weltgewandte Gäste aus unterschiedlichen Ländern Europas, besonders aus Frankreich, Österreich, Italien und England. Nur Preußen waren aufgrund ihres militärischen Gehabes und ihrer Kaisertreue nicht gerne gesehen – dies war ein ungeschriebenes Gesetz. Einmal entgegnete Sophie einem Oberst, der ihr erzählte, er sei in Metz stationiert (das ja seit 1871 zu Deutschland gehörte): »Je n'ai jamais rencontré un allemand assez malhonnête pour me le rappeler.« [»Nie zuvor habe ich einen Deutschen getroffen, der so unehrenhaft war, mich daran zu erinnern.«] »Dies«, so die Chronistin Annette Kolb, »mit einer liebenswürdigen Wendung ihres Kopfes, um es verletzender wirken zu lassen.«[2]

Zu den frühen Bekanntschaften Annette Kolbs gehörte der damals berühmte Maler Hugo von Habermann. Er war Mitbegründer der Münchner Sezession, zeitweise sogar deren Präsident. Bereits als 13jähriges Mädchen begegnete Annette Kolb dem Maler, allerdings nicht bei einer der mütterlichen Soireen, sondern auf der Straße: »Mein Weg zur Schule lag entweder rechts um den Glaspalast oder links um den botanischen Garten. Rechts war er länger, führte aber an dem Hause vorbei, in welchem Habermann wohnte. Ich pflegte daher rechts zu gehen, denn sehr oft kam er dann daher, von weitem an seinem schön ausbalanzierten Gang erkennbar. Unbefangen machte ich mit meiner Schultasche vor ihm halt und geizte nicht mit meinem Lobe, wenn er seinen gelben Überzieher trug. Wir wechselten einige Worte, dann ging jeder weiter, er in sein Atelier, ich in mein langweiliges Mädcheninstitut.«[3] Schon früh fand Habermanns Künstlerauge Gefallen an ihrer Erscheinung, die er – anders als manche Zeitgenossen – als schön empfand. Nur ihr schütteres Haar mißfiel ihm. Annette Kolb verwendete daraufhin Maiglöckchentinktur als Haarwasser und bekam davon einen Hautausschlag, an dem sie jahrelang litt. Immerhin fiel ihr daraufhin im Wartezimmer des Arztes, den sie konsultierte, Homers ›Odyssee‹ in der Übertragung durch Johann Heinrich Voß in die Hände: »So kam ich über ein Maiglöckchenwasser zu Homer, aber nicht zur Lockenfülle, die ich mir versprochen hatte.«[4] Aus den »Stehkonversationen« mit Habermann auf dem Schulweg entwickelte sich eine enge Freundschaft: »Vertrautheit ohne Vertraulichkeit war ihre Marke.«[5] Eine Qualität der Freundschaft, wie sie sie zeitlebens schätzte. Sie begann damals, ihren eigenen kleinen Salon zu führen, wenn ihre Eltern verreist waren. Freilich geschah dies ohne deren Wissen, und so bot die Wohnung in der Sophienstraße, die Habermann zum ersten Mal betrat, mit ihren mit weißen Leintüchern verhängten Möbeln ein eher gespenstisches Ambiente. Er porträtierte Annette Kolb zweimal: 1903 malte er sie in Öl (ein Bild, das heute leider verschollen ist, nur eine Schwarzweißfotografie existiert noch), 1914 die bereits anerkannte Dichterin mit Pastellfarben. Beide Porträts sind beste Beispiele für Habermanns Kunst. Er war vor allem für seine psychologisch einfühlsamen Frauenbildnisse bekannt. Ihr selbst allerdings mißfiel das Ölporträt; sie hatte es während der einwöchigen Sitzungen zunächst im halbfertigen Zustand gesehen und war von der »gleichsam transzendentalen Ähnlichkeit«[6] überwältigt. Am fertigen Bild jedoch kritisierte sie eine gewisse Steifheit, »der Bann war jedenfalls gebrochen«.[7]

Eine andere Person des öffentlichen Lebens, die Annette Kolb im Salon der Mutter kennenlernte, wurde für ihr weiteres Leben von bestimmender Bedeutung. 1888 begegnete sie dem französischen Diplomaten Camille Barrère. Der 37jährige, zuvor in Stockholm tätig, war soeben Geschäftsträger der französischen Legation in München geworden. Er musizierte gemeinsam mit Annette und ihrer Schwester Germaine (Annette Kolb nannte den Musikbegeisterten scherzhaft einen »Melomanen«[8]) und lud Annette später mehrmals nach Bern und Rom ein. Am Tiber war er Botschafter von 1897 bis 1924 und residierte im Palazzo Farnese. Die Schriftstellerin widmete ihm später noch zwei große Aufsätze: ›Bei Barrère‹ (1913) und die in französischer

Sprache geschriebenen Erinnerungen ›Mes entretiens avec Camille Barrère‹ (1954).

In jenem Jahr 1888 überstürzten sich in Berlin die Ereignisse. Der alte Kaiser Wilhelm I. war gestorben, sein Sohn, Friedrich III., herrschte nur 99 Tage. So folgte fast unmittelbar auf den Großvater der Enkel, der 29jährige Wilhelm II. Seine Person und Herrschaftsweise verfolgte Annette Kolb von Anfang an mißtrauisch: »Doch in der Nähe gesehen befiel einen oft Angst vor dieser Germania. Die vom Glück so Begünstigte glich mehr und mehr der Frau im Essigkrug. Alldeutsche und Flottenverein hatten schon die Parole vom Platz an der Sonne ausgegeben.«[9] Ob Flottenbau, Marokkokrise, die Abdankung Bismarcks, das Erscheinen von Bismarcks Memoiren, die Berufung Bernhard von Bülows zum Reichskanzler: Annette Kolb tauschte sich mit Barrère offen aus und schärfte in den Gesprächen mit ihm ihr politisches Urteilsvermögen. Sie entdeckte ihre Freude am Politisieren und an einer Art »Privatdiplomatie«, die auch darin bestand, daß sie versuchte, ihre Freunde im diplomatischen Corps in Paris, Berlin, London und Rom für ihre pazifistischen und völkerverbindenden Ideen zu gewinnen und dadurch indirekt auf die Außenpolitik einzuwirken.

Daß die Politik den Menschen eine Feindschaft zwischen Frankreich und Deutschland einrede, davon waren Annette Kolb und Camille Barrère überzeugt. »Das Ominöse und Charakteristische bei gewissen Alldeutschen ist«, schrieb sie, »daß sich die Arroganz bei ihnen an Stelle der Besonnenheit behauptet und da Türen zuschlägt, wo sonst Gedanken wären.«[10] Das Fremde kann bekanntlich nur so lange Angst machen, wie man es nicht kennengelernt hat: »Nun behaupte ich, daß die Franzosen uns unrichtig und ungenügend, wir die Franzosen aber gar nicht kennen.«[11] Insbesondere Reichskanzler Bernhard von Bülow (im Amt von 1900 bis 1909), der die Flottenpolitik des Kaisers unterstützte und die aggressive Balkanpolitik Österreich-Ungarns deckte, wurde von ihr mit harten Worten verurteilt: »Dieser ›Führer‹ wurde der fatale Wendepunkt in der Herrschaft von Wilhelm II.: vertraut mit dem Spiel, geschickt im Kampf, aber von hinterlistiger Natur, ohne Überzeugung, ohne

Charakter. Seine Memoiren haben ihn besser demaskiert als irgendein Feind es hätte tun können [...]«.[12]

Freilich mußte Annette Kolb bald erkennen, daß man auf eine junge Frau und angehende Schriftstellerin wenig achtete: »Denn in keinem Lande ist es so unmöglich, sich Gehör zu verschaffen, wenn man nicht in Amt und Würden schon ergraute, wie bei uns.«[13]

Annette Kolbs Haß auf alles Preußische steigerte sich im Laufe der Dezennien und weitete sich schließlich auch noch auf Friedrich Wilhelm I. und Friedrich II. aus. Im Aufstieg Preußens und dessen Verkettung mit der gesamtdeutschen Entwicklung sah sie eine große Katastrophe. Sie setzte Preußen zeitlebens gleich mit Militarismus, Unfreiheit der Meinung und der Person und vor allem mit einem kulturkämpferischen, antikatholischen Protestantismus. Mag diese Sichtweise auch einseitig und verkürzt sein – aus Annette Kolbs Herkunft und geistiger Prägung heraus war sie nur folgerichtig. Noch als 90jährige war sie von solcher Schärfe und Unnachgiebigkeit, daß sie in ihrem Buch ›Memento‹ das folgende sarkastische Verdikt aussprach: »In seinem nordöstlichen Reich [Preußen] trieb da als Hauptsport ein kleiner König [Friedrich Wilhelm I.] die Ertüchtigung von Soldaten, je größer, je lieber. Und wozu führten bald darauf diese trefflich gedrillten Regimenter? Zu dem Überfall auf ein Nachbarvolk, zum Raub Schlesiens, einem verhängnisvoll geschwächten Österreich, hundert Jahre später die Schlacht von Königgrätz, die König Ludwig II. von Bayern einen verbrecherischen Bruderkrieg nannte, bald darauf der hohle Sieg von 1870/71, die Gründerjahre mit ihrer schlechten Architektur, das Überhandnehmen eines engstirnigen Militarismus, eines hirnverbrannten Pan-Germanismus, eines neuen Typs von Deutschen, der sich Fehler aneignete, von welchen vorher nie die Rede war.«[14]

Außer mit dem französischen Diplomaten Barrère schloß Annette Kolb in den Jahren nach 1888 eine lebenslange Freundschaft mit einem anderen Mann, der ebenfalls eine Karriere als Diplomat machen sollte: Richard von Kühlmann. Dieser, 1873 geboren, kannte die Schwestern Kolb seit seinen Münchner Studienjahren. In seinen Erinnerungen schreibt er: »In der Theatinerstraße beschlossen meine Mutter und ich, da der große Salon reichlich Raum bot, ein- oder zweimal im Jahre, womöglich maskiert, tanzen zu lassen, um auch mit der jüngeren Welt Fühlung herzustellen, da meine allmählich heranwachsende Schwester in die Gesellschaft eingeführt werden sollte. Ein Fest ist mir in besonders lebhafter Erinnerung geblieben. Es hieß ›Die Hochzeit des Pierrot‹. Als Farben waren nur Weiß und Schwarz-Weiß zugelassen. Ich selbst tanzte als Bräutigam. Die Braut war die hübsche Germaine Kolb, die Lenbachs Pinsel mehrfach verewigt hat, eine Schwester der Schriftstellerin Annette Kolb, die aber damals ihre Berufung zum Parnaß noch nicht erkannt hatte.«[15]

Ebenso wie Annette Kolb war Kühlmann von der Idee der Völkerverständigung zwischen Deutschland und Frankreich beseelt, wofür er als Diplomat und Unterhändler vielfach kritisiert wurde. Im Ersten Weltkrieg führte er die Verhandlungen bei den Friedensgesprächen mit Rußland und setzte sich für einen Vergleichsfrieden mit Großbritannien ein. Annette Kolb war oft auf seinen Gütern in Ohlstadt bei Murnau und Ramholz bei Fulda zu Gast und wurde von ihm mäzenatisch unterstützt. Auch als er in diplomatischen Diensten in Berlin und London war, besuchte sie ihn immer wieder.

Kurz nach der ersten Begegnung mit Kühlmann begann Annette Kolb Aufsätze zu schreiben. Der Text des ersten Artikels ist nicht überliefert, Datum und Ort des Erscheinens nicht bibliographisch nachweisbar, doch verweist Annette Kolb selbst auf den Auslöser: »In München war neuerdings ein Zoologischer Garten eröffnet worden«,[16] berichtet sie in ihrem ›Präludium zu einem Traumbuch‹. Um welchen Tiergarten es sich handelt, kann nicht mehr eruiert werden. Der heutige »Tierpark Hellabrunn« in München wurde erst 1911 angelegt. Zum Zeitpunkt von Annette Kolbs Initiationserlebnis (um 1890) gab es in München etliche private Tierhaltungen, denen aber nur kurze Lebenszeiten beschieden waren.[17] Bei einem Spaziergang im Tierpark – zuvor hatte sie ein ausgelassenes Gartenfest mit Tanz und Unterhaltung besucht – gelangte Annette Kolb zu einem abseits gelegenen, engen Käfig, worin ein Steinadler eingepfercht war und sichtlich litt. Annette Kolb empfand Mitleid mit ihm. Das

Erlebnis hat für ihr ganzes schriftstellerisches Werk Symbolcharakter: Mitleid und Empörung über Ungerechtigkeit waren
stets Antrieb ihres Schreibens. »Nach Hause zurückgekehrt«, so
Annette Kolb weiter, »schloß ich mich ein und verfaßte in Feuer-
eifer zu Händen der Redaktion von Münchens größter Tageszei-
tung einen Protest gegen den Käfig dieses Adlers. [...] Ich verbrachte die Nacht über diesem Artikel und bastelte noch am
Morgen daran. Welch herrliche Überraschung war es, ihn schon
am nächsten Tage an erster Stelle abgedruckt zu sehen! Nicht
nur dies. Sehr bald erhielt mein Schützling einen seiner Größe
angemessenen Raum. [...] Ich hingegen hatte das getan, es war
mein Adler gewesen. Oft und oft las ich diesen meinen ersten Artikel und wurde nicht müde, ihn loben zu hören.«[18]
    Auch von Freunden erhielt sie Lob und Ermutigung: »Als
nach einer Weile niemand mehr darauf zurückkam, fand ich, es
sei zu früh. Um so mehr freute ich mich, daß mein Tänzer jenes
heiteren Abends ihn wieder erwähnte, ja mir sogar prophezeite,
ich würde im Leben mein Wort zu sagen haben. War das nicht
noch besser als zu lachen? Da meine literarische Laufbahn einen
so vielversprechenden Anfang genommen hatte, zweifelte ich
keinen Augenblick an ihrem weiteren, ununterbrochenen und
glänzenden Aufstieg.«[19]
    Der plötzliche lokale Ruhm stieg ihr zu Kopf: Sie glaubte sich
als Theaterkritikerin berufen – natürlich ohne Auftrag durch eine
Redaktion. Nach einer Aufführung »war eine von der Gunst des
Publikums verwöhnte Operndiva mein Opfer. Sie hatte eine
kreuzbrave, stadionfüllende und geschulte Stimme, allen edlen
Klanges bar, und wenn sie als Brünhilde mit dem Speer über die
Bühne fegte, war es, als ob sie einen Kochlöffel schwinge. Allein
dies in einer Zeitung äußern zu wollen, deren Musikkritiker bei
jeder Darbietung dieser Sängerin sämtliche Superlative der deutschen Sprache der ›hehren Frau‹ – er nannte sie nie anders – auf-
tischte, war das Unterfangen eines Einfaltspinsels.«[20] Naiv blieb
Annette Kolb in gewisser Weise stets, weil sie rückhaltlos an ihre
Überzeugungen glaubte und nicht mit den Unzulänglichkeiten
der menschlichen Eitelkeit und Dummheit rechnete. Das rächte
sich oft, so auch in dieser frühen Episode: »Glaubte ich doch al-

len Ernstes, weil mein erster Beitrag einschlug, ich hätte schon festen Fuß bei dieser Zeitung gefaßt und sie würde mir wieder beistimmen, denn ich hatte ja recht. Doch was wußte ich noch von den Menschen, insbesondere den Redakteuren, ihrem zögernden Pulsschlag, ihrer Solidarität? Mein Artikel wurde mit einem bündigen Schreiben abgewiesen, das keinen Zweifel beließ: ich hatte es hier ein für allemal verscherzt.«[21]

Durch die Zurückweisung verunsichert, wandte sich Annette Kolb an einen Vertrauten, den sie wahrscheinlich ebenfalls über die Soireen der Mutter kennengelernt hatte: den Münchner Bildhauer Adolf von Hildebrand. Oft besuchte sie ihn in seiner Villa in der Maria-Theresia-Straße im Münchner Stadtteil Bogenhausen. Heute beherbergt dieses Haus das Monacensia Literaturarchiv. Hier fand auch der Nachlaß Annette Kolbs sein Zuhause, so daß das Hildebrand-Haus in doppelter Hinsicht mit dem Namen Annette Kolbs verbunden ist.

Die etwa Zwanzigjährige hatte solch ein Vertrauen in Hildebrands künstlerische Urteilsfähigkeit, daß sie ihn eines Abends – ihr wurde die schale Ziellosigkeit ihres Daseins mehr und mehr bewußt – fragte: »›Herr Professor, was soll ich tun? Etwas muß geschehen. Es bleibt mir nur die Musik oder das Schreiben. So – Nichtstun –, das wird nicht länger gehen.‹ Er sagte nachdenklich und zögernd: ›Sie sind ja ganz originell, aber Schreiben . . ., ich kann Ihnen das nicht raten.‹ ›Also nicht!‹ sagte ich betrübt, ging hinab in den Garten und warf mich ins Gras. Es war eine sternenreiche Mondnacht. Ich sagte mir: ›Und ich muß doch schreiben.‹«[22]

Von da an, so Annette Kolb, sei sie täglich ins Café Fahrig am Karlstor gegangen, »wie ein Mann in seine Kanzlei geht«, und habe von vier bis sechs Uhr geschrieben. Daß sie auch später bevorzugt im Café arbeitete, ist keine Selbststilisierung, sondern von mehreren Zeitgenossen – etwa Klaus Mann und Hermann Kesten – bezeugt. Es war auch der Freund Kesten, der 1959 eine über 400 Seiten umfassende Kulturgeschichte des Kaffeehauses mit dem Titel ›Dichter im Café‹ veröffentlichte. Annette Kolb gliedert sich damit in die lange Reihe der Literaten ein, die im 19. und frühen 20. Jahrhundert im Kaffeehaus schrieben, diskutierten, lasen und beinahe wohnten, wie etwa Peter Altenberg, der »sein« Kaffeehaus als ständige Adresse angab.

Später freilich, so Annette Kolb in den 60er Jahren, konnte sie dort nicht mehr arbeiten: »Durch Stunden hindurch wird der Kontinent täglich von wüster Musik überflutet. In den Cafés, selbst in Wien, überrascht uns wild-afrikanisches Getön, wo früher herrliche Musik gespielt wurde.«[23] Und in ›1907–1964. Zeitbilder‹ (1964): »Die Unmusik, Musikboxen und dergleichen sollten verboten, zurück in ihre Wildnis gewiesen werden.«[24]

Um 1890 jedoch war die Kaffeehausmusik unaufdringlich und weniger laut. Annette Kolb schwärmte vom Café Fahrig: »Ich war immer pünktlich, bei einer herrlichen Musik. Sehr bald wurde mir ein kleines Tischchen mit einem Stuhl an einer Säule zuteil. Niemand störte mich. [...] Ich war glücklich. [...] Eines Tages, zu meiner Überraschung (meiner großen Überraschung) kam Hildebrand herein. Ich stand auf, ging auf ihn zu und sagte: ›Aber Herr Professor, was tun Sie denn hier?‹ ›Es ist also wahr‹, sagte er, ›daß Sie täglich hier stecken.‹ ›O, ja‹, sagte ich, ›und jetzt nehmen Sie mit mir eine Melange.‹ Ein zweites Stühlchen ward gleich gestellt. Ich sagte: ›Sehen Sie die kleine Solistin neben dem Dirigenten, der verdank ich viel.‹ Hildebrand hielt inne, sagte dann: ›Recht haben Sie, hier können Sie arbeiten.‹ Und ich sagte: ›Hier kann mir keiner!‹ Hildebrand ist in der Folge ein freundlicher Förderer meiner Arbeit geworden.«[25]

Annette Kolbs schriftstellerische Anfänge waren brav und alles andere als außergewöhnlich: Rezensionen und Betrachtungen über Pianisten, Künstler, Opernaufführungen wechseln ab mit Reiseimpressionen aus Rom und Paris. Während sie die italienische Stadt durch Barrère kennenlernte, wird sie in Paris Verwandte der Mutter besucht haben. Vermutlich war sie bereits in den 1880er Jahren an der Seine, belegt ist jedoch ein Besuch im Jahre 1892, als sie ein paar bedeutende Persönlichkeiten kennenlernte, aber auch mit der Oberflächlichkeit der Pariser Salons konfrontiert wurde. Auch hier war die weitgehend mittellose junge Frau gezwungen, ein Doppelleben zwischen Anspruch und Wirklichkeit zu führen:

»Der eine speist, der andere wohnt über seine Verhältnisse, und das bleibt so sein Lebtag lang … Als junges Mädchen schon horstete ich einmal drei Monate lang im fünften Stock eines repräsentativen Pariser Hotels. Aber der Rest war Spirituskocher, auch dieser nur geliehen. Und um die Hochstapelei ausgleichen und durchführen zu können, galt es heimliche Besorgungen in Nebengäßchen, hier ein hartes Ei zu erstehen, dort ein Kännchen Rahm, aufrecht wie eine Blume eingeschlagen. Mittags wurde dann das stets zurückbehaltene Frühstücksbrett zu einem thé complet, abends zu einem thé dînatoire gestreckt. Das Menu selbst in der bescheidensten crêmerie konnte ja nicht in Frage kommen. Dafür waren alle Säle unten mein, das Feuer im großen Kamin, all die schönen Leute, die ein und aus gingen, ihr Frohsinn, ihr Wahn und die Zeitungen der ganzen Welt. Ein solches Doppelleben hinterläßt Spuren, Komplexe sogar.«[26]

Obwohl sie gelernt hatte, sich zwischen Diplomaten, Adligen, Künstlern und Gelehrten im Münchner Salonleben zu bewegen und Konversation zu betreiben, fiel es ihr in Paris anfänglich schwer. Das Französische beherrschte sie zwar bis in Nuancen, und doch blieb sie – wie sie selbst gesteht – oftmals stumm, hörte nur zu, wurde aufgrund ihres Schweigens nicht ernst genommen, war geblendet vom weltstädtischen Glanz und enttäuscht von der gleißenden, dandyhaften Oberflächlichkeit vieler Menschen. Immerhin gelang es ihr, bei einer Soiree einer Legende des geistigen Lebens Frankreichs vorgestellt zu werden: dem Historiker und Literaturkritiker Hippolyte Taine. Er ist der Begründer der positivistischen Literaturtheorie, wonach der Mensch von Abstammung, sozialem Umfeld und seiner Zeit determiniert und in seinem Denken und Tun abhängig bestimmt sei. Taine wurde damit auch zum maßgebenden Theoretiker des literarischen Naturalismus, der zu jener Zeit, als Annette Kolb in Paris war, in dem 20bändigen Romanzyklus ›Les Rougon-Macquart‹ von Émile Zola seinen künstlerischen Höhepunkt erreichte. Annette Kolb wußte wohl von Taines historischer Bedeutung, scheint sich aber mit seinem Werk kaum auseinandergesetzt zu haben. Auch sind Einflüsse auf ihr eigenes literarisches Werk nicht auszumachen. In ihrem Aufsatz ›Bei Taine‹ irrt sie denn auch, wenn sie behauptet, Taine sei 70 gewesen. Tatsächlich wurde Taine nur 64 und starb im März 1893 in Paris.

Bei der Begegnung wenige Monate vor seinem Tod muß sie auf die Salongesellschaft wohl etwas hilflos und provinziell gewirkt haben. Sie selbst gesteht, sie habe, als Taine sich ihr zuwandte und zu ihr sprach, nur geschwiegen und vor lauter Aufregung kein Wort verstanden: »Denn ich gewahrte – jetzt erst –, daß seine Worte, die meinem Gedächtnis zeitlebens nicht entfallen sollten, – gänzlich an mir vorbei geklungen waren, und daß ich keine Silbe davon vernommen, geschweige denn behalten würde. Der Eindruck seiner Persönlichkeit war zu überraschend gewesen.«[27] Als Annette Kolb noch am selben Abend zu einer anderen Veranstaltung eilte – sie nannte dies ihre »Geselligkeitsphase«[28] –, wurde sie bitter enttäuscht. Auf ihre stolze Verkündung hin, sie sei bei Taine gewesen, erntete sie nur gleichgültiges Achselzucken und lästerliche Anfeindung: »Jetzt unterbrach mich aber eine alte, wundervoll frisierte Dame, ›Vous en êtes fière?‹ sagte sie und fixierte mich mit großen, wie absichtlich ausdruckslosen Augen: ›Eh bien, ma bonne petite, pour nous c'est le diable.‹«[29] [»Sie sind darauf stolz? Nun, meine gute Kleine, für uns ist das der Teufel.«]

Irgendwann in diesen 1890er Jahren (auf jeden Fall vor 1904) lernte Annette Kolb durch Vermittlung einer Bekannten den damals schon legendären Bildhauer Auguste Rodin kennen, der damals noch nicht in Meudon wohnte. Er hatte bereits Skulpturen wie »Das eherne Zeitalter«, »Der Denker«, »Die Bürger von Calais«, »Der Kuß« und »Balzac« vollendet. Der Empfang glich einer Audienz: Der Bildhauer war in seinem Atelier so von Menschen umringt, die ständig kamen und gingen, daß Annette Kolb es zunächst nicht wagte, ihn anzusprechen. Erst im Gehen trat sie an ihn heran und fragte, ob sie wiederkehren dürfe, woraufhin er sie einlud, doch immer freitags zu kommen. Sie besuchte Rodin noch dreimal und betrachtete dabei im Atelier eingehend die Skulpturen und Entwürfe. Dabei stellte sie sich die

Frage, was sie daran anziehe, und fand die Antwort in Rodins Hinwendung zur Ausdruckssprache der Antike, verknüpfte dies jedoch zugleich mit Überlegungen zum deutschen und französischen Nationalcharakter:

»Rodins diminutive Götterwelt war es, die mich hinriß. Von einer göttlichen Zartheit beseelt, war ein intensivstes, jenes echte Griechentum Rodins Anteil geworden, das wir gerade im französischen Gräcismus in der Regel vermissen. Es ist doch höchst merkwürdig, daß die feinsinnigste Nation der Welt in ihrer Fühlung zur Antike hinter den rauheren Deutschen zurücksteht [...] und daß [...] ihr [der Franzosen] Geist ein ungriechischerer ist. So allein läßt sich erklären, wie bei ihnen, deren Stilgefühl dem unseren so überlegen ist, auf rein *ideellem* Gebiete das Extreme und Maßlose freieren Lauf nimmt.«[30]

Die musikbegeisterte Annette Kolb war natürlich auch nach Paris gekommen, um Musik zu hören und Musiker kennenzulernen. Zur damaligen Zeit war ihr bereits die Musik Claude Debussys und Maurice Ravels vertraut, ja selbst Gabriel Fauré, der einer breiteren Schicht in Deutschland lange Zeit unbekannt war, wurde von ihr lobend erwähnt. In ihrem nachgelassenen, undatierten Aufsatz aus späterer Zeit ›La Musique aujourd'hui‹ analysiert sie die musikhistorische Bedeutung einiger Werke von Hector Berlioz. In einer Randausführung des Essays erwähnt sie Fauré und meint tadelnd: »Viele von uns glaubten, gut auf Gabriel Fauré verzichten zu können, doch offenbaren sich heute die gleichermaßen intimen wie zurückhaltenden Schönheiten seiner Musik.«[31]

Persönlich lernte Annette Kolb Fauré nicht kennen, wohl aber Claude Debussy. Wenngleich der Besuch bei Debussy erst nach der Jahrhundertwende stattfand, fällt ihre Beschäftigung mit seiner Musik doch bereits in die Jahre vor 1900. Später, 1933/34, spielte sie im irischen Rundfunk Klavierstücke von Debussy und referierte darüber. Notizen hierzu haben sich erhalten. Darin erzählt sie, sie habe in den 1890er Jahren einen (nicht überlieferten) Artikel über Debussys ›Fünf Lieder nach Gedichten von Baudelaire‹ (1887–1889) verfaßt und dem Komponisten nach Paris gesandt. Sie habe zwar kein Antwortschreiben erhalten, wohl aber habe er ihr bis zum Ausbruch des Ersten Weltkriegs regelmäßig signierte Exemplare seiner Werke zugesandt, u.a. ›Prélude à l'après-midi d'un faune‹ in der Fassung für zwei Klaviere (1892–1894) und die Partitur der Oper ›Pelléas et Mélisande‹ (Uraufführung 1902, Erstausgabe 1904). Wieder in Paris, ging sie zu ihm, um sich zu bedanken: »Auf und ab gehend sprach er über Musik und wollte wissen, welches Echo er in Deutschland fand. Von Richard Strauss sprach er mit einer Mischung aus Bewunderung und Verschüchterung. ›Und Wagner?‹ fragte ich. Er blieb stehn, sah auf und sagte mit großem Nachdruck: ›Ich habe ihn sehr geliebt.‹ Sein Gesicht war wie das eines Assyrers, und ich habe nie einen melancholischeren Kopf und einen nachdenklicheren Gesichtsausdruck gesehen. Ich sah ihn nur dies eine Mal. Bald darauf brach der Krieg aus, und ich habe nie mehr von ihm gehört.«[32] Die wertvollen Dedikationsexemplare von Debussys Werken gingen ihr in den Wirren des Exils nach 1933 verloren. Nur die Klavierstücke ›Images‹, so Annette Kolb 1954, seien ihr geblieben.[33]

Will man der autobiographischen Erzählung ›Spitzbögen‹ (1925) Glauben schenken, so war Annette Kolbs erste Reise nach Italien um 1897 weniger beglückend. Obwohl sie fließend Italienisch konnte, verleideten ihr etliche Mißhelligkeiten die Reise nach Fiesole und Florenz. Von den »Florentiner Mißgeschicken«[34] handelt auch der Großteil der tragikomischen Erzählung. Etwas außerhalb von Florenz wohnte sie drei Wochen lang bei einer englischen Dame, die ihr als »Hexe« erschien. Sie mußte nur für die Reisekosten aufkommen. Unterkunft und Verpflegung waren frei, sofern sie der »spinster« (alte Jungfer) allabendlich am Klavier vorspielte.

Die materielle Not im Hause Kolb hatte sich verschärft, und so hatte sie – wollte sie Italien kennenlernen – keine andere Wahl. Kurz zuvor nämlich hatte man die Mitgift der Schwestern opfern müssen, um die Spielschulden des Bruders Emil tilgen zu können, der um 1896 Deutschland fluchtartig verlassen mußte und später Holzimporteur in Rußland wurde.

Die drei Wochen bei der Gastgeberin wurden zur Qual. Zu Fuß in die Stadt waren es zwei Stunden. Annette Kolb ging diesen Weg täglich und verbrachte den ganzen Tag in Florenz, nur um der englischen Dame auszuweichen.

Damals befand sie sich wieder einmal in einer existentiellen Krise, mit verursacht durch das Gefühl unbefriedigender privater und beruflicher Ziellosigkeit. Die schriftstellerische Laufbahn, im Münchner Café Fahrig so mutig begonnen, drohte im Sande zu verlaufen. Außer ein paar verstreuten Artikeln in verschiedenen Zeitungen und Magazinen war noch nichts erschienen. Der Verlust der Mitgift ließ auch die Chancen sinken, sich zu verheiraten, denn sie galt allgemein – im Gegensatz zu ihrer Schwester Germaine – als wenig schön. Zudem war sie fast dreißig Jahre alt, für damalige Verhältnisse beinahe ein »altes Mädchen«. Immer noch lebte sie im Elternhaus und war vom Vater finanziell abhängig. Ungeachtet aller Talente war ihr die Möglichkeit verwehrt, ihren Lebensunterhalt selbst zu verdienen. Sie hatte keine Berufsausbildung, und allgemein konnten Frauen damals fast nur im Erziehungsbereich oder in der Fabrik arbeiten. Ein Studium an einer Hochschule aufzunehmen, war für Frauen noch die Ausnahme, und außerdem fehlte es bei Kolbs an dem dafür notwendigen Geld.

So verbrachte Annette Kolb diese drei Wochen in Florenz in einem melancholischen Dämmerzustand. Sie war weitgehend unempfänglich für die Schönheiten der Stadt und der Landschaft, phantasierte, wie sie gesteht, in »albernen Träumen«[35] tagelang in der Vorstellung, sie sei eine berühmte Orchesterdirigentin, bis es auf offener Straße zum körperlichen Zusammenbruch kam: »Als ich den Taktstock hinlegte, entstand ein unheimliches Geheul der Begeisterung. Man stürmte das Podium. Ich sah, ich hörte noch den Jubel der entfesselten Scharen, konnte aber nicht mehr zur Wirklichkeit zurück. Plötzlich sah man mich schwanken. Ich brach zusammen.«[36]

Der Plan, zu Silvester ein befreundetes Ehepaar in Rom zu besuchen, scheiterte, und so verließ sie nach drei Wochen Florenz und die »Hexe«, die alle Klischees der englischen Küche erfüllt und sie statt mit Gemüse mit »ungenießbarem Schilfe« bewirtet hatte, während »das Brot in den knolligen Rohzustand zurückkehrte«.[37] Da Annette Kolb auf der Rückreise nach München ihrem Faible für Hüte nachgab und sich einen weiteren zulegte, reichte das Geld für eine Fahrkarte lediglich bis Bozen. Endlich traf telegraphisch doch noch Geld von den Eltern ein, und so kam sie, abgerissen und ausgefroren, um einige Illusionen ärmer, aber immerhin mit neuer Kopfbedeckung im winterlich verschneiten München an.

Das Jahr 1899 sah sie in depressiver Verfassung, sie schien orientierungsloser denn je: »Tatsächlich sah ich alles schwarz, was meine Arbeit anbelangt, und ich verlor allen Mut.«[38] Aus Trotz entschloß sie sich endlich, der Welt zu zeigen, daß sie etwas zu sagen hatte. Aber keine Zeitungsartikel! Ein richtiges Buch mit Aufsätzen, Phantasien und Gedichten sollte es werden. Da sich kein Verleger dafür interessierte, verwendete sie eine kleine Erbschaft und ließ es auf eigene Kosten drucken. Es erschien 1899 unter dem Titel ›Kurze Aufsätze‹. Der Anfang war gemacht.

»Hofnarrenposten« –
Auf dem diplomatischen Parkett (1899–1906)

Die Freude über ›Kurze Aufsätze‹ währte nicht lange. Das Büchlein, knapp 90 Seiten stark, fand so gut wie keine Leser. Noch 1954 erinnerte sich die Dichterin deprimiert: »Das heftartige Buch, auf eigene Kosten publiziert, wurde nirgends erwähnt, und alle Buchpakete gingen an mich zurück.«[1]

Aus heutiger kritischer Distanz heraus muß eingeräumt werden, daß die ›Kurzen Aufsätze‹ allenfalls noch historisches Interesse verdienen. Von Annette Kolbs späterer sprachlicher Eleganz, von ihrem ironischen Witz und ihrer feinen Beobachtungsgabe ist darin kaum etwas zu ahnen. Daß sich dafür kein Verleger fand, ist nicht verwunderlich. Schon der Titel war eine Verlegenheitslösung. Die vierzehn Texte umfassen musikalische Betrachtungen, Reiseerinnerungen mit Symbolcharakter, Gedichte, Gedichte in Prosa und symbolistische Traumnotate. Auch finden sich darin deutsche und französische Texte nebeneinander. Ihr war nicht nur der Gebrauch beider Sprachen selbstverständlich, sondern sie erwartete – wohl eher unbewußt – von Anfang an auch von den Lesern, daß sie beider Sprachen mächtig waren und den französischen Kulturkreis gleichberechtigt neben den deutschen stellten. Ein politischer Anspruch war indes noch kaum auszumachen, sieht man von dieser provokanten Äußerlichkeit in einer Zeit offiziell genährten Frankreichhasses einmal ab. Im Gegenteil: Sowohl die noch gekünstelte Sprache als auch die stark symbolistischen Inhalte waren nicht dazu angetan, breitere Leserkreise außerhalb des Bildungsbürgertums anzusprechen.

Besonders die Traumnotate geben Einblick in Annette Kolbs damalige unsichere, verstörte Seelenlage. ›Le revenant‹ [Der Wiedergänger] ist eine Traumgeschichte, die sehr an bestimmte »Gedichte in Prosa« (Prosatexte mit lyrischer Metaphernkonzentration) von Charles Baudelaire und Iwan Turgenjew erinnert. Annette Kolb kannte Baudelaires Werke und mag durch den Franzosen dazu angeregt worden sein. ›Le revenant‹ endet mit einer tiefenpsychologisch grundierten Selbsterkenntnis, einem

Selbsterschrecken: »und ich hörte eine Totenglocke auf dem Grund meiner selbst läuten: DER WIEDERGÄNGER; DAS WAR ICH!«[2] Sinnverlust, Einsamkeit, Verfall und Tod sprechen auch aus anderen Texten des Bandes. Im ›Herbstlied‹ etwa werden das Licht und die Süße dieser Jahreszeit lyrisch besungen, bis am Ende die beunruhigende Frage gestellt wird: »Ist Verfall dein Sinn? / Oder lächelst du über den Tod?«[3] Dieser metaphorische Vergleich von Herbst, Verfall und Tod ist ein abgegriffenes lyrisches Versatzstück und wäre als solches kaum erwähnenswert, würde in dem Buch nicht auch an anderer Stelle die Angst vor der Einsamkeit und der unbeantworteten Frage thematisiert. In ›Der Walchensee‹ wird ein Wanderer beschrieben, der nächtlich in den Bergen unterwegs ist und – überwältigt von der schemenhaften Schönheit der Natur und des Sternenhimmels – ausruft: »Ach käme nimmer der Morgen!« »Doch plötzliches Entsetzen«, so die Erzählerin, »fasste ihn alsbald [...] von jeder Felswand rauschend und vom Strande [des Sees] wiederhallend [sic], ein traumversunkenes und im Traum gefundenes Echo: Ach, käme nimmer der Morgen! Käme nimmer der Morgen!«[4] Untergang und Verfall auch in ›Die Heruntergekommenen‹ im metaphorischen Vergleich einer alten Adelsfamilie mit einem Wildbach: Dieses Geschlecht ist zunächst wie ein breiter, ruhiger Fluß, der sich allerdings im Laufe der Jahrhunderte tiefer und tiefer ins Bett eingräbt und sich so verengt; er wird dabei zum rauschenden, tosenden Bach: »Als wilder umdunkelter Bach stürzt er im Schatten dahin.«[5] Inwiefern die Autorin mit den ›Heruntergekommenen‹ auch ein wenig die eigene Familie meinte, ist nicht mit Sicherheit auszumachen.

Poetologisch verweisen die ›Kurzen Aufsätze‹ auf die starke Unsicherheit, auf das mangelnde Selbstbewußtsein und die Verzagtheit der angehenden Autorin, wie sie in der Betrachtung ›Das Traumbuch‹ zum Ausdruck kommt: »Die einzige Genugtuung jedoch, welche mir diese endlich errungene Erkenntnis bot, war, daß ich mich frei sprechen konnte von aller Schuld, wenn keine Gedichte und keine Romane aus meiner Feder flossen, denn wie viel besser wußte ich als alle andern, daß ich keine zustande brachte!«[6] Als die Ich-Erzählerin daraufhin einen

Traumkundigen nach der Bedeutung des Geträumten und nach ihrem Talent fragt, stößt sie auf Verunsicherung und Abwehr: »Zuerst war der Mann vom Fach sehr ernsthaft drei Schritte zurückgewichen und hatte mich angestarrt. – Aber in sein langes, herzliches und eindringliches Lachen musste ich am Ende doch einstimmen.«[7]

Diese kurze Traumgeschichte mag durch Adolf von Hildebrands abratende Haltung gespeist worden sein. Die Reaktion auf die ›Kurzen Aufsätze‹ jedenfalls war mindestens ebenso verunsichernd. Hätte man über das Werk nur geschwiegen! Doch weit schlimmer für die Autorin: einige zerrissen sich den Mund darüber und gaben sie der Lächerlichkeit preis. »Weiß der Teufel, warum meine Münchener Bekanntenflora, meinen Entschluß zu schreiben mit solchem Hohn salutierte. Als ich, durch zuviel Widerstand rabiat geworden, mein Erstlingswerk, ein gestelztes und weltschmerzliches Buch von 87 Seiten auf Selbstkosten herausgab, war des Gelächters kein Ende. Acht Exemplare wurden aus Jux sofort abgesetzt und bei Tees und Soireen zum Gaudium aller vorgelesen.«[8]

Was die um den Teetisch Sitzenden nun genau zum Lachen reizte, kann aus dieser ungefähren Äußerung nicht abgeleitet werden. Wenn es das sorglose Durcheinander von poetischer Stimmung und Argumentation war, so war die Kritik sicherlich berechtigt. Doch ist zu vermuten, daß spießbürgerlicher Neid viel zur Häme beitrug: In manchen Kreisen Münchens verzieh man es der Familie Kolb wohl nicht, daß sie sich vom »Größenwahn«, wie Annette Kolb selbst schmunzelnd meinte, hinreißen ließ und kraft der Überzeugung, etwas Besonderes in Weltanschauung und Lebensführung zu vertreten, die hierarchische Konvention der Münchner Feudal- und Bürgergesellschaft in Frage stellte. Die Kritik an der schriftstellernden Tochter aus zweifelhaftem Hause mag so gesehen eine Mischung aus Neid einerseits und Angst vor dem Spiegel andererseits gewesen sein, ein Spiegel, den die mit sämtlichen Gesellschaftsschichten, ihren Dummheiten, Eitelkeiten und Skandälchen vertraute Annette Kolb später mit ihrem Roman ›Daphne Herbst‹ (1928) vorhalten sollte.

Nach diesem Verriß und den Anfeindungen kam es der verzagten Autorin nur entgegen, daß sie eine Einladung nach Rufford Abbey in Nottinghamshire/England erhielt. Gastgeberin war Violet Savile. Als Gattin des britischen Legationssekretärs Helyar war sie wenige Jahre zuvor nach München gekommen und über Barrères Frau mit Annette Kolb zusammengetroffen. Nach dem Tod ihres Mannes heiratete Violet Helyar Lord Savile und wurde Herrin auf dem Landschloß Rufford Abbey, wo auch der spätere König Edward VII. (er regierte von 1901 bis 1910) sich gern aufhielt.

Das britische Empire, das größte Weltreich der Menschheitsgeschichte, das etwa ein Drittel der Erdoberfläche umspannte, stand auf dem Zenit seiner Macht. Noch herrschte die legendäre Königin Victoria, die bald darauf, im Januar 1901 sterben sollte. Britannien sonnte sich im Glanze seiner Macht und seines Reichtums, gespeist aus der heimischen Industrie, dem Seehandel, aber auch aus den Gütern, die den Kolonien abgepreßt wurden. Doch innerhalb Englands gärte die soziale Frage: Die Verelendung in den Arbeiterslums der verdreckten Industriestädte nahm zu. Die Prosperität erreichte nur die herrschenden Schichten. Wenige Jahre zuvor war in London der irische Dichter Oscar Wilde wegen »Unzucht mit Männern« zu zwei Jahren Zwangsarbeit verurteilt worden. Nur vordergründig bestrafte das britische Gesellschaftssystem seine homosexuelle Neigung. Man rächte sich an Wilde für seinen beißenden Spott, mit dem er die Hohlheit und Eitelkeit der englischen Gesellschaft anprangerte. Außerdem hatte er 1891 in seinem Essay ›Der Sozialismus und die Seele des Menschen‹ eine gerechtere Verteilung der Güter als Grundvoraussetzung einer friedlichen Gesellschaft gefordert und einen auf den Werten des Christentums basierenden Sozialismus vertreten.

In dieses moralisch rigide, ständisch erstarrte Land fuhr Annette Kolb im August 1899. In ihren Erinnerungen an den Aufenthalt, 1906 erschienen, sucht man jedoch vergebens nach Niederschlägen der sozialen Spannungen im Inselreich. Daß sie gleichwohl nicht blind dafür war, zeigen Äußerungen in ihrem ersten Roman ›Das Exemplar‹ von 1913, worin sie unmißverständlich das Los der englischen Arbeiterklasse beklagt: »Denn jene selbe Gleichförmigkeit, die ihr an den glatten, großfenstrigen Häusern der Reichen würdig, stilvoll und motiviert erschien, wie schmachvoll ist sie in den Slums! Und Sklaven waren das, die hier mit gemordeter Phantasie, ja wie Geblendete in solch unerhörten Häusern zu wohnen einwilligten, an denen nicht ein Fenster, nicht eine Tür von der des Nachbarn sich unterschied, sondern die in ihrer schmählichen Gleichförmigkeit wie Sträflinge dastanden, ihre meilenlangen, niedrigen Reihen verzweifelt ausgestreckt, Händeringende, Lebendig-Begrabene, Bilder der Hölle!«[9]

Wie bereits in ihrer frühen Kindheit erlebt und wie auch in den ›Kurzen Aufsätzen‹ thematisiert, durchlebte Annette Kolb auch in Rufford Abbey Augenblicke an der Grenze zwischen Realität und Parapsychologie. Bereits im Zug träumt ihr von einer alten Dame in einem hohen Zimmer: »Und ich sah in einem hohen Lehnstuhl, der aber nicht entfernt bis zu dem Fenster reichte, die Umrisse einer zarten und kostbar gekleideten, aber schon sehr alten Frau [...] Als ich aber, seltsam zu ihr hingezogen, nähertrat und in der sinkenden Dämmerung sie zu erkennen suchte, da zerfiel, zersetzte, zerfetzte sich ihr Angesicht vor meinen Augen zu dem eines grauen, unnennbaren Gespenstes, und schaudernd streckte ich die Hand aus, um den furchtbaren Anblick von mir abzuwehren.«[10] Als sie kurze Zeit später durch das Schloß geführt wird, erkennt sie mit Grauen das hohe Zimmer ihres Traumes bis in Einzelheiten wieder. Auch in den folgenden Tagen ihres Aufenthaltes hat sie wiederholt Träume, Visionen und Angstzustände, die ihr – nicht zum ersten Mal in ihrem Leben – die Nähe zum Tod veranschaulichen: »Zum Greifen nahe war ich in dieser letzten Nacht bis zu des Todes Schranken lauschend vorgetreten. Denn des Todes Sicherheit entsendet einen Lockruf, vor welchem des Lebens unsicheres Licht in dunkler Müdigkeit erschauert.«[11] Hermann Kestens späteres Aperçu, Annette Kolb sei nur deswegen so alt geworden, weil sie den Tod zutiefst haßte, kann vor diesem Hintergrund dahingehend erweitert werden, daß sie wohl auch deshalb so alt wurde, weil sie dem Tod seit jeher nahe stand.

Zurück aus England, standen die Feiern zur Jahrhundertwende an. In Paris wurde eine Weltausstellung eröffnet, die im Laufe des Jahres 47 Millionen Menschen besuchten. Anders als in unseren Tagen blickte man damals dem neuen Säkulum mit Freude, Erwartung und Zuversicht entgegen. Das positivistische Vertrauen in die Segnungen von Technik und Wissenschaft, der naive Glaube an den zivilisatorischen Fortschritt der Menschheit waren ungebrochen. Erst die Katastrophe des Untergangs der »Titanic« im Jahre 1912 und der Erste Weltkrieg sollten den Fortschrittsglauben erschüttern.

Besonders *eine* Erfindung erregte um 1900 die Gemüter, wie ein grantelnder Kommentator der ›Münchner Neuesten Nachrichten‹ bezeugt: »Mit de Luftschiff is's überhaupt nix, net amal aussteig'n kann ma wann ma will.« Seit einigen Jahren experimentierte Graf Ferdinand von Zeppelin mit gasgefüllten Luftschiffen. Am 2. Juli 1900 unternahm er in Friedrichshafen am Bodensee die erste erfolgreiche Fahrt. Die nach ihrem Konstrukteur benannten Zeppeline wurden ernsthafte Konkurrenten der anfänglich noch weit unzuverlässigeren Flugzeuge. Bald wurde ein regelmäßiger Zeppelin-Linienverkehr zwischen Europa und Amerika eingerichtet. Auch Annette Kolb verfolgte die Luftfahrtexperimente des Grafen mit Interesse und Neugier. Noch 1932 hat sie nur Verachtung für die Unkenrufe übrig, die um 1900 ein Mißlingen der hochfliegenden Pläne voraussagten: »Was las ich damals nicht alles über die mißglückten Flugversuche des Grafen Zeppelin. [...] Man hatte seinen täglichen Ulk mit dem ›Ikarus von Lindau‹, dem ›Flieger über den Bodensee‹, dem ›schwäbischen Engel‹. [...] Jetzt brüstet man sich, Kunststück. Es fliegt vor aller Welt. Jetzt ist man stolz. Recht so!«[12]

Ihr Blick ging nicht nur nach Friedrichshafen, sondern auch nach Augsburg: Die Stadt war seit 1897 Zentrum der Ballonbautechnik. August von Parseval leitete dort eine Versuchsstation für Aviatik, August Riedinger besaß eine Fesselballonfabrik. Bezeichnenderweise war es – darf man der Darstellung Annette Kolbs glauben – gerade der Ekel vor den Deutschen, der sie um 1911 einmal veranlaßte, das patriotische Dilemma weit unter sich zu lassen: »Aber noch war keine Woche vergangen, da hatte ich mich über die Deutschen schon wieder so geärgert, daß ich in Augsburg einen Freiballon bestieg, und dieser Welt, über die ich mir keine Illusion mehr machte, in einem kleinen Korb davonflog.«[13]

Sie ärgerte sich seit dem Jahre 1900 viel über die Deutschen. Bernhard von Bülow wurde in jenem Jahr Reichskanzler und unterstützte die aggressive Kolonial-, Rüstungs- und Flottenbaupolitik des Kaisers. Bülow ist auch der berühmte Satz zuzuschreiben: »Wir wollen niemand in den Schatten stellen, aber wir verlangen auch unseren Platz an der Sonne.« Noch im selben Jahr wurde, wie bereits ein Jahr zuvor auf den Karolinen und Marianen, auch auf Samoa im südlichen Pazifik die deutsche Flagge gehißt. Wenige Jahre zuvor waren bereits Territorialbesitzungen in China (Tsingtau), auf Neuguinea und in Afrika (Togo, Kamerun, Südwestafrika, Ostafrika) gekauft oder annektiert worden. Die gesamte Fläche der deutschen Kolonien betrug etwa 2,6 Millionen Quadratkilometer, ein Fünffaches des Reichsgebietes. Gestützt wurde diese Expansionspolitik durch eine schnell ausgebaute Handels- und Kriegsflotte. Der Reichstag genehmigte im Juni 1900 die Tirpitzsche Flottenvorlage: Demnach sollte die Hochseeflotte bis 1917 verdoppelt werden. Die Rüstungsausgaben für Armee und Marine stiegen in Deutschland von ca. 21 Millionen englischen Pfund (internationaler Vergleichswert) im Jahre 1880 auf ca. 110 Millionen Pfund im Jahre 1914.

Annette Kolb sah diese Entwicklung mit Abscheu und Sorge. In dem bereits zitierten Artikel über ihre Ballonfahrt warnt sie vor einem kommenden Krieg und interpretiert ihn – für die damalige Zeit ungewöhnlich – psychologisch als massendynamische Ersatzhandlung, als Flucht vor eigener nationaler Unzulänglichkeit: »– da, – ich kann nicht sagen, wie mir das vorkam, daß wir noch daran dachten, einen Krieg aus der Rumpelkammer der Menschheit hervorzuziehen. Aber ich sah auch, daß er noch möglich war, falls wir es überall, bei den tausend Anstößen zu unserer inneren Unzufriedenheit beließen, so daß uns zuletzt, unter dem Schein der Rivalität, nichts anderes als das [sic] wachsende Malaise über die eigene Unerfreulichkeit außer Hause triebe, bis wir endlich, uns selber fliehend, lieber mit Waffengewalt ins fremde

Land einfallen werden, als uns selber länger zu ertragen.«[14] Sie besprach diese Gedanken und die Schwierigkeit einer deutsch-französischen Aussöhnung wieder mit Camille Barrère. Dieser war seit 1897 französischer Botschafter in Rom. Annette Kolb besuchte ihn mehrmals dort, so auch im Jahre 1900, nach Bernhard von Bülows Ernennung zum Reichskanzler. Im Gespräch äußerte Barrère über Bülow: »C'est un habile diplomate; ce ne sera pas un homme d'État« [»Das ist zwar ein gerissener Diplomat, aber er wird kein Staatsmann sein«].[15] Was folgte, war der Beginn von Annette Kolbs »Privatdiplomatie«, wie sie es selbst nannte. Zeitlebens versuchte sie, ihre persönlichen Bekanntschaften zu Diplomaten und Politikern zu nutzen, um den in ihren Essays formulierten politischen und weltanschaulichen Überlegungen und Idealen Gewicht zu verleihen. Daß sie dabei in naiv-idealistischer Weise vorging und letztlich kaum für den Umgang auf dem glatten Parkett der Politik taugte, war ihr wohl bewußt: »Wem sollte ich meine Vermutungen, von deren Richtigkeit ich so felsenfest überzeugt war, und dass ich meine beiden Hände verpfändet hätte, anvertrauen? [...] Wer achtete denn auf mich? Ich sah mich unter den deutschen Diplomaten um. Ich kannte da nur Kühlmann und besass auch noch die bei der deutschen Bureaukratie so verfehmte [sic] Eigenschaft der Jugend. Ihm schrieb ich nun einen langen Brief in dem ich alle meine Eindrücke und Beobachtungen über Barrère zusammenfaßte. Er ging sofort darauf ein.«[16]

Immerhin gelang es ihr, einige der Diplomaten, so auch Barrère und Kühlmann, die beide von der Notwendigkeit einer deutsch-französischen Aussöhnung überzeugt waren, miteinander in Kontakt zu bringen. Doch stellte die »Privatdiplomatin« Annette Kolb, sofern man ihre Hilfe als Botin und Korrespondentin benötigte, ihre Partner auf harte Proben. Zu sehr versuchte sie immer wieder, ihre – notwendigerweise beschränkten – Einsichten in die diplomatischen Unterhandlungen durchzusetzen: »Ah! vous n'êtes pas une race de diplomates! [Ach! Sie sind kein geborener Diplomat!] rief er [Barrère] einmal in einer Art von Enasperation aus (ich weiß kein anderes Wort!). Si vous voulez vous entendre avec nous, vous ne savez vraiment pas le dire.

[Wenn Sie sich mit uns verstehen wollen, so wissen Sie es dennoch nicht zu sagen.] Denn ich beteuerte ihm immer wie sehr wir eine Entente mit Frankreich anstrebten.«[17]

Als 1904 die Entente cordiale zustande kam, ein militärisches Bündnis zwischen Frankreich und Großbritannien, war dies ein entscheidender Schritt zur politischen Isolierung Deutschlands. Die Kriegsgefahr war dadurch gewachsen. Dies durchkreuzte die Pläne Annette Kolbs und Camille Barrères. Doch solange er Botschafter in Rom war, konnte er wenig in seinem Sinne bewegen. So versuchte er eine Versetzung nach Berlin zu bewerkstelligen. Annette Kolb glaubte dienlich sein zu können, da sie ja gute Verbindungen zu Richard von Kühlmann besaß. Doch versagte sie schmählich, als sie einen Brief von Lady Savile, bei der der englische König häufig zu Besuch war, mit einer vertraulichen Mitteilung an Barrère unterschlug. Damals war sie auf Barrères heimischem Besitz, Schloß Montfort l'Amaury in der Nähe von Paris, zu Gast. Wahrscheinlich war sie von der Last ihrer Verantwortung schlicht überfordert. Vielleicht auch war sie sich der Folgenschwere ihrer Handlung gar nicht bewußt:

»Über England bewahrte er [Barrère] indes ein umso merkwürdigeres Schweigen, als doch gerade die Flitterwochen der Entente Cordiale einsetzten. Da überraschte mich eines Morgens der 8 Seiten lange Brief von Lady Savile die schrieb mir so gut wie nie. Ihr Brief bezog sich fast ausschließlich auf Barrère (auf sein diplomatisches Genie und seine Macht; er könne in Frankreich was er nur wolle, u. sei ein herrlicher Mensch. Ob er sich noch ihrer erinnere? ich solle ihn vielmals von ihr grüssen). Ich ging mit dem Brief hinunter; er [Barrère] war noch nicht da. Es lagen immer Berge von Zeitungen auf; Das erste was ich in der Times entdeckte war eine Notiz über König Eduard, der seit 4 Tagen der Gast von Lady Savile in Rufford Abbey war, deren Brief ich gerade in Händen hielt. Ich sah nach dem Datum: es lag nur 2 Tage zurück. Da unterschlug ich ihre Complimente!«[18]

Das französische Wort »compliment« bedeutet nicht nur »Schmeichelei«, sondern auch »Empfehlungsschreiben«. Was in dem Brief stand, wissen wir nicht. Da sich zur Zeit der Abfassung jedoch auch König Edward VII. in Rufford Abbey aufhielt, wäre es durchaus möglich, daß sich auch ein persönliches Schreiben des Königs im Kuvert befand. Doch bleibt dies alles Spekulation. Als Annette Kolb kurz darauf in Paris zufällig mit einem Sekretär der englischen Botschaft zusammentraf, erregte sie – fast wie eine Doppelagentin – Mißtrauen auf beiden Seiten:

»Er [der Sekretär der englischen Botschaft in Paris] war ein großer Bridgespieler, und interessierte sich scheinbar nur für Kunst. Ich erschrak daher sehr, als er anfing mich recht geschickt über Barrère zu befragen, und das Gespräch immer wieder auf ihn lenkte. ›Wir wissen ja ganz genau‹, sagte endlich er, ›dass Barrère ein Gegner der Entente ist. Es ist also nicht der Mühe wert ein Staatsgeheimnis daraus zu machen.‹ Als ich abends nach Montfort zurückkehrte war Barrère für's erste unsichtbar. Seine Frau aber erwartete, sie empfing mich mit einer lebhaften und vollkommen gespielten Herzlichkeit. Wie hatte ich den Tag zugebracht? Hatte ich mich unterhalten? ja? – – Bekannte getroffen?... Nein?... Da stand mir das Herz still. Denn blitzschnell durchfuhr mich die Gewissheit, dass man in diesem Hause von meiner Begegnung mit dem englischen Diplomaten informiert war. Zugleich übersah ich den Argwohn, der wohl oder übel in Barrère aufsteigen mußte. Der Schein war der: daß Barrère auf meine nirgendwo verbrieften Beziehungen zu einem deutschen Legationsrat hin, offen seine Geneigtheit Fäden mit Deutschland anzuspinnen, durchblicken liess, ich aber mit meinem Sack voll Neuigkeiten nach Paris fuhr und dort mit einem englischen Diplomaten zusammentraf.«[19]

Annette Kolb hatte noch tiefergehende Beziehungen zur englischen Diplomatie. Im Jahre 1902 war John Ford als Nachfolger Helyars (des ersten Mannes von Lady Savile) an die britische Gesandtschaft nach München gekommen und im Salon Sophie Kolbs mit Annette zusammengetroffen. Beide verband nicht nur die Liebe zur Musik und die Lust, diplomatische Fäden zu knüpfen, sondern auch eine zärtliche Zuneigung. Es sind aus der Zeit von 1902 bis 1912 Briefe und Karten John Fords an Annette Kolb erhalten: Sie sprechen eine äußerst zurückhaltende, reservierte Sprache, Distinktion und Etikette werden nie außer acht gelassen. Ford beginnt jeden Brief mit »Dear Miss Kolb« und endet mit »Your sincerely John Ford«. »Allerdings konnte es geschehen«, so die Dichterin in ihrem ersten Roman, »daß er nur ein paar Sätze, wie auf einen Anlauf hin und aufs Geratewohl geschrieben, an sie gehen ließ, allein sie wußte, daß es etwas Unerhörtes für ihn war, einen Briefwechsel mit irgend jemand aufrechtzuerhalten, so daß sie sich mit solchen Notsignalen begnügte.«[20] Aus den Briefen geht jedoch hervor, daß sie häufig gemeinsam musizierten und auch die Oper besuchten. Auch war Ford zusammen mit Annette Kolb zu Gast bei Adolf von Hildebrand in dessen Bogenhausener Villa. Der Engländer zeigte ehrliches Interesse an Annette Kolbs Aufsätzen und Büchern; wiederholt bittet er sie um Zusendung bestimmter Schriften aus ihrer Feder. Als sie sich wieder einmal, wohl vorbelastet durch ihren mißratenen Florenz-Aufenthalt, über die Italiener ereifert, weist er sie sanft zurecht: »I rather agree with your views on Roman architecture, but are you not a little severe on the population? They have their good sides.«[21] »Verbrieft« hat sie diese Liebelei wenige Jahre später in ihrem Roman ›Das Exemplar‹ – und setzte dem englischen Diplomaten damit ein dichterisches Denkmal, das Zartheit und Zärtlichkeit gleichermaßen ausströmt.

In Montfort jedenfalls mißtraute man an jenem Abend der deutschen Schriftstellerin wegen ihrer Beziehungen zur englischen Diplomatie, doch konnte Annette Kolb die Bedenken wieder zerstreuen:

»Mir zitterten noch die Knie, als es zu Tische ging. Barrère führte mich wie gewöhnlich. Ich war der einzige Gast. Vor der Türe hielt ich ihn einen Augenblick zurück, drückte, schüttelte im Affekt seinen Arm und sagte: ›man darf mir vertrauen! und ich weiss wie schnell eine Indiskretion begangen ist!‹ Es war alles, was ich ihn von den Schlingen verriet, die mir gelegt worden waren, und die er natürlich erraten hatte. Aber ich hatte es jetzt heraus, daß Barrère die Entente cordiale für eine gefährliche Transaction hielt, mit der er nichts zu tun haben wollte.«[22]

Annette Kolbs Eintreten für Camille Barrère und ihre Verbindungen zu Richard von Kühlmann nützten nichts, um den deutschfreundlichen Franzosen als Botschafter nach Berlin zu holen: »Als in Berlin der französische Botschafterposten ledig wurde, zog man den Bruder des Cambour vor, der die Entente cordiale mit England gezaubert hatte. Barrère's Ausschaltung fiel noch in die Ära Bülows.«[23] Schließlich riet ihr selbst Kühlmann in höflichen, aber deutlichen Worten ab, weiterhin Politik betreiben zu wollen: »Wenn Sie es sich verkneifen können würde ich mich überhaupt mehr auf dem schöngeistigen als dem pol. Gebiet tummeln, wenn man nicht mitspielen kann hat man nur Ärger, j'en sais quelque chose [ich weiß einiges darüber].«[24]

Auch andere Hoffnungen Annette Kolbs und Camille Barrères wurden enttäuscht. Der neue russische Botschafter in Paris Iswolskij suchte ein Dreierbündnis zwischen Großbritannien, Frankreich und Rußland anzubahnen. Annette Kolb begegnete ihm einmal, doch wurde ihr dieser Umgang von Barrère verboten: »Barrère haßte ihn so sehr, dass er ihn offen ignorirte und nicht auf Sprechfuss mit ihm war.«[25] 1907 wurde schließlich die sogenannte »Tripelentente« zwischen Paris, London und St. Petersburg geschlossen; Deutschland war damit außenpolitisch isoliert, Bismarcks Bündnissystem völlig zerstört, die Gefahr eines Krieges rückte in greifbare Nähe. Herbe Enttäuschung, ja Niedergeschlagenheit erfaßte die deutsche Dichterin und den französischen Botschafter in Rom: »Seine [Barrères] Zone wurde auf die franco-italienischen Angelegenheiten beschränkt, und den europäischen Entschlüssen entzogen. Ich sah Barrère nie so niedergeschlagen wie das letzte Mal. Nous aurons la guerre, sagte er finster. Nous l'aurons! Vous verrez! [Wir werden Krieg haben. Wir werden ihn haben! Sie werden sehen!] Ich griff zum politischen Stumpfsinn und gab es auf Zeitungen zu lesen, um mich über meine Ohnmacht nicht planlos aufzuregen.«[26]

Zwar empfing Annette Kolbs Antrieb zur »Privatdiplomatie« durch das Mißlingen, Barrères Pläne betreffend, einen Rückschlag, doch hielt sie das nicht davon ab, mit der Feder gegen politische Borniertheit vorzugehen. Diese trug für sie einen Namen: Wilhelm II. Sie ersann einen, wie sie später zugab, »fingirten

Dialog mit dem Deutschen Kaiser«[27], der jedoch zur Zeit seines
Erscheinens in solchem Maße autobiographisch wirken mußte,
daß es verwunderlich ist, daß er nicht der Zensur zum Opfer
fiel. Die Erzählung ›Yvonne Müller‹ handelt von einem zufälli-
gen Zusammentreffen der Protagonistin mit dem Kaiser in einem
Münchner Theater. Dabei ist die Figur der Yvonne Müller in
Charakter und Anschauungen so sehr ein Ebenbild der Autorin,
daß der damalige Leser sofort begreifen mußte, daß hier eine
persönliche Auseinandersetzung Annette Kolbs mit Wilhelm
inszeniert wird. In Buchform erschien der Text 1914 in ›Wege
und Umwege‹, ist laut Verfasserin aber in der Zeit der Auseinandersetzungen um Barrère und die Entente cordiale, jedoch
noch vor der Marokko-Krise entstanden[28], also zwischen April
1904 und März 1905. In jenen Monaten stand Europa am Rande
eines Krieges: England und Frankreich hatten sich über eine
Teilung ihrer Interessensphären in Marokko geeinigt, doch Kaiser
Wilhelm II. betonte während eines Privatbesuchs in Tanger im
März 1905 die Souveränität des marokkanischen Sultans. Erst
der Rücktritt des kriegsbereiten französischen Außenministers
Théophile Delcassé und das Abkommen von Algeciras (7. April
1906) beendete die akute Gefahr eines Weltkriegs. Daran mag
erinnert sein, um die damalige tagespolitische Aktualität der
Erzählung zu verdeutlichen.

Schauplatz der Geschichte ist ein Theater in München, eventuell das im August 1901 eröffnete Prinzregententheater. Kaiser
Wilhelm II. ist zu Besuch in der Stadt, wo er ja bereits mehrmals
mit seiner absolutistischen, antiföderalen Haltung sowohl bei
den Münchnern als auch beim Hause Wittelsbach kräftig ins
Fettnäpfchen getreten war. Die Ich-Figur Yvonne Müller (alias
Annette Kolb) verplaudert sich in der Pause mit einer Freundin
und hastet, als der Gong ertönt, durch die Gänge und Treppen-
häuser, um ihren Platz auf der anderen Seite der Ränge rechtzeitig zu erreichen. Als sie eine seitliche Flügeltür aufstößt, rempelt
sie den Kaiser förmlich an, der dort im Gespräch mit dem Heimatschriftsteller Ludwig Ganghofer steht. Ganghofer stellt Fräulein Müller dem Kaiser vor, dieser stutzt, erinnert sich dann
aber, den Namen gehört zu haben, und im selben Moment senkt

sich wie durch ein Wunder Pallas Athene herab, um der Hofgesellschaft das Rencontre von Kaiser und Yvonne Müller zu ver-
bergen; vielmehr sieht die Öffentlichkeit nach wie vor Ganghofer mit der Majestät im Gespräch: »Und sie lenkte es also, damit
es nicht in die Zeitungen kommen, sondern von Yvonne Müller
selbst kundgegeben würde.«[29] Es entspinnt sich ein Gespräch
über Politik. Yvonne Müller weist Wilhelm darauf hin, daß sie
sich gezwungen fühle, sich mit Politik zu befassen, dies schon
aufgrund ihrer deutsch-französischen Herkunft, die sie zu »in-
nerem Isolement«[30] führe. Durch diese außergewöhnliche Konstellation sei sie ihrer Zeit um manches voraus: »Menschen wie
ich [...] sollten nicht totgeschwiegen, sondern konsultiert werden.« Als der Kaiser verständnislos dreinblickt, schießt sie nach:
»Durch ihre Natur an einen vorgerückten Posten gestellt, über-
schauen sie manches, was sich dem Blick des rein Deutschen
oder rein Franzosen entzieht. Namentlich für die Behandlung
der Franzosen [...] wüßten sie wertvolle Winke zu geben.«
Nachdem sie dem Kaiser ihre natürliche Bestimmung zur politischen Beraterin, zum »ganz geheim vortragenden Rat« dargelegt
hat, wendet sie sich gegen den Krieg als politisch sanktioniertes
Mittel. Damit stellt sie sich natürlich konträr zur Clausewitz-
schen Militärdoktrin, wonach der Krieg nur die Fortführung der
Politik mit anderen Mitteln sei. Abseits schaut schon ein Adjutant
unruhig herüber, so, als müsse er jederzeit ein Messerattentat
dieser fanatischen Pazifistin auf den Kaiser befürchten. Wilhelm,
dem die Argumente fehlen, bezeichnet Yvonne Müller als Hofnärrin, und diese bescheinigt sich selbst Redefreiheit. Sie versucht den Kaiser davon zu überzeugen, daß die Deutschen den
Franzosen sympathisch seien, und verwendet dabei das Bild der
französischen Marianne, die in die Deutschen verliebt sei; ja, sie
wisse aufgrund ihrer Herkunft, wovon sie spreche, denn »Blood
is thicker than water«. »Erst in der Ehe mit uns«, so Yvonne Müller weiter, »wird sie ja vernünftig werden. Aber diese Fusion
deutschen Geistes und romanischer Schönheit – ist es nicht, als
erregte sie den Neid der Götter, da feindliche Dämonen jene
glücklichste Stunde immer wieder in die Ferne rücken?«
  Das Bild der Ehe mag auf uns Heutige überhöht wirken. Doch

erinnert es andererseits schon sehr an die nach dem Zweiten Weltkrieg geprägte Formel von der deutsch-französischen Freundschaft. Die Zeit war im Jahre 1904 freilich für solche Gedanken nicht reif. In der Erzählung zuckt der Kaiser nur verständnislos mit den Schultern. Yvonne Müller redet ihm nochmals ins Gewissen: »Leider [...] waltet in uns selbst ein solcher Dämon der Verzögerung. Wir wissen nicht das Kleine um des Großen willen zu opfern, und bis wir uns zu einer Sache stellen, ist sie nicht selten schon verloren.« Nach diesem Sermon der »Hofnärrin« blickt sich der Kaiser fragend um: Er weiß keine Antwort, es hat ihm die Sprache verschlagen, dieses Treffen stand nicht im vorbereiteten Protokoll. Deshalb verabschiedet er seine Untertanin, »und sie wußte nicht, ob sie in Gnade oder Ungnade entlassen war. – Vom Hofnarrenposten war nicht mehr die Rede gewesen.« Nur eines scheint klar zu sein: Der eigentliche Narr bei dieser abendlichen Unterredung war der Kaiser selbst. Nur ahnte dies damals noch keiner. 1914 schrieb Annette Kolb enttäuscht von »den paar Unseligen, die über unsere friedlich gesinnten Nationen hin den Bankrott des europäischen Friedens besorgten, und einen vermeidlichen Krieg heraufbeschworen«.[31]

Sie stand mit ihren pazifistischen Ideen im Jahre 1905 nicht allein. Zuvor schon hatte die Schriftstellerin Bertha von Suttner (1843 – 1914) mit ihrem Roman ›Die Waffen nieder‹ (1889) zur Abrüstung in Europa aufgerufen. Bereits im Jahre 1891 hatte sie zudem die Österreichische Gesellschaft der Friedensfreunde gegründet. 1905 erhielt sie dafür in Oslo den Friedensnobelpreis. Über eine persönliche Begegnung der beiden Frauen ist allerdings nichts bekannt.

In die Zeit der Besuche bei Camille Barrère in Rom fällt auch die folgenreiche Bekanntschaft Annette Kolbs mit dem Kirchenhistoriker Monseigneur Louis Duchesne (1843 – 1922). Er bewohnte ein Appartement im verwinkelten, labyrinthartigen Palazzo Farnese, in dem auch die französische Botschaft untergebracht war. Bei einem Dinner, das Barrère gab, traf Annette Kolb zum ersten Mal auf den Kirchenmann. Auf die Frage einer anwesenden Dame, ob er, Duchesne, denn zur Gewinnung eines Ablasses hier sei, konterte dieser ironisch: »Non, j'attends qu'il y

ait un rabais.«[32] [»Nein, ich warte, bis es darauf Rabatt gibt.«]
Duchesne machte sich in konservativen Kirchenkreisen unbeliebt und war gegen Ende seine Lebens von offiziellen Ämtern ziemlich isoliert, einzelne seiner Bücher wurden auf den »Index« gesetzt. Als Annette Kolb ihn kennenlernte, war Duchesne auf der Höhe seines Ansehens. Er leitete seit 1895 die Französische Schule in Rom und erhielt 1900 den Titel eines Apostolischen Protonotars. Im Nachlaß Annette Kolbs befindet sich eine Widmungsausgabe seines Hauptwerks ›Origines du Culte Chrétien‹ [›Ursprünge des christlichen Kultes‹, 1898]. Annette Kolb hatte seit den Kinderjahren im Klosterinternat eine unüberwindliche Aversion gegen die Amtskirche. Ihr vehementes Streben nach einer eigenen Meinung, diesem Zustand »des erbitterten Wunsches auf einen Stuhl zu steigen, und was ich gerade meinte oder dachte, furchtbar hinauszuschreien«[33], mag vielleicht ein Kompensationsversuch ihrer frühen geistigen und geistlichen Not gewesen sein. In Duchesne lernte sie einen Mann kennen, der den Glauben mit der Wissenschaft verband, den kirchlichen Gehorsam mit dem aufklärerischen Gewissen. Er war ein Mann, der, so Annette Kolb, »sich aus dem unmöglichen Kompromiß zwischen Skepsis und Gläubigkeit seine gedankliche Würde und Unabhängigkeit rettete«.[34] »Ihm bekannte ich da in hastigen Umrissen die Not meiner geistigen Existenz«[35], berichtet die Autorin. Er wurde für sie in jenen Tagen im Palazzo Farnese zum Beichtvater, Psychotherapeuten, väterlichen Freund und Vorbild in einem: »Mein Leben, was immer es mir bringen oder verwehren würde, fand in dieser Unterredung mit Duchesne seinen eigentlichen Abschnitt und zerfiel in ein vor oder nach ihr.«[36] Die Rückführung Annette Kolbs zum Glauben, ihre Aussöhnung mit dem Katholizismus und mit sich selbst darf bei der weiteren Bewältigung ihrer Lebensaufgabe nicht unterschätzt werden. Die Begegnung mit Duchesne geriet zum Damaskus-Erlebnis. Annette Kolbs Wirken als Pazifistin und Aufklärerin, die ihre Feder als Waffe sah, darf nicht losgelöst gesehen werden von ihrer katholischen Gesinnung. In der Erinnerung an Duchesne konnte sie von nun an die vermeintlichen Widersprüche ihrer selbst und ihrer Anschauungen und Meinungen als zwei Seiten einer Me-

daille vereinen: Konservatismus und Liberalismus, Glauben und Zweifel, Mystizismus und Aufklärung, Katholizität und Antiklerikalismus. Spätere Versuche, sie einseitig als »moderne« Emanzipatorin und Frauenrechtlerin zu sehen, sind hilflose Vereinnahmungen und werden den Brechungen und dem komplizierten Gefüge ihrer Persönlichkeit nicht annähernd gerecht.[37]

In jenen Jahren begann ihre Brotarbeit als Übersetzerin. 1906 erschienen in ihrer Übertragung ›Die Briefe der heiligen Catarina [sic] von Siena‹. Im einleitenden Aufsatz betont Annette Kolb, Catharina sei zu ihrer Zeit (sie lebte um 1347 bis 1380) eine vor-protestantische Reformatorin der Kirche gewesen. Heute, so die Autorin, sei die katholische Kirche wieder stark reformbedürftig, zugleich aber habe der Protestantismus lutherischer Prägung versagt. Doch sei die heilige Catharina nicht nur Klosterfrau und Reformerin gewesen, sondern auch Politikerin und Diplomatin, wenn sie sich etwa in Briefen an Karl V. von Frankreich oder an Königin Johanna von Neapel für Vermittlung und Verständigung stark machte: »Allein aus ihrem so beherzten und naiven Verfahren leuchtet zugleich ihre große und intuitive Menschenkenntnis hervor und ihr praktischer Sinn.«[38] Als Diplomatin sei sie auch Friedensstifterin gewesen, sie habe eine Diplomatie verfolgt, »deren ganzes Geheimnis Friedensliebe ist und Mitgefühl«[39]. Daß Annette Kolb sich mit dieser Interpretation in Catharina widergespiegelt sah, ist unverkennbar. Beinahe prophetisch erscheint die Klage über die Instrumentalisierung der Heiligen durch die Politik[40], eine Gefahr, mit der Annette Kolb im Ersten Weltkrieg selbst zu kämpfen hatte.

Dem Münchner Freund Hugo von Habermann verdankte die seit dem Fiasko mit den ›Kurzen Aufsätzen‹ von 1899 verunsicherte Autorin den Rat, doch einmal »zu den Juden« zu gehen. Er meinte damit die jüdischen Verleger, und der bekannteste unter ihnen war Samuel Fischer. In dessen Almanach ›Die neue Rundschau‹ erschien dann auch im Jahre 1905 ihre autobiographische Erzählung ›Torso‹. Doch erst mit der Buchausgabe ihres ersten Romans von 1913 wurde die Zusammenarbeit mit dem Berliner Verleger eine dauernde und feste. »Und von da an ging es gut«[41], meinte Annette Kolb noch im hohen Alter.

Noch waren ihr Ruf und Lebensweg als Schriftstellerin nicht gefestigt, und bereits ein Jahr später sollte sie einen zweiten herben Rückschlag hinnehmen müssen. 1906 erschien bei Jaffe in München ihr Essayband ›Sieben Studien. L'âme aux deux patries‹. Allein der Titel machte deutlich, daß die Autorin sich als Vermittlerin zwischen Deutschland und Frankreich verstand. Der Ton ist bedingungsloser, schärfer geworden: »Ah, dachte ich, wann wird der Tag anbrechen, an welchem zwischen Ländern, wie den unseren [Deutschland und Frankreich], der letzte Schlachtenplan zum letzten Ritterharnisch sich als Museumsstück gesellen wird, weil unter Nationen, wie den unseren, der Gedanke in Stücke gerissener oder zerschossener Glieder mit der menschlichen Würde nicht länger verträglich, geschweige denn rühmlich erschiene!«[42] Auf mögliche Einwände, das Politisieren doch besser den Berufspolitikern zu überlassen, hat die Autorin bereits prophylaktisch eine Antwort parat, nämlich ihre ureigene Anschauung: »Was andere besser verstehen [...], überlasse ich ihnen lieber ganz und finde es anregender, die Dinge von einer anderen Seite aus, die mir mehr Übersicht gewähren kann, zu betrachten. Voneinander getrennt stellen sich mir da, wie die Begriffe, von welchen Sie gestern sprachen, so auch die hervorragendsten Nationen in ihrem Gesamtbild als mangelhaft dar.«[43] Daß sie im Eifer des Gefechts manchmal doch die Übersicht verlor, nahm sie mit Humor. Über die ›Sieben Studien‹ sagte sie später: »Aber ich hatte mich vertan, es waren acht. Da Ostern nahe war, es war Ende März, der Monat der Regenschauer und der Unwetter, nannte ein befeuerter Kritiker es ein reizendes Überraschungs-Ei. Es gefiel übrigens Franz Blei und Rilke, aber keiner kaufte es, von mir mal abgesehen [...]«.[44]

Immer noch fehlte ihr der entscheidende Durchbruch. Dabei war sie mit ihren 36 Jahren nicht mehr die Jüngste. Aber sie hatte in diesen Jahren des Reisens und der persönlichen Bekanntschaft mit beeindruckenden Zeitgenossen gelernt, ihrer inneren Stimme zu vertrauen. In den ›Sieben Studien‹ hielt sie ihren Kritikern einen langen Atem entgegen: »Ich bin für psychologische Eroberungen, und ich sehe nicht ein, warum ich nicht in hundert Jahren recht haben sollte.«[45]

»Ich würde Ihnen alle Blumen ins Haus schicken« –
Der literarische Durchbruch (1907–1913)

Das Jahr 1907 brachte mehrere Ereignisse mit sich, die Annette Kolb bewegten. Zum einen wurde die bereits erwähnte Tripelentente geschlossen. Das Deutsche Reich war damit bündnispolitisch eingekreist, die Kriegsgefahr wuchs. Der russische Botschafter in Paris, Iswolskij, den Annette Kolb kurze Zeit zuvor kennengelernt hatte, und den ihr Freund Barrère verachtete und mied, konnte triumphieren – auch über die bescheidenen Versuche Annette Kolbs, eine entspannungsfördernde »Privatdiplomatie« zu betreiben.

Das zweite Ereignis betraf die Katholikin Annette Kolb, die wenige Jahre zuvor durch die Begegnung mit Louis Duchesne in Rom zum katholischen Glauben zurückgefunden hatte, ohne ihre liberalen Ansichten aufgeben zu müssen. Am 7. September veröffentlichte Papst Pius X. die Enzyklika ›Pascendi dominici gregis‹, worin er heftig die »modernistischen« Strömungen der Reformkatholiken verurteilte. Zu den von den Modernisten vertretenen Meinungen gehörte u.a. die Auffassung, die Evangelien seien keine historischen Texte, sondern theologische Interpretationen, die Sakramente seien späterer Brauch und nicht von Jesus eingesetzt, die Wahrheit sei veränderlich wie der Mensch selbst.

Die Enzyklika von 1907 war der Höhepunkt einer Entwicklung, die sich seit den 60er Jahren des 19. Jahrhunderts abzeichnete und im Grunde der verzweifelte Versuch des Vatikans war, seine schwindende Macht in politischen und gesellschaftlichen Bereichen durch restriktive Einschüchterungen auf geistlichem Feld zu erhalten. Durch die nationale Einigung Italiens und die Forderung bedroht, Rom zur italienischen Hauptstadt zu machen und den Kirchenstaat aufzulösen, hatte Papst Pius IX. im Juli 1870 das Dogma von der Unfehlbarkeit des Papstes verkündet, der »ex cathedra« – symbolisch vom Stuhl des heiligen Petrus herab – als »Fels der Kirche« in Glaubensdingen entschied. Bereits zwei Monate später wurde die weltliche Macht des Papstes gebrochen, als die Truppen des jungen italienischen Königreichs Rom erstürmten und zur Hauptstadt des Nationalstaats ausriefen. In Folge erklärte der Papst sich zum »Gefangenen im Vatikan«, er und seine Nachfolger im Amt verließen bis zum Jahr 1929 aus Protest nicht mehr das kleine Gelände um den Petersdom. Auch Papst Leo XIII. – er regierte von 1878 bis 1902 – änderte an dieser Kirchenpolitik wenig. Zwar war der Humanist und talentierte Dichter nicht dem technischen Fortschritt abgeneigt – er besang in kunstvollen Versen sogar den Fotoapparat –, doch wollte auch er nicht Frieden mit dem italienischen Staat und den reformtheologischen Ansätzen schließen. Annette Kolb waren diese Auseinandersetzungen zwischen konservativen und reformerischen Kräften innerhalb der Kirche nichts Neues. Gerade in Bayern waren die Wogen hochgeschlagen, als der beliebte und vielbeachtete Theologieprofessor Ignaz von Döllinger – er lehrte an der Universität München – 1871 exkommuniziert worden war. Döllinger hatte das Unfehlbarkeitsdogma des Papstes abgelehnt (bereits 1854 hatte er das Dogma von der unbefleckten Empfängnis Mariens in Zweifel gezogen).

Soviel zum theologischen Hintergrund des Jahres 1907 und der Verkündung der Enzyklika gegen die Modernisten durch Pius X. Ab 1910 mußte sogar jeder katholische Priester bei der Amtseinführung den »Antimodernisteneid« schwören. 1908 wurde der Münchner Theologieprofessor Joseph Schnitzer wegen »modernistischer« Ansichten seines Amtes enthoben und darüber hinaus exkommuniziert. Auch dieser Fall erregte in der bayrischen Öffentlichkeit Aufsehen und Kritik. Annette Kolb war nicht nur persönlich in der liberalen, durch Duchesne geprägten Anschauung ihres Glaubens betroffen. Auch als Publizistin hat sie sich mehrfach um theologische Fragen bemüht. 1903 war die wichtigste reformkatholische Zeitschrift ›Hochland‹ des bayrischen Publizisten Carl Muth gegründet worden. Annette Kolb hat später wiederholt in diesem Organ veröffentlicht, ohne daß man sie jedoch explizit dieser Bewegung zurechnen kann.

Außer mit der heiligen Catharina von Siena beschäftigte sich Annette Kolb in diesen Jahren essayistisch mit dem ›Leben der Heiligen Walpurga‹ (1911; in Buchform in ›Wege und Umwege‹,

1914). An einzelnen Legenden, die sich um die Äbtissin des Klosters Heidenheim (Walpurga lebte um 710 bis 779) ranken, versucht Annette Kolb den Unterschied zwischen dem gewöhnlichen Menschen, der »vom Schein genarrt« werde, und dem intuitiven Menschen darzustellen, der die Wahrheit im Glauben erkennt. Sie schließt mit dem Ausdruck des Bedauerns: »Aber die dem Unwahren überwiesene, vom Schein genarrte und gefolterte Kreatur hat das nur der Intuition erkennbare Wahre diskreditiert und das Wort Mirakel dafür gesetzt.«[1]

Ihre ambivalente Haltung zum Katholizismus hat Annette Kolb zeitlebens nicht genauer definiert oder gar in ein kritisches System gefaßt. Am Katholizismus schätzte sie wohl in erster Linie das mystische Geheimnis und den feierlichen, theatralischen Ritus. Über ihr alter ego, die Figur Mariclée in ›Das Exemplar‹, führt sie aus: »Ihre Fühlung zum Christentum hatte zwar viele Wandlungen erfahren und ließ nie ab, sich umzugestalten und zu verschieben. [...] [sie] ließ [...] ihren Rückzug in eine Flucht ausarten, auf der sie immer mehr preiszugeben fand. So erreichte sie glücklich ein Gestade, zu dem nichts mehr von den verkehrten Zeitläuften herüberdrang, und so war ihre scheinbare Abkehr nicht der Skepsis, sondern dem Glauben entsprungen. – Auf ihren Katholizismus, der ihr von anderen Katholiken gern bestritten wurde, tat Mariclée sich nämlich viel zugute.« Doch betont Annette Kolb zugleich, Mariclée sei »von einem geradezu uferlosen Liberalismus. Möglich, daß ein Körnchen Weisheit darin steckte.«[2] Annette Kolb empfand ihre Konfession trotz aller Widersprüchlichkeit als tief verwurzelt; mit dem Tendenz- und Modekatholizismus, wie er immer wieder besonders bei Intellektuellen auftrat – man denke nur an die große Zahl konvertierter Dichter der Romantik –, rechnete sie scharf ab: »Auch der laueste Katholik sieht heute entsetzt, wie gewisse Literaten deutlich Miene machen, den Katholizismus zu ›entdecken‹. Nicht als Ausübende versteht sich, nur als Volontäre, die allen Ernstes glauben, aus Sport [...] könne man auch katholisch sein.«[3] Sie war überzeugt, daß dem Katholizismus eine Zukunft beschieden sei, selbst in ihrer eigenen Gegenwart sah sie regenerierende innerkirchliche Kräfte am Werk: »wenn nicht alles trügt, so kommt wahrhaftigen Gottes der Katholizismus in Mode.«[4] Daß es neben den Literaten, die den Katholizismus als »Sport« betrachteten, auch solche gab, denen es um das Wesen der Konfession ging, war ihr bewußt. Für einen von ihnen, den englischen Schriftsteller Gilbert Keith Chesterton, der heute zu Unrecht nur noch als Krimiautor der Pater Brown-Geschichten bekannt ist, setzte sie sich indirekt ein. Chesterton selbst konvertierte zwar erst 1922 zum Katholizismus, war aber im Inneren schon lange ein gehorsamer Diener der päpstlichen Idee. 1908 erschien seine Verteidigungsschrift der katholischen Kirche unter dem Titel ›Orthodoxy‹. Bereits ein Jahr später erschien das Buch in der deutschen Übersetzung von Franz Blei und Annette Kolb im Münchner Hyperion Verlag.

Annette Kolb definierte den Katholizismus meist ex negativo im doppelten Sinne, indem sie weniger umriß, was den Katholizismus ausmachte, als vielmehr, was er *nicht* war; und indem sie ein Negativ entgegenstellte. Dieses Negativ war für sie die Kirche Luthers. Die Idee der Ökumene existierte damals noch nicht. Doch war es, soviel klingt in ihren Werken an, wohl speziell die Person des Wittenberger Reformators, die ihren Unwillen erregte. Für sie war er der Typus des asketischen, einzig über den Verstand definierten, unsinnlichen, unheiteren Machtmenschen. 1907 schreibt sie in ihrem Essay ›Randglosse zur Psychologie der Nationen‹: »Und weil die Größe der Gesinnung zwar die persönliche Verantwortung, doch keine Konsequenzen deckt, erschien mir Luther als eine tragische, doch höchst unpolitische Gestalt; der Kahlheit wegen, die sich im Lauf der Zeiten in den lutherischen Protestantismus schlich; denn es liegt seiner unkatholischen Färbung ein unkünstlerisches Element zu Grunde, vor dem sich zwar der deutsche Geist schadlos halten konnte; das deutsche Naturell aber nicht ohne bedenkliche Einbuße blieb. Im katholischen wie im protestantischen Deutschen, ist heute der katholische Zug zur Temperamentssache geworden: der lutherische Protestantismus ist einmal nichts fürs Auge!«[5]

Der Katholizismus dagegen bedeutete für sie stets das Feierlich-Heitere, Barock-Verspielte, Theatralisch-Lebenslustige, Mystisch-

Pathetische, Sinnlich-Diesseitige. In der Architektur hatte dieser Katholizismus für sie einen vollendeten Ausdruck im bayrischen Barock gefunden. Und da nach der Redewendung Kindermund die Wahrheit kundtut, legte sie ihre Verteidigung des Katholizismus bayrischer Prägung im Roman ›Die Schaukel‹ ihrem Ebenbild, der halbwüchsigen Göre Mathias, in den Mund. Es kommt zu einem Streitgespräch zwischen Mathias und ihrer Freundin aus preußischem Hause, Candida:

»›Wir [die Katholiken] wären auch ohne euch nicht stehengeblieben, während ihr [die Protestanten] euch festgefahren habt. Und auch nicht eine einzige schöne Kirche ist von euch. Eine jede habt ihr noch verpatzt, die ihr uns weggenommen habt.‹ [...]
›Luther hat sich nie einen Religionsstifter genannt. Er ist ein Reformator gewesen‹, sagte Candida mit Würde.
›Aber Reformatoren sollten Heilige sein, oder sie bleiben besser daheim.‹
Candida war dem Weinen nahe, doch Mathias bemerkte es nicht.
›Kennst du die zwei Holbein-Miniaturen von ihm und seiner Entsprungenen!‹ fuhr sie fort.
Candida schüttelte den Kopf.
›Die personifizierte Seelenqual, kann ich dir sagen, und das personifizierte mal occhio.‹«[6]

Die Übersetzungsarbeit an Chestertons ›Orthodoxie‹ war natürlich in erster Linie Broterwerb. Ihr Kollege Franz Blei (1871–1942) wurde in diesen Jahren ein enger Freund Annette Kolbs. Er verschaffte ihr Aufträge für weitere Übersetzungen und Artikel und nutzte hierbei seine Stellung als Lektor im Verlag der Weißen Bücher, später auch als Herausgeber der Zeitschrift ›Die weißen Blätter‹. 1922 porträtierte er sie mit einem liebevollen Augenzwinkern in seinem ›Großen Bestiarium der modernen Literatur‹, worin er auch ihre »Verstiegenheit« betonte, wenn es um große Ideen ging:

»DIE KOLBANNETTE ist der Name einer Edelziege von vornehmem Pedigree. Ihr Fell ist seidig und hat einen Schimmer ins Romantisch-Blaue. Ihre vier graziösen Beine tragen sie leicht, aber nicht immer sicher überall dorthin, wohin sie, mit einer Leidenschaft zu hohen Bergen, gern möchte. So muß sie bisweilen, wenn sie sich wieder irgendwo verstiegen hat, heruntergetragen werden. Die Kolbannette ist außerordentlich soigniert.«[7]

Daß Blei sie nicht nur von der ulkigen Seite porträtierte, sondern auch in all ihren Brüchen und Widersprüchen, davon zeugt ihr Bildnis in der Reihe ›Glanz und Elend berühmter Frauen‹ (1927):

»Sie ist voll rigoroser, unbekümmerter Tapferkeit. [...] Ihre Courage ist menschheitlich eingeordnet. Sie ist der herzliche Kamerad. Sie ist zuweilen zerstreut aus Konzentration. Sie ist offen, unbekümmert, unbesorgt um sich selber, zu jedem Opfer immer bereit. Von so starkem Pathos der Leidenschaft, daß es jedes Quantum Selbstironie verträgt, woraus etwas entsteht, das ich aus Angst vor deutschem Mißbrauch dieses Wortes nur scheu Humor nenne, lieber Genialität des Gefühles. Sie ist soigniert, sauber, genau.«[8]

Zu den Übersetzungen Annette Kolbs aus jener Zeit – hier waren ihr ihre vielfachen Fremdsprachenkenntnisse von Nutzen – gehören der Roman ›Edisons Weib der Zukunft‹ (1909) von Auguste Comte de Villiers de l'Isle-Adam, die (ursprünglich französisch geschriebenen) Memoiren der Markgräfin Wilhelmine von Bayreuth (1910) und André Chevrillons ›In Indien‹ (1911).

Ein weiteres Ereignis, das ins Jahr 1907 fiel und Annette Kolbs Widerstand und Engagement hervorrief, war ein Eklat um den Dirigenten Felix Mottl. Mit ihm, der seit 1903 Generalmusikdirektor in München war, stand Annette Kolb seit 1905 in engem persönlichen und brieflichen Kontakt, der bis zu Mottls frühem Tod 1911 bestand. Annette Kolb schätzte Mottls Interpretationen von Opern Wagners und Mozarts und suchte im Januar 1905 seine Bekanntschaft, indem sie ihm die Partitur von Debussys einziger Oper ›Pelléas et Mélisande‹ (mit dessen handschriftlicher Widmung) zusandte. Mottl, über diese Art, mit der Tür ins Haus zu fallen, etwas verwirrt, wehrte zunächst höflich, aber bestimmt ab: »Besten Dank. Es ist aber nicht nötig, daß Sie mir die Partituren von Debussy senden. Ich kenne ›Pelléas u. Mélisande‹, sowie auch den ›Après midi‹ genau. [...] Ergebenst Felix Mottl«.[9]

Zwei Jahre später war Mottl für Annette Kolbs couragiertes Eintreten höchst dankbar. Damals erhoben sich in der Öffentlichkeit intrigante Stimmen gegen ihn, woraufhin Annette Kolb einen flammenden Verteidigungsartikel schrieb und gegen anfänglichen Widerstand in einer Zeitung veröffentlichte: »Ich schrieb einen Artikel für die Münchner Neuesten Nachrichten, der mir umgehend zurückgeschickt wurde mit dem Vermerk: ›Es sei vielleicht doch etwas faul im Staate Dänemark.‹ Ich kannte niemanden in dem Betrieb, außer flüchtig Knorr, einen der Besitzer, der auf Urlaub in St. Moritz war. Ihm telegraphierte ich den Sachverhalt, er reagierte auf der Stelle, kam nach München, verlangte meinen Beitrag, hielt sich nicht lange darüber auf, eilte in die Redaktion, schlug einen Krach, einer der Herren flog, und mein Artikel erschien tags darauf an erster Stelle. [...] Im Hoftheater hatte indessen eine Ovation stattgefunden, und Mottl blieb München erhalten. [...] Die Münchner atmeten auf.«[10]

Mottl schrieb ihr bereits zwei Tage später eine Karte in roter Tinte: »Tausend Dank und allerherzlichste Grüße! Sie sehen, ich schreibe nur mehr mit Blut!!«[11]

Von da an versorgte der Generalmusikdirektor die musikliebende, aber meist finanzschwache Dichterin mit Gratis-Billetts, die er beim Pförtner für die »Pallas-Athene«, die »liebe Freundin« und »chère Comtesse«, wie er sie nannte, hinterlegen ließ. Seine kurzen Briefe unterzeichnete er mit »Odysseus«. Auch empfahl er sie als Musikkritikerin an andere Blätter. Die Sängerin Zdenka Faßbender, die Mottl kurz vor dessen Tod heiratete, wurde ebenfalls eine gute Bekannte Annette Kolbs. Man traf sich bei Richard von Kühlmann, Adolf von Hildebrand und im Salon der Eugenie Schäuffelen. Das Münchner Salonleben war bereits zu diesem Zeitpunkt ohne Annette Kolb nicht mehr denkbar – auch außerhalb der mütterlichen Soireen. Das Tagebuch Annette Kolbs von 1908 gibt uns darüber Auskunft, daß sie außerdem auch bei Pringsheims (deren Tochter Katia Thomas Mann geheiratet hatte), bei Thomas Mann, im Hause des Malers Friedrich August von Kaulbach, bei Ludwig Thoma und Carl Sternheim häufig verkehrte.[12] Zusammen mit Felix Mottl besuchte sie darüber hinaus Konzerte und Theateraufführungen, so Hermann Bahrs ›Das Konzert‹.

Das Tagebuch von 1908 vermerkt am 31. Dezember »mariage de Germaine«[13]. Ein einschneidender Tag für Annette Kolb, verlor sie doch ihre Lieblingsschwester an die Fremde, nach Irland. Eines Tages hatte der Ire William Stockley, Professor für englische Literatur in Dublin, in der Münchner Sophienstraße vorgesprochen. Eigentlich wollte er Annette Kolb, von deren schriftstellerischen Arbeiten er vernommen hatte, kennenlernen, doch war diese nicht zu Hause. So lernte er statt dessen die zwei Jahre ältere Germaine kennen und verliebte sich in sie.[14] Annette hielt bis zu Germaines Tod im Jahre 1949 regen Kontakt zur Schwester und zur angeheirateten irischen Verwandtschaft. 1909 fuhr sie das erste Mal nach Irland und besuchte von da an, wann immer sie es sich leisten konnte, wieder und wieder die grüne Insel, deren Landschaft, Kultur und Bevölkerung sie sehr ins Herz schloß. Sie war so sehr von der Ähnlichkeit der Mentalität von Iren und Bayern überzeugt, daß sie sich im hohen Alter, nach dem Erscheinen der ›Zeitbilder‹ (1964), noch mit dem Gedanken trug, ein essayistisches Buch über die beiden Völker zu schreiben.[15] Die Bayern, so schreibt sie, seien »keltisch wie die Irländer«[16]. Skizzen zu diesem letzten Buchprojekt sind im Nachlaß erhalten.[17] Die mit der Hochzeit verbundene Trennung von Germaine scheint Annette Kolb schwer verwunden zu haben. Auf der letzten Seite des Tagebuchs von 1908 schrieb sie ›Ein Tagebuchblatt von Peter Altenberg‹ ab. Die Überlegungen des Wiener Dichters sprachen ihr aus tiefstem Herzen: »Man kann nur denjenigen Mann *wirklich* lieb haben, der jene Höhepunkte in uns *erkennt*, die wir selten oder nie *erreichen*. Nur wer unsere in uns schlummernden *Idealzustände* errät, enträtselt, hat uns *wirklich* lieb.« Ob sie damit eine Anspielung auf die Ehe der Schwester machte oder aber auf ihre eigene Einsamkeit und die unglückliche Liebelei mit John Ford verwies, bleibt im dunkeln. Die Einsicht der Unmöglichkeit, für ihr eigenes Leben die Erfüllung in der Beziehung zu einem Mann zu finden, formte sich jedenfalls in diesen Jahren. Sie hat dies kurze Zeit darauf im Roman ›Das Exemplar‹ in eine seltsam zärtliche und zugleich bittere Liebesgeschichte eingeflochten.

Annette Kolb kam auf ihren zahlreichen Reisen in Irland nach Dublin, Cork, Galway, Wicklow, Connemara, Glengariff, Killarney, um nur einige der Gegenden und Orte zu nennen. Dabei hatte sie nicht nur ein Auge für die landschaftlichen Reize. Sie sah sehr wohl auch die Diskrepanz zwischen der armen irisch-katholischen Bevölkerung und den wohlhabenden protestantischen Engländern, die Arbeitslosigkeit und den Hunger, die Hunderttausende zum Exodus nach Amerika zwangen, und den sozialen Unfrieden in dem Land, das erst 1921 von Großbritannien unabhängig wurde. Später, 1928, hat sie über ihre ersten Eindrücke aus den Jahren 1909/10 folgendes vermerkt:

»Vor achtzehn Jahren, als ich zum ersten Male nach Irland fuhr, widerte mich der Schmutz in den Bahnhöfen, den Zügen, den Strassen, Hütten und Häusern unbeschreiblich an. Denn es war kein Schmutz, den wie in Italien, die Sonne ausser Wirkung setzt und ihn ausdörrt, sondern Feuchtigkeit durchdrang, vermehrte und unterstrich ihn. [...] Der müde Wanderer hüte sich da wohl einen Iren zu fragen, wie weit er noch zu gehen habe. Er wird ihn treuherzig und aufmunternd ansehen und antworten: ›eine Viertelstunde‹, wenn es noch eine Meile ist. Die Wahrheit ist erfahrungsgemäss etwas viel zu bitteres in Irland um sie zu äussern. Das Unangenehme wird dort nicht gesagt. So lügt denn der Ire und ist er falsch? er lügt natürlich und ist falsch. Aber nicht von der Falschheit des Heimtückischen, des Verschlagenen und Missgünstigen, sondern von der harmlosen Falschheit des hypersensitiven Menschen. [...] Nebenbei gesagt: wer in einem irischen Kramladen das Gewünschte nicht findet, der verlasse ihn nicht, ohne für ein paar Pence irgend ein Brimborium zu erstehen, um nicht eine wahrhaft kindliche Betrübnis und Enttäuschung zurückzulassen.«[18]

Aus dieser Sicht des Jahres 1928 – Irland war bereits unabhängige Republik, die schwache Volkswirtschaft ohne nennenswerte Bodenschätze und Industrie kränkelte noch mehr als unter britischer Herrschaft – hielt Annette Kolb es für nötig, um Sympathie und Hilfe zu werben: »So steht denn heute Irland in der vielleicht kritischsten Stunde seiner ganzen Geschichte *allein*. Man wird entgegnen: ein Volk geht nicht so leicht zu Grunde, ein Volk aber, derart bedürftig, und das sich durch seine Auswanderung derart decimiert? eine Auswanderung, deren Ziffer sich immer steigert, von weniger als 4 Millionen 20 bis 30 000, die jährlich auswandern aus Angst zu verhungern? von einem solchen Volk darf wohl ohne Hyperbel gesagt werden, dass es am Rande des *Abgrundes* steht. Da könnte in der Tat nichts gebotener scheinen als ihm bei den ersten gefährlichen Anfängen seines Aufstieges beizustehen, und Deutschland ist gewiss in mehr als einer Hinsicht berufen, ihm jene Hand entgegenzustrecken, welche England nicht bieten wird, und wäre es nur weil Irland sie nicht ergreifen würde, in die Bresche zu springen, das Interim zu übernehmen, bis die Zeit den Vermittler zwischen den beiden Inseln gespielt, und ein freundschaftliches Zusammengehen der beiden Inseln sich ermöglichen wird.«[19]

Anzumerken ist, daß sie es war, die in Deutschland die grüne Insel als erste literarisch »entdeckt« hat – lange vor Heinrich Böll mit seinem ›Irischen Tagebuch‹ von 1957. Freilich hatte Bölls Buch eine fulminante Breitenwirkung, und auch Annette Kolb nahm es im hohen Alter noch zur Kenntnis: Am 27. Mai 1961 erhielten sie und Heinrich Böll aus den Händen des Oberbürgermeisters Theo Burauen den Literaturpreis der Stadt Köln (für die Jahre 1960 und 1959). In einem Interview vom 2. April 1961 merkte die 91jährige kritisch an: »Und der Heinrich Böll, richtig, wie alt ist der eigentlich? [Böll war damals 43] – So, so ja, der ist wirklich sehr, sehr begabt. Ich habe einiges von ihm gelesen. Nur sein ›Irisches Tagebuch‹, das stimmt nicht so ganz. Ich kenne Irland. Das ist doch viel heiterer, etwa wie Bayern. Und so viel trinken die Leute da auch gar nicht.«[20]

Annette Kolb weitete ihren Horizont in jenen Jahren nicht nur auf Reisen und im Gespräch mit Künstlern, Schriftstellern und

Diplomaten, sie hörte auch Vorlesungen bei dem Münchner Philosophen Max Scheler. Dieser arbeitete damals an seinem Werk ›Zur Phänomenologie und Theorie der Sympathiegefühle und von Liebe und Haß‹, was für Annette Kolb und ihre Ansichten über das belastete deutsch-französische Verhältnis nicht uninteressant war. Franz Werfel erzählte sie später von ihren »Lehrjahren« einer immerhin bereits 40jährigen: »Eines kalten Wintertages ging ich in einer nicht zu schildernden Verfassung in der Brienner Straße, als von der andern Seite Scheler des Weges kam. Sofort ging ich hinüber und hielt ihn an. ›Sie müssen mir etwas erklären‹, sagte ich, ›denn ich kann nicht mehr weiter.‹ Ich hatte Heraklit gelesen, stell dir vor. Und da stapfte wahrhaftigen Gottes dieser Max Scheler um die Mittagszeit für eine ganze Stunde lang geduldig mit mir durch den Schnee, den Sinn einzig darauf gerichtet, die Last von mir zu heben, der ich nicht gewachsen war, und eine geistige Güte dabei an den Tag legend, derart mir nie wiederum zuteil geworden ist.«[21]

Scheler war es auch, der Annette Kolb anregte, den französischen Philosophen Henri Bergson in Paris zu besuchen. Zwar meinte er zu ihr: »Da sind Sie wieder. Immer und überall spitzen Sie und schmuggeln Sie sich herein, und hingehören tun Sie nirgends«[22], doch scheint ihn gerade ihr unvoreingenommenes, unsystematisches und neugieriges Interesse überzeugt zu haben. Mit einem Empfehlungsschreiben Schelers versehen, kam sie in Paris an. Wahrscheinlich erinnerte sie sich ihres Besuchs bei Hippolyte Taine zu Beginn der 1890er Jahre, als sie unvorbereitet gewesen war und nur stumm dastand. Diesmal wollte sie es besser machen: »[...] so mir nichts, dir nichts wollte ich nicht zu ihm gehen und verbrachte nun in meinem Pariser Hotelzimmer die angestrengtesten Wochen meines Lebens mit der ›Évolution créatrice‹: Tag für Tag bei Morgengrauen und in die Nacht hinein. Dann erst zog ich Schelers Brief hervor, schrieb ein paar Zeilen dazu, steckte ihn in ein größeres Kuvert und gab ihn auf. Die Antwort kam schneller als erwartet und beschied mich für den nächsten Vormittag elf Uhr.«[23] Wie das Gespräch mit Bergson im einzelnen verlief, darüber schweigt sie sich aus. Sie habe »wankende Knie« gehabt und sei erschöpft gewesen. Doch zog sie nach eigenen Angaben eine Lehre aus dieser Begegnung: sich in Zukunft nicht deswegen einschüchtern zu lassen, weil ein anderer an Rang, Wissen oder Bedeutung höher als sie selbst stand. Ein gesundes Selbstvertrauen zu zeigen, ihr Licht nicht unter den Scheffel zu stellen und ihre Aufgabe innerhalb der ihr von der Natur gezogenen Grenzen zu erfüllen, das wurde ihr zur Erkenntnis: »Schluß mit dem Studium, das war die Lehre dieses Tags, die Einsicht, daß es mir nunmehr oblag, mein eigenes Gärtlein zu hegen, mit dem eigenen Scherflein mich zu bescheiden und es zu bereiten.«[24] Wie immer auch das Gespräch verlief, Bergson scheint Gefallen an ihr gefunden zu haben. In einem Brief schrieb er ihr später, sie möge ihn in Auteuil besuchen: »Ich werde großes Gefallen darin finden, mit Ihnen zu plaudern.«[25]

Seit dem Erscheinen von ›Torso‹ in der ›Neuen Rundschau‹ von 1905 hatte Annette Kolb geschäftlichen und persönlichen Kontakt zu Samuel Fischer. Die Verbindung blieb ein Leben lang erhalten – trotz bisweiliger Unterstellungen Annette Kolbs, sie würde finanziell hintergangen. Zwar gab sie im Laufe der Jahre auch Bücher bei anderen Verlagen heraus, doch sah Samuel Fischer ihr dies großzügig nach und hatte auch nichts dagegen, wenn sie Manuskripte als Vorabdruck an Zeitschriften verkaufte. Er wußte auch um Annette Kolbs Unfähigkeit, mit Geld umsichtig umzugehen. So entsprang es wohl einer Mischung aus patriarchischer Laune und echter Freundschaft, wenn er die Autorin – die sich selbst ironisch als »Finanzgenie« bezeichnete, das zwar nie Geld habe und von der Hand in den Mund lebe, aber »disponieren« könne – immer wieder in seine Feriendomizile nach Bad Ischl im Salzkammergut oder an die Riviera einlud. Um 1912 war Annette Kolb zum ersten Mal Fischers Feriengast in dessen Ischler Villa. Ischl war über Jahrzehnte der bevorzugte sommerliche Ferienort von Kaiser Franz Joseph von Österreich. Die Donaumonarchie feierte in Bad Ischl ihren süßlich-melancholischen Abgesang. Annette Kolb lernte hier also noch den morbiden Glanz des Habsburgerreiches kennen. Und während die Begegnung mit ihrem erklärten Gegner Kaiser Wilhelm II. in ihrer Erzählung ›Yvonne Müller‹ nur fingiert war, sah Anette

Kolb hier den anderen Kaiser tatsächlich: »Wir tranken Mélange mit einem Gipfel, und nochmals Mélange mit nochmal einem Gipfel. Aux frais de l'éditeur! [Auf Kosten des Verlegers!] Man übersah ganz Ischl von hier oben, ein köstlicher Wind schlug die Fahnen hin und her, die zu Ehren des alten Kaisers von den Häusern und den Toren wehten. Er fuhr mit einer seiner Töchter in offener Kalesche durch die mächtigen Alleen. Unzerstörbar schien der Friede dieses Landes.«[26]

Annette Kolb faßte eine tiefe Liebe zu Österreich, die sie mit einer grundähnlichen Mentalität beider Volksstämme erklärte: »Dem Bayern aber ist die Liebe zu Österreich *angeboren*. In dieser Ausgesprochenheit, in diesem Grade und auf diese Weise gibt es wohl kein zweites Beispiel von der Zuneigung eines Volkes für ein anderes. Die Weise ist nämlich die, dass der Bayer den Österreicher liebt, und dieser sich von ihm lieben läßt; eine Liebe, die aus einem gesunden Instinct hervorgeht. [...] Andere Nachbarn wie Franken, Schwaben, Tiroler, Schweizer, sind dem Bayern eher gleichgültig. Gemütlichkeit ist bei ihm mehr zu finden, als Gemüt. Seine einzige Sentimentalität ist Österreich, seine einzige instinctive Abneigung ist Preussen.«[27]

Die Liebe zum Nachbarvolk trieb bisweilen so skurrile Blüten wie den Vergleich beider Nationalküchen, die Symbole für eine europäische Vereinigung seien: »Was aber sind alle Palatschinken und versoffenen Jungfern für unzulängliche Äusserungen zu dem, in seiner Ausdruckskraft nur den Bokatscherln des Ungarn vergleichbaren bayrischen Knödel? Dem bayrischen, und dem seines Stammesbruders, dem Knödel von Ober- und Niederösterreich? Prall-konsistent, wenn auch ohne Härten, verdrängt er, wie ein Globus, um sich her, den Raum. Und dort, im äussersten Chiemgau, nicht in Franken noch in der Pfalz, und denkbar weit von der Kaiser Wilhelm Gedächtniskirche entfernt, dort steckt er, der wahre Anschluss, dort wirkt das Selbstbestimmungsrecht der Völker ungefragt sich aus, denn dort fallen die Pforten nie richtig ins Schloss, dort vermögen nicht einmal die Passbehörden eine Grenze zu constituieren. O wäre ganz Europa schon so weit wie Salzburg!«[28]

Auch die Pforten in Samuel Fischers Häusern in Ischl und Ber-

lin fielen nie ins Schloß. Annette Kolb begegnete dort Schriftstellerkollegen wie Thomas Mann, Gerhart Hauptmann, Franz
Werfel, Otto Flake, Rainer Maria Rilke und Hugo von Hofmannsthal. Erinnerungen ganz eigener Art an diese Zeit hat die
Tochter Samuel Fischers, Brigitte, gesammelt. Die 1905 Geborene sah Annette Kolb mit unbestechlichen Kinderaugen: »Schon
als Kind war mir Annette Kolb immer alterslos erschienen. Ihre
schmale, zerbrechliche Gestalt, in formlose Gewänder gehüllt,
die keinen Anfang und kein Ende hatten, wirkte trotzdem immer elegant. Ihr Gesicht mit der großen, schmalen Nase, den
breiten Backenknochen, dem langen Kinn und den klugen, wachen Augen, hatte etwas distinguiert Aristokratisches. [...] Man
konnte sich dem Eindruck einer großen Persönlichkeit nicht entziehen.«[29] Annette Kolb war dafür berüchtigt, daß sie Schirme,
Taschen, Brillen oder auch Kuverts mit dem Honorar verlor oder
verlegte. Sie selbst gab halb ernst, halb humoristisch den »Ko-
bolden« die Schuld, die sie verfolgen würden: »Sie [die Iren]
glauben an Wesen unter verschiedenen Bezeichnungen, die wir
Kobolde nennen. Ihr Element ist die Unordnung. Von diesen
Wesen weiß leider auch ich. Sie sind eine Quälerei am laufenden
Band.«[30] Samuel Fischer wußte um die Tücke der Kobolde und
sandte seine Tochter hinterher. Diese erinnert sich: »Mein Vater
hieß mich ihr auf Schritt und Tritt folgen, wenn sie uns – während der Sommer- oder Winterreisen – besuchte. Ich mußte ihr
nachgehen und genau hinschauen, um all das, was sie verlor,
oder irgendwo liegenließ, einzusammeln. Einmal war es ihre
goldene Uhr, das andere Mal ihre Brieftasche mit dem ganzen
Honorar, das der Verlag ihr gerade ausgezahlt hatte.«[31] Annette
Kolb freilich interpretierte ihre Zerstreutheit ganz anders. Über
ihr alter ego Mariclée aus ›Das Exemplar‹ schreibt sie: »Denn
Mariclée hatte viele Leben, ja ein ganz weit verzweigtes, nicht
selten sogar ein verstricktes Netz von Leben [...] Es war deshalb
in ihr eine innere Unaufmerksamkeit, welche sie immer wieder
meistern mußte, damit sie nicht in die Augen sprang. Sie war
nicht zerstreut, sie war abgewandt.«[32]

In jene Zeit der ersten Aufenthalte im Kreise der Familie Fischer fällt Annette Kolbs Arbeit an ihrem ersten Roman. Die

französische Schriftstellerin und Diplomatengattin Pauline de Pange, die 1911 nach München kam, lernte die Dichterin in jener schöpferischen Phase kennen: »Annette lebt mit ihrer Schwester zusammen in einer bescheidenen Wohnung, in der wir schöne Stunden verbringen. Sie hat immer das allerneueste Buch gelesen, sei es ein deutsches oder französisches, und sie diskutiert darüber ohne Vorurteile. [...] Aber was man nicht schildern kann, ist Annettes mitreißend lebendige Konversation und bezaubernde Phantasie. Übrigens ist sie imstande, jederzeit zu schreiben, sei es nun an einer Tischecke in einem Bräu, oder in ihrem eigenen Salon, während sie auf Freunde wartet.«[33] Dem war mitnichten so: Annette Kolb hat sich, wie sie selbst bekannte, beim Schreiben immer »schrecklich geplagt«.[34]

Das merkt man jedoch ihrem ersten Roman nicht an, dessen Sprache von impressionistischer Leichtigkeit und Eleganz ist. ›Das Exemplar‹ erschien 1912 als Vorabdruck in ›Die neue Rundschau‹, ein Jahr später in Buchform. Der Titel stammt von Hedwig Fischer, der Frau des Verlegers. Sie erinnert sich: »Annettes erstes Buch war eine Reisebeschreibung ... [...] den Titel fand ich schlecht: ›Mariclées Erlebnis‹, und ich bestand auf einer Umtaufe, es mußte ›Das Exemplar‹ heißen. Diesen Titel bekam es denn auch, und es machte seinen Weg.«[35] Franz Blei hingegen kritisierte den neuen Titel des Buches: »Der Titel Das Exemplar war schlecht für das Publikum, wie der Verkauf zeigt. Sieben Studien, wo es acht waren und das Ame a deux patries [sic] war schlecht: Sie sind von schlechten Titeln nicht abzubringen – Architektur schwach – und man muss sich halt darein fügen. Das Kreuz wollen Sie nicht in, aber das Kreiz mit Ihren Titeln kaum. Ainsi soit il. Da kannst nix machen.«[36] Mag der Verkauf auch nicht sonderlich gut gewesen sein, das Buch verschaffte ihr doch Ansehen bei Lesern, Kritikern und Kollegen. Noch im selben Jahr erhielt sie durch Fürsprache Franz Bleis den Fontane-Preis verliehen und war »närrisch vor Freude«.[37] Rainer Maria Rilke, dem ›Die neue Rundschau‹ nach Spanien nachgesandt worden war, schrieb ihr aus dem andalusischen Ronda: »[...] nun kann ich Ihnen, gar nicht rasch genug für mein Bedürfnis, versichern, wie schön, wie vollkommen, wie meisterhaft der Schluß vom

›Exemplar‹ ist. Wenn ich nicht in dieser infamen Entfernung wäre, ich würde Ihnen alle Blumen ins Haus schicken, die ich zu sehen bekomme, um nur etwas zu tun, was meiner Freude und Ergriffenheit gleichkommt, denn Worte sind da schon zu weit und urteilerisch, so was müßte im Schweben bleiben und schwebend sich mitteilen.«[38] Auch Franz Blei, wenngleich so ungnädig über den Titel urteilend, wurde neugierig und wartete ungeduldig auf die Buchausgabe: »Ja, das Exemplar vom Exemplar erwarte ich, von Fischer, – ich kann so was nicht zizerlweis in einer Zeitschrift lesen, und ich find die Nummern, die ich wahrscheinlich weggeschmissen hab, nicht mehr zusammen. [...] Es muss ja wirklich gut sein. Scheffer sagte es und meine Frau ist entzückt und Frau Fischer kann davon nur mit Thränen im Organ sprechen [...]«[39] Und selbst Hofmannsthal, der ansonsten Annette Kolb doch etwas grob bescheinigte, sie sei dumm, aber weise, schrieb ihr nun einen ehrfürchtigen Brief: »Ich habe in den letzten Tagen das ›Exemplar‹ gelesen und das mit immer steigendem Vergnügen. Es ist ein besonderes und ein sehr reizendes Buch. Was unter Deutschen und deutschen Büchern so namenlos selten ist: ›Distinction‹ besitzt es in einem unglaublichen Maß [...] Sie können sehr stolz sein. Sie haben Dinge hingestellt, die für die meisten Menschen gar nicht existieren, die wirklich zu fixieren eigentlich kein deutscher Autor auch nur versucht hat.«[40]

Hedwig Fischer tut dem Buch unrecht, wenn sie es als »Reisebeschreibung« tituliert. Die Hauptfigur Mariclée ist – wie bereits erwähnt – eine autobiographische Widerspiegelung der Autorin. Das war auch den Zeitgenossen bewußt. Die erzählte Liebesgeschichte – oder vielmehr die Unmöglichkeit einer Liebe – ist die der Zuneigung Mariclées zu dem »Exemplar«. Dahinter verbirgt sich ein Porträt des englischen Botschaftsrats John Ford, in den Annette Kolb unglücklich verliebt war. Im Roman hat sie sogar Auszüge seiner Briefe an sie eingebaut. Anders als im traditionellen Bildungs- und Entwicklungsroman des 18. und 19. Jahrhunderts handelt es sich hier aber um das Psychogramm einer höchst komplexen und sensitiven weiblichen Seele. Eine Entwicklung im hergebrachten Sinne findet nicht mehr statt, der dargestellte Zeitraum – acht Wochen aus dem Leben einer Liebenden – gleicht eher einer monologischen Gerichtsverhandlung, in der sich Herz und Vernunft, Stolz und Entblößung miteinander streiten. Die äußere Bewegung des Romans wird durch ein unruhiges Umherreisen Mariclées erreicht – eine »Reisebeschreibung« ist er deswegen noch lange nicht. Im Gegenteil: Gerade die Reisen Mariclées nach London, Glenford (alias Rufford Abbey), Irland und Southampton sind Ersatzhandlungen innerhalb einer erzwungenen Untätigkeit, eines erzwungenen Wartens. Gleichförmigkeit und Erstarrung sind die Kennzeichen des inneren Zustands Mariclées. Sie fährt im August nach London, um das »Exemplar«, den geliebten Mann, zu treffen. Er ist verheiratet, das »Verhältnis« (das gleichwohl jede Körperlichkeit ausschließt) muß peinlichst in einer Welt rigider Konventionen geheimgehalten werden. Architektonisch geschickt baut Annette Kolb eine innere Spannung auf: Das »Exemplar« muß geschäftlich verreisen und hinterläßt Mariclée nur einen kurzen Brief. Mit einem Besuch in Glenford, wo sie allerdings von Spukerscheinungen verfolgt wird, versucht die Protagonistin die Zeit des Wartens zu überbrücken. Erst in der Mitte des Romans kommt es zu einer kurzen Begegnung der Liebenden, die jedoch durch das Auftreten der Ehefrau getrübt wird. Wieder muß das »Exemplar« verreisen – diesmal wegen gesundheitlicher Probleme, der Nachwirkungen einer Malaria-Infektion. Mariclée sondiert, ja seziert während der nächsten Wochen wieder ihren Gemütszustand mit außerordentlich scharfem Bewußtsein. Diese Vivisektion einer empfindsamen Seele läßt auch – wir deuteten es schon an – Rückschlüsse auf Annette Kolbs lebenslange Unfähigkeit zu, eine enge Bindung zu einem Mann einzugehen: »Im klassisch hergebrachten Sinne liebte sie das Exemplar mitnichten, und sogenannte Mädchenträume hatte sie niemals auf sein Haupt gehäuft. Denn ihr Bereich waren jene Zwischenstadien, die unsere Mütter und Großmütter nicht kennenlernten. [...] Mariclées Element war das Absichtslose. Sie konnte ihr Gefühl nur einem solchen Manne zuwenden, bei dem aus irgendeinem Grunde eine Verwirklichung ihrer Wünsche so ausgeschlossen war wie das Festland von der Meeresinsel.«[41]

Mariclée unterscheidet zwischen dem klassischen und dem modernen Liebhaber. Die leidenschaftliche, romantische Liebe sei heute nicht mehr möglich. Die Freiheit, die Mariclée braucht wie die Luft zum Atmen, bedingt eine Einsamkeit des Herzens: »Indem sie keinem gehörte, behielt Mariclée, wie sie glaubte, auf irgendeine mystische und geheimnisvolle Weise auf alle liebenswerten Männer ein Recht. Zwischen der Eingrenzung oder der Einsamkeit blieb keine Wahl. So wuchs sie denn wie ein halb sublimer und halb absurder Protest ins Leben hinein.«[42] Ihre freiwillig-unfreiwillig gewählte Einsamkeit enthebt sie der Zeit: »In einer Welt, in der man alterte und starb – die zwei einzigen Dinge, die sie nie vergessen konnte –, tat sie nicht mit. Ja, alterte und starb sie darum weniger? ›Ja, weniger‹, war jedesmal auf diese vernünftige Frage das sinnwidrige Echo ihres Herzens.«[43]

Der geistige Stolz ist es unter anderem, der Mariclée eine enge Bindung an einen Mann verbietet (in einer Zeit, in der sich die Frau dem Mann geistig-intellektuell unterzuordnen hatte): »Er wußte, daß ihr zwar kein anderer Mensch, daß ihr aber manche *Dinge* mehr galten als er. Für eine Idee hätte sie ihn jederzeit verraten [...] Der Sinn für die Unwichtigkeit des Einzelnen und die Relativität der Dinge ging ihr nie ganz verloren; hier lag der tragische Zug ihres Wesens: sie war nicht zu umschreinen und sehr früh unfähig geworden, *restlos* in einem Manne aufzugehen. Auf ihre geistige Welt hatte das Exemplar nicht den leisesten Einfluß. Denn was ihre geistige Position wert war, wußte sie. Sie hatte sich zu führerlos zu ihr durchgerungen und in geistigen Dingen zu bittere Not gelitten.«[44]

Die lange und mühevolle geistige Wegsuche Annette Kolbs klingt in diesen Worten an. Am Ende des Romans treffen sie und das »Exemplar« noch einmal auf einem Schiff kurz zusammen. Die Begegnung auf einem engen Gang des Dampfers wird als androgyne Verschmelzung zweier verwandter Seelen beschrieben: »Und obwohl jene Macht, die sie einst, und wenn die Straße, die sie gingen, noch so breit war, so magnetisch zusammenschloß, daß sie als eine Gruppe wandelten, sie jetzt so magnetisch schied, daß sich zwischen den eng zusammengepreßten Wänden ihre Schultern, die sich kannten, niemals auch nur streiften, gingen sie dennoch nach *einem* Rhythmus und wie aus *einer* Form gegossen. Denn in Wahrheit waren sie *eins*.«[45]

Doch obgleich die Autorin Mariclée als »Original«[46] bezeichnet, ist ihre Eigenständigkeit nur eine scheinbare: »Verwegenste Situationen geziemten ihr nur. Und deshalb trieb es sie hin und wieder mit solcher Macht, dieser lächerlichen Welt, und dem, was sich als ihre Mächte und Konventionen so großen Respekt verschaffte, eins ins Gesicht zu schlagen. Und sie wußte, daß sie es durfte. Weil sie nichts wollte. Weil sie von einem Wettbewerbe ausgeschieden war, dessen Preise so ungereimt und so zu Unrecht verbilligt wurden [...] In ihren Verzichten – und diese waren bei ihr stets die Voraussetzung – lag ihr still geheimnisvolles Anrecht auf jene Männer, die sie durchschaut hatten.«[47] Sie verläßt das Schiff in Cherbourg in der Normandie, das »Exemplar« fährt zusammen mit seiner Frau nach Amerika weiter. Mariclée, die scheinbar so emanzipierte, vernunftgesteuerte, moderne Frau, bleibt in einem Chaos der Gefühle zurück. Damit endet der Roman: »Aber Mariclée, unbeweglich am Maste gelehnt, hielt ihren Blick zu dem Manne emporgerichtet, der über das Geländer gebeugt zu ihr niedersah. ›Da zieht er hin!‹ dachte sie. Und plötzlich preßte sich ein Gitter so eng um ihr Herz, daß es sich wie zwischen eisernen Stäben krampfte und brach.«[48]

Die Verleihung des Fontane-Preises an Annette Kolb war in doppelter Hinsicht gerechtfertigt: Zum einen war die sprachliche und formale Handhabung des Stoffes äußerst gelungen, die Feinheit der Bilder und impressionistische Andeutung der Seelenzustände Mariclées erstaunlich, die Einbettung breiter Passagen in erlebter Rede eine Technik, wie sie wenig später als Bewußtseinsstrom in den Romanen von James Joyce und Virginia Woolf vollendet werden sollte. Zum anderen spann Annette Kolb Elemente der Fontaneschen Romankunst fort: die Darstellung weiblicher Seelennöte in einer männlich-dominierten, restriktiven Gesellschaft, aber auch formal die Abwendung von der reinen Handlung, dem »plot«, hin zur psychologischen Ziselierung, wie sie Fontane exemplarisch in seinen letzten Romanen ›Die Poggenpuhls‹ und ›Der Stechlin‹ vorgeführt hatte. Der Kritiker Max Rychner verwies 1964 in einem Essay[49] auf die Verwandtschaft Annette Kolbs mit Fontane. Sie selbst hat den Berliner Dichter jedoch nie als bewußtes Vorbild genannt.

Nicht nur die Kritiker waren begeistert, auch viele Leser, insbesondere Frauen, fühlten sich angesprochen und in der Person Mariclées widergespiegelt. Annette Kolb schmunzelte: »Er [der Roman] scheint ziemlich aus dem Leben gegriffen, denn sehr viele Damen hielten sich für die Helden desselben und fragten an, ob sie mit ihr gemeint seien.«[50] Aus dem Leben gegriffen bzw. ihm nachgebildet waren nicht nur die Figuren Mariclée und das »Exemplar«, auch die Freunde Lady Savile und Richard von Kühlmann, der – nach diplomatischen Einsätzen in Berlin und Tanger – von 1909 bis 1914 Botschaftsrat in London war, wurden von der Dichterin als Romanfiguren eingebaut. Kühlmann schrieb: »Ihr Buch finde ich ganz ausgezeichnet und mache nach Kräften dafür Propaganda.«[51] John Ford, das Vorbild des »Exemplars«, starb wenige Jahre später, 1917, nach Annette Kolbs Aussage an den Folgen eines Hundebisses.[52]

Seit jener Londoner Zeit verband Annette Kolb eine Freundschaft mit Mechtilde Fürstin Lichnowsky, die bis zu deren Tod 1958 hielt. Die Fürstin, geboren 1879, stammte aus dem Hause Arco-Zinneberg und wuchs auf Schloß Schönburg in Niederbayern auf. 1904 heiratete sie den Fürsten Karl Max Lichnowsky, der von 1912 bis 1914 deutscher Botschafter in London war und bei Kaiser Wilhelm II. wegen seiner Bemühungen um einen friedlichen Ausgleich mit Großbritannien in Ungnade fiel. Richard von Kühlmann war in jener Zeit der engste Mitarbeiter des Fürsten. Mechtilde Lichnowsky war eine bekannte und vielbeachtete Lyrikerin, Erzählerin, Essayistin, Zeichnerin und wie Annette Kolb eine aufgeschlossene Kosmopolitin.

Die beiden Frauen kannten sich schon seit ihren Münchner Jugendjahren. In London festigte sich das Band, auch im Bewußtsein ähnlicher politischer und pazifistischer Anschauungen. Mechtilde Lichnowsky war von Annette Kolbs Roman entzückt. Sie empfahl ihn Carl Sternheim, und in einem Brief an Annette Kolb schrieb sie enthusiasmiert: »Dein Buch ist so fein gebaut, und dabei so fest und reich, daß ich es jedem, hauptsächlich Dir sagen muß. Du hast es gemacht und das ist das schöne dran. Ich vertrage es nicht, wenn Bücher oder Kunstwerke den Eindruck hervorrufen, als seien sie ›einfach‹ so herausgesprudelt – etwa so wie Ka-Ka vom Kanarienvogel. Das gilt einfach nicht und bei aller Vollendung muß ich den Genuß der fremden Arbeit bekommen. Die freut mich. Fein gehst Du mit der Sprache um – sie ist voller kleinwinzigen Ecken, es fließt doch – und klug ist es bei aller Wärme. Ich hatte eine Freude!«[53]

Doch die Freude über den plötzlichen literarischen Ruhm und die allgemeine Anerkennung wurde getrübt durch die angespannte politische Situation. Annette Kolbs Versuche auf dem Parkett der Privatdiplomatie trugen keine Früchte. Die Abberufung Karl von Lichnowskys und Richard von Kühlmanns aus dem Botschaftsdienst in London waren äußere Anzeichen einer uneinsichtigen kaiserlichen Politik der Stärke und Abschreckung, die auch vor einem Krieg nicht haltmachen würde. Richard von Kühlmann, der eigene Friedensbemühungen durchkreuzt sah, schrieb mit müdem Optimismus an Annette Kolb: »Glücklicherweise wird wohl schliesslich die Stimme der Vernunft überwiegen, und alles in das gewohnte Geleise zurückkehren. Auch die guten Franzosen haben, soweit ihre Presse in Betracht kommt, nicht sehr viel Weisheit an den Tag gelegt. Die alte Marianne gleicht einer bejahrten Schöne [sic], die sich ihrer Runzeln zu sehr bewusst ist, um viel Selbstvertrauen zu haben und deswegen jede Bewegung ihrer treuen Zuhälter mit schlecht verhehltem Aerger und Misstrauen überwacht. Das ist sicher nicht die richtige Methode, um dieselben fester an sich zu ketten.«[54]

Trotz der hohen Verschuldung des Deutschen Reiches, die schließlich auch zum Rücktritt des Reichskanzlers von Bülow geführt hatte, beschloß der Reichstag am 30. Juni 1913 die von der neuen Regierung unter Reichskanzler Bethmann Hollweg eingebrachte »Wehrvorlage«, die größte und umfangreichste Aufrüstungskampagne seit der Reichsgründung 1871. Gegen die Vorlage stimmten nur die Sozialdemokraten sowie die polnischen und elsässischen Abgeordneten. Im November kam es zu Unruhen in der elsässischen Stadt Zabern: Bürger, die sich von dem dort stationierten deutschen Infanterieregiment diskriminiert fühlten, protestierten. Es kam zu Verhaftungen und einer fünftägigen Willkürherrschaft des Militärs, Vorfälle, die die »Tochter zweier Vaterländer« Annette Kolb sehr belastet haben müssen. Sie versuchte weiterhin mit ihren publizistischen Mitteln die Völkerversöhnung voranzutreiben. Mit Franz Blei besprach sie das Projekt einer deutsch-französischen Zeitschrift, die die kulturelle und historische Nähe der beiden Nationen hervorheben sollte. Blei jedoch winkte resigniert ab: »Es ist lieb von Ihnen, dass Sie mich bei Ihrem Versöhnungszeitungsunternehmen protegieren wollen. Aber den 600 Franzosen, die mich kennen, habe ich ja nichts zu sagen was sie nicht wüssten. [...] Das Verständigungsblatt wird sehr gutgemeint, sehr sanft sein, den Pelz waschen ohne ihn nass zu machen, alle Diletanten [sic] des Herzens werden sagen, wie sie leiden – und die Gründer werden über die Ohnmacht ihres Instrumentes sehr verblüfft sein, soweit sie ehrlich sind. Aber die Schönredner werden glücklich sein, schön reden zu können hinter dem Ofen ihrer guten sichern Renten hervor. Es ist eine traurige aber doch Tatsache, dass es unter den anständigen Leuten enorm viele Dummköpfe giebt. Wenn sie schon was denken, so spielen sie beiläufige liberale Humanitätsgedanken als ›Denken‹ aus. So wird das Blatt aussehen, das vor lauter Vorsicht weder Einsicht noch Aussicht haben wird.«[55]

Aus dem Projekt wurde nichts; auch ein Theaterstück, dessentwegen Annette Kolb mit Samuel Fischer in Verhandlung stand[56], kam nicht zur Ausführung. Doch hatte sie eine Unmenge an Essays, Betrachtungen und Rezensionen in der Schublade, die nur zum Teil bereits in Zeitungen und Zeitschriften publiziert worden waren. Die plötzlich zu Ruhm gekommene Dichterin wollte sie nun in einem renommierten Verlag unter dem Titel ›Wege und Umwege‹ gesammelt erscheinen lassen.

»Jene Meisterprobe männlicher Stupidität« – Erster Weltkrieg und Schweizer Exil (1914–1918)

›Wege und Umwege‹ erschien nicht – wie vielleicht zu erwarten gewesen wäre – bei Samuel Fischer, sondern in Kurt Wolffs Verlag der Weißen Bücher. Wolff war eine der großen und legendären Verlegerpersönlichkeiten des 20. Jahrhunderts, er machte sich vor allem um junge Dichter verdient und besaß einen unfehlbaren Riecher für neue Namen und literarische Richtungen. Besonders die Expressionisten hatten in Wolffs Buchreihe ›Der Jüngste Tag‹ und der von Franz Blei redigierten Zeitschrift ›Die Weißen Blätter‹ erstklassige Publikationsforen. Dabei verlief die Zusammenarbeit mit Annette Kolb keineswegs unproblematisch. Die Dichterin reagierte empfindlich auf Änderungen in ihren Manuskripten. Wolff hatte ihren Aufsatz ›Besuch bei Duchesne‹, der in ›Wege und Umwege‹ publiziert werden sollte, zum Vorabdruck in den ›Weißen Blättern‹ vorgesehen. Blei erlaubte sich Änderungen und war in der Zusendung der Korrekturfahnen säumig, was Annette Kolb zutiefst verärgerte. An den Verleger schrieb sie am 14. Februar 1914: »Wenn nicht mir, und *mir allein* die letzte Revision meines Artikels über Duschenes [sic] zusteht, so muß dessen Abdruck unterbleiben und *ich ziehe ihn zurück.* [...] Meine Freundschaft mit ihm [Blei] kann nicht hindern, daß ich mit der letzten Consequenz auf meinem Recht bezüglich meiner Sachen bestehe und ich bin sicher daß Sie meinen Standpunkt begreifen werden. Hochachtungsvollst Ihre etwas stark verärgerte Annette Kolb«.[1]

›Wege und Umwege‹ erschien – Ironie des Schicksals – just am Tag des Ausbruchs des Ersten Weltkriegs. Der Band versammelt Porträts von Personen des öffentlichen und künstlerischen Lebens, denen Annette Kolb in München, Paris und Rom begegnet ist, aber auch kritische Abhandlungen über Völkerfeindschaft, Intoleranz und Aufrüstung. Somit traf das Buch mitten ins tagespolitische Geschehen, wenngleich eigentlich zu spät. Den Ausbruch kriegerischer Auseinandersetzungen interpretierte die Dichterin in dem Aufsatz ›Die Ballonfahrt‹ psychologisch als

Flucht vor eigener nationaler Unzulänglichkeit, als Projektion innerer Unzufriedenheit auf den vermeintlichen äußeren Gegner. Krieg, so Annette Kolb, stamme »aus der Rumpelkammer der Menschheit«[2]. Damit vertritt sie ein Zivilisationsdenken, das von einem idealistischen und optimistischen bürgerlichen Fortschrittsglauben ausgeht. Zivilisation und Gewalt sind demnach Antagonismen, die sich wechselseitig ausschließen (während dagegen heutige Soziologen wie Peter Dürr oder Wolfgang Sofsky davon ausgehen, daß Aggression und Gewalt gleichsam der Nährboden für jegliche Form von Kultur sind, die Zivilisation die Gewalt nur verdeckt, umschließt und ins Geistige überhöht).

Liest man die Erinnerungen jüngerer Literaten jener Zeit, so scheint der Krieg tatsächlich als eine Lösung aus der Starre, als ein Ventil empfunden worden zu sein, um dem »mal du siècle«, dem »ennui« (der Langeweile) entrinnen zu können. Die bereits von den Zeitgenossen als »Dekadenz« zugleich gebrandmarkte und gepflegte Verfeinerung in Lebensführung und Kunst sah auch Annette Kolb als Gefahr für den europäischen Frieden. In ihrem kurz vor dem Krieg entstandenen Essay ›Torschlußtypen‹, einer polemischen Auseinandersetzung mit den Künstlern des Futurismus, sieht sie in dieser Kunstrichtung den Ausdruck einer schwächlich-dekadenten Generation, die in ihrer geistigen Verwirrung den Krieg herausfordert oder zumindest nicht verhindert: »Mag die Zeit noch so achtlos über ihn [den Typus des Futuristen und Dandys] hinwegziehen, seine Existenz jagt doch das leise Grauen der Verwirrung ein, einer Verwirrung der Zeit selbst, wie jener grotesk-schauerliche Gedanke eines allseitig unerwünschten europäischen Krieges, den wir bei aller Rückständigkeit noch immer in die Zukunft rücken sehen. Auf die Möglichkeit solcher Verwirrungen deuten – für das Gefühl – manche Verirrungen hin, die der Politik ganz fernab liegen: die allzuvielen unmännlichen jungen Männer dieser Epoche [...]«[3]

Der Erste Weltkrieg war für Annette Kolb nicht nur die Folge einer geistigen Verwirrung dekadenter Strömungen, sondern auch ein primär *männliches* Problem. Noch 1932 nannte sie den Krieg »jene Meisterprobe männlicher Stupidität, als die wir den

Weltkrieg bezeichnen müssen«.[4] Dabei übersah sie nur allzu leicht, daß – gerade im Journalismus – auch Schriftstellerinnen wie Thea von Harbou in das Hurra-Geschrei einstimmten.

Den Ausbruch des Krieges erlebte Annette Kolb in München. In jener Zeit war sie auch häufig zu Gast im Sommerhaus des Malers Friedrich August von Kaulbach und auf dem Raunerhof, dem Feriendomizil von Marguerite und Richard von Kühlmann, beide Häuser in Ohlstadt bei Murnau in Oberbayern. War man nach dem Zeugnis Kühlmanns[5] unmittelbar nach der Ermordung des österreichischen Thronfolgers in Sarajevo in Kreisen der deutschen Diplomatie gleichmütig, ja indifferent, da der Ermordete als wenig deutschfreundlich galt, so setzte sich nach der deutschen Kriegserklärung an Rußland (1. August) und an Frankreich (3. August) schnell eine Maschinerie in Gang, die infolge des seit Jahrzehnten genährten Klimas von Ressentiment und Nationalitätenhaß nicht mehr aufzuhalten war. Sogleich richtete sich der Volkszorn auch gegen in Deutschland lebende Ausländer. Ernst Toller etwa berichtet über Lynchjustiz: »Ich gehe durch die Straßen Münchens, am Stachus tobt Tumult, einer will gehört haben, wie zwei Frauen französisch sprechen, die zwei Frauen werden« verprügelt, sie protestieren in deutscher Sprache, sie seien Deutsche, es hilft ihnen nichts, mit zerrissenen Kleidern, zerrauften Haaren und blutigen Gesichtern werden sie von Schutzleuten zur Wache geführt.«[6] Daß den Damen aus dem Hause Kolb, die ja stadtbekannt für ihre Frankophilie waren, in dieser aufgeheizten Stimmung nichts zuleide geschah, ist eigentlich verwunderlich. Doch sollte Annette Kolbs französische Abkunft bei den bald folgenden Querelen um ihre pazifistischen Anschauungen noch gegen sie verwendet werden. Über den nun einsetzenden Stimmungsumschwung und die Massenhysterie berichtet Annette Kolb rückblickend: »Die Propaganda trat ins Spiel, und von einem Tag auf den nächsten verwandelte sich der Anblick der Straßen. Anstelle der bedrückenden Stille und der gleichsam versteinerten und von Angst herausgemeißelten Figuren, gab es nun eine aufgebrachte Menge, die sich wild vor den Konsulaten und Botschaften zusammenrottete, um vor deren Fenstern zu jubeln oder zu toben [...] man sah gutge-

kleidete Damen, die stets sanft und friedliebend erschienen waren, die sich jetzt mit erschütterter Miene ganz wilde Geschichten erzählten, und Leute, die vordem völlig ruhig waren, und
nun plötzlich sehr aufbrausend und leichtgläubig wurden. [...]
Deutschland verwandelte sich in einen riesigen Käfig, dessen
Gitter immer enger wurden.«[7]

Die hysterische Begeisterung der Massen über die Kriegserklärung und die anfänglichen raschen Siege wich bald einer
lähmenden Ernüchterung. Bereits am 9. September unterlag
das deutsche Heer in der Schlacht an der Marne. Damit kam
der Vormarsch an der Westfront weitgehend zum Erliegen. Die
beiden gegnerischen Armeen gruben sich in den nun folgenden
Jahren in einem Stellungskrieg ein, der nur sinnlos Opfer forderte und keine Entscheidung herbeiführte. Das Gefühl des ersten
Kriegswinters umriß Annette Kolb folgendermaßen: »Man lernte
die Hölle kennen. In diesem Herbst, während der Leere und
Stille der Stunden, kam es zu plötzlichen Anwandlungen, den
Kopf zu verlieren, es gab die Verführung zum Selbstmord und
der Zerstörung, die Verführung, Schluß zu machen und sich ins
Nichts zu stürzen.«[8]

Bereits um diese Zeit formierte sich in Annette Kolb ein Widerstand gegen die sinnlose und grausame Kriegsführung und deren
Propaganda, der über Abneigung und Ablehnung hinausging. Sie
suchte instinktiv nach verwandten Geistern und Mitstreitern, mit
denen sie eine Erörterung der Lage, ja eventuell eine publizistische Entgegnung unternehmen könnte. In Rainer Maria Rilke
und Alfred Walter Heymel (der allerdings bereits im November
1914 an Tuberkulose starb) fand sie solch ähnlich denkende Menschen. Daneben war es besonders Franz Blei, mit dem sie sich in
ihrer Verzweiflung austauschen konnte. Blei sprach ihr aus dem
Herzen, wenn er im November schrieb: »Sonst ists ein Jammer zu
leben. Man stirbt in seinem Interesse für die Menschen ab oder
wird böse. [...] Ich kann mich nicht dazu aufschwingen, im Krieg
mehr zu sehn als Abschlachterei, und da die Menschen das wollen, sind sie eben Vieh. Hols der Teufel. Der Triumph der größten
Zahl ist immer und überall ein Böses. Ich habe keine Ideale, die
sich nur durch aufgeschlitzte Bäuche behaupten.«[9]

Ein Abgleiten in Verbitterung oder Zynismus kam für Annette Kolb jedoch nicht in Frage. Sie wollte ihre Leser wachrütteln, ihnen die Verlogenheit der Kriegspropaganda offenbaren. Der Pragmatist Richard von Kühlmann, dem sie das Manuskript eines Artikels geschickt hatte, warnte sie im Oktober 1914 zum wiederholten Male: »Lassen Sie es wegen Ihres Aufsatzes bei dem bewenden, was ich Ihnen gesagt habe: Schließen Sie ihn in die Schublade ein, zeigen Sie ihn niemand und sprechen Sie mit niemand darüber. [...] Also folgen Sie meinem Rat und lassen Sie die Politik vollkommen bei Seite. Sie können absolut nichts nutzen, aber sehr viel schaden.«[10]

Obgleich sie sich bereits einige Jahre zuvor am diplomatischen Herd in Rom, Paris und London die Finger verbrannt hatte, wollte sie sich ihre Meinung und den Mund nicht verbieten lassen. Da kam ihr eine Einladung der Literarischen Gesellschaft Dresden, die sie bereits im Juli 1914, also noch vor Kriegsausbruch, erhalten hatte, gerade recht. Man verband in Dresden ihren Namen wohl primär mit dem leichten, impressionistischen Ton ihres preisgekrönten Romans ›Das Exemplar‹. ›Wege und Umwege‹ mit den darin offen formulierten pazifistischen und anti-nationalistischen Anschauungen war erst wenige Wochen darauf erschienen. Auf die Anfrage des Vorstands der Literarischen Gesellschaft, was denn das Thema ihres Vortrages sein werde, antwortete sie nur ausweichend »die Presse«[11]. Der Vorstand war einverstanden und wies lediglich darauf hin, daß sie ihr Skript – wie im Krieg üblich – der Zensurbehörde vorlegen müsse. »Meine Abschrift«, so Annette Kolb mit diebischer Freude, »war schwer zu lesen und hatte nur eine oberflächliche Ähnlichkeit mit dem Original.«[12] Ihr Vortrag vom 25. Januar 1915, ein Jahr später im Anhang ihres Buches ›Briefe einer Deutsch-Französin‹ publiziert, trug den Titel ›Die Internationale Rundschau und der Krieg‹. Darin setzte sie dem Auditorium die Ergebnisse der Gründungsversammlung der Zeitschrift ›Die Internationale Rundschau‹ vom Dezember 1914 auseinander, an der sie teilgenommen hatte. Das Journal sollte der Friedenspropaganda und einer unzensierten Berichterstattung dienen. Im Einladungstext des Gremiums hieß es: »Neben dem Weltkriege mit eisernen Waffen wird ein zweiter Feldzug mit vergifteten Waffen geführt, ein Verleumdungsfeldzug, in dem jedem Volke die unglaublichsten Schändlichkeiten, Hinterhältlichkeiten [sic] und Gemeinheiten vorgeworfen werden, und dieser zweite Feldzug, den giftige Federn vom sichern Schreibtisch aus führen, ist fast noch gefährlicher als der andere. Das Ziel des Krieges ist der Friede – das Ziel dieses zweiten Feldzuges jedoch ist der unauslöschliche Haß, der auch nach formellem Frieden jede Versöhnung ausschließt.«[13] Damit stellte sich das Gründungsgremium nicht einmal grundsätzlich *gegen* den Krieg, sondern nur gegen die Hetzpropaganda der Presse. Doch allein das genügte, um nationale Geister zu empören. In ihrem Vortrag in Dresden stellte Annette Kolb das Zeitschriftenprojekt vor und erklärte, oberstes Gebot der Redaktion sei die Neutralität. Man wolle weder deutsch- noch franzosenfeindlich sein. Selbst der international bekannte Schriftsteller Romain Rolland habe seine Mitarbeit zugesagt, unter der Bedingung, daß die Zeitschrift auf neutralem Boden, in der Schweiz, erscheine. Ferner betonte Annette Kolb die soziale, politische und öffentliche Verantwortung des Schriftstellers. Dies und ihre binationale Abkunft berechtige, ja verpflichte sie zur Stellungnahme: »Denn als Halbromane hege ich für das Deutschtum eine Liebe, die nicht wie die Ihrige auf reiner Zugehörigkeit beruht, unvermischt und fraglos mit ihrem Gegenstand identisch ist. So liebt man seine Nächststehenden, den Mann, oder die Frau, mit einem von Eifersucht und Verliebtheit vielleicht nicht freien, zugleich aber viel deutlicheren Gefühl, als sich selbst. [...] Und hier nun behaupte ich, weil ich es beweisen kann, daß ich zu den paar Leuten gehöre, welche Patrouillendienste verrichten und inmitten des Wirrsals als Aufklärer taugen könnten. Ich meine uns, die Halbgermanen Frankreichs, die Halbromanen Deutschlands [...]«[14]

Die Beteuerung ihrer Solidarität mit Deutschland half ihr wenig. Die Menge war zu sehr auf ein Lagerdenken polarisiert, um noch in Zwischentönen hören und denken zu können. Selbst so bedeutende Intellektuelle wie Thomas Mann hatten inzwischen in die Diskussion eingegriffen und zur geistigen Grenzziehung und Vergiftung beigetragen. Seit Kriegsbeginn arbeitete der Autor der ›Buddenbrooks‹, in dessen Haus in München-Bogenhausen Annette Kolb seit Jahren freundschaftlich ein und aus ging, an seiner Polemik ›Betrachtungen eines Unpolitischen‹, worin er in persönlicher Abgrenzung zu seinem frankophilen Bruder Heinrich den Krieg gegen Frankreich als notwendige Selbstfindung und Selbstbehauptung des deutschen Geistes gegen romanische Verflachung und Dekadenz begrüßte.

Annette Kolb nahm, wenn es um ihre Überzeugung ging, selbst auf Freundschaften keine Rücksicht und kritisierte in ihrem Dresdner Vortrag einen Aufsatz Thomas Manns, der im Dezemberheft der ›Neuen Rundschau‹ erschienen war. Sie zitiert Thomas Mann: »Wir hätten die Kultur als Wort und Begriff dem Worte Zivilisation stets vorgezogen, weil es rein menschlichen Inhaltes ist, während wir beim anderen einen politischen Einschlag und Anschlag spüren, der uns ernüchtert, der es uns zwar als wichtig und ehrenwert, aber nun einmal nicht als ersten Ranges erscheinen läßt – weil dieses innerlichste [deutsche] Volk der Metaphysik, der Pädagogik und der Musik ein nicht politisch, sondern moralisch orientiertes Volk ist.«[15] Auf diese Abgrenzung von Deutschtum und Franzosentum, von Kultur und Zivilisation, von unpolitischem und öffentlich-engagiertem Schriftsteller entgegnete Annette Kolb, mit Verweis auf die politische Großmachtstellung und Verantwortung Deutschlands spätestens seit der Reichsgründung 1871: »Dies hundert Jahre nach [Ernst Moritz] Arndt, und nachdem Deutschland inzwischen zu einem geeinigten Reich und einer Großmacht erstarkt war. Ich werde weiter nichts sagen, als daß ich an diesem Satze [Thomas Manns] Ärgernis nahm. Denn wir, die Herausgestellten, haben einen anderen Ehrgeiz, wir sehen gar keinen Grund, warum wir dieses politische Volk mit einer politischen Sprache nicht ebensogut sein sollten wie andere.«[16] Der später mehrfach schwelende Konflikt zwischen den beiden und Thomas Manns verdeckte Aggressivität ihr gegenüber mögen ihren Ursprung in jenen Wochen des Jahres 1915 haben.

Die Stimmung im Dresdner Vortragssaal kochte schließlich über, als sich Annette Kolb gegen hetzerische Töne in der Presse wandte, die nicht der objektiven Information dienten, sondern der Aufwiegelung der Bevölkerung und dem Machterhalt eines Systems. Dabei verwies sie nicht einmal auf ein deutsches Blatt, sondern ausdrücklich auf den französischen ›Matin‹: »So können wir gar nicht verstehen, daß die Völker, die doch schon allesamt ihre Revolutionen hatten oder zu haben versuchten, warum sie sich allesamt ihre hetzerische Presse noch gefallen lassen, warum sie sich *die* noch nicht verbaten; [...] Man hat schon Regierungen davongejagt, aber der Herausgeber eines Hetzblattes thront wie ein Gesalbter des Herrn auf seiner Redaktion. Argwöhnisch wird das Tun und Treiben eines Monarchen verfolgt, wer aber hat es gewagt, gegen den ›Matin‹ einzuschreiten, der schlimmer als eine russische Knute Wahrheit, Vernunft und Mäßigung unterdrückt?«[17] Der Schluß des Vortrags ging im allgemeinen Tumult unter. Was die Anwesenden, darunter auch viele Journalisten, so aufbrachte, war sicherlich nicht der Vorwurf an die Adresse des ›Matin‹, sondern die Unterstellung, auch deutsche Blätter seien verhetzt. Außerdem barg Annette Kolbs Rede unbeabsichtigt revolutionären, ja anarchistischen Sprengstoff hinsichtlich ihrer leichtfertigen Äußerung, man habe »schon Regierungen davongejagt«. Sie versuchte zwar noch, sich zu verteidigen und ihren Vortrag fortzuführen, doch ließ man sie nicht mehr zu Wort kommen. So verließ sie unter dem Begleitschutz dreier gleichgesinnter Frauen den Saal, eilte zum Hotel, packte ihren Koffer und fuhr noch in derselben Nacht nach Berlin. Bereits tags darauf erschien in den ›Münchner Neuesten Nachrichten‹ ein Artikel, der die Aussagen ihres Vortrages böswillig verfälschte:

»Dresden, 25. Januar (Privattelegr.) Zu einer erregten Szene kam es heute abend während eines Vortrags der bekannten Münchner Schriftstellerin Annette *Kolb*, die über die Gründung einer internationalen Rundschau sprach, die sich gegen die Verhetzungstendenzen unter den Völkern wenden sollte. Die Vortragende äußerte dabei u.a., in Deutschland gebe es ›*Hetzblätter vom Schlage des Matin*‹. Schon vorher war eine große Unruhe wegen verschiedener Äußerungen der Rednerin ausgebrochen. Jetzt machten sich laute Protestrufe bemerkbar und der Chefredakteur eines Dresdner Blattes erklärte die Worte der Rednerin für eine *Beleidigung der ganzen deutschen Presse*, denn in Deutschland gebe es kein Blatt vom Schlage des ›Matin‹. Der Vorsitzende der Versammlung erklärte, daß der Vorstand die Ansichten der Rednerin nicht teile und keinen Einblick in das Manuskript habe. Er befragte die Versammlung, ob sie die Rednerin weiter anhören wolle, was verneint wurde. Unter großem Lärm wurde sodann die Versammlung geschlossen.«[18]

Unversehens war Annette Kolb Opfer genau derjenigen unlauteren Pressekampagnen geworden, gegen die sie sich guten Glaubens und in Überschätzung ihrer publizistischen Wirksamkeit hatte wenden wollen. Spätestens seit diesem Eklat vom Januar 1915 geriet sie in den Blickwinkel der Polizei und des Geheimdienstes. Etwas naiv, zumindest aber verklärend schrieb die Dichterin noch 1954: »Deutschland besaß Umgangsformen und man landete nicht im Gefängnis, weil man Pazifist war.«[19] Die polizeilichen Akten, die seit 1915 über Annette Kolb angelegt wurden und heute im Bayerischen Kriegsarchiv einzusehen sind, sprechen eine andere Sprache. Der Geheimdienstapparat arbeitete bereits während des Ersten Weltkrieges mit geradezu perfider Detailgenauigkeit, willige Bürokraten bespitzelten schon damals verdächtige Bürger auf Schritt und Tritt. Die Akten über Annette Kolb zeigen, daß die Geschichte des Geheimdienstes schon lange vor Gestapo und Staatssicherheit ansetzt, auch, daß dieses Phänomen kein spezifisch preußisches ist, willfähriger Untertanengeist vielmehr auch im königlichen Bayern zum System ausarten konnte.

Annette Kolb hätte diese Jahre psychisch kaum durchgestanden, hätte sie nicht uneigennützige Freunde mit gleicher Anschauung gehabt. Neben Franz Blei und Richard und Marguerite von Kühlmann wurde der aus dem Elsaß stammende Schriftsteller René Schickele ihr engster Freund. Wie Annette Kolb besaß er eine französische Mutter und einen deutschen Vater, war also ebenfalls ein »Kind zweier Vaterländer«. Ähnlich wie Annette Kolb litt Schickele unter dem Völkerhaß, der gewaltsam schied, was eigentlich nebeneinander her oder gar gemeinsam existieren könnte. Und wie seiner Münchner Kollegin war auch ihm jeglicher Untertanengeist zuwider. Allerdings war Schickele, anders als Annette Kolb, zeitweise ein Verfechter sozialistischer Ideen und spielte in der Zeit der Räteunruhen 1918/19 in Berlin eine nicht geringe Rolle.

Annette Kolb schildert das erste Zusammentreffen mit Schickele im Jahre 1914 oder 1915 so: »Das Telefon, fast immer stumm, stand in meinem Zimmer; ich stand nahe beim Fenster im Abenddämmer, als ich einen unerwarteten Anruf hörte. Es war die Stimme von René Schickele, der sagte, er wolle mich sehen. Ich wußte vage, daß er Elsässer war, kannte ihn aber nicht. ›Monsieur‹, sagte ich ihm verzweifelt, ›Sie besitzen vielleicht nicht dieselben Einstellungen wie ich, und in diesem Falle hätte es keinen Sinn . . .‹ Er schnitt mir das Wort ab: ›Ich würde Sie nicht sprechen wollen, wenn nicht aufgrund Ihrer Einstellung.‹ ›Kommen Sie schnell!‹ rief ich. Er klingelte kurz danach an der Tür. Ich stellte ihn meiner armen Mutter vor; die seinige war ebenfalls Französin, und auch er war ein Schriftsteller deutscher Sprache, der einzige Landsmann, den ich je hatte.«[20]

Kurz nachdem Annette Kolbs immer mehr vereinsamte Mutter Sophie den elsässischen Dichter kennengelernt hatte, starb sie 75jährig am 2. Mai 1915 in München. Annette Kolbs Vater Max folgte ihr wenige Monate später, am 22. November. Er war 86 Jahre alt geworden. Annette Kolb bezog daraufhin eine Wohnung am Habsburger Platz 3. Außerdem führte sie bereits damals ein äußerst unstetes Leben, reiste viel umher und nahm häufig Quartier in Hotels oder bei Freunden.

Schickele übernahm 1915 in Berlin die Redaktion der expressionistischen Zeitschrift ›Die Weißen Blätter‹ und ging wenig später ins Exil in die Schweiz, von wo aus er die Schriftleitung weiterhin führte. Die Freundschaft Annette Kolbs zu Schickele und dessen Frau Anna (genannt »Lannatsch«) hielt bis zu Schickeles Tod im Jahre 1940, allerdings nicht immer konfliktfrei, zumal Annette Kolb bisweilen die auch in einer Freundschaft nötige Distanz nicht wahrte. Der umfangreiche Briefwechsel der beiden ist jedenfalls ein einzigartiges persönliches, literarisches und zeitgeschichtliches Dokument für die Jahre von 1916 bis 1940. Schickele bot seiner neuen Freundin in den ›Weißen Blättern‹ auch die Möglichkeit zur Publikation. 1915/16 erschienen in vier Folgen Annette Kolbs ›Briefe an einen Toten‹, ihre literarische Auseinandersetzung mit dem Ersten Weltkrieg. Die Briefe wurden noch 1916 in Buchform im Erich Reiss Verlag Berlin veröffentlicht, diesmal allerdings unter dem Titel ›Briefe einer Deutsch-Französin‹ und vermehrt um ihren skandalträchtigen Dresdner Vortrag vom Januar 1915.

Der Eklat um ihr Referat über die ›Internationale Rundschau‹ wurde für Annette Kolb zum Schlüsselerlebnis. Wie schon mehrmals im Leben schöpfte sie gerade aus der Krise, dem Kampf eine ungeheure Kraft. Der Widerstand von außen offenbarte ihr die Richtigkeit des eingeschlagenen Wegs: »Jetzt erst war ich mir bewußt, was dieser Abend mir selber bedeute: – Ein Stein, der mich fast erdrückte, war von meinem Gewissen fortgewälzt, und ich hatte mir eine Lichtung inmitten des Gestrüpps und einen Weg erfochten.«[21] Dabei war es der Autorin von Anfang an klar, daß der Weg der Wahrheitssuche und der Wahrheitsäußerung in die Einsamkeit führte, in den Ausschluß aus der Gemeinschaft und der Gesellschaft. Wie schon in ihrer fiktiven Begegnung mit Kaiser Wilhelm II. verteidigte sie erneut ihr Recht auf freie Meinungsäußerung: »Ach! laßt mich reden! laßt mir meine Narrenfreiheit!«[22] Doch herrschten Krieg und Kriegsrecht, das schien sie mitunter leichtfertig zu vergessen.

Im ursprünglichen Titel ›Briefe an einen Toten‹ klingt bereits eine starke Desillusionierung an, die Korrespondenz gerät zum gespenstischen Rückzug in die Unterwelt. Die fiktiven Briefe sind – das ist aus Anspielungen zu folgern – an den 1911 verstorbenen Felix Mottl adressiert. Im freundschaftlichen Gedenken an ihn versucht Annette Kolb ihrer Gesinnung, ihrem Gewissen die Treue zu wahren und ruft den Verstorbenen zum Zeugen an: »Du und ich aber, wir waren einer Sinnesart, und du bist tot. Darum richte ich meine Worte an dich und klammere mich an deinen Schatten. [...] Und doch gilt es, die Treue an sich selber zu bewahren, auch wenn es alle Gemeinschaft mit den anderen kostet.«[23] In den Briefen erörtert Annette Kolb die Frage nach der Schuld am Krieg und zieht, anders als die meisten Zeitgenossen, nicht einzelne Politiker zur Verantwortung, nicht äußere Ereignisse wie etwa das Attentat von Sarajevo, sondern sucht den Grund für den Krieg in mangelndem Friedenswillen und fehlendem Verantwortungsgefühl des einzelnen. Für sie ist der Friede nicht die Abwesenheit von Krieg und nicht einzig die Aufgabe der Mächtigen, sondern eine aktive Lebensform, die von jedem geleistet werden muß. Frieden verlangt einerseits einen wachen, kritischen und reifen Geist, andererseits christliche Nächstenliebe: »Immer hören wir, es trügen überall nur ganz wenige eine Verantwortung an diesem Kriege, und die Vielen seien überall ganz unschuldig daran, während es sich doch gerade umgekehrt verhält, und überall die Vielen auf tausenderlei Weise, und wäre es nur durch ihre Gedankenlosigkeit, teil an der ungeheuren Blutschuld haben, und nur die Wenigsten mit reinen Händen vor ihr stehen.«[24]

Im Rückbezug auf das christliche Abendland sieht Annette Kolb eine ethische Basis für Verständigung und Aussöhnung. Dieser Verweis ist nicht historisierend, wie es die Romantik in bezug auf das Mittelalter tat, sondern utopisch nach vorne gerichtet, denn für die Idee des Christentums, so die Dichterin, sei die Menschheit bislang nicht reif genug gewesen: »Das Christentum war nicht zu schwach, sondern zu stark, und die Menschheit evoluiert derart langsam [...] Aber der Gestalt des Christentums tut die menschliche Hinfälligkeit keinen Abbruch.«[25] Vorbilder für eine Aussöhnung zwischen den christlichen Völkern und für eine aktive Friedensarbeit sieht sie in Christus und in Catharina von Siena.[26] Der Hinweis auf die Heilige, deren Briefe sie ja wenige Jahre zuvor übersetzte, besitzt auch feministische Anklänge; für die Dichterin führten nicht nur Haß, Verblendung und Dummheit zum Krieg, allgemein glaubt sie ein spezifisch männliches Versagen zu erkennen: »daß nach vielen Dezennien eines ausschließlichen Männerregiments ein derartig vollendeter Wirrwarr zutage gefördert wurde, gibt doch zu denken. [...] Man dürfte, meine ich, sich sogar darauf besinnen, daß die Frauen, wo immer sie zur Herrscherrolle gelangten, schon von der alten Dido her sich fast immer glänzend bewährten und große Regentinnen waren, sei es, weil das Regieren gar nicht so schwer ist, oder, da es erwiesenermaßen so außerordentlich schwer ist, weil sie vielleicht zu regieren berufen sind, weil dies vielleicht sogar ihre Spezialität sein kann.«[27]

Der Vorwurf des Vaterlandsverrats von seiten der Presse war auch insofern ungerechtfertigt, als Annette Kolb nicht nur die Alldeutschen als »plumpe Parforce-Germanisierer«[28] brandmarkte, sondern sich auch gegen den *ausländischen* Militarismus und Imperialismus als Kriegsverursacher wandte. So kritisiert sie u.a. Lord Horatio Kitchener und dessen Einführung von Konzentrationslagern[29] und Winston Churchill[30]. Aber auch literarische Kollegen wie etwa Thomas Mann und dessen geistige Verbrämung des Krieges als kulturelle Notwendigkeit sind vor ihrer Verurteilung nicht gefeit.[31]

Daß sie sich mit diesem Rundumschlag zwischen alle Stühle setzte, war ihr wohl bewußt. Sie konnte nicht anders, obwohl sie – wie sie betonte – patriotisch empfand.[32] Doch fühlte sie sich beiden Vaterländern gegenüber verpflichtet; ein emotionaler Spagat, worin sie zu zerreißen drohte:»Denn an zwei Fahnen hat dieser entsetzliche Krieg mich vereidet. Zwei Fahnen, schwesterlich umflort, halten meine Hände umklammert. Ich wärs zufrieden, trüge man sie beide – wo immer ich sterben mag – meinem Sarge voran; auch die Tricolore! so heißgeliebt! – Und du mein Deutschtum! Angebetetes!«[33]

Daß sie dabei nicht nur Kritik an den bestehenden Verhältnissen übte, sondern auch in durchaus pragmatischer Weise in die Zukunft sah, macht die Bedeutung der ›Briefe einer Deutsch-Französin‹ aus: Nur die Aussöhnung zwischen Deutschland und Frankreich, die Verschmelzung der Wesensarten beider Völker könnten für ein gesamteuropäisches Glück garantieren. Dafür allerdings sei eine breite politische Bildung notwendig, die Deutschen nämlich seien »die politisch Ungeschulten, die Unpolitischen par excellence«.[34] Der Bildungsbegriff, bis dahin beschränkt auf eine Elite, wurde hier von Annette Kolb für eine breite Schicht beansprucht; damit äußerte sich in ihr bereits ein demokratisches Denken, das vielen Intellektuellen der damaligen Zeit noch fern war oder sich auf klassenkämpferische Ideologien verengte.

Franz Blei wurde im Februar 1916 zum Militär eingezogen. Von der Freundin verabschiedete er sich, als sei sein Tod sicher: »Also leben Sie recht wohl, liebste Annette, guter, lieber, schöner Freund! Ich hab Dich immer furchtbar gern gehabt und mich immer gegiftet, dass ich nichts Rechtes für Dich tun konnte.«[35] Zu dieser Zeit bereitete Annette Kolb die Buchausgabe ihrer ›Briefe einer Deutsch-Französin‹ vor und besprach sich mit René Schickele, in dessen Zeitschrift ›Die Weißen Blätter‹ die Briefe im Vorabdruck erschienen waren: »Unser *Beider* Werk. Ohne Sie und Ihren Mut es zu veröffentlichen hätte ich es nie schreiben können. Sie sind dessen einziger Rückhalt gewesen. Helfen Sie mir weiter lieber Schickele. [...] Das Buch *muss* aber 1. mit einem Schallrohr auftreten. Es handelt sich nicht um Nuancen oder Feinheit dies Mal. 2. muss das Buch schnell erscheinen. Das ist meine Bedingung. [...] O glauben Sie mir. Ich habe nicht eine Stimme, sondern eine *Klinge*! [...] Reclame und Rapidität sind meine Bedingungen. Das Buch muss ein*schlagen*. Überall!«[36] Die ›Briefe einer Deutsch-Französin‹ schlugen ein, in der propagandistisch vergifteten Atmosphäre Deutschlands jedoch weitgehend negativ. Immer noch war Annette Kolb von seltsamer Naivität, wenn sie sich unangreifbar glaubte: »Lieber Schickele zu Ihnen ›faßt man ein Herz‹ [...] ich will gern über die Dinge mit Ihnen argumentiren wir verstehen uns über alle Meinungsverschiedenheiten zu gut. Aber gewähren Sie mir in diesem Punkt – ich bin kein Kind, es ist keine obstination [Halsstarrigkeit] was mich obstiniren lässt. Mettez que j'ai raison. Der Censur gebührt übrigens ein Lob, dass sie mich so gewähren lässt, dass sie meiner *Gesinnung* so gerecht wird. Nicht eine Sylbe strich sie mir.«[37] Tatsächlich war die Langmut der Zensur hinsichtlich Annette Kolbs publizistischen Schaffens jener ersten Kriegsjahre erstaunlich, doch wurde bereits ein Überwachungsnetz gesponnen, das sich bald zusammenzog. Im Bayerischen Hauptstaatsarchiv/ Kriegsarchiv finden sich in den Akten über Annette Kolb Briefe von ihr und Zuschriften von Freunden und Sympathisanten, die die Adressatin nie erreichten. Zudem erfolgte ein reger und mit der aberwitzigen Pedanterie kleingeistiger und bösartiger Bürokraten geführter Schriftwechsel zwischen Bayerischem Kriegsministerium, dem Stellvertretenden Generalkommando, der Königlichen Polizeidirektion München, der Zentralpolizeistelle Bayern und der Oberreichsanwaltschaft Leipzig.

Bereits am 30. März 1916 wurde über Annette Kolb eine Briefsperre verhängt, d.h. Briefe wurden nicht nur gelesen, sondern der Adressatin auch nicht mehr ausgehändigt. In den Akten findet sich unter anderem ein Brief des Komponisten Otto Vrieslander (1880–1950), der Annette Kolbs Vortrag in Dresden gehört oder zumindest gelesen hatte. Der Umstand, daß er als Kanonier diente, gestaltete die Angelegenheit für die Militärbehörden besonders pikant, machte sie Vrieslander doch des Landesverrats verdächtig. Vrieslander schrieb: »Liebes Fräulein Kolb! Zu dem neuen schmerzlichen Verlust [wohl Anspielung auf den Tod Max Kolbs], der Sie betroffen hat, spreche ich Ihnen, wenn auch verspätet, mein Beileid aus! Unter schweren Stunden habe auch ich mich in den unbeschreiblichen grenzenlosen Stumpfsinn des Militärlebens ich will nicht sagen eingewöhnt – wenn auch denn wenigstens einresigniert. [...] Hoffentlich ist des üblen Abschlachtens, an dem wir Deutsche selbstverständlich um kein Haar schuldloser sind, als unsere sogen. ›Feinde‹, bald ein Ende. Ich entsinne mich, daß Sie zu Anfang des Schlachtens bez. der ›Makellosigkeit‹ unserer Journalistik ähnliche vernünftige Gedanken in Dresden aussprachen und die Journalisten sichtlich entrüstet protestierten. Damals habe ich auf Sie eine große Lobrede gehalten. Dafür bin ich aber auch der u. W. *einzige* Komponist in Deutschland, der der Abschlachterei *keinen einzigen Notenkopf* gewidmet hat und zwar buchstäblich.«[38]

Am 9. Mai sandte das Bayerische Kriegsministerium eine Verordnung an Annette Kolb, die ihre bürgerlichen Rechte und publizistischen Möglichkeiten empfindlich beschnitt:

»Die von der ›Deutschen Friedensgesellschaft‹, der ›Friedensvereinigung München‹, dem Bunde ›Neues Vaterland‹, verschiedenen Frauenstimmrechtsvereinen und anderen Vereinen und Einzelpersonen des In- und Auslandes im gegenseitigen

Zusammenwirken betriebene pazifistische Agitation hat in den letzten Monaten einen Umfang und Formen angenommen, welche die öffentliche Sicherheit gefährden.

Euer Hochwohlgeboren nehmen an dieser Bewegung tätigen Anteil.

Im Anschluß an die anderwärts von den zuständigen Militärbefehlshabern bereits getroffenen Maßnahmen ordnet daher das K. B. Kriegsministerium auf Grund des Art. 4 Ziff. 2 des Kriegszustandsgesetzes, § 8 Abs. 2 den Vollz. Vorschr. hiezu für die Dauer der Verhängung des Kriegszustandes zur Erhaltung der öffentlichen Sicherheit folgendes an:

I. Jede öffentliche und nichtöffentliche Werbetätigkeit, die unmittelbar oder mittelbar pazifistischen Bestrebungen (einschließlich der pazifistisch gerichteten Frauenrechtsbestrebungen) dient, sowie jeder darauf bezügliche schriftliche Verkehr mit dem Auslande, insbesondere der Post- und Telegrammverkehr, wird Ihnen hiermit untersagt.

II. Desgleichen wird Ihnen jede Reise ins Ausland untersagt, wofern nicht das K. Bayer. Kriegsministerium oder das zuständige stellv. Generalkommando vorher die Genehmigung erteilt hat.

III. Ferner wird Ihnen jede auf die Herstellung, Ausgabe und Verbreitung von vervielfältigten Mitteilungen irgendwelcher Art (insbesondere von Vereinsmitteilungen) gerichtete Tätigkeit untersagt, wofern die Mitteilungen irgendwie auf pazifistische Vereine oder Bestrebungen Bezug haben und nicht das K. Bayer. Kriegsministerium bezw. das örtlich zuständige stellv. Generalkommando vorher die Genehmigung erteilt hat.

IV. Die Veröffentlichung der gegenwärtigen Anordnung wird hiemit verboten.

V. Zuwiderhandlungen werden nach Maßgabe des Kriegszustandsgesetzes bestraft.«

Die Drohung war unmißverständlich und riß sogar Annette Kolb aus ihrer bis dahin gutgläubigen Naivität. Gleichzeitig mit diesem Brief erging eine Weisung des Stellvertretenden Generalkommandos, den Paß der Dichterin einzuziehen, sofern sie einen besitze. Unter dem Text befindet sich ein Vermerk des Kommissars des 22. Bezirks vom 24. Mai 1916: »Kolb besitzt angeblich keinen Reisepaß.« Wie aus einem Brief Annette Kolbs an Mechtilde Lichnowsky hervorgeht, war ihr der Reisepaß nämlich bereits kurze Zeit zuvor abgenommen worden. Offensichtlich war die Fürstin ungewollt der Auslöser hierfür gewesen, da die Polizei glaubte, sie sei ein englischer Spion. Wütend schrieb Annette Kolb an ihre Londoner Freundin, wobei sie unterschätzte, wie sehr ihre pazifistischen Aktivitäten zur Überwachung beigetragen hatten: »Als Du mich vergangenen Herbst [1915] als Mann verkleidet besuchtest, habe ich auf deine Bitte hin es niemanden [sic] zu sagen, mein Wort gehalten und zweifelte nicht, daß du deinerseits dein Versprechen erfüllen und dem Polizeipresidenten [sic] deinen Scherz, auf dessen eventuelle Folgen ich dich aufmerksam machte, gestehen würdest ... Mir selbst aber wurde in Folge deiner Handlungsweise der Pass entzogen, und Postsperre über mich verhängt. – Wenn du in Berlin, – denn dorthin ist die Sache gelangt – mir nicht in kürzester Frist meinen Pass, den ich dringend brauche, und durch dich einbüste [sic], wieder verschaffst, so zwingst du mich, den Fürsten [Lichnowsky] in den Sachverhalt einzuweihen. Damit er mir zu meinem guten Recht verhilft.«[39]

Nach dem Erlaß des Kriegsministeriums vom 9. Mai saß Annette Kolb in der Falle: Postalisch und persönlich überwacht, durfte sie nicht mehr mündlich oder schriftlich ihre Meinung frei kundtun. Der Briefverkehr mit Freunden, insbesondere mit den pazifistischen Kreisen in der Schweiz, war unterbrochen. Sie durfte das Land nicht verlassen und mußte bei Zuwiderhandlungen mit Verhaftung und Gefängnis (nach dem Kriegsrecht) rechnen.

Die »Deutsche Friedensgesellschaft«, die mit Argwohn vom Bayerischen Kriegsministerium beobachtet wurde, stand unter dem Vorsitz des Historikers Ludwig Quidde (1858–1941), der 1927 für sein Wirken den Friedensnobelpreis zugesprochen bekam. Im Jahre 1916 allerdings waren er und die mit ihm in Kontakt Stehenden personae non gratae. Unter dem Druck der Amtsgewalt knickte Annette Kolb ein – wohl das erste und auch letzte Mal in ihrem Leben – und schrieb an Quidde einen Brief, worin sie ihm mitteilte, daß sie »den [Mitglieds]Beitrag zwar nicht verweigern mochte, Ihnen aber gleichzeitig erklärte, dass ich, so lange der Krieg dauert, nicht als Mitglied beizutreten wünschte, so sehr ich im Princip zu den Friedensfreunden gehöre. [...] Ich teile Ihnen mit, dass ich nunmehr selbst meinen Namen aus der Liste entfernen lasse.« Eine Abschrift des Briefes schickte sie an das Bayerische Kriegsministerium. Außerdem erschien sie am 31. Mai persönlich bei der Königlichen Polizeidirektion und wiederholte dort ihre brieflichen Aussagen. Zudem äußerte sie die Hoffnung, daß sie nach Klärung der Mißverständnisse nach Holland ausreisen dürfe und daß die Briefsperre aufgehoben würde.

Ihre Situation wurde kurzzeitig noch verschlimmert durch den Verdacht, sie sei die Autorin oder Übersetzerin des soeben in London erschienenen Buches ›Sovereigns and Statesmen of Europe‹. Autorin des Bandes war Catherine Radziwill, die Ehefrau von Annette Kolbs Bruder Emil, zu dem sie seit vielen Jahren keinen Kontakt mehr hatte, da aufgrund seiner Spielschulden die Mitgift der Schwestern einst hatte geopfert werden müssen. Da die Schwägerin (widerrechtlich) das Buch unter dem Namen Kolb-Danvin veröffentlicht hatte, vermutete man Annette Kolb dahinter. Sofort entstanden Gerüchte, sie sei an Spionage beteiligt. Der Generalstab der Armee in Berlin fragte am 11. März 1916 bei der Münchner Zentralpolizeistelle an, ob Catherine Kolb-Danvin und Annette Kolb identisch seien. Dies wurde wenige Tage später von der Polizei bejaht. Außerdem, so die Münchner Dienststelle, sei »Frl. Kolb [...] eine Freundin der durch ihre Extravaganzen bekannten Schriftstellerin Fürstin Mechtilde Lichnowsky geborene Gräfin Arco-Zinneberg, Gemahlin des ehemal. deutschen Botschafters in London«. Der skurrile Einfall der Fürstin, Annette Kolb als Mann verkleidet zu besuchen, zog weiterhin Verdächtigungen nach sich. Schließlich mußte Annette Kolb sogar nach Berlin reisen und sich vor dem Generalstab der Armee verantworten.

In München dagegen wurde ihr Antrag auf Wiederaushändigung des Passes offensichtlich vom Stellvertretenden Generalkommando überprüft oder ihm gar stattgegeben. Am 21. August erfolgte eine Anfrage des Stellvertretenden Generalkommandos an das Kriegsministerium: »Die Schriftstellerin Annette Kolb wird demnächst in die Schweiz ausreisen. Nach einer Verbalnote der k. preußischen Gesandtschaft in München an das k. Staatsministerium des k. Hauses und des Äußern hat der stellv. Generalstab der Armee gegen die Erteilung eines Reisepasses in die Schweiz keine Bedenken mehr, nachdem die bisherige Vermutung, Frl. Kolb sei die Übersetzerin einer im deutschfeindlichen Sinne schreibenden Fürstin Radziwill, sich nicht bestätigt hat. Entsprechend der Bitte der k. preußischen Gesandtschaft ist daher die k. Polizeidirektion München ersucht worden, die Ausstellung eines Reisepasses in die Schweiz auf Ansuchen nicht zu verweigern.«

Doch erfolgte am 29. August 1916 eine harsche Zurechtweisung durch das Bayerische Kriegsministerium: »Geheim! K. stellv. Generalkommando wird um Äußerung ersucht, aus welchen Gründen von einer Einholung des Einverständnisses des Kriegsministeriums zur Aufhebung mit K. M. E. vom 9.5.1916 Nr. 45598 a verfügten Ausreiseverbots für die Schriftstellerin Annette Kolb in München abgesehen wurde.« Glaubt man den Tagebüchern des ebenfalls in der Friedensbewegung tätigen Romanciers Romain Rolland, so muß es Annette Kolb gelungen sein, im August 1916 – während die Frage nach ihrem Paß zwischen den Dienststellen in München diskutiert wurde – kurzzeitig in die Schweiz zu reisen, dies offensichtlich auf legalem Wege (wohl hatte ihr das stellvertretende Generalkommando eine Genehmigung erteilt, was nun wieder vor der höheren Dienststelle des Kriegsministeriums peinlichst vertuscht wurde – das Netz der Bürokratie war eben noch nicht fehlerfrei geknüpft). Rolland berichtet: »Annette Kolb gelingt es endlich, Deutschland zu verlassen und in die Schweiz zu kommen, nachdem sie monatelang vergeblich versucht hatte, einen Paß zu erhalten. Sie hat nur eine dreiwöchige Aufenthaltserlaubnis. Eine Woche verbringt sie in Thun, um ihre Freunde, den General Grafen von Montgelas und seine Frau, zu sehen. Sie vertraut mir mancherlei Interessantes an (30. August [1916]). Der Gegensatz zwischen der Zivilbehörde (oder besser gesagt der Regierung) und den Militärs verschärft sich. Die Regierung regiert nicht. Sie wird von der Kommandantur bevormundet [...]«[40]

Annette Kolb stand mit dem vier Jahre älteren Rolland bereits seit März 1915 in Kontakt. Der französische Schriftsteller und Musikhistoriker galt seit Erscheinen seines zehnbändigen Romans ›Jean Christophe‹ (1904–1912) – der Entwicklungsroman eines deutschen Musikers (mit Anklängen an die Biographien Beethovens und Wagners) – als einer der großen Dichter Europas. 1916 erhielt er sogar den Literaturnobelpreis (für das Jahr 1915), dessen Preisgeld er dem Roten Kreuz stiftete. Seit dem Tod Leo Tolstois 1910 galt er zudem vielen – so etwa Stefan Zweig – als der prophetische Gewährsmann einer europäischen Friedensbewegung auf christlicher Grundlage. Das deutsch- französische Verhältnis sah er als das Fundament einer europäischen Völkerverständigung an, begrüßte aber auch die bolschewistische Revolution von 1917, da er – wie so viele Intellektuelle – in den Ideen des sozialistischen Kommunismus urchristliche Gedanken verwirklicht sah und darin die Möglichkeit einer geistigen Erneuerung Europas erblickte. Die Korrespondenz zwischen Annette Kolb und Romain Rolland setzte im März 1915 ein und war bis 1919 sehr rege. Danach wechselten sie nur noch vereinzelt Briefe.[41] Sie verband das gemeinsame Engagement für den Friedensgedanken. Die Unterschiede in beider Persönlichkeit waren jedoch zu groß, als daß eine engere Freundschaft hätte entstehen können. Rolland scheint das von Anfang an erkannt zu haben, wenn er bereits im August 1917 in seinen Tagebuch-Erinnerungen sezierend festhält: »Annette Kolb ist eine ausgezeichnete Frau, aber in politischer Hinsicht ist mein Vertrauen zu ihr begrenzt. Wie es der Fehler ihrer Rasse ist, ist sie von Natur – ohne es zu wollen – ein wenig zwiespältig: offenherzig, sentimental, und wenn sie es für richtig hält, treten ihr die Tränen in die Augen. Sie ist durchtrieben genug, ihre Tränen zu beobachten und bei Gelegenheit damit zu spielen; sie ist naiv und schlau zugleich. [...] Sie legt vor mir dieses gefährliche Glaubensbekenntnis ab: ›Ich bin zu jeder Lüge bereit, wenn es um eine gute Sache geht.‹ Diese Auffassung ist sehr riskant;

denn wer entscheidet, ob eine Sache ›gut‹ ist, wenn nicht die Leidenschaft?«[42]

Anfang März 1915 sandte Annette Kolb auf Anraten Schickeles und Rilkes die Nummer 3 der ›Weißen Blätter‹ mit ihrem Dresdner Vortrag an Rolland. Dieser antwortete am 11. März: »Ich habe Ihre Artikel gelesen. Ich gehöre zu der kleinen Zahl derer, die, wie Sie wissen, Ihren Schmerz verstehen und teilen können. [...] mein Geist verlangt nach der Einheit der beiden Völker [Frankreichs und Deutschlands], und er fügt sich keinesfalls in diesen Bruderkrieg.«[43] Anfang April 1915 reiste Annette Kolb nach Genf – damals besaß sie noch ihren Paß – und lernte Rolland kennen. Als sie ihn im August 1916 in der Schweiz wiedersah, machte sie nach all den bürokratischen Querelen auf Rolland einen verstörten und verängstigten Eindruck. In seinen Erinnerungen schreibt er:

»Annette Kolb erhielt von ihrer Masseuse den Rat, sich so einfach wie möglich zu kleiden, da das [deutsche] Volk sehr gut eines schönen Tages die reichen Bürger und alle gut gekleideten Leute massakrieren könne. Die Berliner sahen nach Liebknechts Verurteilung sehr drohend aus. Man leidet Hunger. [...] Annette Kolb überlegte sich in Berlin, wie sie das einzige Ei, das ihr täglich zustand, mit ihrem Mädchen und ihrer Aufwartefrau teilen könne; denn sie hätte nicht gewagt, es vor den Augen dieser Frauen allein zu essen. Sie hatte den glänzenden Einfall, einen Eierkuchen zu backen, den man in drei Teile teilen konnte. Und wie sehr sie sich auch sagen mochte, daß diese Entbehrungen den Deutschen gut tun würden, da sie zu viel aßen, so geschieht ihr doch bei der Ankunft in der Schweiz dasselbe wie allen Deutschen, die ich kenne: sie gerät in Verzückung vor der Überfülle alles Eßbaren und schämt sich, gut zu essen, während ihre Landsleute fasten.«[44]

Während ihres dreiwöchigen Aufenthalts in der Schweiz lernte Annette Kolb den Diplomaten und Kunstliebhaber Harry Graf Kessler kennen, der zu jener Zeit an der deutschen Gesandtschaft in Bern tätig war. Auch mit ihm (er starb 1937 im französischen Exil) führte sie eine langjährige Korrespondenz. Kessler war sofort von ihrer Erscheinung beeindruckt. In seinem Tagebuch vom 28. September 1916 hielt er fest: »Ich war erstaunt, eine fast elegante, sehr würdige Dame in Schwarz zu sehen, die man in jedem Salon in Paris oder London hätte treffen können; nicht der geringste Anflug von Bohème.«[45] Die Bekanntschaft mit Kessler nützte ihr bald. Zurück in München, konnte sie sich ein wenig aus den Fängen von Polizei und Geheimdienst lösen. Am 18. November 1916 erhielt sie vom Bayerischen Kriegsministerium die Genehmigung zu einer einmaligen Ausreise in die Schweiz, die allerdings auf den Monat November beschränkt war. Annette Kolb nutzte diese Gelegenheit, kehrte jedoch erst am 24. Dezember 1916 nach München zurück.

Während ihres Aufenthaltes in der Schweiz war es ihr gelungen, einen richtigen Reisepaß zu erhalten. Bezeichnenderweise wurde er von der deutschen Gesandtschaft in Bern ausgestellt, so daß als Drahtzieher Graf Kessler zu vermuten ist. Aus einem Schreiben des Bayerischen Kriegsministeriums an die Königliche Polizeidirektion München vom 18. November geht jedoch auch hervor, daß das Auswärtige Amt in Berlin die Ausreise Annette Kolbs ausdrücklich wünschte, da sie sich »als Mitarbeiterin von Zeitungen zu betätigen beabsichtige«. Diese Entscheidung des Außenministeriums mag verwundern, mußte man doch davon ausgehen, daß Annette Kolb ihr pazifistisches Engagement wieder aufnehmen würde. Glaubt man einer Äußerung Rollands, so hat »das kriegsfeindliche Außenministerium [...] ihr geholfen«.[46] Erwiesen ist jedenfalls, daß sowohl Richard von Kühlmann als auch Walther Rathenau sich für die Schriftstellerin einsetzten. Rathenau war Präsident der AEG und für die Kriegsrohstoffabteilung im preußischen Kriegsministerium verantwortlich. Er kannte Annette Kolb von ihren Aufenthalten in Berlin, wo sie einmal im Hause des Zeitungsverlegers Theodor Wolff zu Mittag geladen war. Außer ihr und Rathenau waren der Publizist Maximilian Harden und der Berater des preußischen Kronprinzen anwesend gewesen, und Annette Kolb war dadurch aufgefallen, daß sie ihre revolutionären Ansichten freimütig geäußert hatte. Der Hohenzollernsche Kronprinz, von seinem Berater daraufhin informiert, »begann, sich etwas unsicher zu fühlen und für sein Erbe zu fürchten«.[47]

Um den Paß, den Annette Kolb durch die deutsche Gesandtschaft in Bern erhielt, und dessen Gültigkeit zunächst auf ein Jahr begrenzt war, rankt sich eine vielkolportierte Anekdote. Auf dem Dokument, das heute in der Monacensia in München aufbewahrt wird, ist das Geburtsjahr von einem großen Tintenklecks überdeckt. Der Paß, verlängert bis zum Februar 1919, wurde danach offensichtlich neu ausgestellt. Katia Mann weiß in ihren Erinnerungen folgendes darüber zu berichten:

> »Da hat sie mir gesagt: Weißt, Katja, jetzt hab i a neuen Paß bkommen.
> Ich sag: So so. Das ist ja fein. War deiner abgelaufen?
> Na, und weißt, da hat der Mensch mich gfragt nach meinm Alter, und da hab i ihm gsagt: Dies ist ja schließlich mein Alter, net? Ist ja net Ihres, geht Sie nix an, net? Sie ham Ihr Alter und i hab mei Alter. Hat der gesagt: Na ja, schreib mer halt was rein.«[48]

Die Reduktion dieser – sicherlich wahren – Anekdote auf das rein Komische, auf die Eitelkeit Annette Kolbs bezüglich ihres Alters, läßt außer acht, daß der besagte Paß für sie im Jahre 1916 ein überlebenswichtiges Dokument war. Die Akten im Bayerischen Kriegsarchiv offenbaren, daß die sture Bürokratie selbst nach Annette Kolbs endgültiger Ausreise in die Schweiz Anfang Februar 1917 noch lange mit geradezu verbissener Wut aktiv war. Weiterhin wurden Briefe an ihre Münchner Adresse abgefangen. Einer Absenderin, Dr. Elisabeth Rotten aus Berlin, wurde daraufhin ebenfalls der Paß entzogen. Der Münchner Telefonanschluß Annette Kolbs wurde mit Weisung vom 3. März 1917 – sie befand sich gar nicht mehr in der Stadt! – überwacht, da sie »politisch nicht ganz einwandfrei« sei. Auch die deutsche Presse übergoß die Dichterin weiterhin mit Häme und Dreck; man hatte ihr in den Redaktionen die – eigentlich am französischen ›Matin‹ geübte – Kritik in ihrem Dresdner Vortrag nie verziehen. Das Kriegsministerium sammelte geduldig all diese

Anwürfe und heftete sie ab, um sie eventuell in einem Gerichts-prozeß gegen Annette Kolb einzubringen. Die ›Münchner Neu-esten Nachrichten‹ geiferten am 5. Mai 1917:

»Die Dame [A. Kolb] erfreute sich jedoch des Schutzes einer mächtigen Gilde von übernationalen Intellektuellen, die rasch bei der Hand waren, ihre Widersacher in Acht und Bann zu tun und die angeblich ›völkerversöhnende‹ und ›objektive‹ Tendenz der Kolbschen Vorträge als turmhoch über dem sim-plen Patriotismus der naiven Durchschnittsmenschen stehend zu feiern. [...] Eindeutiger als in diesen Worten konnte die ›Deutsch-Französin‹ wohl kaum offenbaren, daß sie mit Herz und Sinn ganz auf dem Boden der französischen ›Mentalität‹ steht und ihre Sehnsucht nach ›Kultursolidarität‹ nur ein Fir-nis ist, hinter dem sich eine ganz und gar undeutsche Gesin-nung verbirgt.«[49]

Und Hans Krell schrieb in der ›München-Augsburger-Abend-zeitung‹ am 2. Mai 1917 persönlich diffamierend:

»Handelte es sich bloß um das hysterische Frauenzimmer aus Schwabing, so läge der Fall recht einfach. Sie hat sich krampf-haft bemüht, in der Öffentlichkeit aufzufallen; je älter sie wurde, desto mehr. Der Krieg hat ihr und ihresgleichen die ›Interessantheit‹ genommen und das armselige Geschöpf wird damit nicht fertig. [...] Daß sie in Genf bei vollen Fleisch-töpfen die deutschen Familien beschimpft, deren Väter und Söhne im Felde stehen, während die Frauen mit schweren Sor-gen belastet sind, verschönert den Fall. Für derartige Frauen-zimmer hat man in München die richtige Bezeichnung, und damit wäre die Sache erledigt.«[50]

Diese Glosse Krells gibt sicherlich die Meinung einer breiten Schicht wieder. Entsprechend fiel auch die weitere Vorgehens-weise von Polizei, stellvertretendem Generalkommando und Staatsanwaltschaft gegen die Exilantin aus. Man war offensicht-lich fest davon überzeugt, daß nach einem Sieg der Deutschen die in der Schweiz lebenden Pazifisten über kurz oder lang zurückkehren müßten und ihnen dann der Prozeß wegen Landesverrats gemacht werden könnte. Die Postüberwachung wurde fortgeführt, und die Oberreichsanwaltschaft Leipzig leitete sogar ein Verfahren wegen Landesverrats ein, das erst am 12. Februar 1918 »wegen unzureichender Verdachtsmomente« eingestellt wurde. Schließlich wurde am 26. September 1918, sechs Wochen vor Kriegsende und dem Zusammenbruch des alten Systems, auch die Postüberwachung und -beschlagnahme aufgehoben, da der »gegen sie bestehende Spionageverdacht [...] sich nicht bestätigt« habe.

Es kann vor dem Hintergrund dieser bislang unveröffentlichten Dokumente von Glück gesprochen werden, daß Annette Kolb am 31. Januar 1917 über Lindau Deutschland verlassen konnte. Andernfalls hätten sie weitere Schikanen und Verunglimpfungen, wohl auch ein Prozeß wegen Landesverrats und vielleicht gar die Verurteilung zu Gefängnis oder Zuchthaus nach dem Kriegsrecht erwartet. Ein solches Schicksal ereilte beispielsweise den Schriftsteller und Pazifisten Erich Mühsam: Im Frühjahr 1918 mußte er wegen »pazifistischer Agitation« für zehn Monate ins Gefängnis.

Am 31. Januar langte Annette Kolb mit dem Schiff in Romanshorn auf der Schweizer Seite des Bodensees an, am 1. Februar fuhr sie mit dem Zug im Berner Bahnhof ein. Sie war keineswegs nur erleichtert über die geglückte Ausreise: »Die Mutlosigkeit, gegen die ich anzukämpfen hatte, [wurde] immer drückender, und geradezu trostlos gestaltete sich meine Einfahrt in die Bahnhofhalle. Es goß so recht von innen heraus, wie nur der Berner Himmel zu gießen versteht. So begibt man sich wohl ins Gefängnis [...]«[51] Das Schweizer Exil dauerte bis weit nach Kriegsende. Bis 1920/21 wohnte sie abwechselnd in Hotels oder bei Freunden in Zürich, Genf, Basel und Bern. Über diese Zeit veröffentlichte sie 1921 ein literarisches Tagebuch, ›Zarastro. Westliche Tage‹. Darin beschreibt sie den mühevollen, von Selbstzweifeln und Mutlosigkeit durchsetzten Alltag im Exil.

Neben materieller Not, die nur durch die tätige Mithilfe von Freunden und Gönnern gemildert wurde, waren es die geistige

Bedrängnis, die Angst, das eigene Tun sei sinnlos, welche die nun folgenden Jahre erschwerten. ›Zarastro‹ erzählt aber auch von Annette Kolbs ruhelosem Eintreten für eine deutsch-französische Aussöhnung. Mit Rücksicht auf die Mitstreiter und Freunde hat sie die darin auftretenden Personen mit Pseudonymen versehen, was das Buch für uns Heutige schwer lesbar macht. Doch auch das zeitgenössische Publikum von 1921 war wohl durch die vielen Anspielungen und Verschleierungen überfordert. Zudem kam das Buch in vielfacher Hinsicht zu spät, war kaum mehr als persönliche Rechtfertigung. Drei Jahre nach Kriegsende hatte die historische Realität – die deutsche Niederlage und die Knebelung durch die Versailler Verträge – bereits den Nationalitätenhaß zwischen Deutschland und Frankreich neu entfacht. Die ökonomischen und politischen Voraussetzungen waren nun andere, eine Diskrepanz in der Ausgangslage, die die in ›Zarastro‹ wiedergegebenen Thesen kaum mehr überbrücken konnten.

Einige der in ›Zarastro‹ auftretenden Personen sind zu entschlüsseln: Die Ich-Figur ist unzweifelhaft die Autorin selbst. Graf Carry ist Harry Graf Kessler, hinter A. H. Pax verbirgt sich Alfred Hermann Fried (1864–1921). Fried hatte 1892 die »Deutsche Friedensgesellschaft« gegründet und 1911 den Friedensnobelpreis erhalten. Auch er ging ins Exil und gab in Zürich von 1915 bis 1918 die Zeitschrift ›Die Friedens-Warte‹ heraus, für die auch Annette Kolb schrieb. Fortunio schließlich ist René Schickele. Zarastro hingegen, der aufgeklärte Herrscher aus Mozarts ›Zauberflöte‹, geistert als Idealgestalt durch das Buch, als Mahnung an die Herrschenden zu Weisheit, Güte, Verzicht und Selbstentäußerung.[52]

Über die eigene Ankunft in der neutralen Schweiz schreibt Stefan Zweig: »Da war ein Telegraphenamt, ein Postamt, von dem man unzensiert schreiben und drahten konnte in alle Windrichtungen der Welt. Da lagen die französischen, die italienischen, die englischen Zeitungen, und man konnte sie straflos kaufen, auffalten und lesen. Das Verbotene war hier, fünf Minuten weiter, erlaubt und drüben das Erlaubte verboten. All der Widersinn europäischer Kriege wurde mir durch das nahe Nebeneinander im Raum geradezu sinnlich offenbar.«[53] Doch war die Freiheit in der Schweiz nur eine scheinbare. Da sich viele bedeutende und bekannte Schriftsteller und Publizisten dort im Exil aufhielten, so etwa Romain Rolland, Ferdinand Hardekopf, Ludwig Rubiner, Hugo Ball, Emmy Hennings, Hermann Hesse, Wladimir Iljitsch Lenin, René Schickele, Leonhard Frank, Fritz von Unruh, Franz Werfel, versuchten die im Krieg befindlichen Staaten die indirekte Kriegführung auszuweiten, indem sie diese Personen durch Agenten beschatten ließen. Man hatte – Stefan Zweig zufolge – auf beiden Seiten, den Kriegsbefürwortern wie den Kriegsgegnern, erkannt: »das Wort hatte damals noch Gewalt. Es war noch nicht zu Tode geritten von der organisierten Lüge, der ›Propaganda‹, die Menschen hörten noch auf das geschriebene Wort, sie warteten darauf.«[54] Entsprechend durchorganisiert waren Spionage und Gegenspionage. Stefan Zweig: »Die ruhige, solide Schweiz erwies sich, wie jeder aus eigener Erfahrung bald feststellen konnte, unterhöhlt von der Maulwurfsarbeit geheimer Agenten aus beiden Lagern. Das Stubenmädchen, das den Papierkorb ausräumte, die Telephonistin, der Kellner, der bedenklich nahe und langsam servierte, standen im Dienst einer feindlichen Macht, oft sogar ein und derselbe Mann im Dienst von beiden Seiten. Koffer wurden auf geheimnisvolle Weise geöffnet, Löschblätter photographiert, Briefe verschwanden auf dem Weg zu oder von der Post.«[55]

Annette Kolb erkannte entgegen ihrer oftmaligen Gutgläubigkeit sehr bald die gefährliche Situation; sie wußte, daß sie überwacht wurde, und freute sich diebisch, daß sie wohl nicht genau einzuordnen war: »Ein Wort über meine politische Wirksamkeit. Wir wollen sie so nennen. Eine ganze Weile brachte ich gewiß alle Spionagen und Gegenspionagen zur Verzweiflung. Scheinbar für eine jede ein kinderleichter Fang, war das Verwirrende gewiß, daß ich gleichzeitig in Diensten *sämtlicher* Regierungen zu stehen den Anschein haben mußte.«[56] Und in Anspielung auf ihren Erzfeind Wilhelm II., der zu Beginn des Krieges getönt hatte, er kenne keine Parteien, sondern nur noch Deutsche: »Wenn jemand keine Parteien kannte, so war ich es. Außer Japan, China, Rußland und Marokko durften nur noch Schweden,

115

Norwegen und Dänemark sich rühmen, daß keiner ihrer Staatsangehörigen bei mir gewesen sei.«[57] Aus diesen Worten klingt verzweifelte Heiterkeit. Stefan Zweig erkannte als sensibler Beobachter die inhärente Tragik von Personen wie Annette Kolb: »Die ergreifendsten unter diesen Menschen waren für mich [...] die Menschen ohne Heimat oder schlimmer noch, die statt eines Vaterlandes zwei oder drei hatten und innerlich nicht wußten, zu welchem sie gehörten.«[58]

Analog zu dieser inneren Zerrissenheit stellen sich denn auch Annette Kolbs nach außen gerichtete Aktivitäten in den Jahren 1917/18 dar: Gehetzt reiste sie innerhalb der Eidgenossenschaft umher, war in Bern, Zürich, Genf, Basel, Interlaken, St. Moritz, im Tessin, in Montreux, Beatenberg, Rheinfelden, Spiez und andernorts. Sie traf sich mit Freunden und Gegnern, schrieb außer ihrem Kriegstagebuch ›Zarastro‹ noch verschiedene Artikel, Aufsätze, Proteste, Memoranden, Nachrufe, unterhielt eine umfangreiche Korrespondenz mit Pazifisten, Schriftstellern, Botschaftern, Politikern – und rieb sich doch nur auf, konnte letztlich wenig bewegen, weil sie den Mechanismus der großen Kriegs- und Diplomatie-Maschinerie nicht durchschaute, nicht durchschauen konnte. So schreibt sie rückblickend in ›Zarastro‹, ihrem »Tagebuch der Enttäuschungen«[59], wie sie es nannte: »Mein Zimmer war so recht die Halle der vergeblichen Zusammenkünfte, und wenn ich auch keine einzige vom Zaune brach, schob ich doch auch keiner einzigen den Riegel vor, selbst als mir kein Zweifel über ihre Vergeblichkeiten blieb.«[60] Betrachtet man ihr Exil jedoch nach Maßgabe des dem Menschen Möglichen, leistete sie viel. Den Freunden in der Emigration war sie eine wertvolle Stütze. Leonhard Frank etwa schrieb kurz nach ihrer Ankunft in Bern: »Ich hoffe die entsetzlich seltene Möglichkeit, einen Menschen Ihrer Art zu sehen, [wird] nicht vorübergehen.«[61]

Lange ließ sie nicht darauf warten, ihre Meinung nun in der unzensierten Presse zu verkünden. Am 5. April 1917 erschien im ›Journal de Genève‹ ihr Artikel ›Lettre d'une Allemande‹, worin sie – wie bereits in ihrem Dresdner Vortrag – die Verhetzung des deutschen und französischen Volkes durch die Presse kritisiert. In etwas unklarer Formulierung und Definition unterscheidet sie zwischen den guten und den schlechten Deutschen und fordert sogar die Revolution: »Deutsche! Euch rufe ich auf, erhebt euch von Bayern bis an die Ostsee gegen die ›boches‹.«[62] Daß sie mit den »boches« (der schimpflichen französischen Bezeichnung für die Deutschen) nicht die Deutschen schlechthin meinte, sondern nur die, die gegen Frieden und Völkerverständigung waren, blieb bei den Kritikern unbeachtet. Man schalt sie in der deutschen Presse eine »Hochverräterin«[63], warf ihr Hysterie und Deutschenfeindlichkeit vor. Richard von Kühlmann, inzwischen Botschafter in Konstantinopel, der Hauptstadt des mit Deutschland verbündeten Osmanischen Reiches, warnte sie wohlmeinend: »Ich höre, daß Sie in allerlei unerquickliche, politisch-literarische Fehden verstrickt sind, und daß man sehr böse auf Sie ist. Ich habe keine Zeit und bin auch zu müde, um auf Einzelheiten einzugehen, kann Ihnen aber im ganzen den oft gegebenen Rat nur wiederholen: die Tagespolitik und vollends die gänzlich unfruchtbaren Gebiete der Polemik zwischen Nationen andern zu überlassen und Ihr schönes Talent dem wirklich literarischen Schaffen wieder zuzuwenden. [...] Gott schütze Sie vor Freunden, Feinden und vor der Politik.«[64] Mit Kühlmann, dessen Frau Marguerite kurz zuvor gestorben war (Annette Kolb widmete ihr einen ergreifenden Nekrolog), hätte die Dichterin damals beinahe gebrochen. Vielleicht unterließ sie es nur in Hinblick auf den schweren Schicksalsschlag des Diplomaten. In ›Zarastro‹ jedenfalls hieb sie noch vier Jahre später gegen Kühlmann, er sei für die Sache »verloren«.[65] Gleichgerichtet, wenn auch anders gewichtet, der Rat Franz Bleis: »Für Sie hoffe ich nun, dass Ihr langes Verweilen in der Schweiz Ihnen sich zu einem sehr lustigen Roman der Europäer oder der verärgerten Europäer niederschlägt. Ausserschweizerisch gesehn ist nichts so komisch wie das schweizerische Europa. [...] Schreiben Sie den Roman der menschlichen Narrheit in politicis.«[66]

Komisch war das Exilleben mitnichten. Oft genug hatte Annette Kolb gegen innere und äußere Anfechtungen, materielle und seelische Not anzukämpfen. René Schickele und Romain Rolland (letzterer mit Einschränkungen) waren so ziemlich die einzigen, die ihr beistanden. Rolland schrieb ihr nach Erscheinen ihres Artikels im ›Journal de Genève‹: »Ich habe mit Ergriffenheit Ihren mutigen Appell an das gute Deutschland gegen seine unwürdigen Herrscher, die es zugrunderichten und entehren, gelesen. Ich weiß nicht, ob Sie nun wegen dieser heldenmütigen Tat zu leiden haben werden; aber ich bin überaus sicher, daß die Ihrigen Ihnen später Ehre erweisen werden. Es gibt dort so viele Menschen, die so denken wie Sie! Und nicht einen einzigen, der es auszusprechen wagt [...]«[67]

Ihre Kontakte zu pazifistischen Kreisen wurden intensiver. Sie veröffentlichte in Alfred H. Frieds Zeitschrift ›Friedens-Warte‹ mehrere Aufsätze und knüpfte eine enge Freundschaft zur österreichischen Pazifistin und Schriftstellerin Bertha Zuckerkandl. Diese, eine Schwägerin des französischen Ministerpräsidenten Georges Clemenceau, hielt sich in der Schweiz auf, um – mit Wissen der österreichischen Regierung – ihre familiären Verbindungen zu nutzen und Kontakt mit der französischen Regierung herzustellen. Die Wiener Geheimpolitik zielte nämlich auf eine Verständigung mit Paris, um einen Separatfrieden zu schließen, das Bündnis mit Deutschland aufzukündigen und die Habsburger Donaumonarchie vor dem inneren Verfall zu retten. Freilich wurden die Geheimverhandlungen vorzeitig der Regierung in Berlin verraten und scheiterten.[68] Bertha Zuckerkandl, die später gemeinsam mit Annette Kolb noch Jean Giraudoux' Stück ›La guerre de Troie n'aura pas lieu‹ übersetzen sollte, schreibt in ihren Erinnerungen über die Freundin:

»Bis 1914 [sic] lebte Annette in München, Paris und London. Ihre Arbeit bindet sie an die deutsche Sprache. Dessen wurde sie, die Kosmopolitin, sich erst bewußt, als der Krieg an die Menschen die Forderung stellte, ihre Blutkörperchen zu zählen, ob nicht einige fremdländischen Ursprungs wären.

Es ist der Kolb ins wahrhaftige, strenge Gesicht gemeißelt, daß sie zu den Unnachgiebigen zählt.

Sie hat das Kriegsgesetz mit Füßen getreten. Ihre Aufgabe ist vorgezeichnet. Während Deutsche und Franzosen einander töten, arbeitet sie schon an der Versöhnung der Völker.«[69]

118

Daß Annette Kolbs eifriges Engagement, ihr äußerlich unruhiges und getriebenes Leben ihre sprichwörtliche Zerstreutheit bisweilen noch verstärkten, davon zeugt eine hübsche Anekdote in den Erinnerungen Bertha Zuckerkandls: »Wir sehen uns beinahe täglich, wenn sie oder ich nicht für einige Tage den Ort wechseln. Oft fährt eine von uns nach Zürich, Genf, Basel [...] Gestern rief sie mich an, nachdem sie von einer Reise heimgekehrt war, und sagte: ›Guten Tag, Bertha. Bist du gut zurückgekommen...? Ah, nein... Ich bin ja zurückgekommen!‹«[70]

Annette Kolb in jenen Jahren des Ersten Weltkriegs auf eine eindeutige politische Position oder gar Richtung festzulegen ist unmöglich. Sie war gegen den Krieg, sie war für eine deutsch-französische Verständigung und gegen die Vorherrschaft Preußens in Deutschland. Ihr Schimpf gegen die »boches« in ihrem Artikel ›Lettre d'une Allemande‹ richtete sich vor allem gegen die militaristischen Züge des Deutschen Reiches nach 1871. Daß dabei Erziehung und Herkunft aus einem deutsch-französischen, katholischen und bayrisch-wittelsbachischen Kulturkreis eine prägende Rolle spielten, haben wir bereits erörtert. Nur aus diesem Haß heraus sind vergröbernde Vereinfachungen und Verallgemeinerungen zu erklären, die bisweilen in ihrem Denken auftraten. In ›Zarastro‹ beispielsweise wirft sie Luther, Protestantismus, Preußentum und Militarismus sprichwörtlich in einen Topf: »Luther galt mir nur deshalb als einer der Ahnherren des Krieges, weil sein auftreten das Übergewicht des nördlichen über das westliche und südliche Deutschland anbahnte, und ein kahles, unkünstlerisches, unmusisches und humorloses Element in den Pulsen der Deutschen entsprang: Phantasielosigkeit und Unmusik. Wagt es vielleicht einer, [Johann] Sebastian Bach einen Protestanten zu nennen? Der Protestantismus stak damals in seinen ersten Anfängen, noch belebt von der Wärme des Stammes, von dem er sich losriß: protestierender Katholizismus. Der wirklich ausgewachsene konsistorialrätliche Protestantismus gedieh erst in den letzten Dezennien zu der vollen Reife und dem gleichzeitigen Marasmus. [...] Nein! fürwahr, diese Germania stieg so recht als die fille aînée der protestantischen Kirche. Sie brachte den unheilbaren Riß, über den keine äußerliche

Geeintheit hinweghalf. Denn ihr verdanken wir das verständnislose abrücken von der lateinischen und abendländischen Welt, das ein südliches, fränkisches und westliches Deutschland nie herbeigeführt hätte.«[71]

Es war ihre Abneigung *gegen* das Hohenzollernsche Kaiserhaus, das in ihr Sympathien *für* die Republik nährte. Sie war nicht grundsätzlich – zumindest nicht um 1917 – für eine Demokratie, dafür verehrte sie zu sehr das bayrische Königshaus. Dennoch wurde natürlich auch in Emigrantenkreisen die Frage nach der besten Herrschaftsform heiß diskutiert, vor allem in den letzten Kriegsjahren. Im März 1917 zwang in Rußland eine bürgerliche Revolution den Zaren zur Abdankung; unter Alexander Kerenskij wurde eine gemäßigt liberale Regierung gebildet. Im April des gleichen Jahres fuhr Lenin von Zürich aus in einem plombierten Zug quer durch Deutschland (mit Erlaubnis der deutschen Reichsregierung), um in St. Petersburg die Arbeiter zur Räterevolution aufzurufen. Mit Romain Rolland erörterte Annette Kolb bei einem Treffen im Sommer 1917 am Thuner See die Frage nach der Notwendigkeit der Politik. Im Gespräch versuchte sie ihre Haltung zu Parteiwesen und Marxismus zu umreißen. In einer Rede von 1946 erinnert sie sich an jenes Gespräch:

»Aber was mir schon damals [1917] eine Aversion einflößte, war das Parteiwesen und zwar einer jeden, denn sie bieten alle dasselbe Bild: Ein paar fähige Köpfe, ein Prozentsatz ehrlicher Leute, viele Mediocritäten – und der Rest! . . . Der Marxismus. Ja, was ist er, wenn nicht das Christentum ohne dessen Doktrin, ohne Metaphysik und ohne Poesie. [. . .] und kann man einen Augenblick glauben, daß es unter seinen eingeschriebenen Mitgliedern mehr wahre Sozialisten gibt, als wie unter den anderen Genossenschaften? Die einzige, die sich aus wirklichen Communisten zusammensetzt, ist die der Heiligen, die aufhören, es zu sein, sobald sie keine wahren Communisten sind. Was den Geist dieser Partei betrifft, diese Schule der Unmoral, so reden wir lieber nicht davon.«[72]

Was ihre Haltung zum Sozialismus jeglicher Couleur anbelangte, so widersprach sie sich damals häufig selbst. Um 1917 bis 1920 blickte man in intellektuellen Kreisen wohl in einer Mischung aus Faszination und Angst auf das junge gesellschaftliche und politische Experiment der Sowjetunion. In ›Zarastro‹ jedenfalls ist ihr Ansatz weit radikaler als später in der Rede von 1946. Hier nämlich sieht sie im Sozialismus ein annehmbares Mittel, das überkommene Ständesystem einzureißen, freilich, um wieder in neue Zwänge zu geraten:

»Dafür, daß ich so viele Dinge nicht verstehe, werde ich mit den paar Gedanken, die mir im Kopfe sitzen, viele Jahre nach meinem Tode wahrscheinlich recht behalten, so zum Beispiel mit meiner Skepsis betreffs der Demokratie. [...] Es müßte einer blind sein natürlich, um an den Sozialismus und seine Unerläßlichkeit nicht zu glauben. [...] Machen wir uns nichts vor. Wir haben uns den Sozialismus eingebrockt. Dank unserer Verkehrtheit nur ist er die einzig richtige Parole. Er ist kein Ziel, sondern ein Weg. Keine andere Brücke ist stark genug, uns aus unserer baufälligen Welt zu den neuen Ufern hinzutragen, wo die neuen Autokratien auf ganz neuer Basis sich erheben werden. Nur durch den Sozialismus, dieser fausse sortie aus einer Welt der Standesunterschiede, kommen wir zu einer neuen Welt der Standesunterschiede, der Herrenkaste und der Knechteschar.«[73]

Die Einstellung Annette Kolbs zu Arbeitern und zur Arbeiterfrage blieb vielfach romantisierend, wenngleich unvoreingenommen. Als sie gegen Kriegsende einmal im »Palace Hotel« im mondänen Skiort St. Moritz ist, wird ihr die Verkommenheit der sogenannten upper-class bewußt, während ihr dagegen die neugierige Lebenskraft einfacher Leute imponiert. Als sie am späten Abend im leeren Salon mit zwei Streichern nur zur eigenen Freude Klaviertrios spielt, bemerkt sie:

»Es schlichen immer ein paar unbeschäftigte Kellner herein, und dies Kellnerpublikum war uns ein Sporn. In der Umwer-

tung der Gesellschaft selbst besteht heute die eigentliche und
tiefe Revolution. [...] Der Arbeiterstand als Magnet: so
schnell reiten die Toten! – Wie faszinierend war es indes, die
Herren von vorgestern zu beobachten, welche wähnten, daß
sie es noch seien, und die höchstens noch der Wirt, bei dem sie
abstiegen, in dem Glauben erhielt; diese Herren auf Abbruch,
die nicht merkten, daß ihre Füße sich schon im Geröllle fingen.
[...] Was die Unbildung, die zunehmende Verrohung dieser
Clique betraf, so stand sie den von ihr verhöhnten nouveaux
riches, welche Wurstkonserven zu Magnaten erhoben hatten,
innerlich schon am nächsten [...]«[74]

Blieb ihre Haltung zum Sozialismus auch weit hellsichtiger als die
des Freundes Rolland, so war sie doch ex negativo gedacht. Eine
eigene, positiv gestaltete Position in der Politik schälte sie erst in
den 20er Jahren heraus, als sie sich wiederholt zur Demokratie
der Weimarer Republik öffentlich bekannte. Um 1917 jedenfalls
mußte sie sich mit paradoxen Formulierungen behelfen. Als sie
einmal gefragt wurde, ob sie eine Revolutionärin sei, antwortete
sie, sie sei »eine gekrönte Republik«.[75]
Doch selbst solch gemäßigte Äußerungen mußten den Kriegs-
ministerien in München und Berlin – die ja von Spionen weiterhin unterrichtet wurden – suspekt erscheinen; nicht von ungefähr wurde in Leipzig noch ein Verfahren wegen Landesverrats
gegen sie vorbereitet. Öffentlich äußerte sie sich unterdessen in
der Schweiz über die deutsche Heeresleitung und nannte sie
einen »Hut voll toll gewordener Idioten«.[76] Und weiter, mit geradezu barockem Zorn: »Stäupen hätte ich sie lassen mögen,
diese Herren Befehlshaber, keine Strafe wäre mir jämmerlich genug erschienen für diese menschenunwürdigen Köpfe, deren
Nasen kurz ausliefen wie die Schnauzen der Hunde, oh! ebenso
unfähig wie Hunde den geistigen Gang der Dinge zu spüren!
Und die erbärmlichen Blasen dieser infantilen Gehirne, durch
ein Wunder des Teufels für wirkliche Felsengebirge gehalten, beherrschten und verrammelten heute als ›Militärische Notwen-
digkeiten‹ alle Straßen der Welt!«[77] In der ungeheuren Auswei-
tung des Krieges und der kriegerischen Mittel – am 1. Februar

1917, dem Tag ihrer Ankunft in der Schweiz, rief Kaiser Wilhelm II. den unbeschränkten U-Boot-Krieg aus, am 6. April traten die Vereinigten Staaten in den Krieg ein – sah Annette Kolb nicht nur eine menschliche Bankrotterklärung, sondern primär eine männliche: »Die Frau wird ihre Chance haben. Mag der Mann noch auf Jahrhunderte das Überragende leisten, ihr Aufstieg wird sich unaufhaltsam als eine Folgeerscheinung seines Bankrotts vollziehen.«[78]

Keineswegs zerrieb sie sich nur in den Querelen um ihre pazifistische Publizistik; vielmehr gelang es ihr auch, ihre Kontakte zu Richard von Kühlmann (der ihr allerdings eher widerwillig half) und Harry Graf Kessler zu nutzen, um wiederholt französischen Familien des Reichslandes Elsaß-Lothringen, denen die Deportation drohte, zu Schweizer Pässen zu verhelfen: »Ich hatte jetzt zu schreiben wie ein Minister, und es regnete Briefe. Sie betrafen zumeist Todesurteile, Deportationen, versprengte französische oder belgische Kinder. Dabei hielten jetzt die Zensuren meine Korrespondenz scharf im Auge.«[79]

Enttäuschungen und Rückschläge bedingten im Laufe der Monate eine innere Müdigkeit, die ihr ihre Tätigkeit als »nur mehr mechanisch«[80] erscheinen ließ. Um so beglückender gestaltete sich eine künstlerische Begegnung: Ende 1917 besuchte sie in Bern einen Klavierabend des Pianisten und Komponisten Ferruccio Busoni und war hingerissen: »Von nun an befaßte ich mich stark mit seinen Kompositionen und fuhr nach Zürich, wenn dort ein neues Werk von ihm zur Aufführung gelangte.«[81] In Aufsätzen und Artikeln setzte sie sich für sein Werk ein. Sie sah in seinem Schaffen – weit mehr als in der Musik Debussys, Ravels oder Richard Strauss' – Richard Wagners Forderung »Schafft Neues!« künstlerisch auf höchst eigenständige und moderne Weise erfüllt.[82]

Die Bandbreite der Publikationen der Schweizer Exiljahre ist verhältnismäßig schmal. Dies lag zum Teil daran, daß ihr deutsche Publikationsforen verschlossen waren, selbst wenn es sich um unpolitische Themen handelte; als sie einmal einen Aufsatz über Felix Mottl an eine Münchner Zeitung sandte, wurde er ihr mit dem Vermerk zurückgesandt, man verzichte dankend auf die Beiträge einer Hochverräterin.[83] So sind nur drei Artikel für A. H. Frieds ›Friedens-Warte‹ und zwei für die ›Neue Zürcher Zeitung‹ nachgewiesen. Gesammelt erschienen sie 1918 als schmales Bändchen im Zürcher Max Rascher Verlag unter dem Titel ›Die Last‹. Vor dem Hintergrund der Oktoberrevolution in Rußland und Rollands und Schickeles zeitweiliger Faszination durch den kommunistischen Gedanken erhellt der Aufsatz ›Freiheit, Gleichheit und Brüderlichkeit‹ (zunächst erschienen in der ›Friedens-Warte‹ Nr. 3, 1918) Annette Kolbs skeptische Einstellung. Wenngleich sie bisweilen eine unvoreingenommene Sympathie für Arbeiter hegte, unterschied sie doch zwischen Proletariat und Pöbel; vor einer Diktatur des letzteren graute ihr: »O Freiheit, Gleichheit und Brüderlichkeit! wie bezeichnend ist es, dass euer göttlicher Impuls euch nicht davor bewahren konnte, zum Kompendium aller Irrtümer zu werden! Die Menschen sind *nicht* gleich. Ihre schief aufgerichtete Gleichheit wird vornüber stürzen, mit ihrer Brüderlichkeit wird es so eine Sache sein wie bisher, und die auf krummer Axe [sic] gehobene Welt läuft Gefahr, endgültig ihren falschen Dreh zu nehmen, wenn nicht alle Anstrengungen geschehen, die missverstandene Brüderlichkeit und die misshandelte Freiheit nach einer anderen Himmelsrichtung und unter veränderten Gesichtspunkten neu aufzurichten. [...] Dass es einen [sic] Plebs im Adel gibt, macht den Pöbel um nichts schöner!«[84]

Aufhorchen läßt auch der Aufsatz ›Wiederholungen‹; darin richtet sie bereits den Blick voraus auf eine gesellschaftliche Neuorientierung nach dem Krieg: »So läge es in unserer Macht, das Elend des Weltkrieges zum Segen zu wenden, wenn wir aus den Trümmern, die er häufte, das *Weltgericht* mit letzter Anstrengung und letzter Entschlossenheit heben; mit ihm die grosse reinliche Scheidung, das Ende der Verkehrtheit, der falschen Gleichstellungen und des Gewühls; den Anfang jener neuen Hierarchie, nach der wir lechzen.«[85]

In ihrer Sympathie für eine geordnete und gerechte Herrschaft einer geistigen Elite verschmelzen Vorstellungen von Gelehrtenrepublik, Oligarchie und Demokratie. Die Räterepublik hingegen, die unterdessen in Rußland erprobt wurde, erschien ihr als

chaotische Gleichmacherei. Obwohl die staatstheoretischen Anschauungen Annette Kolbs nicht eindeutig zu fassen sind, wird
deutlich, daß sie bereits vor Ende des Ersten Weltkriegs hinsichtlich einer gesellschaftlichen Neuorientierung innerhalb realistischer Gegebenheiten weit fortschrittlicher als ihre Kollegen
Thomas Mann oder Gerhart Hauptmann dachte, zugleich auch
realistischer als der Freund René Schickele.

Sie verabschiedete sich innerlich von der Monarchie. Als Anfang November 1918 Arbeiter- und Soldatenräte in mehreren
deutschen Städten die Sowjetrepublik ausriefen, die Matrosen
meuterten, das deutsche Heer sich an den Fronten auflöste, Kö-
nige und Kaiser überstürzt abdankten und ins Ausland flohen,
der verhaßte Krieg schließlich implodierte, gehörte Annette
Kolb nicht zu den Jubelnden. Weitsichtig sah sie die Einseitigkeit
des Versailler Friedensvertrages voraus und fürchtete um die fatalen Folgen: »Wer diesen Tag hier erleben mußte, der erwartete
nichts. Dem kündete sich der Geist des Friedens von Versailles
und Saint Germain. Das jubelnde Gewoge, die Saturnalien von
Fahnen raubte mir die Fassung. Ich lief meinen hervorbrechen-
den Tränen davon, die Häuser entlang, am Bureau des Hotels
vorbei, in mein Zimmer hinauf, wo ich mir den Schleier vom
Gesicht riß: ein Klageweib! – Prophetin meines eigenen Schicksals, als ich zu Anfang dieses Krieges schrieb: ›Leute wie wir,
werden am Tage des Sieges sich verkriechen müssen, denn immer wird es Jerusalem und seine Künder sein, um die wir weinen
werden.‹«[86] Auch Rolland bestätigte sie in ihrer Anschauung:
»Und es lag, wie Rolland mir vorhergesagt hatte, nicht im Interesse der Sieger, die edle und gepeinigte Opposition in Deutschland zu stützen.«[87]

Als Kaiser Wilhelm II. am 9. November zurücktrat, notierte
sie dies emotionslos in ihrem Tagebuch (als im Januar 1919 jedoch der Kommunistenführer Karl Liebknecht ermordet wird,
schreibt sie bedauernd: »Liebknecht umgebracht. Aber Ludendorff und Wilhelm sind am Leben.«[88]). Nur als sie die Nachricht
erhält, das Haus Wittelsbach sei gestürzt, empfindet sie für
einen Augenblick nostalgische Trauer: »Mein erstes Gefühl war
kein gelinder Schrecken.«[89] Doch überwog auch hier die Scha-

denfreude der Ästhetin, den geschmähten Ludwig III., vom Volk wegen seiner ungepflegten Erscheinung und wegen seiner Liebe zum Kuhstall verächtlich »Millibauer« genannt, los zu sein: »daß dieser so wenig ästhetische König nie wiederkehren würde. Die Wittelsbacher waren stets Liebhaber des Schönen gewesen [...] Daß er aber auch nicht eine einzige ihrer typischen Eigenschaften besaß, sondern durch eine sture Haltung während des Krieges [...] überall nur Unheil anrichtete, flößte die geradezu unwiderstehliche Abneigung für ihn ein.«[90]

Als sie in diesen ersten Friedenstagen an das Schweizer Ufer des Bodensees fuhr, sah sie mit Wehmut die oberschwäbischen Dörfer auf der anderen Seite im Dunst liegen.[91] Doch entschloß sie sich, zunächst noch in der Nähe René Schickeles zu bleiben, der in Spiez ein Haus gemietet hatte, und nach seiner kurzzeitigen sympathisierenden Teilnahme an der Berliner Räterepublik im März 1919 ein Haus in Uttwil am Bodensee bezog. Auch sie ließ sich in Uttwil nieder, beobachtete jedoch mit Anteilnahme die Nachkriegswirren in Deutschland. Sie hoffte, daß ihre Stimme bald wieder Gehör fände. Unterdessen stärkte sie Körper und Geist auf langen Radtouren an Bodensee und Oberrhein, gemeinsam mit René und Anna Schickele.

»René guckst du nach meinem Rosengarten?« – Neubeginn in Badenweiler (1919–1923)

Wenngleich Annette Kolb Deutschland erst im Herbst 1919 wieder betrat, nahm sie doch regen Anteil an den politischen Ereignissen. Aus Zeitungen wie auch durch Berichte von Augenzeugen informierte sie sich über die revolutionären Vorgänge in Berlin und München. René Schickele war im Winter 1918/19 ein paar Wochen lang an der Spree gewesen und hatte den kommunistischen Spartakusaufstand unter der Führung von Karl Liebknecht und Rosa Luxemburg mit Sympathie begleitet. Annette Kolb war in ihrer Emphase zurückhaltender als der Freund. Sie, die sich halb ernst, halb scherzhaft eine »gekrönte Republik« genannt hatte, fand sich nach dem Untergang der deutschen Monarchien erstaunlich schnell in ihren politischen Anschauungen zurecht. Auch der ideologisch-romantisierenden Versuchung durch die Oktoberrevolution und den Bolschewismus in Rußland erlag sie nicht – anders als viele europäische Intellektuelle jener Zeit. Im Sozialismus sah sie eine Durchgangsstation: »Als Partei interessierte mich ja der Sozialismus so wenig wie jede andere. Aber das Ergebnis der kapitalistischen Ära war ein wirrer Knäuel ineinander verbissener Verbrecher, und es war eine Welt, welche der Sozialismus jedenfalls nicht bereiten half. Er hatte keinen Teil an ihr. Deshalb nur gab es keine andere Brücke als ihn, denn er war nur ein Weg, der weiterführt, indem er zurückgelegt und überwunden wird, niemals ein Ziel.«[1] Bezeichnend ist, daß sie bereits 1919 *Rang*unterschiede (aufgrund von Leistung oder Charakter) und *Klassen*unterschiede (aufgrund von Namen und Geburt) voneinander trennte und als Beispiel Wolfgang Amadé Mozart heranzog, über den sie achtzehn Jahre später eine Biographie schreiben sollte: »Die richtige Einsicht, daß es (merkwürdigerweise) niedrige und hohe Menschen gibt, führte folgerichtig zu Rang- und Standesunterschieden. Bei ihrer Aufrechthaltung aber gerieten jene Ungleichheiten, welche doch erst die Berechtigung solcher Klassifikationen bilden, immer mehr außer acht, und bei dem Schrittmachen, das im Schwunge blieb, mischte sich in immer gemeinerer Weise das Bestreben über jene Distanzen, welche der Wert zwischen den einzelnen liegt, hinwegzusehen. Das Mißverständnis artete immer wilder aus: der königliche Mozart speiste mit dem Gesinde, und ein lakaienhafter Kavalier warf ihn mit einem Fußtritt ohne weiteres vor die Türe.«[2]

Die revolutionären Ereignisse in Berlin und München überschlugen sich in jenem Winter 1918/19. In der Reichshauptstadt hatte der Sozialdemokrat Philipp Scheidemann bereits am 9. November die Republik proklamiert. Am 5. Januar brach unter Führung von Karl Liebknecht und Rosa Luxemburg der kommunistische Spartakusaufstand los, der von rechtsnationalen Freikorps blutig niedergeschossen wurde. Die beiden kommunistischen Führer wurden am 15. Januar grausam ermordet. Die stichpunktartigen Tagebuchaufzeichnungen Annette Kolbs aus jener Zeit verraten zumindest eine persönliche Sympathie mit Liebknecht.

Mit weit größerem Interesse verfolgte sie jedoch die Entwicklung in Bayern. Hier hatte der Schriftsteller Kurt Eisner von den Unabhängigen Sozialdemokraten (USPD) bereits am 7. November 1918 die Republik, den »Freien Volksstaat Bayern«, ausgerufen. König Ludwig III., der offiziell noch gar nicht abgedankt hatte, verließ noch in der darauffolgenden Nacht heimlich die Stadt. Lion und Marta Feuchtwanger wurden zufällig Augenzeugen der gespenstischen Szenerie: »Wir kamen an die königliche Residenz. Die Schildwachen waren verschwunden, Leute gingen in der Hauptwache aus und ein. Drinnen wurde Karten gespielt. Wir aber gingen um das Gebäude. Da sahen wir auf der Rückseite eine Equipage warten. In diesem Augenblick trat der alte König mit seiner Frau und seinen Töchtern aus einer kleinen Hintertür ins Dunkel. Er war auf der Flucht. Im Triumph zog Eisner, der Führer der Unabhängigen Sozialisten, mit den Arbeitern zu Fuß durch die Stadt. Alles jubelte ihm zu. [...] Wahlen wurden angekündigt und die Pressefreiheit eingeführt.«[3] Ministerpräsident Eisner, ein von hohen humanistischen und revolutionären Idealen geprägter Mann, gab dem Freistaat Bayern am 5. Januar 1919 seine erste republikanische Verfassung. Darin

128

wurden sämtliche ständischen Privilegien gestrichen, der frei gewählte Landtag als einzige Legislative bestimmt, eine soziale Neuordnung versprochen und Bayern als Mitglied der »Vereinigten Staaten Deutschlands« verankert. Annette Kolb schrieb bereits am 21. Dezember 1918 einen Brief an Eisner, dessen Inhalt uns leider nicht bekannt ist. Doch sollte sie, die mit Sympathie seine Politik beobachtete, allerdings noch zögerte, nach Deutschland zurückzukehren, bald Gelegenheit haben, den bayrischen Ministerpräsidenten persönlich kennenzulernen.

Vom 3. bis zum 10. Februar 1919 fand in Bern der Internationale Sozialistenkongreß statt, den als Zuhörer auch Annette Kolb und das Ehepaar Schickele besuchten. Hier trafen sie alte Bekannte wieder (etwa den Friedensaktivisten Alfred H. Fried), hatten aber auch Kontakt zu Mitgliedern der bayrischen Regierung. Freilich war Kurt Eisner in seiner politischen Position bereits geschwächt. Am 12. Januar hatten die ersten freien Wahlen zum bayrischen Landtag stattgefunden, aus denen die christlich-konservativen Volksparteien als Sieger hervorgegangen waren. Die SPD hatte nur 33 % der Stimmen erhalten, die USPD Eisners gar nur 2,5 %. Allgemein wurde ein baldiger Rücktritt Eisners und seiner Minderheitsregierung erwartet, dem am 21. Februar allerdings ein tödliches Attentat auf den Ministerpräsidenten zuvorkam, verübt durch den rechtsnationalen Grafen Anton Arco-Valley.

Als Annette Kolb Kurt Eisner Anfang Februar in Bern kennenlernte, hatte er also schon viel von seiner Bedeutung verloren. Dennoch war die Schriftstellerin von seinem Charisma und Sendungsbewußtsein überwältigt. In ›Zarastro‹ (später noch in ›Kleine Fanfare‹) hat sie diese Tage auf dem Kongreß genau protokolliert. Die erste, zufällige Begegnung mit Eisner vollzog sich auf der Treppe des Hotels Bellevue: »Wir wechselten ein paar Worte. Ich kannte ihn zwar noch nicht, aber so hielt man es in jenen Tagen.«[4] Ganz unkompliziert lud Annette Kolb den bayrischen Ministerpräsidenten und den sozialdemokratischen Reichstagsabgeordneten Hugo Haase zum Tee auf ihr Zimmer ein: »Leider war mein Zimmer winzig klein. Um Raum für den Kaffeetisch zu schaffen, mußte das Bett zum Sofa werden, und ich schüttete Kissen gegen die Wand.«[5] Auch Schickeles kamen zum Tee. Mit Haase, der als erster erschien, sprachen sie über die revolutionären Bewegungen in Deutschland und ihre Gefahren. Haase war – neben Karl Liebknecht – einer der wenigen Sozialdemokraten, die sich 1914 gegen die Zustimmung ihrer Partei zu den Kriegskrediten ausgesprochen hatten. Bereits 1907 hatte er als Rechtsanwalt Karl Liebknecht in einem Prozeß verteidigt. Wie Liebknecht, Rosa Luxemburg und Kurt Eisner wurde auch Hugo Haase in diesem Jahr 1919 Opfer eines Attentats.

Erscheinung und Auftreten Eisners beschreibt Annette Kolb folgendermaßen: »Bestürzt sah ich Eisner eintreten, den ich doch gebeten hatte. Aber eine so andere Zone des Geistes brach mit ihm ein. Er trug sich wie am Morgen komplett in Schwarz, kein Stäubchen, vom schwarzen Schlapphut bis zu den Stiefeln (wie um die Reporterlügen zu strafen, die seine nachlässige Kleidung verkündet hatten). Halb Wotan, halb Konfirmand – grau, nur der schüttere Bart und die müde Farbe des Gesichtes.«[6] Eisner, gebürtigen Berliner, verband eine schwärmerisch-naive Liebe mit Bayern. Annette Kolb konstatiert: »Eisners romantische Schwäche für Bayern verriet sich sogar in einem hin und wieder freiwillig angeschlagenen Dialekt, dessen Unnatur etwas rührendes hatte.«[7] Es mag die Preußenhasserin amüsiert haben, als Eisner zu Haase sagte: »Das wäre der Gipfel meiner Laufbahn [...] mit blauweißen Fahnen gegen Preußen zu ziehen.«[8] Doch besaß sie zu jener Zeit bereits genügend realpolitisches Empfinden, um Eisners revolutionäre Romantik kritisch-distanziert zu betrachten: »Und so war es mit der Revolution; sie war das Abenteuer seines Herzens, sein Geniestreich; was aber an dem Bilde fehlte, war die Kenntnis Bayerns: die Bayern, die sich hinreißen lassen, sind nicht dieselben, die sich wieder eines anderen besinnen . . .«[9] Das Volk – das wußte Annette Kolb – wünschte sich in erster Linie Ruhe, Sicherheit und Ordnung, zumal nach einem alle Kräfte verzehrenden vierjährigen Krieg. So blieb ihre Haltung gegenüber Eisner und dessen Republik nach anfänglicher Emphase ambivalent. Zwar trauerte sie nicht der ständischen Ordnung des Königreiches nach, war auch froh über das Ende des von Militär und Großkapital beherrschten Kaiserreiches unter der marionettenhaften Führung der Hohenzollern, fürchtete aber genauso das andere Extrem, die überzogene revolutionäre Erwartungshaltung, den Sozialismus als Ziel statt als Weg.

Als nach der Ermordung Eisners die Kommunisten unter Eugen Leviné, Ernst Toller, Erich Mühsam und Gustav Landauer in München die Räterepublik ausriefen, lehnte sie deren Mittel und Ziele offen als »Greuel«[10] ab. Jede Form von politischem Extremismus war ihr verhaßt, weil er verbunden war mit Fanatismus und Intoleranz, mit mangelnder Achtung vor dem politischen Gegner. So zeigte sie sich auch erschüttert über das Attentat auf Eisner, da sie – weitsichtiger als andere – darin nicht nur die zweifelhafte Mutprobe eines noch fast jugendlichen Täters sah, sondern auch die politische Spaltung der Gesellschaft in links und rechts, eine Fanatisierung, die die erste gesamtdeutsche Republik, die am 6. Februar durch die Nationalversammlung in Weimar aus der Taufe gehoben worden war, bereits vierzehn Jahre später in den Abgrund führen sollte. »Wir aber«, so Annette Kolb warnend nach Eisners Ermordung, »die in Bern Zeugen der ungeheuren Wirkung seines [Eisners] Auftretens waren, welche Werbekraft für Deutschland er dort entfaltete, welch stürmische Sympathien für Deutschland er dort erweckte, oh welch bitterlichen Eindruck machte es auf uns, in München nicht etwa die Züge dieses heldenhaften Vorläufers, nein, das unbesonnene Leutnantsgesicht seines Mörders in den Auslagen vorzufinden, dessen hirnloses und unheilvollstes Verbrechen die Schrecken der Räteregierung und alle Greuel, die von links und dann von rechts daraus erfolgten, verursachte. Mag ein Herr Studiosus die Frei(spruch)kugel gegen mich drehen, dafür, daß in diesem wahrscheinlich vielgelesenen Buche diese Wahrheit steht.«[11] Daß diese Erinnerungen, die 1921 in ›Zarastro‹ erschienen und 1930 nochmals unter dem Titel ›Mit Kurt Eisner und Hugo Haase in Bern‹ in dem Band ‹Kleine Fanfare› publiziert wurden, sie bei den Nationalsozialisten früh verhaßt machten, liegt auf der Hand. Auch ihre Berner Bekanntschaft mit Karl Kautsky, dem einstigen Mitstreiter Rosa Luxemburgs, der sich von Annette Kolb sehr beeindruckt zeigte,[12] dürfte den rechtsnationalen Kreisen suspekt gewesen sein.

Aber auch wenn es um Reparationsforderungen der Alliierten ging, forderte Annette Kolb ein vernunftorientiertes Maßhalten. Die Besetzung des deutschsprachigen Südtirols durch italienische Truppen kommentierte sie salopp als »zum *Kotzen!*«[13], als »hypocrisie von Seiten der entente«[14]. Auch den Frieden von Versailles, der mit seinen hohen, letztlich unerfüllbaren Reparationsforderungen dem Deutschen Reich diktiert wurde, lehnte sie in dieser Form ab, obwohl sie die Kriegsschuld Deutschlands nicht leugnete.[15] Die Lasten des Versailler Friedensvertrags trugen dazu bei, daß man der »Dolchstoßthese« Generalfeldmarschall Paul von Hindenburgs gern Glauben schenkte. Hindenburg hatte 1919 vor einem parlamentarischen Untersuchungsausschuß in Berlin die Meinung vertreten, die deutsche Armee sei nicht besiegt, sondern von hinten »erdolcht« worden, nämlich von revolutionären Bestrebungen im eigenen Land. So verkürzt diese These war, sie fiel auf nahrhaften Boden. Eine besondere Ironie der Geschichte besteht freilich darin, daß Hindenburg, von 1925 bis 1934 der letzte frei gewählte Präsident der Weimarer Republik, diesen Staat am Ende nicht nur mit seiner Ernennung Hitlers zum Reichskanzler zu Grabe trug, sondern bereits zu Beginn der Republik mit seiner »Dolchstoßthese« den politischen Frieden mit unterminierte.

Ein Hoffnungsschimmer in diesem von bürgerkriegsartigen Auseinandersetzungen und sozialem Unfrieden erschütterten Jahr 1919 war die Gründung des Völkerbundes am 28. April in Paris. Auf besondere Initiative des amerikanischen Präsidenten Woodrow Wilson schlossen sich 32 alliierte und 13 neutrale Staaten zu einem Bündnis zusammen, das sich die Wahrung des Weltfriedens und des internationalen Rechts zum Ziel setzte. Da aber die kriegsschuldigen Staaten Deutschland und Österreich sowie die von kommunistischen Regierungen geführten Länder der Sowjetunion und Ungarns vom Beitritt zum Völkerbund ausgeschlossen wurden, war der Pakt von Anfang an Makulatur, seine kontrollierende Funktion eingeschränkt. Annette Kolb begeisterte sich dennoch für die Idee einer um Frieden bemühten Völkergemeinschaft und korrespondierte darüber auch mit dem an den Versailler Friedensverhandlungen teilnehmenden Diplomaten Harry Graf Kessler, der ihr hinsichtlich ihres publizistischen Engagements ermunternd schrieb: »Ich habe mich auch sehr gefreut, dass Sie für die Völkerbundsidee Interesse haben; natürlich wäre es von allergrösstem Wert für sie, wenn das ›Journal de Genève‹ ein gutes Referat brächte, da dadurch die Brücke nach dem Westen gebaut wäre.«[16] Neun Jahre später, als Annette Kolb an einer Monographie über den französischen Politiker Aristide Briand arbeitete, wurde sie sogar zur 9. Tagung des Völkerbundes nach Genf eingeladen. Ein Foto vom 10. September 1928 zeigt sie beim Festbankett zwischen hohen Politikern und Diplomaten aller Herren Länder. Ihre Hoffnung, die künstlich geschürte Feindschaft zwischen ihren beiden Vaterländern Deutschland und Frankreich könnte beendet werden, sah sie mit dem in seinen Statuten unvollkommenen Völkerbund zwar noch lange nicht erfüllt, dennoch erschien ihr diese Einrichtung, die sie bereits seit der Jahrhundertwende verschiedentlich gefordert hatte, ein erster und wichtiger Schritt zur Aussöhnung und zum Frieden. Auch mit dem Gründer der Pan-Europa-Bewegung, Richard Graf Coudenhove-Kalergi, stand Annette Kolb seit 1923 in brieflichem und persönlichem Kontakt. Er sandte ihr auch sein Buch ›Pan-Europa‹ zu und nahm seinerseits mit Interesse ihre Bücher wahr.[17]

So erschreckend zum Teil die Nachrichten aus Berlin und München waren, so ermutigend war doch der Aufbruch zu Neuem, das Ende der Monarchie und die Konstituierung der ersten gesamtdeutschen Republik. Als Annette Kolb, sonst meist in Geldnöten, einmal ein großzügiges Zeitungshonorar erhalten hatte, schrieb sie, von neuen Plänen erfüllt, am 31. August 1919 begeistert an René Schickele: »Ich glaube ich eigne mich doch ev. für Politik, da ich, die grösste Geldverschlamperin von ehmals, über Nacht ein Finanzminister ohne gleichen geworden bin: Adlerblick blitzschnelles Erfassen der Beute! Gott gebe, dass ich nicht ausgehorstet habe!! [...] Wir sollten doch endlich ans Aufbauen gehen einen Verlag gründen und eine Zeitung, die dann ins Elsass später transplantirt werden sollte [...]«[18] Elsaß und Lothringen, die Kriegsbeute von 1871, wurden mit dem Versailler Friedensvertrag wieder Frankreich zugesprochen. René

Schickele, gebürtiger Elsässer, erhielt automatisch die französische Staatsbürgerschaft zurück, dachte aber mit Rücksicht auf sein Leserpublikum (er schrieb fast ausschließlich in deutscher Sprache) und auf seine sozialen Kontakte nicht an eine Übersiedlung in die Heimat. Auf Annette Kolbs emphatische Vorschläge ging er gleichwohl nicht ein; vielmehr drückte ihn, der nach seinem kurzen revolutionären Intermezzo im Winter 1918/19 wieder in die Schweiz zurückgekehrt war und sich im März ein Haus in Uttwil am Bodensee gekauft hatte, finanziell der Schuh: Durch die zunehmende Entwertung der Reichsmark schrumpfte sein Vermögen in der Schweiz zusammen. Grund genug, sich nach einer neuen Bleibe in Deutschland umzusehen. Für das Haus in Uttwil wurde alsbald ein Mieter gefunden: Der Dramatiker Carl Sternheim, seit Februar 1920 in der Schweiz wohnend, bezog im Herbst 1920 Schickeles Haus.

Etwas orientierungslos und durch die Wegzugsabsichten ihres Freundes Schickele verunsichert, versuchte auch Annette Kolb, Zukunftspläne zu schmieden. Im September/Oktober 1919 fuhr sie zum ersten Mal wieder nach Deutschland. Sie besuchte ihre Vaterstadt München (das nach dem Tod der Eltern an Anziehungskraft verloren hatte), Landsberg/Lech (wo zwischenzeitlich der Bruder Paul als Offizier stationiert war), Berlin (wo ihr Verleger Samuel Fischer lebte) und Dresden (wo sie im Januar 1915 mit ihrem kritischen Vortrag über die Pressepropaganda eine Lawine losgetreten hatte). Im Vorfeld der Reise hatte sie mut- und lustlos an René Schickele (den sie noch immer mit »Sie« anredete) geschrieben: »Die Regie des Fortgehens überlasse ich Ihnen dann ganz. Ach ja, es wäre Zeit von all diesen Alpdrücken ein wenig aufzuatmen, sei's noch so kurz. [...] Ach lieber René ich muss ganz unweigerlich nach Deutschland auf 6 Wochen oder 4 wenn möglich noch diesen Monat. Meine Aufenthaltsbewilligung geht jetzt bis 23. Nov. ich muss es also noch rechtzeitig einschachteln.«[19]

Nach dem in vielerlei Hinsicht enttäuschenden Besuch in Deutschland (der einstige Vermieter in München hatte der »Landesverräterin« sogar den Zutritt zu ihrer Wohnung verweigert!) wollte Annette Kolb wieder einmal ihr geliebtes Frankreich sehen, wo sie seit 1913 nicht mehr gewesen war. Da sie als Deutsche nicht ohne weiteres eine Einreisegenehmigung erhielt, wandte sie sich an den Freund aus alten Tagen Camille Barrère, der noch immer französischer Botschafter in Rom war. Zwar gab er ihrem Anliegen statt, doch wurde die Wiederbegegnung in Paris (wo er zwischendurch weilte) zur herben Enttäuschung. Der Diplomat, der vor dem Krieg Seite an Seite mit Annette Kolb pazifistische Fäden spann und an eine übernationale, völkerverbindende Welt geglaubt hatte, war nun – unter dem Eindruck des deutschen Überfalls auf Frankreich – zum Nationalisten geworden. Sie redeten aneinander vorbei, die Verabschiedung war höflich, aber kühl. Annette Kolb erinnert sich: »In dem Wagen, den ich schnell herbeirief – denn die Passanten sahen mir erschrocken ins Gesicht –, faßte mich die ganze Aussichtslosigkeit heutiger Dinge an. War er nicht bestellt zu denken, wie er dachte? Konnte ich noch denken wie er? Ich haßte und verwünschte ja die Politik. Ich glaubte nicht mehr an sie. Dank ihr war alles abgerissen und zerstört.«[20]

Als 1921 ›Zarastro‹, ihr »Tagebuch der Enttäuschungen«, erschien, war die einstige geistige Phalanx der Schweizer Pazifisten bereits zerfallen und zerstritten. Busoni schrieb nach der Lektüre an Annette Kolb: »Recht enttäuscht (oder vielmehr: mein Urtheil über ihn bestätigt) hat mich das Gespräch mit R. Rolland. Also auch er fällt in die Wahnvorstellung, dass die Erde – nach 60tausend Jahren konsequent gleichmäßigen Gebahrens von 1917 ab plötzlich sich aendern sollte! Das ist weder logisch noch intelligent noch kulturhistorisch nachweisbar.«[21] Und Annette Kolb ihrerseits schrieb – müde von Krieg, Exil und den politischen Turbulenzen der Monate nach dem Krieg – an ihre Freundin Mary Gräfin Dobržensky: »Dafür sorgen schon ihre Trabantenschaaren, dass dann Alles beim Alten bliebe, und die Lehre *nicht* gezogen würde. Man braucht sie ja alle nur reden hören. Le bolchévisme est la toile à laquelle ils tissent les yeux aveuglés [Der Bolschewismus ist der Fahnenstoff, an den sie ihren geblendeten Blick heften.].«[22]

Nach all den Aufregungen der vergangenen Jahre sehnten sie und René Schickele sich nach Ruhe, um auch wieder schöpferisch tätig zu sein. Die journalistische Publizistik hatte Annette Kolbs Wirken als Dichterin inzwischen fast völlig überdeckt. Das Erscheinen ihres ersten, so vielfach gelobten und prämierten Romans lag sechs Jahre zurück. Nicht nur Samuel Fischer wartete auf einen neuen Roman, auch Leser und Kollegen bedauerten insgeheim ihre einseitige Vereinnahmung durch die Politik. Der Schriftsteller und Mäzen Carl Seelig, Mitinhaber des Wiener Verlags E. P. Tal, bot ihr im Juni 1919 einen Vertrag für ein »neues starkes Buch – am liebsten einen Roman«[23] an. Doch solange die Wohn- und Lebenssituation ungeklärt war, das ungute Gefühl des Exils, der Heimatlosigkeit andauerte, war an eine schöpferische Einkehr kaum zu denken.

Der Anstoß zur Neuorientierung kam schließlich von René Schickele. Auf der Suche nach einem Ort in Deutschland, der fern des nervösen Großstadtgetriebes in einer lieblichen Landschaft, nicht allzu weit vom Elsaß entfernt lag, traf er im Herbst 1920 mit dem aus Pforzheim stammenden Maler Emil Bizer zusammen, der sich 1912 in dem Kurort Badenweiler im Markgräfler Land angesiedelt hatte. Der Ort, an dem schon zur Römerzeit Thermen bestanden hatten, liegt, mit dem Rücken zu den Ausläufern des Schwarzwaldes, am Hang oberhalb des Rheintales im Dreiländereck von Deutschland, Frankreich und der Schweiz. Das milde Klima, das heilkräftige Wasser, die schöne und vielgestaltige Landschaft zog seit jeher Künstler und Schriftsteller an. Auch Schickele war davon angetan: »Im südlichen Schwarzwald liegt ein kleiner Kurort Badenweiler. Er verhält sich zu Baden-Baden wie Kammerspiele zum großen Theater. Er trägt ein adelig stilles Gepräge. Von den Waldwegen sieht man in die Schweiz und das Elsaß hinein.«[24]

Schnell war ein Bauplatz gefunden, in der Kanderner Straße, am westlichen Ortsrand. Vom Grundstück mit Hanglage hatte man einen freien Blick auf Rhein und Vogesen. Im Dezember 1921 begannen die Bauarbeiten, Architekt war Paul Schmitthenner, der durch den Bau der Gartenstadt Staaken bei Berlin bekannt geworden war. Im September des folgenden Jahres konnten René und Anna Schickele von Uttwil nach Badenweiler in ihr neues Haus umziehen. Schickele schrieb: »Als ich hierher kam, war ich ein toter Mann. Für immer schien sie mir zerstört, die herrliche Welt [...] so viel glaubte ich erfahren zu haben: mit Schreien und Schießen war den Menschen nicht zu helfen. Ich war bescheiden geworden, ich erhob meinen Anspruch nicht mehr zu den andern, was gelten sollte, mußte erst einmal für mich gelten.«[25]

War es diese Selbstbescheidung, diese Sehnsucht nach Ruhe und Frieden, die auch Annette Kolb bewog, nach Badenweiler zu ziehen? Immerhin hatte sie, dreizehn Jahre älter als Schickele, die fünfzig bereits überschritten. Sie hatte sich körperlich und geistig vielfach überfordert, was sich nun rächte: Sie kränkelte in diesen Jahren viel. Klagen über Kopfschmerzen, Zahnweh, Probleme mit dem Ischiasnerv und häufige Erkältungen füllen ihre Briefe. Um so mehr freute sie sich auf einen festen Rückzugsort, auf ein Zuhause, auf die Nähe des Freundes René Schickele, auf das milde badische Klima. Es gelang ihr, die sich bisweilen scherzhaft als »Finanzgenie« titulierte, einen staatlichen Kredit zu günstigen Konditionen zu erhalten. Zudem verkaufte sie zu einem guten Preis ein Gemälde Lenbachs an eine amerikanische Sammlerin.[26] Später – im Exil – zollte sie der Weimarer Republik und ihrer Wertschätzung der Intellektuellen und Künstler durchaus selbstkritisch Lob: »Die Weimarer Republik, kaum war sie aus dem Ärgsten heraus, hegte unter ihren Söhnen die geistigen Arbeiter vor allen anderen; ihnen galt ihre Aufmerksamkeit. Munter hielten wir unsere stark honorierten Vorträge in den Aulen, am Mikrophon, es wurden Preise gestiftet, der alte S. Fischer behielt seine Autoren im Auge, und als Feste verliefen unsere Dichtertagungen. [...] gewiß, es war ein freies, kulturelles Regime, und das ist viel. Statt ihm jeden Rückhalt zu verweigern, hätte man es stützen [...] sollen.«[27]

Mit dem Geld kaufte sie das dem Anwesen Schickeles benachbarte Grundstück und ließ sich vom selben Architekten im Jahre 1922 ein kleines Häuschen erbauen, das sie Ende des Jahres bezog. Der Friede und die Gelassenheit des Ortes wirkten heilsam auf die Psyche der Dichterin: »Denn das Entscheidende an diesem Ort ist seine geographische Lage sowie sein Klima. Eine halbe Stunde von der Schweiz, näher noch an Frankreich, mit einem Himmel, der an Italien erinnert, liegt er ein wenig wie die Insel Nirgendwo im Schoße des Raumes, umweht von einer Luft, welche die Menschen gütig stimmt [...].«[28] Badenweiler lag zwar verkehrstechnisch etwas ungünstig, doch kam in der schönen Jahreszeit die »Gesellschaft« dorthin. Mit einigen der Badegäste verband Annette Kolb bald eine Freundschaft, so auch in späteren Jahren mit dem konservativen Reichskanzler Heinrich Brüning: »In dem kleinen Badeort, in dem mein Häuschen stand, an den Wald gelehnt mit dem Blick auf die Vogesen, pflegten im Sommer die Minister, der Staatssekretär ihren Urlaub zu verbringen, und auch der jeweilige Reichskanzler säumte nicht, uns zu besuchen. Galt es doch in jener Zeit, die Dichter zu ehren.«[29]

Doch die Stille der Landschaft war trügerisch. In Deutschland wuchs der soziale Unfriede. Wiederholt kam es in Berlin zu Putschversuchen von links und rechts. Die Inflation ließ die Schere zwischen arm und reich noch weiter auseinanderklaffen, das Schiebertum florierte schamlos. Auch der Antisemitismus nahm in bedenklichem Maße zu. Sehr schnell wurden die Juden – neben den Kommunisten – zu Sündenböcken des verlorenen Krieges und des »Schandfriedens« von Versailles. Liest man Annette Kolbs Briefe, so sind auch sie nicht frei von Unmutsäußerungen über die Juden. »Ach ich habe schwarze Wollhaare so satt«, schreibt sie aus Berlin an Schickele, »sie sind die Dominante allhier. Sie kräuseln sich auf den intellektuell massgebenden Häuptern«;[30] doch aus solchen Zitaten einen generellen Antisemitismus abzuleiten, wäre falsch und verkürzend. Sie besaß viele jüdische Freunde und faßte noch im hohen Alter im Briefwechsel mit Elazar Benyoëtz eine zärtliche Liebe zum Land und zum Volk Israel. Auch bereitete sie sich (und dem Verlag S. Fischer) 1934 große Schwierigkeiten, als sie in einer Fußnote zu ihrem Roman ›Die Schaukel‹ anmerkte, wie viel das deutsche Geistesleben jüdischen Künstlern und Wissenschaftlern zu verdanken hat. Grundsätzlich gilt, daß ihre Einstellung zum Judentum trotz aller Toleranz immer vom christlich-katholischen Standpunkt bestimmt war, auch legte sie schnell einen missionarischen Eifer an den Tag. Mit Franz Werfel geriet sie deshalb einmal aneinander. Als sie ihm auch noch offenbarte, sie wolle einen Aufsatz über die jüdische Frage schreiben, warnte er sie: »Sehen Sie sich vor! Hüten Sie sich!«[31] Das komplizierte Gefüge zwischen Juden und Christen observierend, stieß sie selbst wohlmeinende jüdische Freunde und Bekannte immer wieder dadurch vor den Kopf, daß sie ihnen ihre christliche Überzeugung aufdrängen wollte. Doch wie sehr jüdische Bekannte unter den weitverbreiteten antisemitischen Vorurteilen litten, wurde ihr immer wieder bewußt. So erhielt sie im Dezember 1921 von Else Lasker-Schüler die folgende Postkarte: »Verehrte Annette Kolb, ich muß verzichten, gedenkend der Stunde im Hause ? in *München*. Ich verkehre mit Antisemitten [sic] *nicht*, da ich doch *Jude* bin – Gottseidank ich mich dem [sic] Volk *nicht* schäme aus dem ein Jesus geboren wurde und die vielen Propheten, das auch heute noch hervorragendes hervorbringt H. von Theben.«[32]

Trotz dieser Querelen hatte Annette Kolb in Badenweiler ihr bescheidenes Paradies gefunden: »Mein kleines Haus stand schon öfters in Zeitschriften abgebildet, doch wer mich fragte, was mir am besten daran gefiel, dem sagte ich: seine Weite. Dabei ist das Badezimmer nur eine Kabine, ich schlafe in einer Zelle, schreibe in einem Gelaß, und im Speisezimmer ist eine Bank den Wänden angebaut, damit man zu viert drin essen kann. Dreizehn schäbige Stufen führen zur oberen, schon mansardierten Etage. [...] Nie aber sage ich: mein Häuschen, sondern nenne es mein Haus, weil man so frei darin herumgeht, als wäre es groß.«[33] Sie besaß nun ein eigenes Arbeitszimmer. In ihrem Salon stand ihr Blüthner-Flügel, hier konnte sie ungestört musizieren. Bald nach der Einführung des Rundfunks (Oktober 1923) kaufte sie ein Radiogerät und frönte mit Hingabe den abendlichen Konzerten, die aus den großen deutschen Konzert- und Opernhäusern durch den Äther übertragen wurden. Im Garten pflanzte sie Rosen, Wicken und Stauden und genoß den damals noch freien Blick ins Rheintal (heute sind die umliegenden Grundstücke bebaut und mit hohen Bäumen bewachsen).

René Schickele war stets mit Rat und Tat zur Stelle, wenn sie dessen bedurfte. Allerdings war das freundschaftliche Verhältnis nicht immer konfliktfrei, wie man den unveröffentlichten Brie-

fen Annette Kolbs an René Schickele aus den 20er Jahren ent-
nehmen kann: Zu sehr war die alternde, ihre Marotten und Eigenheiten pflegende, alleinstehende Annette Kolb auf Schickele
fixiert. Er dagegen benötigte nicht nur Abgeschiedenheit und
Zeit für das eigene Werk (im Vergleich zu Annette Kolb war er
schriftstellerisch weit produktiver und disziplinierter), sondern
hatte sich auch um seine Ehefrau Anna und seine beiden Söhne
zu kümmern. So mag es für das Ehepaar Schickele beruhigend
gewesen sein, daß Annette Kolb bald ihre alte Angewohnheit
des ruhelosen Umherreisens wieder aufnahm und zu Vorträgen,
Lesungen, Konzerten, zu Freunden, Bekannten und zu lästigen,
aber notwendigen Verhandlungen mit Verlegern eilte. Sie ver-
diente in diesen Jahren bis 1933 nicht schlecht; freilich konnte
sie auch nie haushalten. Wie ihr die Honorare zuflossen, so gab
sie sie wieder mit beiden Händen aus. Sie kannte auch keine
Scheu, die Verleger gegeneinander auszuspielen: Fischer gegen
Rowohlt gegen Kurt Wolff gegen Reiss und so fort. Daß zumindest der alte Samuel Fischer ihr dies nie übel nahm, sondern sie
immer wieder als Autorin umwarb, ja sie sogar zu Ferienaufent-
halten in seine Häuser in Berlin-Grunewald, in der Provence
und im Tessin einlud, zeugt für die hohe menschliche und künstlerische Achtung, die er vor ihr empfand. Von einer ihrer Verhandlungsreisen im Oktober 1924 nach Berlin schrieb Annette
Kolb an Schickele: »Dies wird wohl meine letzte Berliner Reise
sein. Dem Getürme eines solchen Lebens bin ich nicht mehr gewachsen, interessant, spannend, aber irgendwie kein Leben. Ein
Aussetzen des Lebens. Oder wenn man will Anregung statt Leben. Mit Fischer wegen 100 M mehr oder weniger herumge-
feilscht, dass es widerlich war. [...] er ist sehr sehr alt geworden,
macht einem ganz alberne Vorschläge. Ich habe mich schlecht
mit ihm vertragen und gehe auf andere Brautschau aus. [...] Für
den Abdruck in der [Neuen] Rundschau bestimmte Fischer 800
M. ich bekam nach vielem Gekreische 900.«[36]
Das Reisen war ihr Zerstreuung, Manie und Beschwernis zugleich: Immer wieder wurde sie dabei krank und sehnte sich
reumütig nach Badenweiler zurück. »Dies ist kein Brief«,
schreibt die mit einem eingeklemmten Ischiasnerv in Berlin-

Schlachtensee bei dem Kunsthistoriker Julius Meier-Graefe krank Liegende, »nur ein Lebenszeichen. Nun erhebe ich mich von meinem heissen Gummisack ich fange doch auf jeder Reise etwas. [...] Zur Bahn geschlichen, auch jetzt im Zug nach Berlin angezogen wie eine Mummelgreisin.«[35] War sie nicht in Berlin oder München, eilte sie zu Freunden nach Basel und Bern, machte eine Stippvisite in Paris, setzte von Cherbourg nach Cork über, um ihre Schwester Germaine zu besuchen, fuhr ins Tessin oder nach Venedig und gab Schickele immer wieder Anweisungen, sich doch um seinen eigenen und auch um ihren Garten zu kümmern: »Ich freu mich zu hören, dass Sie Kartoffeln pflanzen. Bald komm ich einmal und sehe selber nach [...]«[36] »René guckst du nach meinem Rosengarten?«[37] »Behaltst mein Häuschen brüderlich im Auge. Ich bin in Gedanken disponirend darin.«[38]

Während sie die oberitalienische Ebene wieder entsetzlich trist fand, genoß sie doch ihren Aufenthalt in Venedig und Pisa. Kaum ein Vierteljahr später, im Januar 1923, trudelten in Badenweiler Briefe mit dem Kopf »Norddeutscher Lloyd Bremen. An Bord des D[ampfers] ›Lützow‹« ein. Da war Annette Kolb bereits auf einer Kreuzfahrt nach Lissabon und Teneriffa unterwegs, unglücklicherweise auch diesmal leidend: »Pechserie in Teneriffa fing ich eine Wurzelhautentzündung und, damit mir nichts erspart bleibt fiel mir heute ein Vorderzahn aus. Cela ne m'avantage pas [das steht mir nicht] ich kann nicht lachen (hab auch keine Lust).«[39] Im selben Brief ist von einem Roman die Rede, an dem sie arbeite. Es handelt sich um das 1928 erschienene Buch ›Daphne Herbst‹, dessen unfertiges Manuskript René Schickele in Badenweiler zum Lesen hatte, was ihr nun – einer Laune folgend – unangenehm war: »René du hast vergessen mir den Roman zu schicken. Ich brauchte ihn sehr. Es ist uns ja nicht recht, dass du das in der Fassung liest. Lass es. Besser in der Correctur.«[40]

Zurück von ihrer Kreuzfahrt, besuchte sie die Donaueschinger Musiktage und hörte dort Paul Hindemith und sein Amar-Quartett ein Stück des Komponisten spielen. Drei Jahre zuvor, während ihres Paris-Aufenthaltes, hatte sie die Chansonette

Mistinguett gehört und war von der Tochter einer Bekannten »mit der Musik der letzten Jahre bekannt«[41] gemacht worden. Um welche Musik, um welche Komponisten es sich im einzelnen handelte, ist leider nicht überliefert. Es werden wohl Stücke der Gruppe Les Six darunter gewesen sein (in Paris lernte sie im März 1925 Darius Milhaud kennen[42]), auch Musik von Igor Strawinsky (der ja damals in Paris wirkte) kannte sie nachweislich. So hörte sie 1927 ›Petruschka‹, dirigiert von Arturo Toscanini[43], und lobte in späteren Jahren Strawinskys ›Mass‹ (1944–47).[44] Dennoch ist anzunehmen, daß ihr der tiefere Zugang zur Musik ihrer Zeitgenossen verwehrt blieb[45], da ihre ästhetischen Prämissen zu sehr an den Komponisten der deutschen Klassik und Romantik geschult waren (wenn man einmal von Busoni absieht). Bezeichnend ist jedenfalls ihr kleiner Aufsatz ›Donaueschingen im Sommer 1923‹, eine der wenigen Äußerungen zur zeitgenössischen Musik. In Donaueschingen hörte sie – durchaus mit Gefallen – Musik von Alois Hába (1893–1973), der mit einem Vierteltonsystem arbeitete, von dem Busoni-Schüler Philipp Jarnach (1892–1982)[46] und von Paul Hindemith (1895–1963). Hindemiths Stück »verniedlicht« sie in ihrem Aufsatz, so daß man die Ernsthaftigkeit ihres Gefallens anzweifeln muß: »Und nun ertönte als erstes ein Militärmarsch, ein Militärmärschlein sage ich, ein goldiges Militärmärschli, dessen geringelte Ritornelle, dessen Ringelschwänzchen von einer Ritornelle die ulkigste, witzigste, übermütigste und zugleich saftigste Verhöhnung war, welche militaristischer Dünkel und Stupidität jemals erfuhren. Der Komponist spielte in sich hinein, machte seinen runden, lustigen Kopf, und sooft die Ritornelle seinem Bogen entquirlte, ging unwiderstehliches Gelächter durch den ganzen Saal. Oh! Hätte man solchen Rattenfängern von Hameln eher gelauscht!«[47] Auch ein Brief an René Schickele aus Donaueschingen fiel sehr reserviert aus: »Es ist interessant aber sehr anstrengend und nur sehr teilweise gut [...] Ich bereue nicht dass ich kam, aber der Genuss ist doch sehr gemischt.«[48]

So leicht Hindemith mit seinem »Märschli« den Militärdünkel auch persiflierte: Die Wirklichkeit im Deutschland der frühen 20er Jahre war weit ernster. Rechtsnationale, paramilitärische Verbände untergruben mit Attentaten und Umsturzversuchen die öffentliche Ruhe und die innere Sicherheit der Republik. Am 13. März 1920 hatten rechtsradikale Politiker und Militärs unter Wolfgang Kapp kurzzeitig die gewählte Regierung unter Reichspräsident Ebert aus Berlin vertrieben. Der Putsch konnte nur durch einen Generalstreik, an dem sich deutschlandweit 12 Millionen Beschäftigte beteiligten, in die Knie gezwungen werden. Im August 1921 erschossen Mitglieder der rechtsradikalen Geheimorganisation»Consul« den Zentrumsabgeordneten und früheren Reichsfinanzminister Matthias Erzberger. Schergen desselben Geheimbundes waren es auch, die am 24. Juni 1922 Walther Rathenau ermordeten. Rathenau, Jude, Großindustrieller und Reichsaußenminister, war als »jüdischer Erfüllungspolitiker« des verhaßten Versailler Friedensvertrages angefeindet worden. Annette Kolb hatte Rathenau, der zu vielen Künstlern in mäzenatischer Beziehung stand, bereits vor dem Ersten Weltkrieg kennengelernt und war des öfteren in seiner Villa in Berlin-Grunewald und in seinem Landschloß in Bad Freienwalde zu Gast gewesen. 1916 hatte sie mit seiner Hilfe den ersehnten Reisepaß erhalten, der es ihr überhaupt ermöglichte, der sicheren Verhaftung als »Landesverräterin« zu entgehen und ins Schweizer Exil zu entkommen. Und am 8. November 1923 schließlich versuchten nationalsozialistische Putschisten unter Adolf Hitler und General Ludendorff in München die Macht an sich zu reißen. Der Umsturzversuch – schlecht geplant und stümperhaft vollzogen – brach zwar schnell zusammen, doch blieb der Name Hitlers von da an im Bewußtsein der Öffentlichkeit. Annette Kolb schrieb am 12. November aus der Provence erleichtert und triumphierend, zugleich aber mit pessimistischem Vorbehalt an Schickele: »und was sagen Sie zu den Ereignissen. Ich habe mich am Abend der Ludendorffblamage in grosse Toilette geworfen, aber ist sie endgültig? Man weiss so wenig. Und es scheint mir nicht nur eine Schieber-, sondern eine Schielerzeit.«[49] Die Rechtsprechung schielte tatsächlich, nämlich nach rechts. Hitler wurde zur milden Strafe von fünf Jahren Festungshaft verurteilt, Ludendorff (den Annette Kolb in ihrem Tagebuch vom Januar 1919 im Zorn verwünscht hatte) wurde gar freigesprochen.

Doch von diesen düsteren Gewitterwolken am politischen Horizont abgesehen: Das gute Jahrzehnt von 1922 bis 1933, als Annette Kolb in ihrem Häuschen in Badenweiler wohnte, war wohl die glücklichste und heiterste Zeit ihres langen Lebens. Es waren die Jahre, in denen sie die höchste Anerkennung bei Kritikern und Kollegen genoß und die größte Leserschaft besaß. Wenngleich sie nie eine disziplinierte Schriftstellerin war, ja das Schreiben ihr stets schwer fiel, so war sie in diesem Jahrzehnt doch erstaunlich produktiv: Sie schrieb die Romane ›Daphne Herbst‹ und ›Die Schaukel‹, die Aufsatzsammlungen ›Kleine Fanfare‹ und ›Beschwerdebuch‹, die Monographie ›Versuch über Briand‹, die Erzählbände ›Wera Njedin‹ und ›Spitzbögen‹, außerdem zahlreiche Feuilletons und Rezensionen. Ihr Name wurde gleichrangig neben Thomas Mann, René Schickele, Hermann Hesse oder Stefan Zweig gestellt.

Es war Annette Kolbs beste Zeit. Ein Gelegenheitsgedicht von 1923, das sie nach einem gemeinsamen Abend mit René Schickele dem Freund noch nach nebenan schickte, gibt die heiter-übermütige Stimmung der Badenweiler Jahre wieder:

> »Nimm Abschied von der Urschel dein
> Sie hat geholt ein Brötlein fein
> und eine dicke Cigarette
> hat noch verwahret die Annette
> und ein paar dünne hat sie auch
> verscharret wie's bei ihr der Brauch
> sei es um elf, sei es noch später
> lass es nicht sein nur ein Pentäter
> Lass den Kafee [sic] nicht einsam trauern
> Heiss bleibt er hinter Kupfermauern«[50]

»Meine Liebe, es ist ziemlich aussichtslos.« – Das Badenweiler Jahrzehnt (1923–1933)

Lang blieb der Kaffee hinter »Kupfermauern« nicht heiß. Bereits im Frühjahr 1924 brach Annette Kolb wieder zu einer größeren Reise auf, die sie nach Genua, Venedig und Neapel führte. Auf der Fahrt in die Serenissima kam ihr im Zug die Reisetasche mit sämtlichen Manuskripten mehrerer Jahre abhanden; glücklicherweise fand ein Bahnbeamter das wertvolle Gepäck nach zweitägiger Suche und mehreren Telefonaten wieder. Literarische Früchte dieser Reise waren das Feuilleton ›Abschied von Venedig 1924‹ und die autobiographische Erzählung ›Veder Napoli e partire‹, worin sie sich mit Ironie und Augenzwinkern als Journalistin Bibiane Rahm selbst porträtierte, die in ihrer Mischung aus Zerstreutheit, Charme und Witz Unruhe ins abgezirkelte Leben eines befreundeten deutschen Ehepaars bringt. Wenngleich die Reise nach Italien ihre Vorurteile von früheren Aufenthalten nur bestätigte, fand sie in den Kaffeehäusern doch auch die sie inspirierende musikalische Aura. »Bibianens Sinnen und Trachten richtete sich nach einem ›Lokal mit Musik‹, weil ihre Produktion auf solche Schwingungen und Rhythmen eingestellt sei. Mit andern Worten, sie bedurfte des Klimbims, damit ihr etwas einfiel. [...] Rotbefrackte Zigeuner spielen flotten Schrittes die Ouverture zur ›Diebischen Elster‹. Und in einem Lehnstuhl glückselig hingegossen, sehen wir Bibiane Rahm, ein Heft auf den Knien. Ihre Füllfeder flutscht. Sie schreibt sich ihre Medikamente vom Hals.«[1] Annette Kolb war nicht nur durch schlechtes Wetter und hohe Preise mißgestimmt, auch der Kult um den faschistischen »Duce« Mussolini stieß sie ab. Hämisch goß sie ihren Spott über ihn aus: »Des Tages Held war Mussolini. Vor seinen Konterfeien gab es kein Entrinnen: Mussolini stehend, Mussolini sitzend, Mussolini mit einem kleinen Löwen an der Leine, Mussolini ohne kleinen Löwen, Mussolini in der Galakutsche an der Seite seines Königs, behufs Spezialaufnahme schützend zu ihm niederlächelnd, Mussolini mit ausgestrecktem Arm, Mussolini zürnend, Mussolini wieder gut,

Mussolini diktatorisch auf- und abwärtsblickend, Mussolini schön, Mussolini ein Kind väterlich emporhebend, aber immer Mussolini.«[2]

Konnte sie sich über den Duce noch erheitern, so waren die faschistischen Umtriebe, die unterdessen in Deutschland einsetzten, keinesfalls zum Lachen. Der mißglückte Hitler-Putsch vom November 1923 beunruhigte sie. Noch in die Zeit von Hitlers Haft fallen rechtsnationale, antifranzösische Umtriebe in Badenweiler, von denen auch René Schickele und Annette Kolb direkt betroffen waren. Als im Januar 1923 französische Truppen das Ruhrgebiet besetzten, kam es zu Protestaktionen, die sich bezeichnenderweise gegen die vermeintlichen »Verräter« im eigenen Land richteten. Schickele berichtet im Tagebuch vom 20. April 1923: »Betrunkene Bande, die vorbeizog, rief vor unserem Haus ›Franzosenheim‹ oder ›Franzosen heim‹«.[3] Am 9. August desselben Jahres notiert er: »Man verbreitete Geschichten über unsere deutschfeindliche Gesinnung«.[4] Und am 24. September in einem Brief an Thea Sternheim: »Wir hier schlagen uns auf unserm Berg durch, so gut es geht, und es geht nicht immer leicht. Seitdem wir einen nationalsozialistischen Bürgermeister haben, ist es sogar manchmal kaum noch auszuhalten.«[5] Nicht nur der Elsässer Schickele wurde Ziel der Angriffe, sondern auch seine Nachbarin, die »Deutschfranzösin« Annette Kolb. Noch aus San Remo in Italien hatte sie an Schickele geschrieben: »Ich habe von Badenweiler offiziell von Herrn Kefer [Dr. Alfred Kefer, 1923–1931 Bürgermeister in Badenweiler] unterzeichnet die Mitteilung[6] dass die guten Deutschen in Freiburg Badenweiler boycotieren werden, so lange ich dort bleibe!! [...] Unterzeichnet Kefer nach einer Gemeinderatsitzung. Ich habe an Joner geantwortet dass ich, wenn ich den Badenweilern missliebig sei, ich natürlich fortzöge.«[7] Der in Badenweiler lebende Maler Emil Bizer versuchte Annette Kolb zu beschwichtigen: »Liebe Annette, um Gottes willen regen Sie sich nicht auf. Gefallen lassen kann man sich das natürlich nicht. Der Brief der Gemeinde spez. der Nachsatz ist unglaublich taktlos. Eines muss ich aber sagen, Annette, wir weichen nicht, dann schon eher der talentlose Mann, wenn er so fort fährt. [...] Oh, gemeine Bande! gegen

146

diese anonymen Schwätzer, die im Grunde feige Burschen u. eben nur Schwätzer, ist nichts zu machen.«[8]

Die Diffamierungen und Denunziationen dauerten an. Im Oktober 1926 berichtet Annette Kolb Schickele von den Gerüchten und Anfeindungen, denen sie auf einer Lesereise in München ausgesetzt war: »Also René stell dir vor: als ich und Helene [Meier-Graefe] in München zum 1. Mal zusammentraf findet sie es nötig mir mitzuteilen dass eine Gräfin Einsiedeln in München verbreite es könne schwarz auf weiss bewiesen werden, dass ich während des Krieges unter dem Namen ›la Colombe‹ Berichte an die franz. Regierung geschickt u. enorme Gelder dafür bezogen habe. Ich habe nur gelacht zuerst, erzählte es aber der Hatvany, die mir sagte sie hätte es auch vor ein paar Tagen gehört, nur es mir nicht wiederholen mögen.«[9]

Die Behauptung, sie und Schickele seien deutschfeindlich, war natürlich aus der Luft gegriffen. Gerade die Besetzung des Ruhrgebietes durch französische Truppen verurteilte sie als Knechtung eines Volkes, wandte sich jedoch zugleich entschieden gegen das Schiebertum, das das eigene Staats- und Gesellschaftswesen von innen her aushöhlte und im Ausland ein falsches Bild des deutschen Volkes vermittelte: »In den Tagen des Zusammenbruches, der Verelendung, inmitten der Inflation bis zuletzt wurde an der Riviera wie in den Schweizer Kurorten mit den Fingern auf gewisse Deutsche gewiesen, die als weitaus größte Konsumenten auftraten, in Luxusautos vor Luxushotels vorfuhren, wo sie die teuersten Zimmer in Beschlag hielten und den Mund über Deutschland, dem sie zu Unehre und zum Unglück gereichten, meistens sehr voll nahmen. Diese Patrioten haben ihm mehr geschadet als manche Besetzung.«[10]

Ihr wachsender literarischer Ruf machte sie spottlustig und unbequem. Nicht immer war sie in ihrem Sarkasmus gerecht. Besonders die Beziehung zu René Schickele litt in jenem Jahr 1924 (die stereotype Behauptung, die Freundschaft zwischen beiden sei von keinem Wölkchen getrübt gewesen, ist jedenfalls so nicht aufrecht zu erhalten[11]). Annette Kolb war nicht frei von besitzergreifenden Forderungen, ohne Rücksicht auf Schickeles familiäre Bindungen. Gern ließ sie sich im Alltag von ihm helfen und beraten, und kehrte dabei ihre scheinbare Hilflosigkeit und Ungeschicktheit unnötig hervor. War sie auf einer ihrer zahlreichen Reisen, versäumte sie es fast nie, ihn in beinahe täglich geschriebenen Briefen nach Badenweiler zu bitten, er möge ihr doch (natürlich allein) nachreisen. Im Sommer 1924 kam es – offensichtlich auch aufgrund mangelhafter Solidarität in der Angelegenheit der nationalistischen Anfeindungen – zu einer nachhaltigen Verstimmung. Leider sind aus jenen Jahren nur die Briefe Annette Kolbs an Schickele erhalten, nicht seine Antwortschreiben. Am 22. September appelliert sie aus Paris an seine Freundschaft: »Ich hätte Ihnen früher geschrieben, aber René ich kann nicht mehr dieselbe sein, ich fühlte es in der Ferne erst recht, wenn ich Ihnen nicht sage, was ich auf dem Herzen habe. [in frz. Sprache:] Die Freundschaft hat ihre Rechte, sie verpflichtet, wie man früher vom Adel sagte. Natürlich soll sie keine Kette sein, aber man ruft einer Freundin Vorsicht zu, zumal ich das für Sie war, bevor sich Ihre Haltung ihr gegenüber völlig verkehrt hat, ohne ein Wort der Erklärung, zumal in einem Augenblick, wo sie sich in tiefer Betrübnis und von allerlei Kummer beschwert befand, wo sie Freunde verloren hatte, die sie Ihnen geopfert hatte. In diesem Augenblick sah sie jede Nähe und jedes Vertrauen gebrochen, sie sah sich verlassen in dem Augenblick, als man sie mit Wonne beleidigte an dem Ort, an dem sich niederzulassen man sie überredet hatte... [in dt. Sprache:] Nein, dieser Sommer hätte sich nicht zwischen uns aufwerfen dürfen. Nie und nimmer. [...] [in frz. Sprache:] Früher haben Sie schnell Ihr Unrecht erkannt, selbst wenn es geringfügiger war als das, das Sie mir dieses Jahr zugefügt haben.«[12]

Schickele lenkte ein, entschuldigte sich wohl, und Annette Kolb konnte wenige Tage später erleichtert schreiben: »und nun lieber René lassen Sie uns eine Friedenswoche damit einläuten. Fort mit den Riegeln von Herz und Gartenpforte, bevor sie einrostet.«[13]

Sie, die den Gerüchten der Gräfin Einsiedeln zufolge »enorme Gelder« für angebliche Spionagedienste bezogen hatte, mußte in diesem Jahr wieder auf Verkaufstour gehen. So verließ sie im Herbst Badenweiler und fuhr auf mehrere Wochen nach Berlin, um bei Fischer die Erzählung ›Spitzbögen‹ unter Vertrag zu bekommen. Dabei feilschte sie »wie ein hysterischer Löwe«[14] um das Honorar, brauchte sie doch zur Fertigstellung ihres zweiten Romans Zeit und Muße, ohne ständige Unterbrechungen durch Auftragsarbeiten für Zeitungen und Zeitschriften.

Vor ihrem Spott war in diesen Jahren niemand sicher; dabei war sie selten angriffslustig aus Aggressivität, sondern weil ihr das Wasser bis zum Hals stand. Über das Haus ihres treuen Verlegers Samuel Fischer und dessen Gattin spöttelte sie: »Frau Hedwig Fischer trägt sich rechts und links rabenschwarz aufgefärbt, in der Mitte aber eine weiss-pervers-pikante Haarwelle. Wunderschön. Distinguirt bis dort hinaus. Auch hatte sie es eilig, Wassermanns letzten Schmarrn zu lesen (wirklich ein Schmarrn), denn er hatte ihr geschrieben ›nur edle Frauen‹ könnten ihn verstehen.«[15] In Berlin wurde sie von einem Hund gebissen und lud – ewig dem Ruin nahe – nach Erhalt eines Schmerzensgeldes sogleich das Ehepaar Bizer und ihre Freundin Helene Meier-Graefe, die Frau des Kunsthistorikers Julius Meier-Graefe, ein: »zu Kranzler das Essen war aber so schlecht, dass Helene und ich krank davon wurden.«[16]

Im Juli dieses Jahres war Ferruccio Busoni gestorben, den sie im Schweizer Exil kennengelernt hatte. Nun traf sie seine Witwe in Berlin wieder und versuchte der in ihrem Schmerz gebrochenen Frau unter die Arme zu greifen. Wenn es um das Andenken des von ihr hochverehrten Komponisten ging, konnte Annette Kolb ungemütlich werden. Bei einer Soiree ertappte sie einen Pianisten, wie er ihr ein von Busoni signiertes Notenheft entwendete. An Schickele schreibt sie: »Diese homosexuellen Pianisten sind doch arg. Stell dir vor, bei der grossen Chiantisoirée entdeckte ich, dass er unter seine Schnepfdreckblätter ein Stück von Busoni aus meinen Noten entwendet u. sie hinein zu den seinen geschmuggelt hatte. Stillschweigend zog ich sie heraus u. legte sie zu den meinen wieder. Tags darauf entdeckte ich dass er sie mir ein 2. Mal gestohlen hatte. Ich stellte ihn daher ganz kaltblütig auf dem Maskenball u. bat ihn sie mir zurückzustellen, da sie aus einem Heft stammten, das ich von Busoni selbst erhielt. Er konnte nicht mal *läugnen* [sic].«[17]

Sie besuchte das Atelier des Bildhauers Georg Kolbe, der eine gelungene Büste von ihr schuf, obgleich sie sich im Berliner Gedränge als kränkelnd und wenig schön empfand: »Was bin ich doch für eine vorfrühe Waldruine! Le vieux château von Mussorgsky.«[18] Außer von Kolbe wurde sie in jenen Jahren mehrfach vom Zeichner der satirischen Zeitschrift ›Simplicissimus‹ Olaf Gulbransson porträtiert (er entwarf den Umschlag für ›Kleine Fanfare‹), außerdem von Rudolf Großmann (er porträtierte sie als Edelziege ›Kolbannette‹ in Franz Bleis ›Das große Bestiarium der modernen Literatur‹). Ein weiterer bedeutender Porträtist, der Gefallen an ihrem strengen, außergewöhnlichen Gesicht fand, war der Expressionist Ernst Ludwig Kirchner, der von ihr einen Holzschnitt anfertigte. Im Juni 1926 schrieb er der Dichterin: »Gewiß habe ich sehr sehr oft an Sie gedacht und arbeite an Ihrem Bildnis, wenn es fertig ist, so schicke ich es Ihnen gern.«[19] Auch äußerte Kirchner die Hoffnung, ein Buch Annette Kolbs in bibliophiler Ausstattung illustrieren und gestalten zu dürfen, ein Plan, der leider nicht zur Ausführung gelangte.

An Ullstein verkaufte sie eine Sammlung von autobiographischen Erzählungen, Reisebeschreibungen und Feuilletons unter dem Titel ›Wera Njedin‹ und nannte das Buch selbst abschätzig »zusammen Gekratztes«[20]. Tatsächlich waren einige der Texte bereits in Zeitungen oder in ›Wege und Umwege‹ von 1914 erschienen. In der Titelgeschichte greift Annette Kolb das Ambiente des mütterlichen Salons in der Münchner Sophienstraße auf und erzählt eine Anekdote, wie die Geschwister Kolb trickreich der unbekannten russischen Sängerin Wera Njedin zur Protektion durch einen milliardenschweren amerikanischen Mäzen verhalfen (übrigens eine Szene, die Percy Adlon 1983 in seinem Kinofilm ›Die Schaukel‹ etwas abgewandelt eingebaut hat). Nach dem Abschluß mit Ullstein lebte sie wieder auf großem Fuß. Sie traf Richard von Kühlmann zum Essen, dessen Freundschaft sie allen gegensätzlichen politischen Anschauungen zum Trotz pflegte. Mit ihm besprach sie – die bereits auf die Sechzig zuging – in typisch Kolbscher Logik die Frage, wie es mit ihrer Altersversorgung sein werde (nicht ahnend, daß ihr letztes Buch vierzig Jahre später entstehen würde): »Ich sagte ihm: ›so lange ich arbeiten kann, geht es, aber wenn ich krank werde?‹ – ›Dann sieht man weiter‹ Auf das hin sagte ich: ›Aber an kloanen Teppich möcht i no.‹«[21] Als Samuel Fischer wieder einmal großzügig honoriert hatte, leistete sie sich nicht nur einen neuen Teppich (durch Vermittlung ihres Untermieters Wegehenkel, dessen Vater ein Einrichtungsgeschäft besaß), sondern auch endlich einen neuen Blüthner-Flügel. Hatte sie kurzzeitig Geld, wurde sie gleich spendabel, auch Schickele gegenüber. Großmütig und überhaupt nicht nachtragend tönte sie: »Mit 14 Jahren führte *ich* meine Mutter ins Theater, und kaufte die Billeten. Vielleicht bin ich doch ein Finanzgenie weil ich nie einen Brocken auf der Bank habe, aber *disponiren kann.* [...] Du unterschätzest mich wenn du glaubst auch nur der Schatten eines persönlichen Kleingefühls mischte sich in meinen Ärger. Ich bin wirklich zu hochmütig in einem Fall wie diesem. Aber genug der Worte Du hast nie etwas, weil du absolut nicht mit Geld umzugehen weißt.«[22]

Ihre Verhandlungsfahrten nach Berlin fielen ihr schwer: »Berlin ermüdet mich furchtbar. J'aspire à mon départ. [Ich sehne mich danach, es zu verlassen.] Das essen, schwäzen und wieder essen, o!«[23] Die Preise in der teuren Weltstadt versuchte sie mitunter mit nicht ganz »sauberen« Tricks zu drücken. Aus dem Hotel Englischer Hof schrieb sie an Schickele: »Ich habe mein ganzes Bett mit Tinte der Länge nach bekleckert ob ich daraufhin eine Ermässigung verlangen kann, wie mir gestern Abend im Bureau geraten wurde? Voriges Jahr wurde sie mir eo ipso zugestanden!«[24]

Auf den Fahrten nach Berlin verlor sie stets etwas, und nur selten fand es sich so überraschend wieder wie ihr Schirm: »Ich verlor zwar meinen Schirm, die Insassen schworen ich hätte keinen gehabt, aber ein goldiger Schaffner, der mir einen complett leeren Abteil ausfindig machte, spielte auch den D-Zug-Detektiv und brachte ihn mir aus einem ganz anderen coupé als dem, in welchem ich war. Aber ich hatte ihn wohl selbst dorthin gestreut.«[25] Das Zugfahren war ihr verhaßt. Gerne hätte sie ein Auto gehabt, doch war das in jenen Jahren noch unerschwinglich. So klagte sie René Schickele während einer winterlichen

Fahrt: »In 3 Stunden kommt schon Berlin. Ich bin auch heute nicht aus meiner Ecke herausgerückt und habe immer noch von dem Proviant. [...] Von den Cognacbohnen habe ich nur noch eine, sonst ist ja nichts zu berichten so eine Fahrt ist kalt doch lang und nicht hell genug zum lesen. Ich glaube die Muse ist mir heute auch nicht mehr Modell und hat Feierabend gemacht.«[26] Immerhin rächte sie sich am schlechten Service der Bahn mit einem Feuilleton unter dem Titel ›Schiffahrt und Eisenbahn‹ (1925), worin sie zum Boykott aufrief: »Hat je vor mir einer den Plan eines Generalstreikes der Eisenbahnpassagiere gefaßt? Nein. Wir lassen uns in den stets überfüllten Zügen wahllos wie Herdentiere zusammendrängen und zahlen und überzahlen die unverschämte Tortur.«[27] Listig wie sie war, nutzte sie ihre angebliche publizistische Macht im Kampf mit dem »Kerkermeister«, wie sie den Schaffner zu nennen pflegte. Als einmal die Zweite Klasse überfüllt war, hatte er sie in die Erste Klasse beordert. Später, als sich der Zug leerte, wollte er sie in die Zweite Klasse zurückschicken: »›Zurück!‹ schrie ich wie eine Wilde. ›Dann zahlen Sie die erste Klasse nach‹, sagte er erschrocken. ›Nein, keinen Pfennig!‹ schrie ich, denn mein Zorn kochte jetzt wie auf einem Schnellsieder. ›Aber morgen‹, schrie ich, ›steht diese Geschichte in allen Blättern; es stehen mir alle Blätter‹, log ich schreiend, ›alle Blätter Deutschlands stehen mir zu Gebote.‹ Ich fand eine sehr dramatische Geste, und der Mann fuhr vor meinen Megärenaugen betreten zurück. [...] ›Sind Sie Schauspielerin?‹ fragte mich meine Gefährtin voll Bewunderung.«[28]

Auch zu Lesungen tingelte sie in diesen Jahren viel, brachten diese doch mehr Geld ein als der Verkauf der Bücher. Elf Jahre nach dem Eklat in Dresden stand sie wieder auf einem Podium in der Elbstadt. Augenzwinkernd berichtet die oft unter Lampenfieber Leidende an den Freund in Badenweiler: »Der Saal in Dresden war ein schwarzes abgedunkeltes Loch, so dass ich ohne Spur von Angst in die Schwärze hineinredete, mich nur immer wundernd wie ich mich hatte vor diesem Vortrag fürchten können. Ohne Lampen fällt natürlich das Lampenfieber weg. Langweilig schien mir nur das Zeug über alle Register was ich vortrug so hupste ich schnell darüber [...] Die Hermine Körner wollte, als ich wieder hinter die Coulisse ging, dass ich für das applaudiren danke, aber ich sagte: des hab i net glernt – und liess es ersterben, was es denn auch tat. Dann wartete meiner ein Photograph und ich machte mein totes Spatzenauge ins Winterlicht hinein, denn jetzt ging endlich die Schläfrigkeit über mich her.«[29]

Weit lieber als nach Berlin fuhr sie nach Paris. Hier sah sie alte Bekannte wie Rainer Maria Rilke und Bertha Zuckerkandl wieder und lernte den Komponisten Darius Milhaud und den Dichter Lucien Fabre (1889–1952) kennen: »Den *müssen* Sie kennen. Er ist der intelligenteste Franzose des Tages.«[30] Mit Rilke, der ihr einst für ihren ersten Roman ›Das Exemplar‹ am liebsten alle Blumen geschickt hätte, verscherzte sie es sich. Er erschien ihr versnobt, divenhaft und übersensibel, wußte sie doch nichts von seiner bereits fortgeschrittenen Leukämie-Erkrankung: »Ich frotzelte ihn, und er schrieb mir einen Brief, dessen Gekränktheit ziemlich endgültig scheint. [...] Rilke est très aimé [Rilke wird sehr geliebt]! So stellt man sich vor, dass ein deutscher Dichter soll sein. Er ist in symphonischem Grau gekleidet und altert nie.«[31] Sie trug Rilke sein »Schnorrertum« bei (hauptsächlich weiblichen und adligen) Mäzenen nach und schrieb acht Tage später: »Der mecennirte Rilke hat mich unsäglich dégoutirt. Man hat ihn gern, aber seine französischen Poesierlen le rendent ridicule [machen ihn lächerlich].«[32]

Neben ihren persönlichen Bekanntschaften mit französischen Dichtern las sie auch viel zeitgenössische französische, italienische und englische Literatur. Aus Briefen, Essays und Rezensionen wissen wir, daß sie u.a. Luigi Pirandello, Marcel Proust, François Mauriac, Colette, Pauline de Pange, Virginia Woolf, James Joyce, Katherine Mansfield, E. M. Forster, Vita Sackville-West, Aldous Huxley und D. H. Lawrence las und rezipierte – natürlich im Original. Als Leserin wie als Reisende war Annette Kolb kosmopolitisch im klassischen Sinn. Ihre Neugierde, ihr Aufnahmevermögen kannten keine Grenzen. Mögen uns diese Namen heute auch vertraut sein, in den 20er Jahren waren es zumeist Geheimtips. Besonders von Proust waren sie und der ebenfalls als Übersetzer tätige Franz Blei begeistert. Der Freund schrieb ihr im Oktober 1923 über die kulturgeschichtliche Bedeutung Prousts: »Weißt Du, weder Bergsons noch Einsteins Entdeckungen, die so bedeutend sind, haben auch nur eine geringste Spur in der Literatur hinterlassen. Diese [heutigen] Romanciers – außer Proust – schreiben eigentlich immer noch mit einem Denken von um 1856. Gucken, einzig fixierter Punkt in einer bewegten Welt, durch ein Schlüsselloch der Tür, starr und unbewegt von der Seite Eins bis Seite 300. Das ist sehr minder und gibt immer nur Lektüre für müßige Weiber vor dem Einschlafen. Warum soll eigentlich ein Roman ›leicht‹ zu lesen sein? Nur Meredith, Dostojewski und Proust sinds nicht. Alles andere ist Schmarn.«[33] Der »moderne« Roman mit seinen Techniken (innerer Monolog, stream of consciousness, essayistische Partien, Anti-Helden als tragende Personen, parallel geführte Erzählstränge, Einbau von naturwissenschaftlichen und mathematischen Erkenntnissen etc.) existierte zu Beginn der 20er Jahre in Deutschland noch kaum. Als Annette Kolb einmal in München bei Thomas Mann eingeladen war, schwärmte sie ihm von Marcel Proust und der modernen Romankunst vor, wie sie sie in ›Auf der Suche nach der verlorenen Zeit‹ verwirklicht glaubte. Damit hatte sie ihren Münchner Kollegen, der an seinem hochvirtuosen, aber erzähltechnisch eher traditionellen Erziehungsroman ›Der Zauberberg‹ arbeitete, gewollt oder ungewollt zutiefst getroffen. Noch am selben Abend notierte er gekränkt in sein Tagebuch: »Zum Abendessen Annette Kolb, die mir ziemlich mißfiel. [. . .] Sie pries sehr einen franz. Romancier, der Proust o. ä. heißen soll. Brachte sie zur Tram.«[34]

Bereits seit 1915, als Annette Kolb ihn in ihrem Dresdner Vortrag wegen seiner nationalen Einstellung zum Krieg öffentlich angegriffen hatte, bestand ein schwelender Konflikt. Streckte sie nicht gerade ihre Füße unter seinen Tisch, frotzelte und hetzte sie weiter gegen ihn, wenngleich meist in privaten Briefen an René Schickele. Noch im Januar 1925 hatte sie Thomas Mann – ›Der Zauberberg‹ war eben erschienen – noch schwärmerisch geschrieben: »Ach lieber Thomas Mann, verehrter Thomas Mann, warum ist Ihr Roman nicht noch um tausend Seiten länger! Nun bin ich zu Ende damit und er fehlt mir an allen Ecken.«[35] Literaten waren zu allen Zeiten intrigant. Annette

Kolb wußte auszuteilen und stand ihrem Kollegen Thomas Mann darin nicht nach. Nach einem Wiedersehen mit ihm im August 1925 bespöttelte sie sein neureiches, großbürgerliches Auftreten, seit neuestem sogar mit Automobil und eigenem Chauffeur: »Gestern Mittag chez l'esprit de second ordre [beim Geist des Zweiten Ordens] zu Mittag. Aber es war gar nicht so nett wie vor einem Jahr. Er hat jetzt Auto und Garage und zaubert damit zu Fischer. Je sais ce qui lui manque. Il n'est pas poète. Rien du poète. [Ich weiß, was ihm fehlt. Er ist kein Dichter. In keinster Weise ein Dichter.] Daher die höhere Weihe, die man immer finden möchte, die aber in keinem Winkel des Hauses zu finden ist.«[36] Und später, im Dezember 1927, Schickele hatte eben seinen Roman ›Blick auf die Vogesen‹ veröffentlicht, berichtet sie dem Freund wieder aus München: »Dein Buch findet er [der mit Annette Kolb befreundete Kunstschriftsteller Wilhelm Hausenstein] dein bestes u. grösstes. Versteht es wirklich. Zum Unterschied mit Thom. Mann, den ich im Teater [sic] sah, et qui me de son air stupide [und der mich mit seiner dummen Haltung] ärgerte: ›es sei so melodiös‹. ›Auch das‹, sagte ich. ›Was für ein schönes Buch Schickele doch geschrieben hat‹ fing er zwar an, ›und wer schreibt solches Deutsch?‹ Den *Sinn* aber erfasst er keinen Augenblick, n'étant jamais à l'avance. Il est bête. [nie ist er einer Sache voraus. Er ist dumm.] Seine Dummheit wehte mich wirklich an.«[37]

1927 ging das Gerücht um, Annette Kolb solle in die ein Jahr zuvor gegründete Sektion für Dichtkunst der Preußischen Akademie der Künste gewählt werden. Eines der Gründungsmitglieder mit Wahlrecht war Thomas Mann. Unter den am 27. Oktober 1926 hinzugewählten, nicht in Berlin wohnhaften Mitgliedern waren auch die mit Annette Kolb befreundeten René Schickele, Franz Werfel und Hermann Hesse. Erste und einzige Frau in diesem erwählten Kreis war Ricarda Huch. Zur Berufung von Annette Kolb kam es dann gleichwohl nicht. Sie selbst vermutete dahinter ein Komplott Thomas Manns: »Wegen der Candidatur kann ich nicht gut fragen ich würde zu anzüglich aussehen. Du darfst sicher sein, dass Thomas Mann irgend eine Mathilde Maier oder Erna Müller vor mir vorschlagen würde!«[38]

Es waren nicht nur die persönlichen und weltanschaulichen Differenzen mit Thomas Mann, die ihr München in den 20er Jahren verleideten. Auch die geistige Enge ihrer Vaterstadt, die ihren künstlerischen Zenit der Jahrhundertwende längst überschritten und ihren geistigen Rang an Berlin verloren hatte, machte Annette Kolb zu schaffen, obwohl sie hier noch Freunde hatte, wie etwa Wilhelm Hausenstein, Joseph Roth (der ihre Bücher sehr schätzte und sich mit ihr in einem Münchner Café traf), Karl Wolfskehl und andere. Dennoch: »In München ist's wie in einem Dorf. Sofort weiss alles dass man da ist.«[39] Im konservativen Ambiente der Stadt kochte der alte ambivalente Abscheu gegen den Klerus in der Katholikin hoch: »Wir waren in der Mitternachtsmesse im [Münchner] Dom *denkbar* stimmungslos; karpfendicke Domherren u. Cardinal Faulhaber zwar pompös aber von einer ›mir kann keiner‹ insolence, und macht geschwollen von einer Nie-abgesetzten Macht, Jahrhunderte dick ›ich bin der Fels‹ aber net der richtige, [in frz. Sprache:] sich als Meister fühlend, sich über die Monarchie lustig machend, den Fuß auf alles setzend. [in dt. Sprache:] All dies sprach sein Nacken aus [in frz. Sprache:] während er die Messe verließ, um zum Réveillon [dem Festessen an Weihnachten] zu gehen, über einen Teppich, der quer über die Straße ausgerollt war.«[40]

Neben ›Wera Njedin‹ erschien im Jahre 1925 auch ›Spitzbögen‹, eine autobiographisch gefärbte Erinnerung an ihren ersten Aufenthalt in Florenz bei einer alten englischen Dame. Bereits die Zeitgenossen wußten um das Ineinanderfließen von fiktionalem Erzählen und persönlicher Erinnerung in den Werken Annette Kolbs, und so verwundert es nicht, wenn einige, die der Dichterin begegneten, befürchteten, im nächsten Buch ihr satirisch verzerrtes Porträt wiederzufinden. Annette Kolb amüsierte das. »Ich sage dir«, schrieb sie an Schickele, »die Leserpsyche ist eine ganz eigene: In Florenz schrieb die Pensionsbesitzerin, bei der Helene [Meier-Graefe] in Florenz war, bevor sie *mich* aufnähme, müsste ich einen revers unterschreiben, dass ich sie nicht beschreibe.«[41] Bisweilen schlug die »Leserpsyche« auch Kapriolen: Als sie in Wien einmal ein Privatquartier bezog, gab ihr die Zimmerwirtin »zu verstehen, dass sie Mariclée [aus ›Das Exemplar‹] sei. Ich weiss«, so Annette Kolb, »warum das Buch zum speien ist.«[42]

Es waren nicht nur Querelen mit Lesern und Schriftstellerkollegen oder Anfeindungen durch rechtsnationale, franzosenfeindliche »Patrioten«, die ihr zusetzten, auch der Tod mehrerer guter Freunde und Weggefährten erschütterte sie tief. Bereits im Mai 1921 war der Freund aus den Jahren des Schweizer Exils Alfred H. Fried gestorben. 1924 folgte ihm Prinz Alexander zu Hohenlohe-Schillingsfürst. Der Sohn des Reichskanzlers Chlodwig zu Hohenlohe-Schillingsfürst war ebenfalls engagierter Pazifist. Er lebte während des Ersten Weltkrieges in der Schweiz und veröffentlichte vielbeachtete Artikel in der ›Neuen Zürcher Zeitung‹. Nach dem Krieg kehrte er schwerkrank nach Deutschland zurück, wo er die letzten Lebensjahre in Badenweiler verbrachte. In ihrem Nachruf schrieb Annette Kolb: »Er galt wohl auch für einen Schwärmer, weil er sich so feurig einsetzte, hier, dort, überall, wo es galt, ein Unrecht zu bekämpfen. [...] Hier war einer heimgegangen, der den höllischen Irrsinn, den eklen Veitstanz der Kriegspsychose durchschaut hatte, auf keine ihrer Schlagworte hereingefallen war und grenzenlos unter seiner Einsicht gelitten hatte.«[43] Bereits am 24. Juni 1922 war Annette Kolbs Mäzen, der deutsche Außenminister Walther Rathenau, in Berlin von Rechtsnationalen erschossen worden. In ihrer autobiographisch gefärbten Erzählung ›Geraldine‹ (1923) schrieb sie über die Heldin: »Sie dachte an ermordete Freunde, an die grenzenlose Abgeschiedenheit ihrer letzten Augenblicke. Ja, das war die Wirklichkeit! Feige, feige Geraldine! Freunde, besser als sie, waren gegangen, früher als sie, und hatten ihr Tagewerk vollendet. Ihr war noch eine Frist gegeben.«[44] Die Hoffnung, sich mit dem Rückzug ins ländliche Badenweiler auch von der Politik abschließen zu können, wurde enttäuscht. Einst hatte Richard von Kühlmann ihr geraten, sie möge die Finger von ihrer »Privatdiplomatie« lassen. Annette Kolb, die in den 20er Jahren versuchte, ihr erzählerisches und feuilletonistisches Werk voranzutreiben, wurde nun von der Politik wider ihren Willen eingeholt.

Interessant ist in diesem Zusammenhang ihre Stimmabgabe

bei den Reichstagswahlen im Dezember 1924. Zuletzt war die Volksvertretung im Mai desselben Jahres gewählt worden. Das Ergebnis war eine starke Zunahme der ›Deutschvölkischen Freiheitspartei‹ (einer Vereinigung von Nationalsozialisten und Völkischen) und der Kommunisten, während die Sozialdemokraten und die Zentrumsparteien starke Verluste hinnehmen mußten. Die neugebildete Minderheitsregierung unter Reichskanzler Wilhelm Marx von der Zentrumspartei war beschlußunfähig, so mußte der Reichstag bereits ein gutes halbes Jahr später erneut gewählt werden. Wieder kam es zu keiner Klärung in der Mehrheitsfrage: Die Regierungsparteien (die linksliberale Deutsche Demokratische Partei, die rechtsliberale Deutsche Volkspartei und das katholische Zentrum) erhielten wieder nur 30 % der Sitze im Parlament. Im Vorfeld der Wahlen schrieb die besorgte Annette Kolb im November 1924 aus München an Schickele über ihren alten Feind, den ehemaligen General und nunmehrigen Führer der Deutschvölkischen Freiheitspartei Erich Ludendorff (der erst ein Jahr zuvor mit Hitler in München einen Putschversuch unternommen hatte und vor Gericht freigesprochen worden war): »Die Stimmung hat doch hier umgeschlagen höre ich, wenigstens was den Ludendorff angeht. Abgesehen davon ist man particularistischer denn je.«[45] Einen Tag nach der Wahl berichtet sie dem Freund von ihrer Stimmabgabe, sie wählte die linksliberale DDP: »Gewissenhaft wie ich in gewissen Dingen bin, liess ich mir meinen Wahlzettel telegraphisch aus Badenweiler kommen und wählte demokratisch denn die Demokraten haben dies Mal verdient dass man sich zu ihnen bekennt. Hier im Hause wählte man Volkspartei aber ich erklärte mich als rocher de Bronze [Bronzefelsen] zur Nummer Sieben.«[46] Bezeichnend ist, daß die Katholikin Annette Kolb nicht die katholische Zentrumspartei wählte, obwohl sie später mit Reichskanzler Heinrich Brüning vom Zentrum sogar eine Freundschaft verband. In späteren Jahrzehnten wurde sie in ihrer Sympathie für bestimmte politische Parteien und Persönlichkeiten konservativer (bis hin zu ihrem offenen Einsatz für die Politik Adenauers in den 50er und 60er Jahren). In den 20er Jahren dagegen stand sie eher »links«, liebäugelte insbesondere mit den Sozialdemokraten. Mit dem SPD-Politiker Ludwig Marum war sie befreundet (Marum wurde 1933 in das KZ Kislau deportiert und dort 1934 ermordet). Bei der Reichstagswahl vom Dezember 1924 mag der persönliche Einsatz ihres Freundes Harry Graf Kessler sie beeinflußt haben: Er kandidierte im Wahlkreis Minden für die DDP, wurde jedoch nicht in den Reichstag gewählt.

Ihre Hoffnung in politischen Dingen knüpfte Annette Kolb in den Jahren der Weimarer Republik jedoch weniger an bestimmte Parteien und Richtungen, als vielmehr an die Frau. Das aktive und passive Stimmrecht für Frauen bestand in Deutschland erst seit 1919. In dem Aufsatz ›Die Frau in der Politik‹ (1925) sah sie sogar eine bessere Zukunft voraus, in der die emanzipierte Frau die Zeitläufte bestimmt: »Die große Abdikation des Mannes ist im vollen Anzug. Es war ihm eine so große Genugtuung, wenn die Frau zu ihm aufblickte. [...] Die Art und Weise, in welcher das Selbstbestimmungsrecht der Völker sich verwirklichte, hängt viel enger, als er es ahnt, mit der Unabhängigkeitserklärung der Frau zusammen.«[47] Entscheidend sei jedoch, daß die Frau eine Evolution durchlaufe, damit sie aufhöre, »eine Gans unter Gänsen zu sein«[48]. So harsch schätzte Annette Kolb 1925 viele ihrer Geschlechtsgenossinnen ein. Der heute manchmal unternommene Versuch, Annette Kolb als Feministin im Sinne der 60er und 70er Jahre darzustellen[49], ist jedoch ein schiefer und verkürzter Vergleich. Wenn man von ihren emanzipatorischen Forderungen in der Politik und ihrem ganz persönlichen Lebensentwurf absieht (der bisweilen, so etwa ihr »Single«-Dasein, nicht ganz freiwillig war), war sie oftmals sehr konservativ – zumindest in ethisch-moralischen Fragen.

Wenngleich Annette Kolb bei ihren Besuchen in München die geistige Enge immer wieder beklagte, kam sie innerlich doch nicht von ihrer Vaterstadt los. So wählte sie auch die Stadt als Hauptschauplatz ihres zweiten Romans, an dem sie seit 1924 arbeitete und der 1928 bei S. Fischer erschien. ›Daphne Herbst‹ wurde bisweilen mit Thomas Manns ›Zauberberg‹ verglichen. Wenn man schon einen Vergleich mit den Büchern des Münchner Schriftstellerkollegen wagen will, so müßte man wohl eher sagen, ›Daphne Herbst‹ sei eine Mischung aus ›Zauberberg‹ und ›Buddenbrooks‹. Zum einen behandelt das Buch den Untergang der bayrisch-französischen Familie Herbst, zum anderen stellt es das Ende eines traditionsreichen Staats- und Gesellschaftswesens am Vorabend des Ersten Weltkrieges dar, nämlich des Königreichs Bayern. ›Finis Bavariae‹, das Ende Bayerns, ist denn auch eines der Kapitel überschrieben, ein Titel, der gut über dem ganzen Roman stehen könnte. Trotz aller Wehmut ist die Geschichte keinesfalls eine nostalgisch-verklärte Darstellung der »guten alten Zeit«, sondern ein zwischen Melancholie und spitzzüngiger Satire changierender Roman. Sprachlich geht der Roman im Gesamtwerk Annette Kolbs ebenfalls neue Wege: Die fließende, impressionistische Eleganz des Romans ›Das Exemplar‹ weicht nun einem bisweilen saloppen, bayrisch-barocken Timbre. Selbst Dialektwörter und -formen (es »bratet« statt »brät«, die »Galoschen« usw.) stehen nun gleichberechtigt neben der Hochsprache.

Auch in ›Daphne Herbst‹ hat Annette Kolb große Anleihen aus der eigenen Familiengeschichte übernommen. Wenngleich die Porträts der Mitglieder der Familie Herbst nicht wie etwa in dem Roman ›Die Schaukel‹ von 1934 mit der Familie Kolb ohne weiteres gleichgesetzt werden können, so entnimmt die Autorin dem eigenen Elternhaus doch bestimmte Konstellationen und Wesenszüge und kleidet sie im Roman neu ein.

Der bayrische Standesherr Constantin Herbst, ein Mensch von eher unkompliziertem, nüchternem Charakter, heiratet die musisch veranlagte Wienerin Helga Lucius. Der Ehe entspringen die Kinder Constanze (ein Ebenbild der früh verstorbenen Louise Kolb), Daphne (in ihr porträtierte die Autorin die Lieblingsschwester Germaine), Franz und »Flick«. Das Nesthäkchen Flick ist ein ziemlich genaues Abbild Franziska Kolbs, der jüngsten Schwester der Dichterin, mit der Annette Kolb zeitlebens in einem gespannten Verhältnis stand.[50] Flick wird im Roman zur tragischen Figur, da sie unschuldig-schuldig den Tod über die Familie bringt. Sie schleppt eine Kinderkrankheit ins Haus ein, an der Constanze stirbt. Die Mutter Helga wird wenig später in Paris von einem Auto tödlich verletzt. Der Vater zieht daraufhin

160

mit seinen Kindern nach München. Die Darstellung der adligen, bürgerlichen und intellektuellen Kreise der Stadt in den Jahren vor dem Ersten Weltkrieg nimmt einen breiten Raum ein. Am Ende schließlich wird Franz in einem Duell, provoziert durch ein tragisches Mißverständnis, dessen Auslöser Flick war, tödlich getroffen. Daphne, die als Katholikin einen jungen Mann aus hugenottischem Hause heiraten will und ihre Liebe gegen alle gesellschaftlichen und konfessionellen Vorurteile durchsetzt, stirbt auf der Hochzeitsreise an einer mysteriösen Krankheit. Mit ihrem Tod ist bereits auch das Ende der traditionellen Ordnung verknüpft: Der Verweis auf den alles mit sich reißenden Krieg und auf die geistige Verwirrung durch roten und weißen Terror von 1918/19 ist von der Autorin als Warnung über die Handlungsstränge gestellt.

Mit dem Ende des Königreiches Bayern, Finis Bavariae, wie Constantin Herbst es vorausgesagt hat, bricht die alte ständische Ordnung zusammen. Doch ergeht sich Annette Kolb nicht in wehmütigen Erinnerungen. Vielmehr ist der Roman schon ganz ein Produkt der Weimarer Republik: von der deutschen Vergangenheit kritisch distanziert in dem Sinne, daß das Rückständige, Verkarstete der alten Feudalordnung durchaus erkannt wird. Zielscheibe des Kolbschen Spottes ist dabei nicht das bayrische Königshaus, das im Gegenteil als den Künsten zugewandt gezeichnet wird: »Wohl war es der Lauf der Welt, daß Bayern in einer größeren Gemeinschaft auf-, das heißt in seinem Falle unterging. Aber man darf mit Fug bedauern, daß ein so originelles und schönheitliebendes Volk, von außen geschluckt, von innen genarrt, sich überdies zur Zielscheibe internationalen Gespöttes machte. Wer es kennt, der darf bedauern. Was? Ja, sie zog mit ihren blauen Kutschen und Livreen, ihren Oberhof- und Zeremonienmeistern und ihrem Hofjargon den Strom hinab – sie ist vergangen, aber sie war doch mehr als eine dralle Bilderbuch-Autokratie, und mit ihr ist auch ein sehr kunstsinniges und unaufdringliches, ein sehr unwilhelminisches, gar kein säbelrasselndes Königtum dahin.«[51]

Nicht das Königshaus – so die historisch einseitige Sicht der Autorin – trage Schuld am kulturellen, moralischen und politischen Untergang, sondern der kleingeistige, peinlich gewordene Adel: »Was der Unbildung der Münchner ›Gesellschaft‹ während der letzten Jahrzehnte so besonderen Vorschub leistete, war, daß ein intellektueller Tiefstand voll Behagen gewährt, geistige Strömungen dagegen mit breiter, behäbiger Ironie in Bausch und Bogen abgelehnt wurden und man sich auf diese Ablehnung sogar etwas zugute tat.«[52] Versinnbildlicht ist dieser Dünkel in der Baronin Zénaide de Waldmann, die arrogant auf das gebildete Bürgertum herabblickt und nicht merkt, daß das Französisch, das sie spricht, um sich vom Volk abzuheben, mehr und mehr einem lächerlichen Kauderwelsch Platz gemacht hat: »Ta, ta ta, das Mädel ist nicht hoffähig, voilà le pot aux roses. Sa mère est déjà comme ça auf der Brennsupp dahergeschwommen.«[53]

Doch die soziale Frage rumort unter der schönen Oberfläche. Besonders junge Frauen – bislang nur dahin erzogen und ausgebildet, später eine »gute Partie« zu machen – versuchen zaghaft, ihre eigenen Wege zu gehen: »Abendliche Häuser waren es in der Tat und für den Abbruch reif, welche da ihre Töchter aussandten, sich einen Mann zu ertanzen, und diese ahnten nicht, wie balde sie einer völlig veränderten Welt gegenüberstehen, Gefangenen gleich, zwar die Tore offen, sich aber im ersten Schrecken dennoch verloren glauben würden, um dann zwar nicht länger gehegt, sondern vielfach zur Arbeit gezwungen, als Stenotypistinnen, Gutssekretärinnen weit größere Möglichkeiten des Glückes und der Freiheit zu finden.«[54]

Der Roman zeigt gerade in den bohemienhaften Zügen der Herbstschen Geschwister eine nachwachsende Generation, die sich um überkommene Verhaltensmuster und Konventionen wenig schert. Daphne Herbst etwa erzwingt als Katholikin die Liebesheirat mit dem Hugenotten Carry, sie verletzt damit nicht nur das Gebot der »guten Partie«, sondern auch das der Konfession. Ihre Toleranz in Glaubensfragen ist erstaunlich groß: »Und konnte die Freiheit des Gedankens weit genug getrieben werden? Wer durfte das Recht des Glaubens beanspruchen, der dem anderen das Recht des Unglaubens bestritt?«[55] Der Freiheitsdrang Daphnes ist absolut. Obwohl sie ihren Bräutigam liebt, zweifelt sie für Augenblicke an der Verbindung, »so sehr widerstrebte ihr im Grunde jede Abhängigkeit«.[56]

Annette Kolb war nach Abschluß des Manuskriptes mit ihren Kräften am Ende. Auch fürchtete sie – zu Unrecht –, ihre Schwester Germaine könne ihr die Porträtierung als »Daphne Herbst« übelnehmen: »Wer weiss, ob der Roman nicht einen Riss zwischen uns geben wird! – Ich fürchte ja.«[57] Überhaupt hatte sie, schon aus Erschöpfung, keine Freude an dem neuen Werk (»das ganze Buch langweilt mich«[58]) und machte sich Sorgen um ihr materielles Überleben: »Ich dachte der Roman, dass ich ihn überhaupt fertig brachte, würde mir eine Genugtuung sein, aber sie ist ausgeblieben. Und jetzt soll ich wieder in die Serie der Artikelchen einfahren? Wie soll ich weiter existieren ohne den Frohndienst [sic]. Ich darf nicht an die Zukunft denken, es schaudert mir wahrhaftig.«[59] Die Reaktionen von Kollegen waren jedoch begeistert. Jakob Wassermann, dem Annette Kolb sehr kritisch gegenüberstand, schrieb ihr: »Der Stil des Ganzen, anfangs hilflos, salopp, festigt sich immer mehr, wird immer melodiöser, und es gibt ein paar Seiten in der zweiten Hälfte, die so genial Kolb'sch sind, daß man die Verfasserin am liebsten an beiden Händen zu sich herziehen möchte, um sie gründlich und verwundert zu betrachten. Ein bezauberndes Buch.«[60] Und Hugo von Hofmannsthal, auf dessen Kritik sie seit je viel gab, schrieb: »Wie gerne hätte ich Sie gesehen, wie gerne Ihnen gesagt, welch schönes einzigartiges Buch ich Dafne Herbst finde. Da sind Capitel mit einem so besonderen Pinsel gemalt, da ist etwas so Ungewöhnliches erreicht, so viel Atmosphäre, eine solche Gestaltung dessen was zwischen den Menschen ist, da ist ein moderner Roman in deutscher Sprache geschaffen, dessen gleichen es vordem nie gegeben hat [. . .] Hier ist das ›Exemplar‹ weit übertroffen.«[61]

›Daphne Herbst‹ ist mehr als ein historischer Roman. Er endet nicht mit dem Tod der Hauptfigur und dem Untergang des alten Bayern, sondern mit einem flammenden Appell der Autorin, die sich – entgegen den Geboten der herkömmlichen Romankunst – selbst zu Wort meldet und den Leser zum Schutz der gegenwärtigen Staatsform, der ersten deutschen Republik, und des Weltfriedens auffordert: »Daß Gemeinschaften über kurz oder lang Schiffbruch erleiden und Familien zu Plaketten des Krieges entarten, ist eine ebenso eingebildete Notwendigkeit wie dieser selbst. Wir wissen aber, ohne hinzusehen, um die vielen Hände, die geschäftig sind, das Werk des Friedens zu untergraben. Wir wissen: Mehr als die Völker bedarf der Völkerbund des Schutzes. Nichts sichert unseren Bestand, ob die Elemente uns auch gefügig wurden, nichts garantiert, daß unsere herrlichsten Errungenschaften nicht Werkzeuge unseres Irrsinns, unseres Unterganges werden, denn eine vorsintflutliche Menschheit sind wir noch immer. Gebot und Lehre aller Dinge wäre die Beherzigung des Goetheschen Wortes von einer ›Rangordnung der Seelen‹; diese Rangordnung einzuleiten, neue Gesetze zu schaffen, ein tausendjähriges Unternehmen auch dies. Warum versagt hier unser Glaube? Wir fliegen doch schon, und wir sind so kühn!«[62]

Daß bald ein ganz anders geartetes, teuflisches »tausendjähriges Unternehmen« die Gewalt in Deutschland an sich reißen und den Weltfrieden zerstören würde, das ahnte Annette Kolb 1928 noch nicht. Dennoch sah sie mit Sorge die zunehmende materielle und geistige Verelendung, die mit einem Haß auf alles andere und Fremde, seien es die Juden oder der alte »Erzfeind« Frankreich, einherging. Gerade der Völkerbund schien ihr eine Institution zu sein, deren Arbeit Frieden und Freiheit über die nationalen Grenzen hinweg sichern konnte. Im September 1928 nahm sie daher sogar an der 9. Tagung des Bundes in Genf teil. Bereits zwei Jahre zuvor war sie als deutsche Delegierte in den Verband für Kulturelle Zusammenarbeit gewählt worden und hatte an dessen Generalversammlung in Wien teilgenommen. Der Verband, dem u.a. Hugo von Hofmannsthal, Rudolf Binding, Alfred Weber und Max Beckmann angehörten, trat für die geistige Annäherung der europäischen Staaten ein. So war Annette Kolbs besonderes Augenmerk – wie schon vor dem Ersten Weltkrieg – weiterhin auf die deutsch-französische Aussöhnung gerichtet, die nun unter umgekehrten Vorzeichen schwierig zu vollziehen war. War sie im wilhelminischen Deutschland in einem Staat aufgewachsen, der seine Einigung dem Sieg über Frankreich (mit der Kaiserkrönung im Versailler Spiegelsaal) zu verdanken hatte, so belastete die erste deutsche Republik der harte Reparationsfrieden von Versailles. 1923 waren französische Truppen im Ruhrgebiet einmarschiert und hatten die Industrie- und Kohlestandorte besetzt. Das verstärkte den innerdeutschen Haß gegen die Sieger von 1918 und ließ die »Dolchstoßthese« Hindenburgs glaubhafter erscheinen.

Annette Kolbs Teilnahme an der 9. Tagung des Völkerbundes geschah nicht nur aus rein sachlichem Interesse. Vielmehr hatte sie wenige Monate zuvor von Rowohlt einen Kontrakt erhalten, über den französischen Außenminister und mehrmaligen Premierminister Aristide Briand eine Monographie zu schreiben. In Genf und wenige Wochen zuvor in Paris hatte sie Gelegenheit, Briand zu sprechen und zu hören.

Im Vorfeld der Vertragsunterzeichnung war es zu einem Zerwürfnis mit René Schickele gekommen. Am 1. Februar 1928 hatte sie dem Badenweiler Freund von einer ihrer Verhandlungsreisen aus Berlin triumphierend geschrieben: »Und vorher war ich zu Rowohlt gegangen: das Huhn mit ihm zu rupfen. Aber nun höre: Diese [unleserlich] Idee vom Briandbuch interessierte ihn. Er bat mich um Vorschläge [...] Er sagte: ›eigentlich wäre Schickele der Berufene, aber der hat keine Zeit für solche Sachen.‹ Ich sagte: ›vielleicht hilft er mir aber.‹ [...] Das Buch müsste auch gleichzeitig auf französisch erscheinen, meinte er. Toutes les facilités etc. würden mir bereitet werden. [...] Ja und wie ein Schiffsglöckerl setzte sich mein Bewusstsein in Bewegung, was für eine schmerzlich politische Panscherin ich ohne dich bestimmt geworden wäre. [...] Du wirst mir helfen wollen, sonst geht es nicht. Die Aufgabe würde mich nur reizen wenn du dazu stehst. Dann allerdings hätte ich den Mut dazu. Sonst nicht. Natürlich müsstest du am Gewinn beteiligt sein. Allein kann ich es doch nicht zu Stande bringen.«[63]

Ihr faires Angebot stieß auf Ablehnung, ja auf Feindseligkeit. Schickele, der zu jener Zeit noch mitten in der Arbeit an seiner Romantrilogie ›Das Erbe am Rhein‹ steckte, hatte sich selbst Hoffnungen auf ein Buch über Briand gemacht. Bereits wenige Wochen zuvor hatte er der Freundin Schnorrertum vorgeworfen. Sie wies ihn zurecht: »Ach liebster René, du kannst hinter meinem Rücken Erkundigungen anstellen, bei all meinen alten Freunden; ich habe, es ist, Gott weiss, die Wahrheit nie einen Brief an einen Mäcen geschrieben bevor du mich kanntest. Ich habe dann, weil ich von deiner ausserordentlichen Wichtigkeit durchdrungen war, nicht nur aus affektiven, viel mehr noch aus objectiven Gründen, nicht nur Briefe an Mäcene geschrieben sondern mich auch exponiert. Darum bin ich – und gewiss spielt eine kleinliche Seite dabei in mir mit – so empfindlich, wenn Ihr mich auch nur scherzweise eine ›Schnorrerin‹ nennt.«[64]

Seinen Vorwurf, sie habe ihm das Briand-Projekt weggenommen, konterte sie nun mit den Worten: »Lieber René Ich bin ausser mir über deinen Brief. Wann – wo hast du mir je mit einem Ton von einem Briandbuch etwas gesagt. Du weißt doch dass es nicht deine Gewohnheit ist von deinen literarischen Plänen mit mir zu sprechen. [...] Gestern war Rowohlt bei mir. [...] Ich sah dabei nur die Möglichkeit mein Leben noch *weiter*zuführen und eine Rettung. In 4–6 Wochen habe ich nichts mehr. [...] Seit August wird die Zasterbank nicht beschickt. [...] Ich bin durch deinen Brief, dessen Ton wie Inhalt in einem fürchterlichen Zustand und weiss in meiner Verzweiflung nicht mehr was ich mit mir anfangen und von dir glauben soll!«[65]

Die finanzielle Situation Annette Kolbs war in diesen Monaten – dem literarischen Ruhm zum Trotz – äußerst angespannt. Zwischendurch mußte sie sogar eine Hypothek auf ihr Häuschen aufnehmen. Fast tragikomisch erscheint vor diesem Hintergrund die Geschichte, daß sie im Herbst 1927 in London von einem Auto angefahren wurde; der Fahrer war unfallflüchtig, wurde aber später von der Polizei gefaßt. Vorfreudig berichtete sie Schickele von dem zu erwartenden Schmerzensgeld: »Ein Brief von der englischen Polizei jetzt fassen wir meinen agresseur vielleicht doch. Es wäre zum lachen! Bizer rät zu der bescheidenen Summe von *10.000* M. et voit déjà rouge [und sieht bereits rot]! (Bündlerfleisch.)«[66]

Mit diesen pekuniären Aussichten wollte sie, nachdem sie sich mit Schickele versöhnt hatte, frisch ans Werk gehen. Hilfe bei der Recherche wurde ihr überraschend von anderer Seite zuteil: Richard von Kühlmann hatte seine diplomatischen Beziehungen spielen und ihr offizielles Material des französischen Außenministeriums über Briand zukommen lassen. »Heute höre ich aus Paris«, schreibt er der Dichterin im März 1928, »dass die Zusammenstellung des Materials für das Briand Buch durch die Umgebung des Ministers fertig gestellt ist. Nun wird die Buchhandlung Champion die einschlägigen Dinge besorgen und Ihnen direkt nach Badenweiler schicken.«[67] Doch wurde die Arbeit an dem Buch durch einen mehrwöchigen Krankenhausaufenthalt unterbrochen: Zu einer schweren Grippe gesellte sich ein allgemeiner Schwächezustand infolge Arbeitsüberlastung. Im Hospital hatte die Klerus und Tod hassende Katholikin wieder glänzende Gelegenheit, einen Priester zu brüskieren, wobei sie in ihrem Brief an Schickele verschmitzt von »Exorzitien« spricht, einer Wortneuschöpfung aus »Exerzitien« und »Exorzismus«: »Das Spital ist sehr gut in jeder Hinsicht nur die 50 dc [500] Kruzifixe an der Wand unleidlich und auch der schwarze Klerikus, der ungerufen in mein Zimmer tritt und das einzige Wesen ist mit dem ich unfreundlich hier bin. Als er gestern seine Exorzitien anfangen wollte sagte ich ihm: nach 6 Uhr seien mir Besuche streng verboten, und raus war er. Auf seine Frage wie es mir ging j'ai répondu: ›Sehr gut.‹ ›Ach was?‹ rief er voll ungläubigem Staunen.«[68]

›Versuch über Briand‹, ein Buch von über 200 Seiten, erschien 1929. Annette Kolb hatte es unter größten Anstrengungen termingerecht beendet. Klagen wie »Die Panik wegen Rowohlt lässt mich nicht mehr los«[69] füllten in jener Zeit ihre Briefe an Schickele. Leider wurden ihre Hoffnungen in das Buch und seine friedensstiftende Wirkung enttäuscht; es wurde kaum beachtet: »Der Briand ist nirgends zu sehen, auch nicht in Genf. Ich darf nächstens eine Katz als mein Wappen erwählen, denn für sie schreibe ich.«[70] Dabei hatte sie keine Mühen bei Recherche und Abfassung gescheut. Sie hatte das durch Kühlmanns Vermittlung zugestellte Material studiert und war nach ihrem Krankenhausaufenthalt noch im Juli 1928 nach Paris gereist, wo sie – ebenfalls durch Kühlmanns Fürsprache – Privataudienzen bei Aristide Briand und dessen Staatssekretär Hector Berthelot erhalten hatte.

Der Zeitpunkt des Buchprojekts war eigentlich geschickt gewählt, die mit der Person Briands verbundenen politischen Ereignisse jener Jahre in aller Munde. Briand, im Laufe seiner Karriere mehrfach Finanz-, Außen- oder Premierminister, war 1919 an den Friedensverhandlungen von Versailles nicht beteiligt. Er stand, obgleich er eine Wiederbewaffnung Deutschlands fürchtete, dem Versailler Vertrag skeptisch gegenüber. Eine seiner Losungsformeln lautete daher: »Il faut humaniser le traité de Versailles.« [»Der Vertrag von Versailles muß menschlicher gestaltet werden.«] In seiner Amtszeit als französischer Außenminister (1925 bis 1931) bemühte er sich um eine deutsch-französische Annäherung und einen Abbau des Mißtrauens. Bereits im Juli 1925 hatten die französischen Truppen das widerrechtlich besetzte Ruhrgebiet geräumt. Im Oktober 1925 schlossen Briand und sein deutscher Kollege Gustav Stresemann den Vertrag von Locarno. Mitunterzeichner des Vertrags waren Delegationen aus Belgien, Großbritannien, Italien, Polen und der Tschechoslowakei. Darin verzichteten Frankreich, Deutschland und Belgien auf eine gewaltsame Änderung der 1919 festgelegten Westgrenzen. Zu einer Einigung bezüglich der deutschen Ostgrenzen kam es jedoch nicht. Allerdings wurde Deutschland die Aufnahme in den Völkerbund zugesagt, der Beitritt wurde im September 1926 vollzogen. Für ihre Bemühungen um die deutsch-französische Verständigung bekamen Stresemann und Briand im Dezember 1926 den Friedensnobelpreis zugesprochen. Vier Wochen nachdem Annette Kolb in Paris von Briand zu einem einstündigen Gespräch unter vier Augen empfangen worden war, krönte er seine Friedensbemühungen am 27. August 1928 in Paris durch den Briand-Kellogg-Pakt. Darin ächteten 15 Staaten, unter ihnen auch Frankreich, Deutschland, Großbritannien, Japan und die USA, den Angriffskrieg als politisches Mittel. Fünf Tage später, am 1. September, begann in Genf die 9. Tagung des Völkerbunds, zu der auch Annette Kolb anreiste.

Das Buch ›Versuch über Briand‹ ist eine typisch »Kolbsche« Mélange aus Monographie, persönlichen Erinnerungen, feuilletonistischen Eindrücken, Skizzen und Anekdoten. Sie beschreibt ihre Fahrt nach Paris und die Audienzen bei Briand und Berthe-

Annette Kolb um 1874.
Fotografie von Joseph Albert

Familienszene vor
dem Münchner
Elternhaus: (von
links) Franziska, die
Mutter Sophie (?)
und Annette Kolb.
Tuschzeichnung
von Germaine Kolb

Germaine, Louise und Annette Kolb (von links), um 1885

Annette Kolb am Klavier. Bleistiftzeichnung von Germaine Kolb, 1885

Adolf von Hildebrand in seinem Haus in der Maria-Theresia-Straße (heute Sitz des Monacensia Literaturarchivs, wo auch der Nachlaß Annette Kolbs aufbewahrt wird)

Annette Kolb zwischen Albert Legrand und Camille Barrère
(rechts) in Montfort l'Amaury, um 1895.

Felix Mottl, 1908. Fotografie
von Seiling, München.

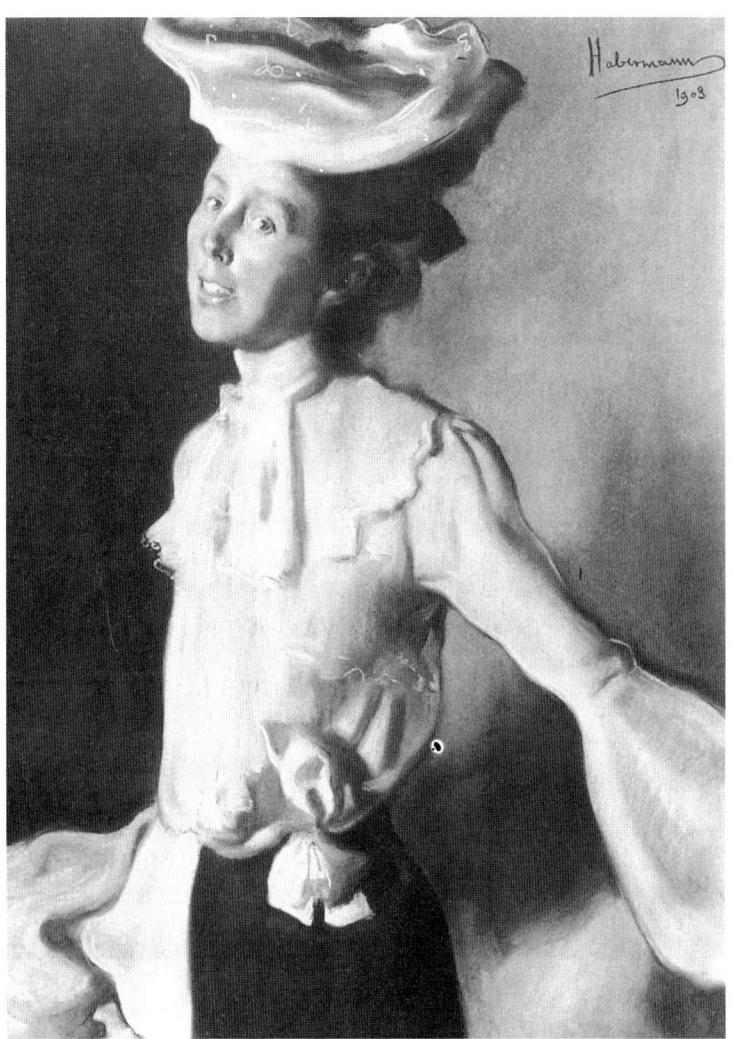

Hugo von Habermann: Annette Kolb. Ölporträt, 1903.

Richard von Kühlmann bei der Einweihung der Kriegerkapelle in Ohlstadt bei Murnau, 1920

Romain Rolland

Kurt Eisner. Fotografie von
Germaine Krull

Das Musikzimmer in Annette Kolbs Haus in Badenweiler

Annette Kolb, René und Anna Schickele (von rechts) auf Schickeles Terrasse in Badenweiler

René Schickele, Annette Kolb und Thomas Mann auf dem Feldberg, 1923

Die Kolbannette.
Lithographie von Rudolf
Großmann, 1922.
In: Franz Blei: Das große
Bestiarium der modernen
Literatur, Berlin 1922

Annette Kolb am Flügel, 1927

*Olaf Gulbransson: Annette
Kolb, Kleine Fanfare, 1930*

Annette Kolb in Salzburg zur Zeit der Festspiele, um 1935

Hermann und
Toni Kesten
in New York,
um 1942

Annette Kolb in der Buch-
handlung an der Brienner
Straße, München 1954

*Annette Kolb und der französische Staatspräsident Charles de Gaulle beim
Empfang in der Münchner Residenz, 1963*

Annette Kolb und Elazar Benyoëtz in einem Münchner Biergarten, 1963

Annette Kolb bei einer Lesung im Münchner Cuvilliés-Theater

Annette Kolb um 1963

Annette Kolb auf dem Flughafen München-Riem vor dem Abflug nach Israel,
18. März 1967. Von links: Cornelia Edschmid (die Tochter Kasimir Edschmids),
Madeleine Wiemer, Fred Kolb (der Sohn Paul Kolbs), Horst Wiemer, Prinz
Franz von Bayern, Annette Kolb, Gräfin Marie José Dürckheim, Annette
Mallin-Ryder (die Enkelin Germaine Kolbs).

lot (wobei sie hauptsächlich Briands beeindruckendes Gesicht nachzeichnet, von dem eigentlichen, immerhin einstündigen Gespräch zwischen der Dichterin und dem Politiker erfährt man außer ein paar Höflichkeits- und Plauderfloskeln leider nichts). Sie überreißt kurz Briands Lebenslauf und seine politischen Verdienste, erzählt von ihrer eigenen deutsch-französischen Herkunft, von ihrem Exil in der Schweiz, ihren Gesprächen mit Walther Rathenau. Sie verurteilt den harten Versailler Frieden, preist den Vertrag von Locarno, veröffentlicht zur Gänze Briands Locarno-Rede vom 26. Februar 1926 und gibt in Auszügen seine Genfer Rede von der Tagung im September 1928 wieder. Sie gedenkt ihrer pazifistischen Weggenossen Bertha von Suttner, Alfred H. Fried, Prinz Alexander zu Hohenlohe, Kurt Eisner, Hugo Haase, Matthias Erzberger, Walther Rathenau, die bereits gestorben oder wegen ihrer Überzeugung gar ermordet worden sind. Sie verurteilt aufs schärfste die Friedensgegner und Kriegstreiber, nennt den französischen Nationalpatrioten René Benjamin einen »boche«[71], und beklagt, daß der Rechtsstaat einem Ludendorff nicht das Handwerk legen kann. Sie hört den erst seit drei Monaten im Amt stehenden deutschen Reichskanzler Hermann Müller (SPD) in Genf sprechen und kritisierte heftig dessen mangelnde Bereitschaft, auf Briand und seine Entspannungsbemühungen zuzugehen. Da die Reichsregierung erst drei Wochen zuvor dem Bau des umstrittenen Panzerkreuzers A zugestimmt hatte – der symbolträchtige Startschuß für eine erneute Aufrüstung Deutschlands –, schrieb sie in ihrem Buch über die Genfer Rede Hermann Müllers: »Bildlich gesprochen, lag zu Füßen des Reichskanzlers ein Rucksack mit gelösten Riemen, jedem Einblick offen, obwohl als fatale Zugabe ein ganzer Panzerkreuzer hervorschaute.«[72]

Obwohl sie – besonders durch Briands Genfer Rede und deren Friedensbekundungen bestärkt – guten Mutes nach Badenweiler zurückkehrte, protokollierte sie doch auch mit Sorge und Befremden eine zunehmende Radikalisierung und Fanatisierung breiter Kreise in Deutschland. Bereits auf der Rückreise von London ein Jahr zuvor hatte sie miterleben müssen, wie die Blaskapelle des deutschen Linienschiffes beim Einlaufen in den Hafen von Cherbourg provokativ den ›Pariser Einzugsmarsch‹ von 1870 spielte. In ihrer autobiographisch gefärbten Erzählung ›Geraldine oder Die Geschichte einer Operation‹ (1923) sagt der behandelnde Arzt, mit Blick auf die französische Lektüre seiner Patientin: »Von Franzosen höre ich lieber nichts.«[73] Der zunehmenden Militarisierung – nicht nur in den Kasernen, sondern auch in den Köpfen der Bürger – hielt Annette Kolb unerbittlich und ohne falsche Konzilianz entgegen: »Ich kann freilich nicht verlangen, daß ein Militarist von dem, was hier gemeint ist, auch nur ein Wort versteht. Denn Militaristen sind Geschöpfe ohne Hirn, an sich also nur grotesk. Allein, solche Wesen ohne Kopf durften sich zu Herren der Welt erheben, und streben vollen Ernstes, es noch einmal zu werden. Auf die Weise zwingen sie denkende Kreaturen, im Harnisch zu bleiben und weiterhin zu buchstabieren.«[74]

Gegen den Militarismus wandte sich auch ein Roman, der im November 1928 erschien und 1930 als Film in die Kinos kam: Erich Maria Remarques ›Im Westen nichts Neues‹. An dem Buch und der amerikanischen Verfilmung (Regie: Lewis Milestone) entzündete sich eine hitzige Debatte. Kriegsgegner sahen darin eine realistische Schilderung der Greuel des Ersten Weltkriegs, national Gesinnte dagegen ein defätistisches Machwerk. Entsprechend kam es bei der Premiere des Kinofilms im Berliner »Metropol« auch zu Störungen: SA-Leute ließen im Zuschauerraum Mäuse frei. Der Film wurde in der durch die Nationalsozialisten eingeschüchterten Stadt bereits wenige Wochen später gerichtlich verboten. Annette Kolb lernte Remarque in den 40er Jahren in New York kennen. Seither verband sie eine Freundschaft mit dem Gesinnungsgenossen.

Auch sie blieb, wie sie es nannte, »im Harnisch« und wurde früh zur Zielscheibe von Rechtsnationalen und Nationalsozialisten. Obwohl sie lieber Romane und Erzählungen geschrieben und ansonsten in Frieden ihren Badenweiler Rosengarten betrachtet hätte, blieb ihr aus Überzeugung nichts übrig, als weiterhin in ihr »Hifthorn« zu stoßen, eine ihrer Lieblingsmetaphern jener Jahre. An Schickele schreibt sie anläßlich der Rezension eines Buches: »Ich weiss nicht was ein Hifthorn ist, aber ich möchte schreiben dass die Geschichte der Lo hell wie aus einem Hifthorn in unsere Zeit hineinstösst, oder ist das dumm?«[75] 1930 erschien bei Rowohlt ihre Aufsatzsammlung ›Kleine Fanfare‹. Auf dem Titelbild, von Olaf Gulbransson gezeichnet, ist die Dichterin karikiert zu sehen, eingehüllt in einen schwarzen Mantel, den unverzichtbaren Hut auf dem Kopf, wie sie in eine Fanfare (ein Hifthorn?) bläst. Entzückt schrieb Annette Kolb an den Zeichner: »Es steckt auch so viel hinter der Zeichnung, man sieht es ist der Bläserin ernst, und die Sache für welche die Posaune ins Blaue ragt ist es auch [...]«[76] Das Buch ist zum überwiegenden Teil eine Zusammenfassung ihrer Aufsätze, Nachworte und Nachrufe aus den 20er Jahren, aber auch ältere Arbeiten (so über Felix Mottl und Catharina von Siena) sind darin nochmals abgedruckt. Ein Aufsatz widmet sich dem Freund Hugo von Habermann; der Kunstmaler, der die Dichterin mehrfach porträtiert hatte, war 1929 in München gestorben. Ein anderer Artikel, ›Zu einer Mozart-Biographie‹, widmet sich dem von Albert Leitzmann herausgegebenen Buch ›Wolfgang Amadeus Mozart. Berichte der Zeitgenossen und Briefe‹ (Leipzig 1926). Hier kündigt sich bereits Annette Kolbs tiefere Auseinandersetzung mit dem Komponisten an, die 1937 in ihrer Biographie ›Mozart. Sein Leben‹ gipfelte.

Nachdem sich die Weimarer Republik nicht zuletzt durch die außenpolitischen Erfolge Stresemanns in den Jahren nach 1925 konsolidiert hatte, brachte das Jahr 1930 eine wirtschaftliche Schwächung mit sich, die auch den sozialen Frieden belastete. In den Vereinigten Staaten waren am 25. Oktober 1929, dem »Schwarzen Freitag«, die Börsenkurse nach unten gestürzt. Die Finanz- und Wirtschaftskrise erfaßte daraufhin die ganze westliche Welt. Die Arbeitslosenzahlen schnellten nach oben (1932 in Deutschland auf über 6 Millionen), die Verelendung stieg stark an. Dies nutzten die rechtsnationalen Parteien, allen voran die NSDAP, um mit Forderungen nach einem »starken Mann« und leichtfertigen ökonomischen Versprechungen die Massen an sich zu ziehen. Annette Kolb betrachtete die Entwicklung mit Besorgnis. Während eines Besuchs in der Vaterstadt schrieb sie an Schickele: »Dagegen ist das Aussehen Münchens wirklich deprimierend. Zum 1. Mal wird einem die Verelendung Deutschlands visuell u. so zu sagen demonstrirt: nicht ein gestrichenes, nichts wie herunterkommende Häuser, in der ganzen Theatinerstrasse kein einziger schmucker Laden mehr. [...] die Leute alle unglaublich vernachlässigt angezogen Männer wie Frauen.«[77] In den unveröffentlichten Skizzen ›Mr. Hollycourt‹ (um 1944/45) berichtet sie von einer Begegnung mit einem katholischen Pfarrer im Jahre 1930, der ihr von seinen Erfahrungen im Umgang mit Jugendlichen erzählt, die entweder in nationalsozialistischen oder kommunistischen Nachwuchsorganisationen engagiert sind.[78] Sie nahm all dies mit Sorge wahr.

Als im März 1930 die große Koalition unter Reichskanzler Müller (SPD) scheiterte, berief Reichspräsident Hindenburg den katholischen Zentrumsabgeordneten Heinrich Brüning zum Reichskanzler. Brüning, der sich nicht auf eine Mehrheit im Reichstag stützen konnte, vermochte nur noch mit Notverordnungen des Reichspräsidenten zu regieren. Als der Reichstag im Sommer einem Antrag auf Aufhebung der von Hindenburg erlassenen Notverordnungen zustimmte, löste dieser das Parlament auf. Neuwahlen im September verschafften der NSDAP starke Gewinne. Sie wurde zur zweitstärksten Partei nach der SPD. Annette Kolb, die Brüning von seinen Urlaubsaufenthalten in Badenweiler gut kannte, kommentierte die politische Entwicklung mit Sorge. Doch sah sie in erster Linie die Gefahr, daß Brüning mit seiner Spar- und Konsolidierungspolitik scheitern könnte. Die verfassungsrechtliche Bedrohung für die Republik, die nicht nur von den radikalen Parteien, sondern auch von den Präsidialverordnungen Hindenburgs ausging, nahm sie kaum wahr. In Briefen an Schickele spricht sie jedenfalls wiederholt von »diesem erbarmungswürdigen Land«.[79] Wieder begab sie sich auf das glatte diplomatische Parkett und diskutierte mit Richard von Kühlmann die Lage. Dieser schrieb ihr am 1. Oktober 1930, unmittelbar nach dem Sieg der Nationalsozialisten bei den Reichstagswahlen, beschwichtigend: »Werden keine schweren Fehler gemacht, so spricht die Wahrscheinlichkeit dafür, dass die Suppe nur halb so heiss gegessen wird. Die Hauptquelle aller Schwierigkeiten ist die schwere wirtschaftliche Krise, welche über die ganze Welt geht, in dem aber kaum von den vorigen Übeln wieder genesenden Deutschland sich besonders hart auswirkt. Den breiten Massen scheint, wenn auch mit Unrecht, jede Veränderung erwünscht, weil sie jede für tragbarer halten, als den gegenwärtigen Zustand.«[80] Als sie jedoch versuchte, über Kühlmann direkten Einfluß auf Brünings Politik zu erhalten, wies der Diplomat sie zurecht: »Brüning ist keine laute aber doch im wesentlichen eine ganz in sich ruhende Natur. Der Gedanke, dass ich ihn durch gutes Zureden zu einer anderen politischen Einstellung bringen könnte, ist, offen gestanden, ein wenig kindlich.«[81]

Sie mischte sich wie eh und je ein und machte sich in jenen Jahren viele Feinde. Bei Kritikern und im Literaturbetrieb jedoch wuchs ihr Ruf, sie stand damals auf der Höhe ihres literarischen Ansehens. 1931 wurde ihr schließlich der renommierte Gerhart-Hauptmann-Preis zugesprochen, was allerdings ihre finanzielle Lage nicht besserte. Sie schloß daraufhin mit dem Fischer Verlag einen Vertrag für einen weiteren Roman (›Die Schaukel‹). Im Hause Fischer hatte inzwischen Gottfried Bermann, der Schwiegersohn Samuel Fischers, die Geschäftsleitung übernommen. Er nahm ihr das Versprechen ab, während der Niederschrift des Romans keine anderen Auftragsarbeiten anzunehmen, um die Abfassung nicht zu verzögern. Die Verhandlungen verliefen nicht zu ihrer Zufriedenheit. Gottfried Bermann Fischer erinnert sich: »Ihr Temperament, wenn sie ärgerlich wurde, bekam ich eines Tages zu fühlen, als sie mir – zwar nicht wie Luther dem Teufel ein Tintenfaß – aber immerhin einen Brieföffner – er war nur aus Holz – an den Kopf warf, als ich auf eine Forderung von ihr nicht eingehen wollte.«[82] Da er ihr einen Vorschuß verweigerte, bevor sie nicht zumindest einen Teil des Manuskripts vorweisen könne[83], war sie gezwungen, eine zweite Hypothek auf ihr Haus aufzunehmen. Daneben versuchte sie auf seltsame Weise, an Geld zu kommen, etwa beim Roulettespiel[84] oder beim 1-Pfund-Briefspiel nach dem Schneeballprinzip.[85] Joseph Roth, der ihre Romane sehr bewunderte, schrieb ihr, als sie ihm klagte, sie habe kein Geld, um ihre Schwester Germaine in Irland zu besuchen, mit dem Zorn des alkoho-

lisierten Kavaliers: »Ich habe die Empfindung, daß Fischer eine
Schweinerei begeht, wenn er Ihnen Irland unmöglich macht.
[...] Dr. Bermann ist ein Trottel, glaub' ich. Und seine Frau [Bri-
gitte Fischer, die Tochter Samuel Fischers], ursprünglich gescheiter, als ich geglaubt habe, wird doch ›abhängiger‹ von ihm, als
ich gedacht hätte. Ich küsse Ihre lieben Hände, Ihr alter Joseph
Roth.«[86]

Unterdessen hatte sie bei der Konkurrenz, im Rowohlt Verlag,
noch die Aufsatzsammlung ›Beschwerdebuch‹ (1932) veröffentlicht. Die Beiträge dieses Bandes waren im Ton schärfer, in den
republikanischen Ansichten radikaler denn je. Hier trat sie vor
allem als Verfechterin der christlichen und aufklärerischen Werte
des Abendlandes auf und verteidigte – all seinen Mängeln zum
Trotz – das System einer parlamentarischen Demokratie, wie es
in Deutschland seit 1919 bestand. Es war insbesondere das ›Beschwerdebuch‹, das sie bei den Nationalsozialisten verhaßt
machte, so daß sie bereits wenige Monate später um ihr Leben
fürchten mußte. Doch erhielt sie auch Zustimmung. Der Roma-
nist Ernst Robert Curtius schrieb ihr: »Solche Beschwerden sind
uns nötig und heilsam.«[87] In dem Band verurteilt sie sowohl die
aktiven Nazis als auch die passiven Mitläufer und Opportuni-
sten: »Wenn mir jemand sagt: ›Ich bin kein Nazi, aber...‹, dann
weiß ich schon, daß er einer ist.«[88] Dagegen verteidigte sie die
Idee Paneuropas: »Auch die Zeit erläßt jeweils ihre Notverordnungen: zu seinem Europäertum und seinem Pazifismus kann
sich heute einer nicht laut genug bekennen.«[89]

Nachdem sie zu Ende des Ersten Weltkriegs den Sozialismus
noch als Weg zum Ziel genannt hatte, als Durchgangsstation,
um die alte, feudal erstarrte Welt zu stürzen und die Stände
durchlässig zu machen, warnte sie nun, unter dem Eindruck der
kommunistischen wie nationalsozialistischen Aufmärsche und
Straßenschlachten der Jahre 1931/32, vor einer Fanatisierung
und Radikalisierung, indem sie das Wesen dieser paramilitärischen Strukturen beim Namen nannte: »Dem Communismus
avant la lettre durfte einer sehr weitgehend beipflichten. Eben
deshalb darf er heute seine Ablehnung bekunden. Was hat er zu
verlieren? Möchte ein Freier den bolschewistischen, oder sein

lever de rideau [Aufziehen des Vorhanges; Auftakt] den faschistischen Terror bei uns miterleben? Wovor fürchtet er sich so maßlos, daß er vor ihm kriecht, bevor er noch heranbrach; und ist Furcht eine Taktik, daß er gebannt vor ihm steht wie das Eichhörnchen vor der Schlange [...] Die gefährliche Aktion des Bolschewismus wie des Faschismus ist die Vergasung der Gemüter, mit der er sein Kommen bereitet.«[90]

In welch anderem, gar nicht sinnbildlichem Zusammenhang der Begriff »Vergasung« bereits wenige Jahre später für Millionen von Menschen grausiges Schicksal wurde, ahnte damals noch keiner. Was sie aber, in bezug auf die »Liquidierung« Andersdenkender in Sowjetrußland, mit Zähnen und Klauen verteidigte, war das Recht auf freie Meinung, für das sie seit den Zeiten des Kaiserreichs eintrat. Im ›Beschwerdebuch‹ attackierte sie gleichermaßen Faschisten und Bolschewisten: »Aber das sage ich doch gleich im voraus, damit sie's wissen und für alle Fälle: Lieber ›gekillt‹ oder ›liquidiert‹, als ohne Recht auf freie Meinungsäußerung zu leben. Kann es sein, daß unsere Mannesmänner anders denken und vorziehen, sich einstweilen faschistisch, später bolschewistisch umzustellen?«[91]

Daß sie bisweilen mehr Mut und Courage besaß als die »Mannesmänner«, bewies sie in diesen Jahren mehrfach, auch in Alltagssituationen. Die Schriftstellerin und Zeichnerin Erna Pinner, zeitweise Lebensgefährtin des Romanciers Kasimir Edschmid, schrieb rückblickend über diese Zeit: »Annette, Liebe, ich denke öfters an Sie. Wie sie damals in meinem Elternhaus in Frankfurt waren und am Frankfurter Hauptbahnhof (als ich Sie an den Zug brachte) einen Mann anschrieen, der gerade den ›Völkischen Beobachter‹ kaufte: ›Wie können Sie so ein Drecksblatt lesen.‹«[92] Ihre Aufmüpfigkeit und ihr ehrliches Mundwerk karikierend, bezeichnete Annette Kolb sich selbst einmal als »böse Sieben«[93], als »alte Schachtel, die garstige, die Kolb«.[94]

Am 7. März 1932 starb in Paris Aristide Briand. Annette Kolb hielt wenige Wochen später, am 22. April, bei einer Tagung der Gesellschaft »Amitiés Internationales« in Paris eine Rede mit dem Titel ›Le Briandisme en Allemagne‹, worin sie das Lebenswerk des französischen Politikers zusammenfassend betrachtete.

Darüber hinaus betonte sie vor ihren französischen Zuhörern, die Deutschen seien friedliebend, ja, der deutsche Pazifismus müsse sogar »Briandismus« genannt werden, da er indirekt auf Briands Wirken zurückgehe.[95] Sie schloß ihre Rede mit dem Aufruf zu einer Europäischen Union, einer Vereinigung, die über kurz oder lang Wirklichkeit werde und deren Fundament die deutsch-französische Verständigung sein würde. Voraussetzung dafür sei jedoch das unablässige Eintreten aller für dieses Ziel.[96] Annette Kolb wußte im Jahre 1932 noch nicht, daß ihre beiden Vaterländer bereits acht Jahre später wieder in einem blutigen Krieg miteinander liegen würden.

In Deutschland wurde unterdessen die soziale und politische Lage immer ernster. Der als »Hungerkanzler« titulierte Heinrich Brüning verfolgte einen eisernen Sparkurs und eine Politik der Deflation. Damit gelang es ihm zwar, die Alliierten zu überzeugen, daß die Reparationsforderungen durch den Versailler Vertrag überzogen waren, doch konnte er die Früchte seiner Verhandlungen, den Lausanner Reparationsvertrag vom 9. Juli 1932, nicht mehr ernten. Am 30. Mai trat er nach unüberbrückbaren Meinungsverschiedenheiten mit Hindenburg von seinem Amt zurück. Zuvor hatte er durch Notverordnung noch die Kampfverbände von SA und SS verboten, in der Hoffnung, den rechtsradikalen Parteien so den Wind aus den Segeln zu nehmen. Seine Wirtschafts- und Finanzpolitik zeitigte jedoch eine zunehmende ökonomische Verelendung in der breiten Bevölkerung. Zuvor war am 10. April Paul von Hindenburg bei der Reichspräsidentenwahl mit 53 % der Stimmen in seinem Amt bestätigt worden. Adolf Hitler hatte 36,8 % der Stimmen erhalten, der Kommunist Ernst Thälmann 10,2 %. Annette Kolb hatte kurz zuvor Kurt Tucholsky gestanden, sie werde aus Mangel an besserer Alternative Hindenburg wählen. Die zunehmende Militarisierung der Gesellschaft bereitete ihr Sorgen. Sie stimmte Tucholsky zu, der geschrieben hatte, Soldaten seien Mörder (ein Zitat, das in den 80er Jahren in der BRD noch für heftige juristische Kontroversen sorgte): »Bleibt nur die Trauer in einer solchen Zeit zu leben, denn zu wirken gibt es nichts. Und ein Soldat in unserer Zeit wäre also kein Mörder? Nächstens wird einem der Process gemacht, wenn man aus den Evangelien alle Sentenzen gegen das Totschlagen citirt. I mag a nimmer!«[97] Und aus Paris, wo sie ihre Rede über den Briandismus hielt, schrieb sie lakonisch an Schickele kurz nach der Reichspräsidentenwahl: »Und was ist denn noch zu hoffen, was ist dies Deutschland für ein Land geworden . . . Wilhelm II. war ja unser goldenes Zeitalter.«[98]

In jenem Sommer, als sie einmal München besuchte, gab sie sich wieder der nostalgischen Hoffnung hin, Bayern könnte sich aus dem Reichsverbund lösen und einen eigenen, gemäßigten, nicht radikalisierten Weg gehen. Sie glaubte im Juli 1932, kurz vor den erneuten Reichstagswahlen, eine »Anti-Hitler Welle«[99] in München ausmachen zu können. An Wilhelm Hausenstein schrieb sie: »Was wird unser Bayernland tun in dieser Zeit? Wird es sich schlucken lassen von dem fürchterlichen Preussenkurs?«[100] Dabei übersah sie, daß gerade München die Wiege der nationalsozialistischen Bewegung war, und daß das Preußentum Hindenburgs und der Nationalsozialismus Hitlers zwar über ähnliche militaristische Komponenten verfügten, aber ideologisch nicht gleichzusetzen waren. Über ihre ungebrochene Liebe zu Bayern und ihre unterschwellige Treue zum Hause Wittelsbach machte sich Schickele, der von ihrer illegitimen königlichen Abkunft wußte, in sarkastischer Weise lustig: »[...] die Akrobatik Deines allergrössten Schaumlöffels, der ›Kinni‹ Rupprecht [gemeint ist Kronprinz Rupprecht von Bayern, 1869–1955], der Nobelpreis und Dein Gatte Harry Kessler – sie sind ein Blütenmeer von Unschuld, eine Symphonie voll höherer Wahrhaftigkeit und Einsicht in das, was in der Welt von Rechts wegen sein *sollte* [...] *Hiermit, liebste Annette, stifte ich Dir einen Heiligenschein.*«[101]

Sie glaubte weiterhin nicht nur an eine Einheit der Bayern, sondern auch an eine ethisch intakte geistige Verwandtschaft der Intellektuellen. Von Carl von Ossietzky, dem Redakteur der ›Weltbühne‹, der 1931 wegen »Landesverrats« zu 18 Monaten Gefängnis verurteilt worden war, erhielt sie im November 1932 aus der Haftanstalt Berlin-Tegel einen ermunternden Brief: »Liebe gnädige Frau, vielen herzlichen Dank für Ihren Gruß. Wenn Sie mir eine Freude machen wollen, so schicken Sie mir gelegentlich das ›Exemplar‹ und schreiben Sie wieder häufiger in der Weltbühne.«[102] Vermittelnd suchte Annette Kolb im Streit zwischen Kurt Tucholsky und Kasimir Edschmid einzugreifen. Edschmid, ein äußerst vielseitiger und talentierter Roman- und Reisebuchautor, wurde von Tucholsky wegen des Unterhaltungscharakters seiner Bücher angegriffen. Annette Kolb schrieb an Tucholsky, man dürfe »ihm nicht das Handwerk legen, weil er Talent hat und weil wir wahrhaftigen Gottes andere Hasen zu jagen haben als wie Edschmid, der gesinnungsmässig in unserem Lager steht«.[103]

Unversöhnlich jedoch war sie »Abtrünnigen« gegenüber. Dazu zählte sie auch die Zeitschrift ›Simplicissimus‹ und den Zeichner Olaf Gulbransson, der noch zwei Jahre zuvor eine Karikatur der Dichterin für den Umschlag von ›Kleine Fanfare‹ angefertigt hatte. Als der ›Simplicissimus‹, der immer mehr nach »rechts« abdriftete, bei einem Besuch Briands in Deutschland eine Karikatur brachte, fragte sie den Zeichner, »ob er sich seiner Gesinnungslosigkeit nicht schämt. Dieser plötzliche Franzosenhass dies plötzlich zu einem Saublatt herab gestiegenen Simpels gehört doch an die große Glocke!«[104] Tucholsky versuchte sie zu beruhigen und zu mäßigen: »Aber hier hast Du das deutsche Bürgertum: ahnungslos, genau wieder so ins Unglück taumelnd ... der Mann in München [der Redakteur des ›Simplicissimus‹] wäre höchsterstaunt, wenn man ihm sagte, dass er mithilft, den nächsten Krieg vorzubereiten. Meine Liebe, es ist ziemlich aussichtslos.«[105] Tucholsky stellte letztlich in diesem Brief eine Gelassenheit zur Schau, die er selbst nicht besaß. Auch er wurde außer Landes getrieben und nahm sich im Dezember 1935 im schwedischen Exil das Leben.

Das gehässige Gebell der Nationalsozialisten, die paramilitärischen Aufmärsche, die franzosenfeindlichen Äußerungen in der deutschen Presse und umgekehrt der zunehmende Deutschenhaß in Frankreich, seit Juni 1932 schließlich auch die autokratischen, deutschnationalen Regierungen unter den Reichskanzlern Papen und Schleicher, all das ließ Annette Kolb zunehmend verzweifeln. Tucholsky klagte sie: »Nein es ist kein Scherz lebenslänglich nirgends ganz daheim zu sein.«[106]

178

Ein schwerer Schlag war für sie, daß das Ehepaar Schickele unter dem Eindruck der innenpolitischen Verhältnisse im Herbst 1932 Badenweiler und Deutschland verließ und – Schickele war ja seit 1919 als gebürtiger Elsässer französischer Staatsbürger und besaß einen französischen Paß – nach Südfrankreich zog, zunächst nach Saint-Cyr-sur-Mer, dann in den Fischerort Sanary. In Saint-Cyr hatte sich bereits das mit Annette Kolb befreundete Ehepaar Meier-Graefe niedergelassen. Und 1930 hatte die Freundin Mechtilde Lichnowsky im nahegelegenen Cap d'Ail eine Villa erworben. Sanary sollte in den 30er Jahren ein Zentrum des geistigen Exils werden. Literaten und Gelehrte wie Lion Feuchtwanger, Thomas Mann, Ludwig Marcuse, Franz Werfel, Alma Mahler-Werfel, Bruno Frank, Franz Hessel, Friedrich Wolf, Wilhelm Herzog und Alfred Kantorowicz nahmen dort Zuflucht.[107]

Wenngleich es in den vergangenen Jahren zwischen Annette Kolb und René Schickele immer wieder zu Spannungen gekommen war, bedeutete für sie die räumliche Trennung doch die Auflösung einer künstlerischen und menschlichen Symbiose. Badenweiler hatte sie letztlich nur zum Domizil erwählt, um dem Freund nahe zu sein. Bereits bei den ersten Gerüchten von seinen Wegzugsplänen hatte sie geklagt: »Ich seh kein Gehen und kein Bleiben mehr.«[108]

Die politische Lage wurde in diesem Sommer und Herbst 1932 immer dramatischer. Der nach Brüning vom Reichspräsidenten zum Kanzler berufene Franz von Papen bildete ein Kabinett, das fast nur aus Adligen bestand und spöttisch »Kabinett der Barone« genannt wurde. Die Regierung fand einzig in der rechtsnationalen DNVP Rückhalt. Selbst die Zentrumspartei, der Papen angehörte, unterstützte die Regierung nicht. Papen trat daraufhin aus der Partei aus. Um die NSDAP für sich zu gewinnen, hob er das noch von Brüning erlassene Verbot von SA und SS auf. Bald darauf marschierten die paramilitärischen Verbände wieder durch die Städte und schüchterten Andersdenkende mit provozierenden Störaktionen ein. Hindenburg löste den Reichstag auf und schrieb Neuwahlen für den 31. Juli aus, bei denen die Nationalsozialisten mit 37,4 % der Stimmen zur stärksten Partei wurden. Papen lehnte jedoch eine Koalition mit der NSDAP ab. Wiederum wurden Neuwahlen für den 6. November festgesetzt. Die Nationalsozialisten verloren überraschenderweise Stimmen, und neuer Reichskanzler wurde General Kurt von Schleicher. Da auch er über keine Mehrheit im Reichstag verfügte, zielten seine Pläne auf eine Ausschaltung der parlamentarischen Kontrollfunktion, was ihm jedoch von Hindenburg verweigert wurde. Unterdessen hatte Papen im Hintergrund mit Großbanken, der DNVP und der NSDAP verhandelt und eine Koalition der nationalen Parteien vereinbart. Zugleich überredete er Hindenburg, seine Vorbehalte gegen Hitler als Reichskanzler fallen zu lassen. Das handlungsunfähige Kabinett Schleicher trat am 28. Januar 1933 zurück. Am 30. Januar ernannte Hindenburg Adolf Hitler zum neuen Reichskanzler.

Annette Kolb, nach Schickeles Wegzug aus Badenweiler ziemlich allein, verfolgte dieses Nacheinander der Schattenkabinette nicht nur mit staatsbürgerlichem Interesse, sie wußte vielmehr frühzeitig, welche Gefahr für Leib und Leben bei einer Regierungsübernahme durch die Nationalsozialisten für sie entstünden. Bereits im Sommer hatte der Historiker Carl Jacob Burckhardt ihr geraten: »Sie sollten von hier fort.«[109] Bald darauf entdeckte Schickele einen Almanach der Nationalsozialisten, worin sein Name judaisiert als »Schickeles« erschien. Hinter Annette Kolbs Namen hingegen war vermerkt: »Frankophil, also Jüdin«.[110] In dem unveröffentlichten Manuskript ›Nachträgliches zu München im Jahre 1922‹ erzählt sie, daß sie bereits zur Zeit der Inflation (1923) als »judenhörig« gegolten habe. Sie war abends zu Gast bei Thomas Mann in München-Bogenhausen gewesen: »Beim Abschied verweilte man noch ein wenig, und als ich schon im Gehen war, kam die überraschende Frage ›was ich denn sei, und was ich denn angestellt hätte, dass es von mir hiesse: ich sei ganz in den Händen der Juden.‹ [...] Mich überlief es recht ungemütlich und ich hatte es mit einem Male sehr eilig die letzte Elektrische nicht zu verfehlen. Vergebne Mühe! sie polterte mir vor der Nase davon. [...] Wer garantirte mir, dass die zwei Passanten, die Schritt hinter mir zu halten schienen, in Ermangelung eines ansehnlicheren Wildes, nicht bestellt waren,

mir aufzulauern? und was hatte ich da kürzlich den Haken-
kreuzlern ins Stammbuch geschrieben, das [sic] mir im Augenblick lieber war, sie hätten es noch nicht gelesen?«[111]

Was sie in diesen letzten Monaten des Jahres 1932 allein glücklich machte, war die Erfüllung eines lang gehegten Wunsch-
traums: Sie bestand die Führerscheinprüfung. Bereits im August
1929 hatte sie Schickele geschrieben: »Isabel erzählte wie leicht
das chauffiren sei, ich, dass ich gern ein Hannomak [sic] hätte
wie Georg, falls mein Buch [›Versuch über Briand‹] zöge.«[112] Obwohl ihre Honorare schlecht ausfielen, gelang es ihr, über Beziehungen des Fahrlehrers und eine »Spendenaktion« der Freundin
Theodora Von der Mühll (einer Schwester Carl Jacob Burckhardts) ein Auto zu günstigen Konditionen zu erwerben. Im
Freundeskreis hielt man die Idee der 62jährigen für verrückt.
Schickele schrieb an Meier-Graefe: »Außerdem hat sie über
Nacht beschlossen, Auto fahren zu lernen. Mehr sage ich
nicht.«[113] Und Kühlmann schrieb ihr, nicht ohne Ironie: »Sie
werden sicher nun das eine oder andere Komische mit dem Ge-
fährte erleben und daraus neuen Stoff für allgemein gefallende
Artikel ziehen können.«[114]

Doch all diese Spitzen störten sie wenig. Im Gegenteil: Mit
Humor betrachtete sie ihre eigenen Fahrkünste, die – bedenkt
man ihre sprichwörtliche Zerstreutheit oder »Abgewandtheit« –
zum Fürchten gewesen sein müssen. Von sich selbst schreibt sie
in der dritten Person: »Im Frühjahr 1932 war sie von der Leidenschaft des Chauffierens befallen, und eine Chauffeuse von
Gottes Gnaden geworden, denn kein Huhn, keine Katze, nicht
einmal eine Gans, die sich behäbig mitten auf dem Wege Zeit
ließ, war durch sie zu Schaden gekommen. Ob auch die Schutz-
leute kopfschüttelnd zusahen, wenn sie mitten im Gedränge
beim Rückwärtsfahren zeigen mußte, was sie konnte. Kurven
aber, je mehr desto lieber, nahm sie voll Schneid, und ihr Ex-
amen bestand sie mit Auszeichnung. [...] Von nun an wurde sie
von einem wahren Furor des Chauffierens erfaßt. War es nicht
wie ein Hochzeithalten mit der Luft, [...] ein Riesenflirt mit der
Natur? Im Herbst besaß sie – halb erschlichen, halb erworben –
einen kleinen Ford. Sie ließ – als wäre es für immer – außen

einen Gepäckhalter anbringen, im Inneren einen Spiegel, eine Uhr einfügen; sie stattete ihn mit Kissen, ledernen und seidenen, aus. Um Plaketten des heiligen Christophorus brauchte sie nicht zu sorgen. Sie erhielt deren eine Anzahl in allen Dimensionen von ihren besorgten Freunden.«[115] Sie fuhr damit von Anfang an unerschrocken, selbst weite Strecken: rheinabwärts bis nach Köln, aber auch nach Berlin zu einer ihrer berüchtigten Verhandlungen mit Fischer. Ihre Briefe aus jener Zeit unterschrieb sie mit »der alte Sportsmann«.

Die Zeit der Freude währte freilich nicht lang. Als Adolf Hitler am Tag nach seiner Ernennung zum Reichskanzler im Radio seine Antrittsrede hielt, hörte sie seine Stimme zum ersten Mal. Bis dahin kannte sie den »lächerlichen kleinen Abenteurer«[116] nur von Fotos, hatte ihn nie für ernst genommen, war von seiner Physiognomie allenfalls halb abgestoßen, halb ergötzt wie von einer in Spiritus eingelegten Anomalie in einem pathologischen Institut: »Wenn man die Bilder betrachtet, die von Hitler unversehens und nicht retuschiert entstanden, zeigt sich, daß er in Wahrheit weder die Augen noch die Nase, noch den Mund, noch die Stimme eines Menschen hatte, und auch der Bau eines Menschen war nicht so gedacht.«[117] An anderer Stelle nannte sie ihn gar ein »Reptil in Menschengestalt«.[118] Als sie nun aber seine Stimme im Rundfunk vernahm, wurde ihr endgültig bewußt, welch animalische, unzurechnungsfähige Gewalt von diesem Menschen ausging. Er sprach »in einem niederträchtigen Deutsch, eine Stimme, die in Gebell ausartete. Töne und Untertöne des Hasses, der Rachgier, der hündischen Wut. Sie entfachten in mir ein Organ für alle Infamie, deren dieser Unmensch fähig sein würde.«[119] Aus Sanary trafen beschwichtigende Briefe von René Schickele ein, der nach wie vor glaubte, das Ganze sei nur eine aufgebauschte Episode, die bald in sich zusammenfiele.[120] Sie selbst ahnte Schlimmeres: »Ich sehe nirgends eine Hoffnung. Es geht Alles mit einer fürchterlichen Rapidität. Die Stäbe der Falle werden zementirt, keine Masche in dem Netz unverstärkt gelassen«,[121] antwortete sie Schickele am 10. Februar. Sie hatte unterdessen das noch sehr friedliche, abgeschiedene Badenweiler verlassen und Gelegenheit gehabt, die Stimmung in

Deutschland zu beobachten. Am 5. Februar war sie zu einer Lesung beim Westdeutschen Rundfunk Köln[122]: »Was ich in Köln vorlas, war recht harmlos, wie mir schien. Einige kleine Stinkbomben, ohne Belang, flogen herein.«[123] Daß diese primitiven Störversuche nur der Auftakt zu Schlimmerem waren, ahnte sie jedoch. Nach Besuchen bei dem Literaturkritiker Max Rychner in Köln, bei Ernst Robert Curtius in Bonn und bei Benno Reifenberg in Frankfurt, einem Redakteur der liberalen ›Frankfurter Zeitung‹, für dessen Feuilleton sie schon oft geschrieben hatte, kehrte sie nach Badenweiler zurück.

Hier schmiedete sie Reisepläne nach Basel, nach Schloß Colpach in Luxemburg (dort wohnte ihre Freundin Aline Mayrisch de Saint Hubert), nach Mallorca und nach Sanary, ohne sich jedoch entscheiden zu können. Sie wollte zunächst nur für drei Wochen das Land verlassen und vermietete ihr Haus solange an eine jüdische Familie. Zu den für den 5. März angesetzten Reichstagswahlen wollte sie in jedem Fall wieder zurück sein. An ein längeres Exil dachte sie offensichtlich noch nicht. Allerdings zögerte sie, die Schweizer Grenze ins nur wenige Kilometer entfernte Basel zu überschreiten, denn sie hatte folgendes Gerücht gehört: »Mit den deutschen Pässen steht es so: nicht entzogen werden sie einem, sondern an den Grenzen werden Listen aufliegen für alle, die nicht mehr hinausdürfen. Unter diese Rubrik könnte ich natürlich fallen.«[124] Was es bedeutete, den Paß abgenommen zu bekommen, wußte sie nur zu gut aus den Jahren des Ersten Weltkriegs. Allmählich jedoch wurde ihr bewußt, daß sie zu einer Entscheidung kommen müsse. Ihr Plan, mit Hilfe von Aline Mayrisch Luxemburger Staatsbürgerin zu werden, war eher illusorisch.[125]

Schließlich kam der entscheidende Anstoß von außen, in Form eines Briefes des Schriftstellers Manfred Hausmann. Er schrieb ihr mit dem Datum vom 18. Februar 1933 aus Worpswede: »Sehr verehrtes, liebes Fräulein Kolb, als ich neulich beim Westdeutschen Rundfunk las, hörte ich zufällig, daß auch Sie vor kurzem dort ein Gastspiel gegeben hätten. [...] Sie haben sich dort sehr freimütig, wie es so Ihre Art ist, über den Zerfall Deutschlands geäußert, der durch die Harlekinaden des slowa-

kischen Parteibuchdeutschen – gegenwärtig Reichskanzler ja tatsächlich in ziemliche Nähe gerückt ist. Sie haben diesen Zerfall
sogar als wünschenswert hingestellt. Unter leidlich normalen
Menschen läßt sich darüber gewiß reden. Wer in Deutschland ist
heute aber noch leidlich normal? Außerdem wird ja ein ziemlich
exakt arbeitendes Spitzelsystem von staatswegen herangezüch-
tet. Mit anderen Worten: überall haben Wände Ohren. Und das,
was Sie geäußert haben, kann Ihnen von einem wohlwollenden
Staatsanwalt glattweg als Hochverrat oder Landesverrat (ich
kenne mich da mit den Unterschieden nicht aus) angerechnet
werden. Die Folgen kennen Sie.«[126]

Sie kannte die Folgen noch aus den Jahren 1916/17, als die
Staatsanwaltschaft Leipzig bereits ein Verfahren wegen Landesverrats gegen sie vorbereitet hatte und sie sich nur durch die
Hilfe Rathenaus in die Schweiz hatte retten können. Unterdessen war sie im eigenen Haus nicht mehr sicher. Eine Zugehfrau,
so entdeckte sie, war NS-Sympathisantin, eine »Nazidienst-
botin«[127], wie sie an Schickele schrieb.

Einem Brief, geschrieben am 16. Februar, konnte Annette
Kolb in den Sorgen jener Tage wohl keine Aufmerksamkeit mehr
schenken: Die von Rilke geschätzte und geförderte Schweizer
Lyrikerin und Erzählerin Regina Ullmann (1884–1961) wandte
sich an die Badenweiler Kollegin mit der Bitte um Besprechung
ihres Buches ›Vom Brot der Stillen‹.[128] Leider blieb es bei diesem
kurzen brieflichen Kontakt, persönlich begegnet sind sich die
beiden außergewöhnlichen Frauen und Dichterinnen nie.

Der Brief Regina Ullmanns erreichte Annette Kolb mitten im
Packen: »Und die unvergeßliche Nacht brach für mich an, ich
packte was ging, schrieb Briefe, sah nach der Uhr, zu oft. Wer
sagte, daß man noch unbeanstandet die kleine Zone passierte,
daß nicht schon neue Order ausgegeben war?«[129] Sie durfte nur
das Nötigste mitnehmen, um an der Grenze keinen Verdacht zu
erregen. All ihren Besitz, die meisten Manuskripte und Briefe
ließ sie zurück, auch ihren geliebten Hund. Bei Morgengrauen
holte sie der örtliche Taxifahrer wie vereinbart ab. In der dritten
Person schreibt sie darüber: »Sie sah geradeaus, sie wandte sich
nicht um, nicht nach ihrem Garten, nicht nach ihrem Hunde,

nicht nach dem Häuschen noch dem Berge, an dem es lehnte und den sie an jenem Junitage so triumphierend hinabgefahren war.«[130] Bitter wurden die wenigen Kilometer bis zur Schweizer Grenze. Der Taxifahrer, nicht ahnend, daß er eine Verfolgte ins Exil fuhr, sprach vom Wetter, meinte, »der Frühling sei nahe und um Ostern würde sich unser Hügel wieder beleben, und ich sagte: ›Hoffentlich.‹«[131] Glücklich gelangte sie bei Basel über die Grenze, die Beamten ließen sie anstandslos passieren. Es war höchste Zeit. Wie sie im nachhinein erfuhr, wurde die Grenze bereits einen Tag später geschlossen. »Doch als ich Schweizer Boden betrat, war mir, als müßte ich in die Knie sinken.«[132] Sie ließ sich vom Chauffeur noch ins Hôtel Des Trois Rois bringen, »ich übergab ihm meine Briefe, er empfahl sich, wünschte mir noch alles Gute, und ich war allein mit zwei vollgepfropften Handkoffern und einer Hutschachtel«.[133]

So begann ihr zweites Exil. »Wohin mich nun wenden? Und was nun?«[134] fragte sich die 63jährige. Es war der 21. Februar 1933.

»Aber wir werden nicht zu Schanden werden« –
Europäisches Exil (1933–1941)

Annette Kolb hätte die ihr bevorstehenden Jahre nicht überstanden ohne die Hilfe ihrer zahlreichen Freunde. Bei ihnen fand sie Unterschlupf und finanzielle Unterstützung, Gehör und Rat. Umgekehrt half auch sie, der Freundschaften stets heilig waren, den ihr Nahestehenden. Besonders die Beziehung zu René Schickele und seiner Frau Anna wurde in den Jahren des Exils, obgleich oder gerade weil sie sich nur noch selten sahen, wieder enger, warmherziger, unverbrüchlicher. Da es Schickele, der im Laufe der Jahre mehrmals umzog (er lebte in Saint-Cyr, Sanary, Nizza und Vence), finanziell meist noch schlechter ging als ihr, schickte sie ihm mehrmals Geld, sobald sie wieder eines ihrer schmalen Honorare von Bermann Fischer oder von einer Zeitschrift erhalten hatte. Bisweilen erniedrigte sie sich sogar, einen ihrer begüterten Bekannten (einmal sogar Thomas Mann) um Geld anzugehen, um Schickele und seine Familie zu unterstützen, und wurde damit für den Freund doch noch zur »Schnorrerin«, wie er es ihr mehrere Jahre zuvor spöttisch vorgeworfen hatte. Der Briefwechsel zwischen Annette Kolb und René Schickele aus den Jahren von 1933 bis zu Schickeles Tod im Januar 1940 ist jedenfalls ein eindrückliches Zeugnis für eine nach vielen Mißverständnissen und Meinungsverschiedenheiten gefestigte Freundschaft in einer bedrückenden Zeit. »René, halt mer z'amm«[1], schrieb Annette Kolb einmal dem verzagten Freund in ihrem breitesten Münchnerisch. Dieser Ausspruch war geradezu symptomatisch für beider (fast nur noch briefliche) Symbiose in diesen Jahren. Ein anderes Mal tröstete sie den Verzagten: »Ich habe heisse Tränen über deinen Brief vergossen. Aber wir werden nicht zu Schanden werden, sondern die anderen.«[2] Schickele selbst gestand der Freundin einmal: »Ich unterhalte mich *täglich* mit Dir, gelegentlich sogar mit lauter Stimme (was ich für ein Zeichen beginnender Senilität halte).«[3]

Zu den zahlreichen Freunden, bei denen Annette Kolb ihrerseits immer wieder Rückhalt fand, gehörte die Schriftstellerin und Mäzenin Aline Mayrisch de Saint Hubert, die Gattin des Luxemburger Stahlmagnaten Émile Mayrisch. Auf deren Besitz Schloß Colpach in Luxemburg verbrachte Annette Kolb die ersten Tage ihres Exils, nachdem sie Deutschland via Basel verlassen hatte. Hier regte sich wieder die alte Lust zur »Privatdiplomatie«. Auf dem Schloß war auch der Neffe der Hausherrin, Pierre Viénot, zu Gast. Dieser war Abgeordneter der französischen Kammer und ein guter Kenner Deutschlands. Annette Kolb setzte sich sofort an den Schreibtisch und verfaßte einen langen Brandbrief an Viénot, worin sie ihn mahnte, »Frankreich dürfe Hitler im vornherein nicht anerkennen«.[4] Der Brief verfehlte gleichwohl seine Wirkung, und so mußte sie unverrichteter Dinge weiterziehen.

Außer auf Schloß Colpach hielt sich Annette Kolb häufig auch bei Emma Gugelmann, der Frau des Textilfabrikanten Paul Gugelmann, im Roten Schlößli in Muri bei Bern auf; daneben boten ihr die Basler Freundin Theodora Von der Mühll, der Rechtshistoriker Friedrich Emil Welti und seine Frau Helene in Kehrsatz bei Bern, Carl Jacob Burckhardt in Genf, ihre Schwester Germaine Stockley in Cork/Irland und das Ehepaar Schickele in der Provence Obdach. Ja selbst bei Thomas und Katia Mann, die im Schweizer Exil ein Haus in Küsnacht bei Zürich bewohnten, ging Annette Kolb in diesen Jahren des öfteren ein und aus.

Eigentliches Zentrum ihres Lebens und Schaffens wurde jedoch das von ihr geliebte Paris, die Heimatstadt der Mutter. Hier fühlte sie sich zu Hause, sie kannte die Stadt an der Seine gut und besaß Freunde. Nach Aufenthalten im Hôtel Atala und im Hôtel Des Champs Elysées in der Rue Balzac gelang es ihr schließlich im Herbst 1934 mit Hilfe des emigrierten Bankiers und Sozialdemokraten Hugo Simon, eine Wohnung im sechsten Stock des Hauses Rue Casimir Périer im 7. Arrondissement zu beziehen. Unterdessen hatte Anna Schickele es gewagt, nochmals nach Badenweiler zu fahren und dort die Spedition eines Teils von Schickeles und Annette Kolbs Möbeln zu arrangieren. Der Freundin Theodora Von der Mühll gelang es, Annette Kolbs Auto über die Grenze zu bringen und ein paar Wertgegenstände (z. B. ein Porträtgemälde Annette Kolbs von Hugo von Habermann) in die Schweiz zu schmuggeln. Einen Teil ihres Besitzes verkaufte Annette Kolb. Das Auto meldete sie ab, um die Steuern zu sparen, und stellte es in der Schweiz bei Freunden unter. Zeitweise erwog sie sogar den Verkauf des Hauses in Badenweiler, und Schickele versprach ihr, im Falle einer Rückkehr nach Deutschland auf seinem großen Grundstück ihr Domizil maßstabsgetreu als Duplikat wieder aufzubauen.[5] Einen Teil der Möbel schließlich brachte sie nach Paris. Andere Einrichtungsgegenstände wie Lampen, Vorhänge, ein altes Bett, Tisch und Stühle borgte sie bei Freunden und versuchte damit ihre Pariser Zimmer wohnlich zu gestalten: »Ich kaufe *nichts*. Kein Stück. Habe Regale abbestellt, fülle die placards mit Büchern und hänge die Türen aus, sieht sehr hübsch aus.«[6]

Nach außen hin gelang es ihr schneller als anderen Emigranten, sich im Exil einzurichten. Ihre perfekten Französisch-Kenntnisse erleichterten das. Daß ihr Leben in der Rue Casimir Périer bald wieder einen Mittelpunkt gefunden hatte, mag auch – neben dem Druck, ihren Lebensunterhalt bestreiten zu müssen – zu ihrer außergewöhnlichen literarischen Produktivität in den Jahren zwischen 1933 und 1941 beigetragen haben: 1934 erschien ihr dritter Roman ›Die Schaukel‹, 1937 ihr Buch ›Festspieltage in Salzburg‹ (in erweiterter Neuauflage nochmals 1938), ebenfalls 1937 ihre Biographie ›Mozart. Sein Leben‹, 1940 ihr Bericht ›Glückliche Reise‹ und 1941 ihre noch in Europa fertiggestellte zweite Biographie ›Schubert. Sein Leben‹.

Bald organisierte sie in ihrer Pariser Wohnung – wie einst ihre Mutter in der Münchner Sophienstraße – »jours fixes« und lud freitags und samstags um 18 Uhr Bekannte aus Politik, Kunst und Literatur wie etwa Rudolf Breitscheid, Rudolf Hilferding, Hugo Simon, Jean Giraudoux, Harry Kessler, Siegfried Kracauer, Jean und Pauline de Pange zum »Lautenschlag'schen Tee« ein: »Immer nur 6 Personen, weil ich nicht mehr Tassen noch Stühle habe, und gekauft wird nichts.«[7] Bald jedoch klagte sie: »Aber René, auch Tees kosten Geld. Es ist ein Irrtum zu glauben, sie kosten nichts.«[8]

Die Geldsorgen rissen nicht ab. »Ich stehe mit Steuer und anderen Schulden da und statt eines Haben, ein Soll auf der

Bank«[9], klagte sie Schickele im Februar 1934. Sie nahm's meist mit Humor: »Mein bisheriges Activum beläuft sich auf zwei verlorene Stöcke, einen verlorenen Schirm, eine verlorene Füllfeder (innerhalb 4 Tage –). So lebt man preiswert.«[10] Anders als manche ihrer Schriftstellerkollegen wurde sie nicht von den nationalsozialistischen Behörden ausgebürgert und natürlich weiterhin zur Steuer im Deutschen Reich veranlagt. Umgekehrt hatte sie jedoch ihre bisherige Haupteinnahmequelle, das Schreiben von Artikeln für deutsche Zeitungen und Zeitschriften, verloren. Es gab wohlmeinende Bekannte, die sie naiv fragten, warum sie denn nicht nach Deutschland zurückkehre, ihr geschähe doch nichts zuleide. Ein anderes Licht auf diese Angelegenheit wirft ein Brief an Schickele vom Juli 1933. Darin berichtet sie: »Man hat im März in Berlin eine Dame arretirt und dann wieder freigelassen, die man mit mir verwechselt hatte!«[11]

Die Tees wurden alsbald eingestellt. Grund hierfür waren nicht nur materielle Sorgen, sondern auch Querelen und Streitigkeiten innerhalb der Emigrantengemeinde. Richard von Kühlmann, skeptisch und besonnen, hatte die Freundin bereits brieflich vorgewarnt: »Hüten Sie sich vor der Emigrantenpsyche wie vor der Pest.«[12] Mit den verschiedenen politischen Lagern und Positionen machte sie wiederholt Bekanntschaft. Sie überwarf sich mit dem Sozialdemokraten Rudolf Breitscheid, der sich zwar im nachhinein bei ihr entschuldigte, dem sie aber im Innersten dennoch nicht verzieh. »*Eins* weiss ich: mit Emigranten hab *ich* nichts mehr zu tun«[13], schrieb sie nach dem Streit mit Breitscheid an Schickele.

Ein anderer Eklat aus dieser Zeit ist symptomatisch für den Konflikt zwischen Überzeugung und materieller Not, in den Annette Kolb und andere Emigranten gestellt waren. Im Frühjahr 1933 fragte Klaus Mann, der im Amsterdamer Verlag »Querido« eine Kulturzeitschrift mit dem Titel ›Die Sammlung‹ herausgeben wollte, bei Freunden und Bekannten des geistigen deutschen Exils an, ob sie bereit wären, an dem Projekt als Autoren mitzuwirken und ob er ihre Namen in Ankündigungen und Werbeprospekten des Verlages nennen dürfe. Zu den Angeschriebenen gehörten auch die Fischer-Autoren Thomas Mann,

René Schickele und Annette Kolb. Thomas Mann und René Schickele hatten sich unter dem Vorbehalt, daß ›Die Sammlung‹ eine *un*politische Zeitschrift sein würde, bereit erklärt. Grund für diese Zurückhaltung war nicht mangelndes politisches Rückgrat, sondern materielle Sorge: Sie wollten Bermann Fischer, der seinen Verlag unter großen Schwierigkeiten in Deutschland weiterführte, nicht in den Rücken fallen. Letztlich fürchteten sie um ihre deutschen Leser und um ihre Honorare, eine immerhin lebenswichtige Frage. Annette Kolb hatte gleich zu Beginn ihre Mitarbeit an Klaus Manns Projekt verweigert. An Schickele schreibt sie: »Klaus Mann schrieb wegen seiner Revue, und dass du Mitarbeiter seist. Ich bat ihn, mich nicht als solche zu nennen, vor einem halben Jahr könnte ich schwerlich schreiben wegen meines Romans [›Die Schaukel‹]. Falle ich nämlich unter den Emigrantenparagraph, so sind meine letzten Groschen dahin.«[14] Natürlich war die Begründung, sie habe wegen ihres Romans keine Zeit für das Verfassen von Artikeln, vorgeschoben. Zur Verweigerung einer Mitarbeit trieb sie jedoch nicht politische Feigheit als vielmehr die blanke existentielle Sorge. Der von ihr genannte »Emigrantenparagraph« war das am 14. Juli 1933 verabschiedete »Gesetz über Widerruf von Einbürgerungen und Aberkennung der deutschen Staatsangehörigkeit«. Demnach fiel das Vermögen von ausgebürgerten Exilanten an den deutschen Staat. Die erste Ausbürgerungsliste erschien am 25. August 1933. Annette Kolb befand sich zwar – aus heute nicht nachvollziehbaren Gründen – weder auf dieser noch auf folgenden Listen, doch mußte sie – der Vorfall um die in Berlin verhaftete »Doppelgängerin« zeigte dies – dessen stets gewärtig sein. Im Falle einer Ausbürgerung hätte sie nicht nur ihr Haus in Badenweiler und ihre auf einer deutschen Bank liegenden Ersparnisse verloren, sondern auch die von Bermann Fischer zu erwartenden Honorare. Ja, ein weiteres Erscheinen ihrer Bücher im Fischer Verlag wäre unmöglich gewesen. Ihr Verhalten und das ihrer Kollegen Thomas Mann und René Schickele, aber auch des Verlegers Gottfried Bermann Fischer (der erst 1936 seinen Firmensitz nach Wien, 1938 nach Stockholm verlegte) zeigt, wie sehr die Emigranten wider besseres Wissen noch immer insgeheim hofften, daß Hitlers Herrschaft nur ein kurzer und schlechter Treppenwitz der Geschichte sei, auf dessen Ende man warten könne. Warum da also schlafende Hunde wecken und durch ein unvorsichtiges Verhalten die eigene materielle Existenz aufs Spiel setzen? So zumindest dachten viele Emigranten in den Jahren 1933/34.

Als das erste Heft der ›Sammlung‹ im Herbst 1933 erschien, nahmen einige der Emigranten an dem nun wider Erwarten doch politischen, anti-nationalsozialistischen Charakter der Zeitschrift heftigen Anstoß. Immerhin waren wenige Monate zuvor, am 10. Mai, auf dem Opernplatz in Berlin in einer symbolträchtigen Aktion die Bücher und Schriften etlicher Exilautoren, etwa von Thomas, Heinrich und Klaus Mann, René Schickele, Kurt Tucholsky, Lion Feuchtwanger, Ernst Toller und anderen, verbrannt worden. Thomas Mann, der wichtigste Fischer-Autor, schrieb seinem Sohn Klaus nach Erhalt der Zeitschrift erzürnt: »[Es] war die Rücksichtslosigkeit Eines, der vom ersten Tage an gründlich Schluß machen durfte, eine Rücksichtslosigkeit gegen mehrere Schriftsteller, die nicht in dieser Lage sind, und die Dir ihre Namen für die Mitarbeiter-Liste zur Verfügung gestellt hatten.«[15] Thomas Mann, René Schickele und andere Autoren des Fischer Verlags lancierten auf Bitten Bermann Fischers eine Erklärung im ›Börsenblatt des deutschen Buchhandels‹, worin sie sich von der ›Sammlung‹ distanzierten. Daraufhin schleuderten Emigrantenblätter wüste Anschuldigungen gegen die Unterzeichner der Erklärung, diese würden der Emigration in den Rücken fallen und seien Parteigänger des totalitären deutschen Regimes. Annette Kolb drängte – obgleich nicht direkt in den Eklat miteinbezogen – Schickele in einem Brief vom 2. November zu einer Gegendarstellung: »Es muss sofort etwas geschehen! Die Hetze steigert sich, statt zu verflauen, eben war ich mit Hugo [Simon], er meint, du solltest eine Erklärung – am besten mit Th. Mann veröffentlichen, dass Ihr missverstanden wurdet und mit Eurer Erklärung in keiner Weise von Eurer Überzeugung abrücken wolltet [...]«[16] Sie selbst verteidigte ihr reserviertes, abwartendes Verhalten stets mit ihrer prekären materiellen Situation und mit der Rücksichtnahme auf den in Deutschland lebenden Bruder Paul. Auch mit Rudolf Breitscheid geriet sie sich deswegen in die Haare: »Unter anderen sagte er [Breitscheid] mir, als ich sagte, ich wäre halt vorher schon von der Sammlung abgerückt im Hinblick auf meinen Bruder, sah er mich an, als wäre ich der letzte Feigling: es sei *nicht wahr*, dass man Geiseln nehme.«[17] Für Annette Kolb jedenfalls war nach dem Eklat um Klaus Manns ›Sammlung‹ die Lage klar. Sie wollte mit den Emigrantenkreisen, der »Polizei des émigrés improductifs [der Polizei der unproduktiven Emigranten]«[18] nichts mehr zu schaffen haben und nannte Klaus Mann in vertraulichen Briefen an Schickele »ein Schwein«.[19] Gegenüber der Nachwelt schämte sie sich: »Wie gesagt: ich glaube man wird sich – à propos de cette Hetze – eines Tages an den Kopf greifen, wie eine solche Emigrantenpsychose möglich war.«[20]

Breitscheids Meinungen im Hinblick auf nationalsozialistische Terrormaßnahmen waren etwas naiv. Immerhin wurde bereits im Herbst 1933 in Berlin diskutiert, ob man nicht Thomas Mann entführen und ins Konzentrationslager Dachau verschleppen könnte, um Druck auf Klaus Mann und ›Die Sammlung‹ auszuüben. Es kursierten darüber hinaus Gerüchte, daß auch Klaus und seine Schwester Erika entführt werden sollten. Erika Mann machte sich bei den Nazis durch ihr kritisches Kabarett ›Die Pfeffermühle‹ (dessen Zürcher Gastspiel Annette Kolb einmal mit Begeisterung sah) mißliebig.

Auch in Deutschland verbliebene Bekannte Annette Kolbs wurden Opfer der Nationalsozialisten. Bereits im April 1933 erfuhr sie, daß Frieda Perlen, Pazifistin und Mitglied der »Internationalen Frauenliga für Frieden und Freiheit«, in ein Konzentrationslager bei Stuttgart verschleppt worden war. Und kurz bevor 1934 ihr Roman ›Die Schaukel‹ bei Fischer erschien, erhielt sie Nachricht vom Schicksal Hubert von Rankes, dessen Großeltern sie im Buch wenig schmeichelhaft als die protestantische, preußentreue Familie von Zwinger porträtierte. Hubert von Ranke war bei der »Säuberungsaktion« nach dem Reichstagsbrand vom 27. Februar 1933 von der Gestapo ins Gefängnis geworfen worden. Nach der Entlassung aus der Haft schrieb er Annette Kolb im Dezember 1933 einen Brief, den sie voller Stolz in einem Schreiben an René Schickele erwähnt: »Du weißt doch aus dem Roman die Zwingers: Victory u. Tobby – nun, der Sohn Victorys schrieb mir einen langen Brief, ohne mich zu kennen. Er war in Einzelhaft, weil er anderen half. Sie haben ihn par égard pour son nom de *Ranke* [mit Rücksicht auf seinen Namen von Ranke] nicht misshandelt. Aber was er sah!! – Im Gefängnis war unter den Gefängnisbüchern par mégarde [durch ein Versehen] mein Zarastro (man hielt ihn für den Nietzsche [Zarathustra], je suppose, und der ist erlaubt)! Nun gaben sich die Gefangenen das Wort, der erste der heraus käme, würde mich ausfindig machen u. mich im Namen der anderen grüssen.«[21] Daß ihre Bücher immer noch aufrichtige Menschen in Deutschland erreichten und ihnen Kraft schenkten, gab ihr selbst wieder Mut, weiterzukämpfen.

Diese Hoffnung, den Lesern aus dem Herzen zu sprechen, half ihr, trotz mancher Schreibblockade und trotz der Anfeindungen gegen Bermann Fischer, ihren dritten Roman ›Die Schaukel‹ fertigzustellen. »Ich erhalte Korrekturen und Ekel wütet im Gebein«, vermeldet sie aus der Schlußphase der Arbeit. »Zu denken, dass ich zwei Jahre daran schwitzte, quel métier tout de même. Ich bin halt eben keine geborene Schriftstellerin und werde diesem Beruf ein herzhaftes Nie wieder als Scheideruf zurücklassen.«[22]

Der Roman erschien im Vorabdruck im Sommer 1934 in der noch nicht gleichgeschalteten ›Frankfurter Zeitung‹ und im Herbst desselben Jahres als Buch im S. Fischer Verlag. Mehr als in ihren bisherigen Werken wurde das eigene Elternhaus im königlichen München der 1880er und 1890er Jahre zur Folie. Kindheit und Jugend in einem deutsch-französischen Elternhaus, der Widerstreit von katholischen Urmünchnern und preußentreuen Protestanten, von Toleranz und neudeutscher Großmannssucht, von altdeutschem Patriziertum und neureicher Bourgeoisie, von Liebe zur Kunst und Reduktion auf Karriere und Geld sind die Pole in diesem Buch. Während ›Daphne Herbst‹ unter dem wehmütigen Motto »Finis Bavariae« steht, endet ›Die Schaukel‹ mit dem Brand des Münchner Glaspalastes im Juni 1931, als die Weimarer Republik bereits unter den Stiefeln von SA und SS zertreten zu werden drohte. »Finis Germaniae« könnte man daher als Untertitel des dritten Romans setzen. Die Konnotation vom Brand des Glaspalastes mit dem inszenierten Brand des Reichstages am 27. Februar 1933 war sicherlich gewollt. Annette Kolb selbst nannte letzteres Ereignis einen »Brandschwank«, mit dessen Hilfe die Nationalsozialisten die Reichstagswahlen vom 5. März 1933 zu knebeln und zu fälschen versuchten.[23]

So unpolitisch ›Die Schaukel‹ nach außen auch erschien: Die Darstellung einer liberalen, musischen, apolitischen, bohemienhaften Familie im München der Königszeit war an sich schon ein Affront gegen die totalitären Ziele des NS-Regimes. Besonders aber erregte der Roman durch eine Fußnote Aufsehen, die Annette Kolb bei Bermann Fischer durchgesetzt hatte. In einer Anmerkung zur Figur der jüdischen Frau James heißt es da: »Vom Tage an, da die Juden im geistigen Leben zu Einfluß gelangten, machten sich in der gefährdeten Existenz des Künstlers gewisse Chancen fühlbar, daß er nicht mit einer Mühsal wie bisher, die subjektiv gesehen nur zu oft einem Auf-der-Strecke-Bleiben gleichkam, sich durchzuringen hatte; mit anderen Worten und retrospektiv gesehen: daß ein Hölderlin vielleicht davor bewahrt geblieben wäre, den armen Hauslehrer zu spielen, Franz Schubert vielleicht nicht so jung und als ein derart armer Teufel gestorben wäre. Wie dem auch sei: wir sind heute in Deutschland eine kleine Schar von Christen, die sich ihrer Dankesschuld dem Judentum gegenüber bewußt bleibt.«[24]

Diese unter Schwierigkeiten in einer Zeit geknebelter Meinungsäußerung gesetzte Fußnote zeugt für ihre ehrliche Reverenz vor den geistigen und mäzenatischen Leistungen der deutschen Juden. Dabei riskierte sie, die von jedem Honorar abhängig war, ein Verbot des Buches in Deutschland. Dennoch schrieb sie im Vorfeld an Schickele: »Und mein Buch wird er [Bermann] nicht bringen dürfen, denn ich änder nichts u. es kommt auch ein Bekenntnis zu den Juden drin vor, was unsere Zunft ihnen schuldet.«[25] Wie absurd ihr die Rassenlehre der Nazis erschien, verdeutlicht ein Brief, worin sie sich über den ideologischen

Mißbrauch der deutschen Sprache mokiert: »Ich sah heute Rudolf Old[en]. mit einer so und so vielten Frau, diesmal Volljüdin, wie es Vollbier gibt.«²⁶

›Die Schaukel‹ ist bis heute wohl das beliebteste Buch Annette Kolbs. Nicht zuletzt bietet der offen autobiographische Charakter des Werks auch eine leichtere, vordergründige Verständlichkeit als die anderen beiden Romane. 1983 kam der gleichnamige Film (Regie: Percy Adlon) in die Kinos.

Ein breiteres Echo war dem Roman in der von den Nationalsozialisten bereits weitgehend gleichgeschalteten Buchkritik allerdings versagt. Immerhin blieb die deutsche Lesergemeinde der Autorin treu: Bereits im November 1934 mußte eine zweite Auflage gedruckt werden. René Schickele, der mit Geduld das Manuskript während der Entstehung begleitet und seiner Kollegin Ratschläge erteilt hatte, äußerte sich in seinem Tagebuch differenziert: »Ihr [Annette Kolbs] Deutsch ist fragwürdig. Sie versteht nichts von der Komposition eines Romans, sie schreibt drauflos, es geht ›über Stock und Stein‹, humpelt und rumpelt, und während man sie ächzen und seufzen hört über das gräßliche Handwerk, das sie recht eigentlich dilettantisch ausübt, erklingt die schönste, mozartisch beschwingte Musik und nimmt einen gefangen, daß man alles andere vergißt.«²⁷

Begeisterung schlug ihr von Joseph Roth entgegen. Er, der der versunkenen Habsburgermonarchie nachtrauerte und seinen Schmerz im Wein ersäufte, schrieb aus Nizza mit der Ekstase des Trinkers über das melancholische Buch der Kollegin: »Wirklich geliebte Annette Kolb, Ihr großes Talent ist bestätigt und meine große Liebe zu Ihnen auch. Wenn ich jemals hätte glauben können, Sie verführten mich durch Ihren Liebreiz dazu, Sie literarisch höher zu schätzen, als mein grausames schriftstellerisches Gewissen es gestattet, so ist jetzt, durch diese göttliche *Schaukel* erreicht, daß ich mit einem Triumph zu mir sagen kann: Du hast immer Recht gehabt! [...] Selige Ferien! Wie mieß ist mir jetzt vor meinem Buch! Sie schreiben, wie ein Vogel und ich wie ein Elephant. Sie sind die einzige Frau, der es von Gott erlaubt ist, das männliche Handwerk zu üben. Jeder Satz eine Perle, jedes Bild ein Leben, jeder Gedanke eine Wahrheit, jede Beobachtung eine

Weisheit. Charmante Priesterin, Liebling der alten kleinen Götter und des großen Gottes – – und der Kenner, der Kenner! Mit Reife *in Anmut eilen*, das können Sie, mit Weisheit tanzen, das Gewicht überwinden, wunderbare Akrobatin! Und Deutschland ist nicht mehr da, Sie zu hören, und ich nicht einmal mehr fähig, Ihr Herold in der Frankfurter Ztg. zu sein. [...] Kommen Sie bald, bevor ich krepiert bin. Ich küsse Ihre Hand [...]«[28]

Annette Kolb, die wie immer während der Niederschrift eines Buches mehr gelitten hatte als daß sie von der Inspiration befeuert worden wäre (»Länger als ein Coletteroman nach 2 Jahren Schweiss wird es nicht.«[29]), konnte sich auch jetzt nicht zufrieden zurücklehnen. Hauptschuld daran trugen wieder die Anfeindungen sowohl aus Nazideutschland als auch aus der Emigrantenpresse. Müde schrieb sie: »Die Stühle, zwischen welchen ich sitze, sind nicht mehr zu zählen. Vielleicht lerne ich Zitherspielen u. ziehe mit der Lasker-Schüler nach's [sic] Jerusalem.«[30]

Das Wagnis der judenfreundlichen Fußnote blieb bei der Staatsgewalt nicht lange unbemerkt. Die bayrische Staatspolizei verlangte ein Verbot des Buches. Schließlich war es ausgerechnet Joseph Goebbels – will man einem Brief Annette Kolbs glauben –, der den Roman doch freigab, unter der Bedingung allerdings, daß die Fußnote ab dem 6. Tausend (6. und 7. Auflage) gestrichen würde.[31] Schickele kommentierte sarkastisch: »Na, so haben die lieben Juden wenigstens ihr kleines Vergnügen gehabt.«[32] Und hinsichtlich des Verkaufserfolgs, nicht ohne Anflug von Neid: »7. und 8. Auflage – Donnerwetter! Ça vaut bien une messe (basse)! [Das ist eine (stille) Messe wert!] Ich gratuliere. Wenn der bayrische Löwe wieder mal laufen kann, kriegst Du daheim von ihm ein Denkmal gesetzt: ›Meiner grossen Wärterin in kleiner Zeit!‹«[33] Die »lieben Juden« reagierten jedoch pikiert auf die Einwilligung der Autorin, die Fußnote streichen zu lassen. Wieder einmal erschien es ihnen so, als hätte Annette Kolb ihre Einstellung zugunsten des Geldes verraten und als übte ihr Verleger Bermann Fischer Druck auf seine Autoren aus. Der Publizist Leopold Schwarzschild schrieb erbittert und zu Unrecht: »Herr Beermann [sic], der ewig Schaukelnde, hat Annette Kolb's ›Schaukel‹ nach seinem Geiste wieder zurechtgeschaukelt.«[34]

Nicht minder verletzt zeigte sich Annette Kolb, deren guter Wille wieder einmal nicht hinlänglich anerkannt worden war. Verbittert schrieb sie an Schickele: »Die Juden sind selber Schuld, dass die Fussnote heraus musste. Hätten sie keinen solchen Sums gemacht, hätte niemand ans Verbot gedacht. Für die Juden bestand das ganze Buch nur aus ihr, ›fusste‹ darauf.«[35]

Der nächste Schritt auf dem Weg der Gleichschaltung und Einschüchterung der deutschen Schriftsteller war nach der Bücherverbrennung vom 10. Mai 1933 die Gründung des »Reichsverbands deutscher Schriftsteller« am 9. Juni. Ende Juli wurde darin der alte »Schutzverband deutscher Schriftsteller«, dem auch Annette Kolb angehörte, zwangsintegriert und damit gleichgeschaltet. Annette Kolb lobte in einem Brief an René Schickele den Brief ihres Kollegen Oskar Maria Graf vom 5. März an den »Schutzverband«, worin er sich mit den verfolgten Kollegen solidarisch erklärte. Graf, der von den Nazis gerne als oberbayrischer Heimatschriftsteller vereinnahmt worden wäre, wandte sich wenig später in einem empörten offenen Brief gegen die Tatsache, daß seine Werke bei der Bücherverbrennung von den Nazis verschont worden waren. In einem Gedicht Bert Brechts über diesen damals vielbeachteten Brief ruft Graf: »Habe ich nicht / Immer die Wahrheit berichtet in meinen Büchern? Und jetzt / Werd ich von euch wie ein Lügner behandelt! Ich befehle euch: / Verbrennt mich!«[36]

Annette Kolb erhielt im Dezember 1933 einen Brief vom »Reichsverband deutscher Schriftsteller« mit der Aufforderung, bis zum 15. Dezember ihren Beitritt zum neuen Verband zu erklären. Ohne Mitgliedschaft war eine weitere Berufspraxis als Schriftsteller in Deutschland weitgehend ausgeschlossen, so war es auch von Bermann Fischer in einem Rundschreiben an seine Autoren verbreitet worden. Die entsetzte Annette Kolb suchte ihren Freund René Schickele, der einen ebensolchen Brief erhalten hatte, zu überzeugen, daß er als französischer Staatsbürger nicht einem deutschen Verband beitreten müsse: »Du bist Franzose, sie können dich nicht zwingen. Deine Ausrede ist parat. Wäre es die meinige schon!«[37] Doch auch sie wußte sich geschickt herauszuwinden, ohne ihr Gewissen zu belasten oder ihrem Verleger in den Rücken zu fallen. An den »Reichsverband« schrieb sie am 17. Dezember aus dem irischen Cork: »Dem Reichsverband Deutscher Schriftsteller beizutreten vermag ich nicht mehr: Seit fast 3 Jahren habe ich der schriftstellerischen Laufbahn völlig entsagt. In Folge eines Kopfleidens wandte ich mich derjenigen Tätigkeit zu, für welche ich in früher Jugend ausgebildet wurde: der pianistischen. Ich spiele hier morgen am Rundfunk u. absolviere demnächst ein Probespiel für Kammerspiel für London – Hochachtungsvoll AK«[38] Die Logik dieser Ausrede war von Kolbscher Frappanz: Immerhin war bei der Tätigkeit als Konzertpianistin der Kopf mindestens genauso beansprucht wie beim Schreiben. Dennoch scheint sich der Verband mit dieser Entschuldigung zufriedengegeben zu haben. Ja, mehr noch: Bis zur Emigration des Fischer Verlags nach Schweden konnte sie weiterhin in Deutschland eingeschränkt publizieren und wurde nicht mehr behelligt, »all ihren Dreck Organisationen beizutreten«[39]. Daß Annette Kolb vom »Reichsverband« daraufhin keine Antwort erhielt, nahm sie allerdings weniger erleichtert denn vielmehr als Mißachtung ihrer Persönlichkeit auf: »Ich habe auf meine Absage an die Kulturkammer keine Antwort erhalten. Eine Frau ist für sie so minderwertig, dass sie mich vielleicht einfach ignoriren. [...] Meine Chance besteht in der Verachtung der Nazis für Frauengehirne.«[40] Die Entschuldigung mit der pianistischen »Laufbahn« war nicht ganz aus der Luft gegriffen: Tatsächlich spielte sie in diesen Jahren einmal im irischen Rundfunk in Dublin Stücke von Mozart und Debussy ein[41] (ein Hinweis auf ihr großes pianistisches Können) und sprach dazu erklärende Worte. Eine Einladung, bei der BBC »*ohne* Probspiel anzutreten«[42], zerschlug sich allerdings. Zwar reiste sie nach London, wurde aber, durchaus in nationalistischer, anti-irischer Haltung abgelehnt, als sie als Wohnsitz den ihrer Schwester in Irland angab.

Während sie in diesen Jahren gern bei Germaine in Cork wohnte, brachte sie es nicht über sich, den Bruder Emil, dessen Spielschulden einst die Mitgift der Schwestern hatte geopfert werden müssen, nun in Paris zu besuchen. Sie porträtierte ihn als »Otto« in ›Die Schaukel‹ und erfuhr während der Arbeit an dem Buch von seinem Tod. »Der arme ›verderbliche Otto‹ ist heute beim Einzug in seine Wohnung gestorben«, schrieb sie am 29. Dezember 1933 an Schickele, »ich hatte es für ihn ersehnt, aber es trifft mich dennoch. Und ich hab ihn nicht mehr sehen können. Auch jetzt nicht.«[43]

Nach Paris zurückgekehrt, versuchte Annette Kolb aus ihrer französischen Abstammung Vorteile zu ziehen und beantragte mit Hilfe des alten Freundes Camille Barrère und des früheren Botschafters in Berlin Jules Martin Cambon bereits 1933 die »Naturalisation«, die französische Staatsbürgerschaft. Zwar trug sie sich gelegentlich mit der Idee, Luxemburgerin oder Österreicherin zu werden, auch dachte sie zeitweilig an eine Schein-ehe mit einem Franzosen, doch erschienen ihr die Verbindungen zu französischen Freunden in Politik und Diplomatie hilfreicher zu sein. Insgeheim träumte sie in den ersten Jahren des Exils noch davon, mit einem französischen Paß in Händen zusammen mit René Schickele (der ja die französische Staatsbürgerschaft seit 1919 besaß) im Triumph nach Badenweiler zurückzukehren, um dort die nationalsozialistischen Lokalpolitiker zu entsetzen und den Spießbürgern ein Dorn im Auge sein zu können. Doch entsprangen solche Träume allenfalls einem illusorischen Wunschdenken, einem Drang nach Vergeltung.

Die Naturalisation mußte Annette Kolb äußerst vorsichtig betreiben: Spitzel bevölkerten die Hotels und Cafés, die üblichen Treffpunkte der Emigranten. »Hier [gibt] es viele Spitzel, auch hier im Hotel!« weiß sie Schickele zu berichten. »Neulich besuchte mich ein M. Muret von der Gaziette de Lausanne. Sofort setzte sich Einer mit einem Bücherl in unsere Nähe.«[44] Wollte sie die bürokratische Prozedur nicht behindern, mußte sie darauf achten, daß der deutsche Geheimdienst nichts davon erfuhr. Auch Schickele hielt sie zu Vorsicht an. Immer wieder mahnte er sie, seine Briefe nach dem Lesen sofort zu verbrennen (zum Glück für uns Heutige hat sie es nicht getan). Er selbst vernichtete zum Teil ihre Briefe, so daß uns Annette Kolbs Korrespondenz an ihn vom Februar 1936 bis März 1938 leider fehlt. Einmal passierte ihr ein peinlicher Fauxpas: Sie wollte einen Brief Katia Manns mit vertraulichen Mitteilungen an Schickele weitersenden – und steckte das Schreiben in ihrer »Abgewandtheit« in ein falsches Kuvert. Schickele, angstgelähmt, tadelte sie: »Bei aller Lieblichkeit hat Deine Zerstreutheit manchmal etwas Furchterregendes. Du kannst einen gerade so gut in Teufels Küche schicken wie ins Paradies. [...] Hör mal, sehr ungemütlich, Deine Nazi-Bedienung. Da weißt Du ja nie, wieviel Leute Du, ohne es zu wissen, auffliegen lässt. Du müsstest jeden Brief sofort *verbrennen*.«[45]

Annette Kolbs Antrag auf Naturalisation, gestellt im April 1933, wurde über drei Jahre verhandelt. Trotz der Hilfe Barrères und anderer ging die Sache nicht recht voran. Hinzu kam, daß sie nicht nach Deutschland reisen konnte, um dort auf Standesämtern und in Kirchenregistern notwendige Nachweise zu fassen. Einen Eindruck von den bürokratischen Schikanen kafkaesken Ausmaßes gibt ihr Brief an Schickele vom 16. Januar 1935: »In der Préfecture empfing mich – der Chef war weg – ein ekelhafter Widerling, der mich wie eine inculpée behandelte, neue Papiere forderte – Nein, René. Wenn ich, nachdem alles für abgeschlossen galt, wieder anfangen soll und an Standesämter schreiben, 1. sieht dann in Deutschland jedes Schaf, wozu ich die Ausweise will, 2. kann ich Taufschein etc. meiner Mutter in Bourges, oder wo immer, nicht finden, da ich ihren Geburtstag nicht weiss; ich habe nur ihren acte de mariage mit grosser Mühe gefunden, er nur war verlangt worden. Der Widerling hielt sich aber für einen Untersuchungsrichter. Er war grässlich. Mir wurde übel. In keiner Weise sei erwiesen, daß meine Mutter Französin gewesen sei, auch meinen Geburtsschein wünschte er! Den Heimatschein hatte ich schon geholt.«[46] Schickele half, wie er konnte: Einmal schrieb er ihr aus einem Gartenlexikon einen Artikel ab, worin stand, ihr Vater Max Kolb habe den Park von La Muette in Paris angelegt: »Könnte für die Naturalisation von Nutzen sein.«[47]

Die Angelegenheit zog sich hin; erst nachdem 1936 die Erste Volksfront-Regierung in Paris die Macht übernommen hatte, bewegten sich die starren bürokratischen Barrieren. Endlich, im Juni, erhielt sie das ersehnte Dokument: Sie war nun offiziell französische Staatsbürgerin. Damit war sie in Frankreich nicht mehr nur geduldet und konnte ohne Schwierigkeiten ins Ausland reisen (von Deutschland einmal abgesehen). Doch auch in Deutschland konnte man ihren Besitz, zumal das Haus in Badenweiler, nicht mehr ohne weiteres enteignen. Am Tag, als sie die gute Nachricht erhielt, klingelte zufällig Jean Giraudoux an ihrer Tür: »Ich winkte ihm zu mit dem Dokument und sagte: ›Félicitez-moi [Gratulieren Sie mir]‹, und er darauf: ›Je nous félicite [ich beglückwünsche uns Franzosen]‹ – und ich war entzückt von dieser politesse française.«[48]

Der Umgang mit Giraudoux war nicht nur privater Art. Annette Kolb hatte, zusammen mit der österreichischen Freundin Bertha Zuckerkandl, im Januar 1936 den Auftrag erhalten, sein Stück ›La guerre de Troie n'aura pas lieu‹ für das Theater in der Josefstadt in Wien zu übertragen. Der Haken dabei war: Es mußte innerhalb von 13 Tagen übersetzt und an das Theater gesandt werden. Zudem übertrugen die beiden Autorinnen das Stück in Konkurrenz zu einem österreichischen Übersetzer. Annette Kolb kritisierte dessen Arbeit als »Liebelei mit Unterschlagung des Pazifismus wegen Mussolini [...] im Walzertakt«[49]. Das in Frankreich arbeitende Übersetzertrio – denn auch Schickele wurde miteinbezogen – wollte hingegen die nüchterne, klare Sprache des Originals übernehmen und den pazifistischen Grundtenor wahren. Bertha Zuckerkandl fertigte eine Rohübersetzung an, die Annette Kolb gründlich redigierte. Schickele gegenüber klagte sie: »Aber wie sie [Bertha Zuckerkandl] übersetzt! ... *Entre nous*, ich bekam Schreikrämpfe.«[50] Annette Kolb, die sich mit dem eigenen Schreiben stets schwer tat, arbeitete nun im Wettlauf mit der Zeit: »Anderseits [sic] übersetze ich, wie Mazeppa *ritt*, statt schneckengleich, wie ich selber schreibe, es ist eine ganz andere Methode, und ich übersetzte schon viel (an 10 Bücher!).«[51] Die übertragenen Szenen wurden Schickele nach Südfrankreich geschickt, der noch etliches änderte und umschrieb. Das ganze Projekt bezeichnete Annette Kolb als »Durchsicht des unsagbaren Augiasstalles«[52], doch hatte sich die Mühe gelohnt: Die Übersetzung von Annette Kolb und Bertha Zuckerkandl wurde von Giraudoux autorisiert, das Stück erfuhr am 6. November 1936 in Wien seine deutschsprachige Erstaufführung. Noch im selben Jahr erschien die Übertragung unter dem Titel ›Kein Krieg in Troja‹ bei Bermann Fischer, wobei hier und in späteren Ausgaben (unter dem veränderten Titel ›Der Trojanische Krieg wird nicht stattfinden‹) nur Annette Kolb als Übersetzerin genannt wird. In einer Glosse rühmte sie Giraudoux' Stück: »Was uns an den Helden des alten Griechenland noch angeht, sind nicht ihre Schicksale, sondern ihre Gestalten, die Gedanken über das menschliche Dasein, die eherne Prägung gewisser Sätze, die bis zu den Kammern unserer Herzen erdröhnen wie einst.«[53]

Noch war der Roman ›Die Schaukel‹ nicht erschienen, da arbeitete Annette Kolb bereits an ihrem nächsten Projekt: »Ich habe mein neues Buch angefangen [unleserlich] mit Todesverachtung. Der Titel ist entsprechend ›Mein Lesebuch‹. Denn andere als die Schreiberin werden es doch nicht lesen. René, manchmal bin ich schon recht deschperat.«[54] Auch hier irrte sie. Das Buch, das den endgültigen Titel ›Festspieltage in Salzburg und Abschied von Österreich‹ erhalten sollte, wurde eines ihrer populärsten. 1964 nahm sie es nochmals in ihr letztes Werk ›Zeitbilder‹ auf. Vier Sommer lang, von 1934 bis 1937, bereiste sie zusammen mit Mary Gräfin Dobřzensky (1889–1970) die Festspiele im noch nicht an Nazideutschland »angeschlossenen« Österreich. Mit der Gräfin verband Annette Kolb eine langjährige Freundschaft; kennengelernt haben sie sich wohl über Rainer Maria Rilke, den Mary Dobřzensky 1919 in Nyon beherbergt hatte. Die beiden Frauen verstanden sich so gut, daß sie sogar eine Zeitlang daran dachten, zusammenzuziehen.

Offiziell war Annette Kolb als Musikkritikerin unterwegs. Doch war dies nur ein Schachzug, um begehrte (und für sie meist unerschwingliche) Karten für die angeblich schon seit Monaten ausverkauften Konzerte und Opernaufführungen zu ergattern. Mit hartnäckiger Schläue gelang es ihr meist. Als »Aminta« hat sie sich in ihrem Buch mit liebenswürdiger Ironie selbst gezeichnet. Sie sah Arturo Toscanini, Bruno Walter, Paula Wessely, Helene Thimig, Lotte Lehmann, hörte Musik von Händel, Mozart, Beethoven, Schubert, Mendelssohn (der hier noch gespielt werden durfte), Wagner, Verdi, Debussy und Richard

Strauss. Annette Kolb und Mary Dobržensky unternahmen Ausflüge nach Badgastein, St. Wolfgang, St. Florian, Wien und auf das Schloß der Gräfin nach Böhmen. Häufig waren sie bei Max Reinhardt auf dessen Schloß Leopoldskron bei Salzburg zu Gast. Doch die Friedlichkeit und Feierlichkeit der Festspiele waren trügerisch. Schon wurde offen über einen drohenden Einmarsch der Deutschen gesprochen. Stör- und Sabotageaktionen von deutschen und österreichischen Nationalsozialisten waren an der Tagesordnung. »Denn Sprengstoffe«, so Annette Kolb, »– dem Schloßbesitzer [Max Reinhardt] und seinen Gästen zugedacht –, hatten kürzlich Löcher und Lücken in das Portal und in die Steinfliesen der Halle gerissen.«[55] So konnte Leichtsinn nur noch in den kurzen Stunden herausragender musikalischer Darbietungen aufkommen. Ansonsten: »bewaffnete Gestalten überall. Und nicht wie Tagediebe schauen sie in die Luft. Die zahlkräftigen Gäste in Salzburg müssen in Obhut genommen werden [...]«[56], wie sie bereits 1934 notierte. Diese Stimmung sollte sich in den verbleibenden drei Festsommern noch verstärken. Auch sah sie außerhalb der abgeschirmten Festspielwelt mit ihrem Glanz und Glamour vielfach Elend, Armut und Arbeitslosigkeit. Auf der Zugfahrt durch Vorarlberg und Tirol beobachtete sie bettelnde und hungrige Menschen, und Weiden, auf denen kein Vieh mehr zu finden war.

Am 25. Juli 1934 wurde bei einem nationalsozialistischen Putschversuch der österreichische Bundeskanzler Engelbert Dollfuß ermordet. Dessen Nachfolger Kurt Schuschnigg mußte dem deutschen Regime nach und nach Zugeständnisse machen, so im Februar 1938 die Ernennung des Führers der österreichischen Nationalsozialisten Arthur Seyß-Inquart zum Innenminister. Die NS-Presse in Österreich hetzte die Bevölkerung gegen die Regierung auf. Schuschnigg, der die Selbständigkeit der Alpenrepublik retten wollte, ordnete für den 13. März 1938 eine Volksabstimmung über die staatliche Zukunft an. Dieser kam jedoch Hitler mit dem Einmarsch deutscher Truppen am 12. März zuvor, nachdem er sich zuvor versichert hatte, daß Großbritannien nicht intervenieren würde. Im Triumph zog Hitler in Wien ein, auf dem Heldenplatz jubelten ihm die Massen zu. Wenig

später besiegelten bei einer Volksabstimmung über einen Anschluß Österreichs an das Deutsche Reich 99 % Ja-Stimmen das
Schicksal des Landes. In Wien, damals noch eine Hochburg der
deutschen Emigration, wurden sofort nach dem Einmarsch Säu-
berungsaktionen durchgeführt, Tausende von Intellektuellen
wurden verhaftet und ins KZ verschleppt, viele, die nicht mehr
fliehen konnten, begingen Selbstmord (so z. B. der Kulturwissen-
schaftler Egon Friedell).

Als Annette Kolb im September 1937 Salzburg verließ, ahnte
sie, daß sie ihr geliebtes Österreich auf lange Jahre das letzte Mal
gesehen hatte. In ihrem Buch über die Festspiele (es erschien
1937 im Verlag Allert de Lange, Amsterdam, in erweiterter
Neuauflage 1938) schrieb sie den Nationalisten jeder Couleur
zornig ins Stammbuch: »Und was sind Kriege anderes als eine
schlechte Ausrede, ein Waffenstillstand im eigenen Hause, die
Flucht vor uns selbst [...] Alle unsere Fahnen, ob gestreift oder
besternt und wie immer hoch gehißt, schleifen ihre Enden durch
Blut und Kot [...] Wir, die wir noch Zeugen waren einer um so
vieles gesitteteren Welt, wir sehen sie heute nicht nur verhext,
sondern bis in ihre Ritzen verwanzt.«[57]

Im Februar 1935 erschien in der Basler ›National-Zeitung‹ ein
Glückwunsch-Artikel René Schickeles zu Annette Kolbs 60. Geburtstag. Zwar wußte Schickele als einer der ganz wenigen, daß
sie in Wahrheit bereits 65 war, doch behielt er dieses Geheimnis
für sich und machte ihr Spiel gern mit. Das Porträt zeigt sie aus
der Sicht des Intimus: ungeschönt, weil er sie zu gut kannte und
durchschaute, und doch verklärt, weil er ihr aus Zuneigung vieles nachsah. Über sie als Schriftstellerin schreibt Schickele:
»Diese Dichterin hat Gott im Zorn erschaffen – im Zorn gegen
das Handwerk der Schriftstellerei. [...] Er führte sie zum Podium, von dem sie auf das schlummernde Gewitter des Orche-
sters und das festliche Publikum blickte wie auf ein Ährenfeld,
das der silbernen Sichel harrt, und dann, als sie den Taktstock
ergreifen wollte, nahm er die Erstaunte an der Hand, sperrte sie
in einen Speicher und befahl ihr, zu schreiben. Damit gab er ihr
ein Handwerk auf, von dem sie nichts wußte, als daß es schwerlich seinen Mann ernährt. Er verurteilte sie zur Askese und zur

deutschen Grammatik. Er ließ sie über aneinander gereihte Worte stöhnen und ächzen, bis sich aus dem Holterdipolter mehr und minder artikulierter Laute leise, leise dennoch Musik erhob [...] Alles, was sie schreibt, bedeutet für sie einen Ritt über den Bodensee. Wie leicht hätte sie über einem falsch angewandten Fürwort stürzen oder gar über einem ihrer verteufelt kühnen Sätze einbrechen können! Sie sind einzig in ihrer Art. Ein Roman von Annette Kolb hat nichts Ähnliches auf der Welt, er ist, in der Entstehung und in der Wirkung, ein Geheimnis. Kein geborener Schriftsteller könnte so schreiben, und erlernen läßt es sich erst recht nicht.«[58]

Die zur Schriftstellerei »verurteilte« Annette Kolb wurde in den vier Salzburger Sommern vielfach musikalisch inspiriert. Das ermutigte sie, Wolfgang Amadé Mozart, dem Komponisten, den sie am meisten schätzte, eine biographische Studie zu widmen. Die Beschäftigung mit ihm fußte nicht nur auf rein historischem oder musikalischem Interesse, vielmehr sah sie in seiner Musik die Wirklichkeit gewordene Utopie dessen, was dem Menschen kraft seines göttlichen Ursprungs zu erreichen möglich wäre. Bereits im ersten Jahr des französischen Exils schrieb sie – semantisch etwas unklar – an Schickele: »Wenn ich im Radio Mozart Klavier spielen höre, fasse ich wieder Mut.«[59] Wie immer bereitete ihr die Niederschrift Mühe, ja Qualen. Schickele, der sie leiden sah, riet ihr schnoddrig: »Nimm eine gute Biographie u. schreibe sie auf *Deine* Weise ab – es wird so doch ganz was andres.«[60] Glücklicherweise folgte sie seinem Rat nicht. Ihre Biographie ›Mozart. Sein Leben‹, die 1936 als Vorabdruck in der ›Frankfurter Zeitung‹, 1937 in Buchform bei Bermann Fischer in Wien erschien, zeigt einen Komponisten, der – von der Welt verachtet und geringgeschätzt – in Trübsinn und Melancholie getrieben wird: »Seine Umwelt hat ihn getötet. Die Art, wie sie ihn hingehen ließ, ist nur ein Symbol für die Tage, die sie ihm bereitete.«[61] Es ist nicht der heitere, sinnenleichte Komponist der Mozart-Industrie, den sie vorführt, vielmehr sucht sie ihn und seine Musik der Klischees zu entkleiden.

Mag auch die Biographie weder damaligen noch heutigen musikwissenschaftlichen Ansprüchen genügen, so reiht sich das

Buch geistesgeschichtlich doch in eine Serie ähnlicher Biographien oder Romane ein, in denen Schriftsteller des deutschen Exils im Leben einer historischen Persönlichkeit für sich selbst, ihr Schicksal und ihre Zeit Parallelen suchten oder zumindest Koordinaten zur geistigen und ethischen Orientierung zeichneten. Zu nennen sind hier ›Triumph und Tragik des Erasmus von Rotterdam‹ (1935) von Stefan Zweig, ›Die Jugend des Königs Henri Quatre‹ und ›Die Vollendung des Königs Henri Quatre‹ (1935/38) von Heinrich Mann, der Goethe-Roman ›Lotte in Weimar‹ (1939) von Thomas Mann oder die Romanbiographie über Friedrich Wilhelm I. ›Der Vater‹ (1937) von Jochen Klepper.

Mit Bezug auf die eigene Gegenwart merkt Annette Kolb in ihrem Mozart-Buch kritisch an: »Ist sie besser geworden? Welche Gewähr böte sie ihm? Was wäre er heute? Ein Kriegsinvalide vielleicht. – Und morgen? – Zwar kehren die Dinge sich ans Licht, doch diese Welt kennt kein Erwachen. Retten wir uns in die Schönheit, die Güte, den Geist. Nehmen wir unsere Zuflucht zu den Sonnen, die uns leuchten.«[62] Das Buch wurde wohl Annette Kolbs größter Erfolg. Übersetzungen des Werkes erschienen sogar in Frankreich (mit einem Vorwort von Jean Giraudoux), Großbritannien und Argentinien. René Schickele schrieb nach der Lektüre beipflichtend: »Denn so heiter, wie man ihn [Mozart] gewöhnlich hinstellt, ist er gar nicht. Vielmehr ist er von einer *glanzvollen Melancholie.* Je vergnügter er musiziert, umso näher fühlt man den Abgrund. So wenigstens empfinde ich ihn.«[63] Und später: »In allen Winkeln Deiner Prosa schlummert Mozartsche Musik. *Sehr* schön. [...] Niemals habe ich eine Tragödie sich so liebenswürdig abwickeln gesehn. ›Liebens-würdig‹, buchstäblich genommen. Was liesse sich Heftigeres, Entscheidenderes gegen unsere Zeit sagen – gegen unsere und aller Barbaren Zeit.«[64]

›Mozart. Sein Leben‹ erschien im Verlag Gottfried Bermann Fischers, der seinen Firmensitz unterdessen nach Wien verlegt hatte. Der Publizist Leopold Schwarzschild beschuldigte den Verleger daraufhin im ›Neuen Tage-Buch‹ vom 11. Januar 1936, er sei ein Nazi-Agent und führe einen getarnten Exil-Verlag mit Hilfe und Einverständnis des Reichspropagandaministers

Goebbels. Andere Publizisten, so Georg Bernhard im ›Pariser Tageblatt‹ vom 19. Januar, zogen nach und hieben in dieselbe Kerbe. Bermann Fischer bat drei seiner bekanntesten Autoren, Thomas Mann, Annette Kolb und Hermann Hesse, eine Ehrenrettung für ihn zu veröffentlichen. Sie erschien am 18. Januar in der ›Neuen Zürcher Zeitung‹: »Dr. Bermann hat sich während dreier Jahre nach besten Kräften und unter den schwierigsten Umständen bemüht, den Verlag an der Stelle, wo er groß geworden ist, im Geiste des Begründers weiterzuführen. Er verzichtet jetzt auf die Fortsetzung dieses Versuches und ist im Begriffe, dem S. Fischer Verlag im deutschsprachigen Ausland eine neue Wirkungsstätte zu schaffen. [...] Die Unterzeichneten, die zu dem Verlage stehen und ihm auch in Zukunft ihre Werke anvertrauen wollen, erklären hiermit, daß nach ihrem besseren Wissen die in dem ›Tage-Buch‹-Artikel ausgesprochenen und angedeuteten Vorwürfe und Unterstellungen durchaus ungerechtfertigt sind und dem Betroffenen schweres Unrecht zufügen. Thomas Mann – Hermann Hesse – Annette Kolb«[65]

Auch jetzt wurde Annette Kolb, wie schon mehrmals zuvor, in der Emigrantenpresse wegen ihres solidarischen Verhaltens gegenüber Bermann angegriffen; es wurde ihr unterstellt, sie sei opportunistisch und lasse sich gängeln. Offensichtlich hatte Thomas Mann, bei dem sie in mancherlei Hinsicht in der Schuld stand, starken Druck auf die Widerstrebende ausgeübt, damit sie die Erklärung unterzeichnete. An Schickele schrieb sie später bitter: »Ich werde von T. Mann moralisch gezwungen, mich für Bermann einzusetzen, gut. Mich aber lässt er unwidersprochen durch den Kot schleifen.«[66]

Die Verbindung zu Thomas Mann war in diesen Jahren enger denn je, von Annette Kolbs Seite nicht immer freiwillig, war ihr Verhältnis zu ihm doch seit vielen Jahren gespannt. Dennoch waren die Kontakte Thomas Manns so vielfältig und wichtig, daß sie nicht an ihm vorbeikam. In das Jahr 1938 fällt die Beschäftigung Annette Kolbs mit einem Drama, das auf ein Fragment aus den Jahren 1913/14 zurückgeht. Damals hatte sie ein Stück namens ›Die Grenze‹[67] geschrieben. Nun holte sie das unveröffentlicht gebliebene Manuskript wieder hervor, überarbeitete es und baute es aus. Das Stück mit dem Titel ›Vorabend eines Krieges‹[68] spielt Ende Juli 1914 im Haus des Diplomaten von Langenau in Berlin. Die Konstellation in der Familie von Langenau ist eine ähnliche wie im Elternhaus der Dichterin: Die Mutter ist Französin, daraus resultieren die internen Konflikte zwischen Deutschtum und Franzosentum, zwischen Militarismus und Pazifismus, Spannungen, die der Diplomat von Langenau vergeblich zu entschärfen versucht. Das Schauspiel besitzt seinen Reiz im Charme der Konversation, in den eingestreuten Aperçus und Aphorismen, in der Charakterisierung und Entkleidung der Personen durch ihre Sprache. René Schickele freilich, der wie immer die Arbeit Annette Kolbs beratend begleitete, kritisierte die Schwächen im architektonischen Aufbau des Stücks: »Nicht einmal Giraudoux kann mit den geistreichsten Aphorismen allein ein Stück machen. *Il faut la charpente.* [Man braucht ein Gerüst.]«[69] Da sich keine Aufführungsmöglichkeit abzeichnete, wandte sich Annette Kolb an Thomas Mann mit der Bitte, ›Vorabend eines Krieges‹ in der von ihm herausgegebenen Zeitschrift ›Maß und Wert‹ zu publizieren. Auch Aline Mayrisch, Geldgeberin der Zeitschrift, setzte sich für Annette Kolb ein. Thomas Mann – von dem Stück nicht überzeugt – wandte sich eher um der »lieben Ruhe« willen an seinen Mitherausgeber Ferdinand Lion: »Erstens, das Stückchen Annettens. Es hat persönlichen Charme, ist aber etwas dünn. [...] Frau Mayrisch setzt sich in einem rührend dringlichen Brief dafür ein, daß wir, sei es selbst *etwas* gegen unser Gewissen, Einiges aus dem Drama bringen, der armen Annette gehe es so schlecht und ihrer irischen Schwester auch. Tatsache ist, daß sie große Hoffnungen auf das Stück setzt, und wenn ich ihr auch schon halb absagend geschrieben habe, so sage ich mir doch, daß es das Ende der Zeitschrift nicht wäre, wenn wir in Gottes Namen einen Akt oder zwei brächten, und daß wir buchstäblich ihre Erdentage dadurch verlängern würden.«[70] Schließlich wurde der erste Akt des Stücks in ›Maß und Wert‹ veröffentlicht.

Mit Krieg, Vertreibung und Inhaftierung setzte sie sich auch in einem Aufsatz auseinander, der 1939 in der Zeitschrift ›Sozialistische Warte‹ erschien: ›Vernichtete Existenzen‹[71] gibt den Bericht eines KZ-Häftlings wieder und beschreibt anschließend eine nächtliche Szene auf einem Pariser Postamt, wo Flüchtlinge ihre Auslandstelefonate führen.

Überraschende Abwechslung und Ablenkung von den Alltagssorgen brachte im Februar 1939 eine Einladung zur Tagung des Internationalen PEN-Clubs in New York, die von dessen Präsidentin Dorothy Thompson an Annette Kolb ausgesprochen wurde, obwohl diese nicht Mitglied war. Sie nahm die Einladung an, reiste im April nach Cherbourg in der Normandie und bestieg dort am 3. Mai die »Queen Mary« mit dem Ziel New York. Über die Fahrt und den Aufenthalt in New York und Washington hat sie 1940 ein unterhaltsames und zugleich informatives Buch mit dem Titel ›Glückliche Reise‹ veröffentlicht.

Da Annette Kolb nur über 300 Dollar von Dorothy Thompson verfügte, mußte sie sich auf dem Schiff mit einer fensterlosen Innenkabine bescheiden. Als sie jedoch seekrank wurde, griff sie zu einem ihrer üblichen Tricks. Dem Steward versetzte sie: »Es wäre peinlich für die White Star Line, mich ganz oder auch nur halb tot drüben abzuliefern.«[72] Die Drohung wirkte; sie erhielt eine schönere Außenkabine mit Fenster.

An Bord beobachtete sie ein schönes, offensichtlich jüdisches Geschwisterpaar, das sie entzückte und zum Nachdenken über das jüdische Volk und sein Schicksal anregte. Sie kam – neun Jahre vor Ausrufung des Staates Israel – für sich zu der Überzeugung, daß die Juden ein Anrecht auf einen souveränen Staat haben sollten: »Ein hartes und einzigartiges Geschick zwingt heute die Juden, von vorne anzufangen. Ihrer harrt eine Mission. Utopien sind am Ursprung aller großen Verwirklichungen. Als Utopisten standen ihre großen Urväter. Warum sollten die Juden statt des Exils sich nicht ein Reich [...] errichten? [...] Warum nicht ihre Vertreter entsenden? Sie könnten einen Herd mächtiger Anziehung bilden: ihre Leistungen in Kunst und Wissenschaft, ihren Kunstsinn und ihre Geistigkeit haben sie ja im Zusammenleben mit uns erwiesen.«[73] Kritisch betrachtete sie jedoch auch neureiche Juden auf dem Schiff, die ihrer Ansicht nach Vorurteile förderten und »Bazillenträger des Antisemitismus«[74] seien.

Am 8. Mai lief das Schiff im Hafen von New York ein. Mit dem Taxi fuhr sie zur Wohnung von Dorothy Thompson, Central Park West 88 in Manhattan. Annette Kolb war von der neuartigen Schönheit der Stadt überwältigt: »Und plötzlich – mir schien es plötzlich – zog in einer ekstatischen Luft Manhattan an uns vorbei. Abbildungen, wer weiß wie oft gesehen, bereiten auch nicht im Geringsten auf den Eindruck, ja die Bestürzung vor, mit welcher man diese Stadt zum ersten Male gewahrt.«[75] Sie hätte wohl nie daran gedacht, daß sie bereits zwei Jahre später hier ihr drittes Exil antreten müßte.

Annette Kolb kannte ihre Gastgeberin von einer flüchtigen Begegnung in Paris im Jahre 1931. Dorothy Thompson, Ehefrau des Schriftstellers und Nobelpreisträgers Sinclair Lewis, war lange Zeit die einflußreichste Journalistin der Vereinigten Staaten, die »Vedette des amerikanischen Journalismus«[76], so Annette Kolb. Seit 1925 hatte sie als Auslandskorrespondentin den Mitteleuropa-Dienst in Berlin geleitet. Seither war sie eine hervorragende Kennerin Deutschlands und der deutschen Verhältnisse. Aufsehen hatte sie u.a. mit kritischen Artikeln über den deutschen Nationalsozialismus und mit einem Interview erregt, das sie 1931 mit Adolf Hitler hatte führen können. 1934 war sie aus Deutschland ausgewiesen worden und schrieb seither für die ›New York Herald Tribune‹. Zudem engagierte sie sich im »Emergency Rescue Committee« für die Belange der Emigranten aus Europa.

Am Tag nach ihrer Ankunft fuhr Annette Kolb zusammen mit ihrer Gastgeberin zur Tagung des PEN-Clubs in einem Randbezirk New Yorks. Der Kongreß war bereits tags zuvor von Thomas Mann und Dorothy Thompson eröffnet worden. Schmerzlich wurde Annette Kolb auf der Tagung die Lage vieler deutscher Exilautoren bewußt: »Vergeblich ist das Lebenswerk der Meisten; ein Novum in der Literaturgeschichte: sie sehen, wie immer erfolgreich sie waren, ihre Bücher verboten oder verbrannt. [...] Sein Absatzgebiet ist dahin. Wer da Hoffnungen auf die Vereinigten Staaten setzte, weil dort so viele Deutsche leben, hat sich grausam getäuscht. Seine Situation ist nirgends tragischer. Der Haß dort auf alles Deutsche ist heute so groß, daß auch dessen herrliche Sprache davon betroffen wird.«[77] Betrübt und traurig, ohne – wie von ihr eigentlich erwartet – ein Grußwort gesprochen zu haben, verließ sie die Tagung: »Es war eine Sitzung, die in trüber Stimmung schloß.«[78] Vor dem Kongreßgebäude irrte sie umher, ohne den Wagen Dorothy Thompsons oder den Thomas Manns zu finden. Endlich entdeckte Klaus Mann sie und brachte sie nach Manhattan zurück.

So gut sie sich in den Städten ihrer beiden Vaterländer Deutschland und Frankreich zurechtfand: hier in Amerika war sie durch die Größe und Fremdheit der Örtlichkeiten und Umstände doch verunsichert und erdrückt. Zudem muß man sich vergegenwärtigen, daß sie bereits fast 70 Jahre alt war. Obgleich sie Englisch recht gut beherrschte (im Gegensatz etwa zu Thomas Mann), wurde sie auch später in ihrem New Yorker Exil nie heimisch und litt stark unter der Fremde.

Am nächsten Tag nahm sie an einem feierlichen Bankett des PEN-Clubs im Hotel Plaza teil. Am Abend zuvor hatte die von der Reise und den vielen Eindrücken gänzlich Verwirrte mit Hilfe der Sekretärin Dorothy Thompsons ein kleines Grußwort verfaßt. Die Sekretärin steckte es ihr in den Handschuh, damit es nicht verlorenginge. Eingeschüchtert saß sie unter fünfhundert Gästen und bemerkte mit Schrecken: »Ich trug keine Handschuhe mehr, und die zwölfeinhalb Zeilen waren glatt verschwunden. Ich kritzelte noch einmal etwas zusammen.«[79] Schließlich verließ sie auch diese Veranstaltung, ohne gesprochen zu haben, und fuhr in ihre Wohnung zurück.

Am 11. Mai schließlich stand für Annette Kolb der Höhepunkt der Reise an, dessentwegen sie die Fahrt nach Amerika überhaupt unternommen hatte. Eine Delegation des PEN-Clubs sollte im Weißen Haus in Washington vom amerikanischen Präsidenten Franklin Delano Roosevelt empfangen werden: »Denn eine Rede des Präsidenten war über den Ozean in meine Pariser Räume gedrungen und hatte eine sehr hohe Meinung von seiner Persönlichkeit in mir hervorgerufen. [...] Eine Begegnung, wie immer flüchtig, genügte.«[80] Wie auch andere Emigranten erkannte Annette Kolb, daß Amerika unter Roosevelt die einzige Macht der freien Welt war, die Hitlers Expansionspolitik stoppen konnte, nachdem die nachgiebige britische und französische Außenpolitik des Appeasement viele bitter enttäuscht hatte. Hitler stand in diesen Frühlingswochen 1939 auf der Höhe seiner Macht. Er hatte, ohne einen Krieg führen zu müssen, Österreich und das Sudetenland dem Reich einverleibt und die »Resttschechei« besetzt.

Mit dem Zug in Washington angekommen, fuhren die Schriftsteller zum Weißen Haus, wo sie schon von Dorothy Thompson und der Gattin des Präsidenten, Eleanor Roosevelt, erwartet wurden. Der Reihe nach durften die Gäste das Oval Office betreten, wo sie von Roosevelt mit Handschlag und ein paar persönlichen Worten begrüßt wurden. Diesen unvergeßlichen Augenblick – natürlich passierte dabei wieder eine Panne – schildert die Dichterin so:

»Nur eine Dame war noch vor mir, und sie wurde bei Gott laut und vernehmbar unter meinem Namen vorgestellt. Mrs. Roosevelt hatte kein Blatt in den Händen. Eine Verwechslung angesichts eines solchen Rudels von Schafen war nicht verwunderlich. Nun ja ... Gleichviel, nicht wahr? ... Immerhin ... und ich trat vor ... es würde sich ja gleich herausstellen, unter welchem Zeichen ich hier vorbeiziehe ...
Doch es kam anders.
›But this is Annette Kolb‹, sagte Mrs. Roosevelt, mit dem Nachdruck auf den Taufnamen. Irgendein Atavismus aber, von der ›Mayflower‹ heraufgeweht, ein Impuls natürlicher Courtoisie, flog da den Präsidenten an, daß er sich ein wenig aufrichtete und sein Lächeln den Schein annahm, als wisse er Bescheid [...] so ergriff ich rasch zwei- oder gar dreimal seine Hand und ging auf den Schein ein, als sei er bare Münze.«[81]

Hochbeglückt und zufrieden verbrachte Annette Kolb den Rest des Tages. Alle Mühsal des Exils war für Augenblicke vergessen: »Es stimmte etwas mit meinem Leben, und mit meinen Büchern desgleichen. Und sich selbst die Treue bewahren, war schließlich keine Utopie.«[82] Nach dieser Begegnung war für sie klar, daß Hitler und seine verblendete Ideologie nicht siegen würden. In

Roosevelt sah sie »eine Gewilltheit zu herrschen, getragen von der Unerschrockenheit des ganz großen Kämpfers, dessen Format heute wohl nirgends seinesgleichen hat, der seine Überzeugung hält, wie einen Schild«.[83] Ja, sie verglich den amerikanischen Präsidenten sogar mit dem friedliebenden, »guten« König Henri IV. von Frankreich, den auch Heinrich Mann unter der Last des Exils als Hauptfigur eines zweibändigen Romans gewählt hatte.

In Washington verbrachte sie den Nachmittag zusammen mit Dorothy Thompson, Klaus Mann und Ernst Toller auf einer Stadtrundfahrt. Toller war Annette Kolb in vielem geistig verwandt. Aufgrund seiner pazifistischen Ansichten und seiner Mitgliedschaft bei den Münchner Arbeiterräten im Jahre 1919 war er zu fünf Jahren Festungshaft verurteilt worden. In seinen Dramen (›Masse Mensch‹, ›Der Maschinenstürmer‹, ›Hinkemann‹) wandte er sich gegen Krieg und kapitalistische Ausbeutung. 1933 ging er ins Exil in die Schweiz, nach England und in die Vereinigten Staaten. Annette Kolb schrieb über ihn: »Human und reinen Wollens war und bleibt er das Opfer nicht nur seiner Illusionen, sondern auch seiner Gesinnung – dies ist viel. Die fünf Jahre Einzelhaft, die er in einer Festung verbrachte, verwand er nie. [...] Nunmehr war er ergraut, und es saßen ihm Dulderaugen in einem armen Gesicht.«[84] Ernst Toller war müde und mutlos geworden, er litt unter Depressionen. Elf Tage nach dem Empfang in Washington nahm er sich in New York das Leben. Annette Kolb erfuhr davon, als sie zusammen mit dem Lyriker Berthold Viertel zu Besuch bei Klaus Mann im Hotel Bedford war. Bestürzt notierte sie: »Er hatte ergebene Freunde, es war ein edler Zug in ihm. Er war nicht verlassen, dennoch starb er allein.«[85]

Um dem Trubel der Riesenstadt zu entfliehen, fuhr sie am 15. Mai nach Princeton, wo Thomas und Katia Mann, die im September 1938 nach Amerika ausgewandert waren, ein prächtiges Landhaus bewohnten. Dort blieb sie bis zum 20. Mai und erholte sich von den Strapazen, sonnte sich im Garten, wurde von der Frau des Hauses kulinarisch verwöhnt und genoß es, wenn Thomas Mann abends aus dem Manuskript von ›Lotte in

Weimar‹ vortrug. Sie unterhielt sich mit Klaus (mit dem sie sich versöhnt hatte) und mit Erika und Golo Mann, die ebenfalls zu Besuch da waren. Sie besichtigte die Universität von Princeton, verirrte sich auf dem Campus und wurde von Manns schließlich doch wieder aufgelesen. Verwundert zeigte sie sich über die Wohlhabenheit und das Dienstpersonal im Hause der Gastgeber. Katia Mann erinnert sich: »Annette Kolb war damals auch in Amerika und, zu Besuch, bei uns, sagte sie: na, hör mal, Katja, bei euch geht's zu! Sagte ich: Na ja, wir sind halt sehr fein. Es ist nun mal so.«[86] Die Eindrücke von Amerika waren die eines reichen und glücklichen Landes, und für sie stand fest: »Ich möchte wiederkommen.«[87] Dieser Wunsch sollte eher und unter ganz anderen Umständen, als sie sich vorstellen konnte, in Erfüllung gehen.

Zurück in New York, besuchte sie die Metropolitan Opera und wurde von Dorothy Thompson zu Cocktailpartys geschleppt. Sie sah das Stadtviertel Harlem und informierte sich über die soziale Frage der Schwarzen. Schließlich verhandelte sie (ergebnislos) mit einem literary agent über die Möglichkeit, in amerikanischen Zeitschriften zu veröffentlichen, denn sie wußte, daß die sorglosen Amerika-Ferien bald vorbei sein würden. In dieser Angelegenheit sprang ihr die burschikose Erika Mann bei, die versuchte, Aufträge für Annette Kolb zu akquirieren: »Verspätet ins Bedford Hotel, wo nach dem luncheon Erica Mann an Hand eines Telephonbuches einigen Redaktionen mit hemmungslosen Anpreisungen meiner short stories zusetzte. Es geschah mit solcher Dringlichkeit und einem so virtuosen Ernst, dass ein immer neu ausbrechendes Gelächter meinerseits ihre freundlichen Bemühungen sekundierte.«[88] Annette Kolb verhandelte sogar mit einem Bekannten über Vorträge, die sie im Winter 1939/40 in New York halten sollte – doch blieb all das Illusion.

Schließlich bestieg sie, entkräftet von der Vielzahl der Eindrücke und Erlebnisse, am 25. Mai das Linienschiff »Champlain« und fuhr nach Europa zurück. In Irland ging sie von Bord und erholte sich bei ihrer Schwester Germaine.

Sie kehrte in ein Europa zurück, das am »Vorabend eines Krieges« stand, um den Titel ihres Theaterstücks zu zitieren. Am

1. September 1939 begann mit dem Überfall deutscher Truppen auf Polen der Zweite Weltkrieg. Großbritannien und Frankreich erklärten daraufhin am 3. September Deutschland den Krieg. Es begann der »drôle de guerre«, der »Sitzkrieg«: Bis zum Angriff deutscher Truppen auf Frankreich am 10. Mai 1940 blieben Kampfhandlungen an der Westfront aus. Mit gelähmter Spannung lasen die Menschen in Frankreich täglich die Zeitungen und mußten jederzeit mit dem Ausbruch der Kämpfe rechnen. Am 12. September schrieb Annette Kolb in einem Brief an René Schickele mit gespielter Heiterkeit: »Paris ist leer. Ich lebe wie eine Gefangene, weiss nicht mehr, wie's aussieht, es ist auch egal. [...] Gasmaske hab ich keine. Ich ersticke so wie so.«[89] In den Herbst 1939 fällt die letzte Begegnung zwischen Annette Kolb und René Schickele in Saint-Paul in Südfrankreich. Schickele, depressiv, entmutigt, physisch und psychisch geschwächt, hatte keine Hoffnung mehr auf einen baldigen Untergang Hitlers. Annette Kolb versuchte ihn ein letztes Mal vom Gegenteil zu überzeugen: Man müsse unterscheiden zwischen Nazideutschland und dem guten Deutschland; die Zahl der Unschuldigen und Gerechten überwiege. Schickele widersprach, und sie konterte, bestärkt durch ihr Roosevelt-Erlebnis: »Aber Hitler wird den Krieg verlieren und den Schuldigen wird der Garaus gemacht werden.« Und Schickele: »Hitler wird den Krieg verlieren, aber der Schuldigen werden dann vielleicht zu viele sein, um ihnen den Garaus zu machen.«[90]

Wie sehr René Schickele mit seiner schwarzen Voraussicht recht behielt, sollte die von Verdrängung, Opportunismus und unaufgearbeitetem historischem Bewußtsein bestimmte Geschichte der jungen Bundesrepublik Deutschland zeigen. Doch erlebte Schickele dies nicht mehr. Wie oft hatte die treue Freundin Annette Kolb den um dreizehn Jahre Jüngeren aufzurichten versucht: »Wir sind doch Stehaufmännchen, du und ich.«[91] Indes, seine Lebenskraft war am Ende. Er starb nach einer schweren Grippe am 31. Januar 1940 in Vence, erst 56 Jahre alt. Annette Kolb, die schon so viele Wegbegleiter verloren hatte, war über den Tod ihres Intimus – allen zeitweiligen Streitigkeiten zum Trotz – im Innersten getroffen. Sie war zu jener Zeit in Genf und konnte nicht rechtzeitig zur Beerdigung kommen. Anna Schickele berichtete ihr detailliert von Schickeles letzten Tagen und dem Begräbnis und tröstete sie: »Ich will dir gern alles erzählen, und wie wir die letzten Tage noch mit Liebe von dir gesprochen haben, mit Dankbarkeit an das Schicksal, das uns solche herrliche Freundin gegeben hat.«[92] In ihrem Nachruf, veröffentlicht in ›Maß und Wert‹, schrieb Annette Kolb über den Freund: »ein Stück Weltseele war er vor allem; kosmischer war keiner, dabei kein Träumer. Die Schärfe seines Urteils, sein politischer Sinn stellten ihn abseits. Seine Gesinnung war eine Schule für ihn, ein Vorbild für uns.«[93]

Als am 10. Mai 1940 die deutschen Truppen Frankreich überfielen, blieb Annette Kolb zunächst noch in Paris, unschlüssig, wohin sie sich wenden solle. Immer noch klammerte sie sich an die Hoffnung, der Angriff würde zum Stehen kommen. Ein einziges Mal stieg sie beim Heulen der Sirenen zusammen mit ihrem bretonischen Dienstmädchen Anna Pennec in den Keller des Hauses hinab: »Viel unheimlicher fanden wir es dort, als bei mir oben im sechsten Stock.«[94] Kraft gab ihr in diesen Wochen und Monaten die Arbeit an ihrem neuen Buch, einer Biographie über Franz Schubert. Auch hier ist es die melancholische, resignative Seite des Komponisten, von der sie sich angezogen fühlte. Trauer um den Verlust der Heimat, Schmerz angesichts des eigenen Unbehaustseins schwingen mit, wenn sie über den Wiener Komponisten schreibt: »Allein der Staat hat jedesmal ganz andere Sorgen. Nachträglich besinnt er sich höchst offiziell mit unbändigem Stolz der Söhne des Landes, die ihm zur Ehre gereichten. An Denkmälern fehlt es ihnen, wie sehr sie auch zeitlebens darbten, nie.«[95] Nur unter Mühen brachte sie das Buch in der Zeit ihrer Flucht vor den Nationalsozialisten zu Ende, richtig zufrieden war sie damit nicht. ›Franz Schubert. Sein Leben‹ erschien 1941 bei Bermann Fischer in Stockholm.

Es war Anfang Juni 1940, die Deutschen standen bereits vor Paris (die Hauptstadt fiel am 14. Juni kampflos), als ein Pariser Freund, Fauchier Magnan, Annette Kolb beschwor: »Sie sind vielleicht nicht im Bilde. Die Deutschen rücken vor, sie sind nicht weit von Paris. Ich möchte Sie warnen.«[96] Erst jetzt erwachte sie aus ihrer Lethargie. Sie packte das Nötigste, kaufte eine Zugfahrkarte, brachte ihre Katze unter, warnte noch den Orientalisten Wilhelm Haas, und fuhr mit dem letzten regulären Zug (tags darauf versanken die Pariser Bahnhöfe bereits im Chaos der Flüchtlinge) nach Vichy, wo Lotte Kronheim, eine Mitexilantin und Bewunderin, ihr ein Hotelzimmer reserviert hatte. In Vichy begegnete ihr André Gide, den sie über die gemeinsame Freundin Aline Mayrisch in Colpach bereits kannte. Tags darauf konnte man in der Zeitung in Vichy über die Begegnung der beiden lesen: »Qui se ressemble, s'assemble.«[97] [Gleich und gleich gesellt sich gern.]

Die Ruhe in dem Kurort in der Auvergne war trügerisch. Auch hier – es war noch die Zeit, bevor Marschall Pétain in Vichy seinen Regierungssitz aufschlug – wurde Stimmung gegen Juden und Emigranten gemacht. Annette Kolb sah an den Bäumen Anschläge, worauf stand: »A bas les Juifs.«[98] [Nieder mit den Juden.] Als die Deutschen auch in Vichy einrückten, requirierten sie das Hotel. Annette Kolb, die zwar die französische Staatsbürgerschaft besaß, aber dennoch immer fürchten mußte, als mißliebige Exilautorin und Pazifistin erkannt zu werden, verbarg sich in einer Absteige im Vorort Cusset. Von dort aus wollte sie nach Clermont-Ferrand weiterfliehen. Vom Fenster des Gasthofes aus konnte sie die vorüberziehenden deutschen Truppen beobachten. Durch Zufall erfuhr sie, daß die Deutschen bereits nach Clermont-Ferrand vorgerückt waren; so mußte sie einen anderen Fluchtweg finden. In Cusset traf sie Jean Giraudoux (er war 1939/40 französischer Propagandaminister, später im Geheimdienst tätig), und einer seiner Begleiter bekannte ihr: »Nous ne pouvons pas vous protéger.« [Wir können Sie nicht beschützen.] Unterdessen war es den französischen Staatsangehörigen verboten worden, das Land zu verlassen. Der Schweizer Gesandte Stucki mahnte Annette Kolb: »Sie müssen fort, Sie dürfen sich einer eventuellen Wiederkehr der Deutschen nicht aussetzen.«[99] Unter Umgehung der offiziellen Behörden gelang es Stucki und Giraudoux schließlich, daß Annette Kolb einer Einladung in die Schweiz folgen konnte. Am 31. August endlich langte sie in Genf an und kam bei Carl Jacob Burckhardt unter.

Niemand wußte zum damaligen Zeitpunkt, ob Hitler nicht auch die neutrale Schweiz überfallen würde. So entschloß sich Annette Kolb, die Ausreise in die Vereinigten Staaten zu versuchen, wo sie Freunde und Bekannte wie etwa Thomas Mann, Dorothy Thompson oder Hermann Kesten hatte. Sie beantragte Visa für die USA, aber auch für die Transitländer Spanien und Portugal. Von Lissabon aus wollte sie mit dem Schiff über den Atlantik fahren. Die Bewilligung der Visa für Spanien und Portugal raubte wertvolle Zeit: »Sie waren befristet – und wurden nicht erneuert, wenn sie verfielen.«[100] Schwierigkeiten bereitete jedoch der amerikanische Konsul in der Schweiz. »Zwar wußte ich«, so Annette Kolb, »daß mein Name auf der Liste stand, die ein humaner New Yorker zugunsten gefährdeter Emigranten führte, welche er der Berücksichtigung empfahl. Aber nichts davon war bei dem Manne zu spüren, mit dem ich in Zürich zu tun hatte. Er war dem Triumph der Nazi [sic] verschworen, er hielt mich hin, und in seinem Wartezimmer befiel mich die alte Angst von Badenweiler, Paris, Vichy und Cusset.«[101] Monate vergingen, es wurde Winter. In dieser Zeit, als sie zu untätigem Warten verurteilt war, erhielt sie die Nachricht von der Auslieferung ihres Freundes, des Sozialdemokraten Rudolf Hilferding, durch die französischen Behörden an die deutsche Gestapo. Er starb im Februar 1941 in der Haft. Zuvor hatte sich, wie sie von Thea Sternheim[102] aus Nizza erfuhr, der Dramatiker Walter Hasenclever im Lager Les Miles aus Furcht vor der Auslieferung an die Deutschen umgebracht. Thea Sternheim berichtete auch von der Verschleppung emigrierter deutscher Frauen aus Frankreich in Konzentrationslager. Die Panik in Annette Kolb wuchs. Endlich – es war um die Jahreswende 1940/41 – erhielt sie doch das amerikanische Visum. Als sie eine Schiffskarte von Lissabon nach New York lösen wollte, erfuhr sie, alle Schiffe seien überfüllt. Am nächsten Tag erhielt sie jedoch von der Agentur Cook die Nachricht, in einem Flugzeug, einem Clipper, seien noch Plätze frei. Sie reservierte für einen Flug ab Lissabon, mußte aber feststellen, daß ihr spanisches Visum bereits in drei Tagen ablief. Erst zwei Tage später jedoch konnte sie, zusammen mit anderen Exilanten, in Genf einen Zug nach Barcelona besteigen.

218

Dort angekommen, übernachtete sie in einem Hotel und wollte am nächsten Morgen weiterreisen. Während die Mitexilanten am folgenden Tag den Frühzug nach Lissabon nahmen, wollte sie ein Flugzeug besteigen, das ohne Zwischenlandung nach Portugal flog. Doch erfuhr sie, daß sämtliche Flugzeuge in den nächsten vier Tagen ausgebucht seien. Es blieb ihr nichts übrig, als in dem Hotel zu warten und täglich nach freien Plätzen anzufragen. Um nicht die Nerven zu verlieren, arbeitete sie selbst in diesen quälend langen Tagen und beendete in Barcelona das Manuskript ihrer Schubert-Biographie.

Spanien war für Flüchtlinge ein gefährliches Pflaster. Seit April 1939 waren die Franco-Faschisten an der Macht, die mit Hilfe deutscher Truppen und deutschen Geldes die Republikaner im Bürgerkrieg besiegt hatten. Annette Kolbs Visum für Spanien war abgelaufen, und sie fürchtete, entdeckt zu werden. Der Portier im Hotel war bei den Emigranten als Spitzel bekannt. Der nicht eingeplante lange Aufenthalt im Hotel fraß ihre letzten Geldreserven weg. Endlich, nach drei Wochen, wurde ein Platz in einem Flugzeug nach Lissabon frei, ohne Zwischenlandung in Madrid, so wurde ihr vom Portier versichert.

Sie war angelogen worden. Als sie im Flugzeug saß und fragte, wann es in Lissabon lande, bekam sie zur Antwort, es fliege nach Madrid. Dort angekommen, wurden wieder die Pässe kontrolliert. Als sie zu protestieren wagte, wurde darauf nicht eingegangen, ihr wurde nur bedeutet, sie solle einen der beiden wartenden Busse besteigen, der sie in die Stadt bringe. Zu einem französischen Herrn, der neben ihr stand und sich wegen eines Privatfluges nach Sevilla erkundigte, sagte sie leise, damit nur er es hören konnte: »Monsieur, je suis perdue.«[103] [Mein Herr, ich bin verloren.] Als er so tat, als höre er nicht, setzte sie sich entmutigt in eine Bar des Flughafengebäudes und wartete, entschlossen, den Bus nicht zu besteigen. Der angesprochene Herr betrat jedoch nach einer Weile die Bar, kam auf sie zu und fragte, ob sie Französin sei. Annette Kolb bejahte, und es stellte sich heraus, daß er der französische Botschaftsrat in Madrid, Lamarle, war. Er händigte ihr seine Visitenkarte aus und gab ihr Anweisung, sie solle zusammen mit seiner Frau zu einem bestimmten Hotel fahren, dann bei der Agentur Cook einen Platz im ersten Flugzeug des folgenden Tages buchen und daraufhin den französischen Konsul aufsuchen. Sie tat, wie ihr geheißen. Bei Cook fand sie ihre Gepäckstücke wieder; doch als sie einen Platz im Flugzeug buchen wollte, erhielt sie die Auskunft, es sei bereits belegt. Sie versuchte in ihrer Not den Angestellten zu bestechen – doch ohne Erfolg. Erst als sie wieder murmelte: »je suis perdue«, erhielt sie überraschenderweise doch ein Ticket.[104] Dann fuhr sie zum französischen Konsul und überreichte ihm die Karte des Botschaftsrates. Er sagte ihr, das Flugzeug, das sie nach Madrid gebracht hatte, sei ein deutsches gewesen, die Zusammenarbeit von Spaniern und deutscher Gestapo sei bekannt. Auch äußerte er die Vermutung, daß die beiden Taufnamen »Anna Mathilde«, die im Paß standen und vom Rufnamen »Annette« abwichen, die spanischen Behörden stutzig gemacht hätten. Er könne ihr nicht weiterhelfen, sie müsse selbst zur Polizei, doch wolle er ihr einen Vertrauten mitschicken.

Zusammen mit diesem ging Annette Kolb zur Polizei. Lange Stunden mußte sie warten, während ihr Begleiter in verschiedenen Büros in ihrer Angelegenheit verhandelte. Endlich kam er mit der guten Nachricht: »Fliegen Sie morgen, aber mit dem ersten Flugzeug, wie Herr Lamarle es Ihnen einschärfte, dann wird Sie niemand zurückhalten.«[105] Sie war den Tränen nahe. Am nächsten Morgen fuhr sie zum Flughafen, bestieg das Flugzeug und entdeckte, daß es halb leer war: »Warum hatte der junge Mann bei Cook, der mir gewiß aus freien Stücken zu Hilfe kam, warum hatte auch er mich belogen?«[106]

Der Nervenkrieg hatte damit noch kein Ende. In Lissabon versuchte sie erneut wochenlang, einen Platz in einem Clipper nach New York zu erhalten. In Briefen an den befreundeten Schriftsteller Hermann Kesten in New York berichtete sie von ihrer finanziellen und seelischen Not. Kesten war zusammen mit Thomas Mann »Honorary Adviser« des American Rescue Committee. Er verhalf etlichen Kollegen, so Bert Brecht, Franz Carl Weiskopf, Martin Gumpert, Walter Mehring und Oskar Maria Graf zur Flucht nach Amerika.[107] Am 14. Februar 1941 schrieb ihm Annette Kolb aus der portugiesischen Hauptstadt: »Nun bin ich eine Woche hier und zog schon 4 Mal um, von einem vorbestellten Zimmer ins andere. Und weiss nicht wann und ob ich von diesen Gestaden fortkomme. Schiffe alle überfüllt, Clippers die immerzu ausfallen oder für Post reservirt sind. [...] Vor dem 20. März komme ich kaum fort vielleicht nicht vor Ende und so lange habe ich kein Geld natürlich. Denn für einen so langen Aufenthalt war ich nicht gewappnet, da nun verzögert wurde, dass ich vor dem 7. März bestimmt nach N. Y. fahren könne. Ich habe an Katia Mann geschrieben, höre aber nun Manns seien nicht mehr in Princeton. Das Leben ist im Grossen so furchtbar im Kleinen so aufreibend geworden, dass einem der Mut manchmal versagt mitzutun.«[108]

Kesten antwortete ihr, schickte ihr 44 Dollar, die Leonhard Frank gestiftet hatte. Am 3. März antwortete sie: »Auf diese letzte Klipper-Klippe war ich nicht vorbereitet, und die jüngst ausgestandene Panik hat einen bitteren Erdenrest in mir zurückgelassen. [...] Statt an das rescue und emergency comité zu gehen ging ich heute ins Pan-American Air-way-Office und machte Ihnen Vorstellungen wie gesagt. [...] aber da ich Französin bin denkt niemand, dass *eventuell* es auch hier zu spät werden könnte. Und wenn dies den Leuten klar gemacht würde, wären sie vielleicht nicht so harthörig [sic]. In den Hotels blüht hier die Gestapo [...]«[109]

Zu den Geld- und Ticketsorgen und der Angst, an die Gestapo verraten zu werden, gesellte sich noch ein Zwist mit ihrem Verleger Bermann Fischer. Dieser wollte die von ihr unter widrigsten Umständen in Barcelona fertiggestellte Schubert-Biographie schnell veröffentlichen, ohne ihr die Fahnen zur Korrektur zu schicken. Sie protestierte, wandte sich bereits an einen Rechtsanwalt, verweigerte die Veröffentlichung unter ihrem Namen, wenn sie das ihrer Ansicht nach fehlerhafte Typoskript nicht gegenlesen dürfte.[110] Immer hoffte sie auf Geld von Bermann Fischer, damit sie den Clipper bezahlen konnte, doch blieb es in diesen Tagen und Wochen höchster Not aus. »Bermann könnte etwas berappen«, schrieb sie am 9. März an Kesten, »dass ich den Schubert fertigbrachte unter Angstzuständen ist eine Leistung, die anerkannt werden sollte. [...] Ihr werdet Geduld mit mir haben müssen, so herunten bin ich!«[111] Am 15. März war sie immer noch keinen Schritt weiter. Sie war am Ende ihrer Kräfte: »Meine Nerven haben lange gehalten. Aber jetzt wollen sie nicht mehr.«[112]

Endlich, Ende März, erhielt sie doch einen freien Platz in einem Flugzeug, und sie konnte dem brennenden Boden Europas entfliehen. Glaubt man den Erinnerungen Gottfried Bermann Fischers, so habe Annette Kolb ihm erzählt, das Flugzeug sei über Dakar im Senegal geflogen. »Wie Reporter«, so Bermann Fischer, »bei einer Zwischenlandung in Dakar sie für einen afrikanischen Häuptling hielten, als sie, in dunkle Tücher gehüllt, dem Flugzeug entstieg, muß man von ihr selbst hören.«[113] Ihrer eigenen Erinnerung nach hielt ein Reporter sie dagegen für den exilierten König Carol von Rumänien.[114]

Das Flugzeug hatte in New York Verspätung, und Bermann, der zum Flughafen fuhr, um seine Autorin in der Neuen Welt zu empfangen, wartete vergebens. Belustigt schrieb Klaus Mann am 29. März an seine Mutter: »Sehr rätselvoll ist auch der Fall Annettens: denn als der gute Doktor Bermann, früh um sechs, zum La Guardia Field eilte, da gab es keine Miss Kolb – nur erstaunte Mienen. Von ihrem jähen Ableben wären wir doch wohl unterrichtet worden. Wahrscheinlich hat sie einfach alles durcheinander gebracht und ist aus Versehen nach Argentinien geflogen. Hoffentlich hat sie unterwegs keinen Kaviar angerührt, wegen des hohen Trinkgeldes.«[115]

In den letzten Tagen des März 1941 betrat Annette Kolb zum zweiten Mal amerikanischen Boden, nicht mehr als Ehrengast des PEN-Clubs, sondern als mittelloser Flüchtling: »Und so kam, allein und denkbar unsportlich angetan, endlich auch ich nach New York.«[116] Das dritte Exil begann. Sie stand im 72. Lebensjahr.

»Dankbar und unglücklich« –
Amerikanisches Exil (1941–1945)

War es Annette Kolb in den acht Jahren ihres Exils in Paris gelungen, ihr Leben allen Widrigkeiten zum Trotz sinnvoll und er-
füllend zu gestalten, so war ihr dies in Amerika nicht mehr möglich. Das hing mit ihrem hohen Alter zusammen, aber auch mit
dem progressiven amerikanischen »way of life«, der ihr, die in
ihren Ansichten, ihrer Erziehung, ihrer Lebensführung in vielem
dem 19. Jahrhundert verhaftet war, entgegenstand. Alma Mahler-Werfel, die zusammen mit ihrem Mann Franz Werfel im Oktober 1940 in die Vereinigten Staaten geflüchtet war, erinnert
sich: »Die Dichterin Annette Kolb antwortete auf die Frage, wie
sie sich in Amerika fühle: ›Dankbar und unglücklich.‹ Sonder-
bares Wesen, das . . .«[1] Es war keineswegs so, daß Annette Kolb
eine Integration, eine Anpassung an die geänderten Verhältnisse
nicht versucht hätte. Sie bemühte sich um soziale Kontakte, ihre
guten Englischkenntnisse erleichterten ihr sogar vieles. Sie
schrieb verschiedene Aufsätze (in englischer Sprache) und versuchte diese in Zeitungen und Zeitschriften unterzubringen –
doch meist ohne Erfolg. Dem harten amerikanischen Journalis-
musgeschäft war sie nicht gewachsen, ihre Themen fanden wenig
Interesse. An die Freundin Ilse Gräfin Seilern, die Schwester des
Dichters Balder Olden, schrieb sie 1944 rückblickend: »Ich bin zu
alt, um anderswo Wurzeln zu schlagen, obwohl ich dieses Land
bewundere, je mehr ich es kennenlerne und ich weiß, obwohl es
mir hier persönlich sehr schlecht ging, weil ich mit meiner Arbeit
keinen Erfolg hatte, werde ich nach vielem hier Heimweh haben,
wenn ich weggegangen sein werde.«[2] Ihre Bewunderung für Amerika nährte sich weniger aus Zuneigung denn aus staunender Bestürzung. In dem unveröffentlichten Aufsatz ›Letters! Words!‹
bringt sie dies ambivalente Gefühl zum Ausdruck: »Impliziert
nicht der Begriff ›Ausländer‹, der andere von ihm fernhält, daß
auch er, der Fremde, sich abseits hält? Obgleich er sich in seiner
isolierten europäischen Lebensweise wohlfühlen mag: gegenüber New York beispielsweise, wenn er am Central Park entlang

geht, diese leidenschaftliche Stadt im Blick, die bei Tag so lebendig ist, nachts ein strahlender Spielplatz für Riesen. Warum ist sein Glanz verdorben und ins Gegenteil verkehrt durch diese riesigen, aber gemeinen Buchstaben, die Wörter wie ›General Motors‹, ›Kauft Chevrolet‹ formen oder für Hotels werben? Sie sind äußerst anstößig, wenn sie in engster Nachbarschaft zu dem vollendeten Dach des Hampshire House leuchten, der Königin von Manhattan, die plump nachgeahmt und doch nie erreicht wurde. Ist es denkbar, daß es in solch einer Stadt an Künstlern fehle, Künstler, die eines Tages fähig sein werden, Zeichen zu gestalten, die in Übereinstimmung mit den mannigfaltigen Schönheiten der Stadt stehen werden?«[3]

Die Frage, wovon Annette Kolb in den viereinhalb Jahren ihres amerikanischen Exils lebte, ist nicht eindeutig zu beantworten. Zum einen flossen noch spärliche Honorare aus dem Verkauf ihrer Bücher beim S. Fischer Verlag, der inzwischen seinen Exilsitz in Stockholm hatte. Auch war es ihr möglich, ein von Hugo von Habermann geschaffenes Porträt-Gemälde, das in der Schweiz bei Friedrich Emil Welti gelagert war, an den Schriftsteller Maurice Sandoz zu verkaufen. Zudem ist zu vermuten, daß sie durch den Fonds »American Guild for German Cultural Freedom«, woraus 1936 die »Deutsche Akademie der Künste und Wissenschaften« in New York hervorging, finanziell unterstützt wurde. Zahlungen dieser Akademie, zu deren Mitgliedern u.a. Hubertus Prinz zu Löwenstein, Thomas und Heinrich Mann, Stefan Zweig, Franz Werfel und Max Reinhardt gehörten, hatte Annette Kolb (die selber korrespondierendes Mitglied war) bereits in den 30er Jahren erhalten. Und schließlich wurde sie von ihren Freunden – meist Mitexilanten – unterstützt, sofern sie sich nicht in noch schlechterer Lage befanden.

Anfänglich wohnte Annette Kolb im New Yorker Hotel Bedford, dem bevorzugten Aufenthaltsort Klaus Manns. Dieser versuchte mehrmals, ihre Bücher und Aufsätze zu protegieren. Nur noch brieflichen Kontakt hatte sie zu Thomas und Katia Mann, die bereits im März 1941 von Princeton nach Pacific Palisades in Kalifornien umgezogen waren. Annette Kolbs Radius blieb in diesen Jahren auf die Stadt und den Staat New York sowie auf einige Orte in Neuengland beschränkt. Auf die Dauer wurde ihr das Logis im Hotel zu teuer, und so mietete sie – mehrmals wechselnd – Zimmer bei Privatleuten, so in der West 63rd Street Nr. 28 und – durch Vermittlung der Schauspielerin Eleanora von Mendelssohn – in der East 73rd Street Nr. 57. Das Hotel Bedford blieb unterdessen meist ihre Postadresse, unter der Freunde und Bekannte sie erreichen konnten. Zu diesen gehörten das Ehepaar Hermann und Toni Kesten, das seit 1940 im New Yorker Exil lebte, Franz und Alma Werfel, der frühere Münchner Redakteur des ›Berliner Tageblatts‹ Werner Richter, der Schriftsteller Hermann Broch, die Journalistin Dorothy Thompson, der nun in New York lebende Verleger Kurt Wolff, der inzwischen in Cambridge/Massachusetts wohnende frühere Reichskanzler Heinrich Brüning und Carl Zuckmayer, der in Barnard/Vermont eine Farm besaß. Bei ihm und bei Dorothy Thompson, der im selben Ort eine Farm gehörte, war sie hin und wieder zu Besuch und erholte sich von der Großstadt. Zuckmayer schrieb rückblickend: »Annette Kolb, zu Gast bei Dorothy Thompson, besuchte uns häufig, ich stellte ihr einen Stuhl auf die Wiese, und sie sagte: ›Hier ist noch ein Ort, da kann man zu Hause sein.‹«[4]

Wenn sie aufs Land flüchten konnte, war sie glücklich. Dem Leben in New York war sie nicht gewachsen. Auch dem im Vergleich zu europäischen Städten schon starken Autoverkehr stand sie hilflos gegenüber. Gottfried Bermann Fischer erinnert sich: »[Man muß] gesehen haben, wie sie mit stoischem Gleichmut am Stock mit silberner Krücke auf einer belebten Großstadtstraße den Verkehr zum Stillstand bringt, daß einen das Grausen erfaßt.«[5] Bermann zieht hier wie auch an anderen Stellen seiner Memoiren die Persönlichkeit Annette Kolbs ins Komische, Verschrobene, Verniedlichte. Die Realität war weniger lustig: Annette Kolb wurde 1945 in New York von einem Bus angefahren und mußte monatelang an Krücken gehen. Hilfe, auch pflegerische Dienste, leistete ihr in jenen Jahren die Schriftstellerin Ruth Landshoff-Yorck, eine Nichte Samuel Fischers. Diese erinnert sich, wie sie in Begleitung ihres Hundes Parigino die kranke Annette Kolb in New York pflegte: »[...] schließlich haben Parigino und sie sich jeden Tag während des Exils gesehen, und er kam mit, wenn ich manchmal nachts sie pflegen kam, und er ist leise und liebt Katzen auch sehr, also ist er ›Hundeli, gutes‹ [...]«[6]

Insgesamt also war Annette Kolbs Freundeskreis sehr klein, die sozialen Kontakte arg beschnitten. Einen Brief an Hermann Kesten unterschrieb sie einmal: »Eure vergessene am Felsen gekettete und auch ausserdem nicht eben heitere Andromeda Annette Kolb.«[7]

Es war auch diese Zeit der Orientierungslosigkeit und Entfremdung in Amerika, in der die Legende »Annette Kolb« ihre Persönlichkeit zu überlagern begann, das Verschrobene ihres Wesens ihre literarische Bedeutung und die Schicksalhaftigkeit ihres Lebensweges verdrängte. Selbst so wohlmeinende Zeitgenossen wie Klaus Mann erlagen der Versuchung durch das Klischee. Bereits in dem zusammen mit seiner Schwester Erika verfaßten ›Who's who‹ der Emigration, dem Buch ›Escape to Life‹ (1939), lautet es über Annette Kolb: »Sie plaudert reizend – und in ihren Büchern gibt es den ganzen etwas konfusen, immer etwas aufgeregten, zerfahrenen, zugleich intelligenten und hilflosen Charme ihrer Person. [...] wie eine kleine Fanfare wird die Stimme dieser deutschen Französin, dieser französischen Deutschen, wenn sie von dem Nazi-Unwesen spricht. ›Ah!‹ ruft sie aus und macht eine Geste, als wolle sie sich das Haar raufen – was aber gar nicht möglich ist, da sie niemals, selbst am Morgen nicht, ohne Hut erscheint –, ›ah, diese Nazis! Quels salots! Quels cochons! Was für Schweine!‹«[8]

Nun, kurz nach der Ankunft Annette Kolbs in Amerika, schrieb Klaus Mann seiner Mutter: »Annette war ganz üsis [lieb, angetan] mit Zauberers [Thomas Manns] Brief, den sie gleich, halbkummervoll, halb-stolz, in allen apartments des Bedford zum Besten gab. Sie ist unverwüstlich, drollig, und sieht im Hut immer noch sehr elegant und eindrucksvoll aus.«[9] Und ein andermal: »Tomski [Thomas Quinn Curtiss, der Geliebte Klaus Manns] hat versprochen, einen reichen Onkel herbei zu schleppen; die süße Annette plappert auch viel von reichen Freunden, deren Namen sie immer durcheinander bringt [...]«[10] Man muß Klaus Mann Gerechtigkeit zuteil werden lassen: Immerhin publizierte er in seiner Zeitschrift ›Decision‹ einen englischen Aufsatz Annette Kolbs unter dem Titel ›La Débâcle‹. Beiläufig gehörten sie und Klaus Mann zu den wenigen deutschen Exilanten, die des Englischen so mächtig waren, um darin – ohne es übersetzen lassen zu müssen – Artikel und Aufsätze zu schreiben.

In ›La Débâcle‹ versucht sie, die amerikanische Öffentlichkeit, die bis dahin den Ereignissen in Europa in der Tradition der Monroeschen Maxime des »Isolationismus« eher gleichgültig gegenüberstand, wachzurütteln, indem sie den Nationalsozialismus nicht als ausschließlich deutsches Phänomen darstellt, sondern warnend auf dessen Ansteckungsgefahr verweist: »Wenn ich heute sage, ›il y a des Nazis dans tous les pays‹ [›es gibt Nazis in allen Ländern‹], wer könnte mir da widersprechen? Aus verschiedenen psychologischen und politischen Gründen trägt Deutschland die schreckliche Verantwortung, diese Seuche über die Welt gebracht zu haben, aber an der Verantwortung für ihre wachsende Verbreitung haben alle teil. Müssen wir die Nazis nennen, die bereit sind, Hitler in Wien, Prag, Warschau, Oslo, Kopenhagen, Brüssel, Amsterdam, Luxemburg, Paris, Belgrad, Athen, Kreta und so weiter zu helfen? Können wir für einen Augenblick daran zweifeln, daß die englischen Nazis mit von der Partie wären, – gäbe es nicht Churchills feste Kontrolle. Und Amerika? Sie sind hier genauso eine Prozentfrage wie unsere anderen gefährlichen Verbrecher. Es ist die höchste Pflicht für jeden von uns, sie zu besiegen – unter äußerster Nichtachtung für die persönlichen Folgen. In einer Welt unter ihrer Herrschaft wäre es nicht wert zu leben.«[11]

Solche offenen, ja Amerika-kritischen Worte wurden in den Vereinigten Staaten ungern gehört. Nicht von ungefähr wurden viele der deutschen Emigranten von der Bundespolizei FBI überwacht und bespitzelt, da man in ihrem nazifeindlichen Engagement in Verkennung der eigenen Bedrohung durch den Nationalsozialismus und den Krieg in Europa oftmals bolschewistische Propaganda vermutete. Zu den vom FBI Bespitzelten gehörten u.a. Klaus, Erika, Thomas und Heinrich Mann, Erich Maria Remarque, Franz Werfel, Leonhard Frank, Carl Zuckmayer – alles Freunde und Bekannte Annette Kolbs. Sie selbst wurde nach dem heutigen Wissensstand jedoch nicht beschattet.[12] Erst der japanische Angriff auf Pearl Harbor am 7. Dezember 1941 ließ die amerikanische Gesellschaft angesichts der eigenen Bedrohung ihre Einstellung gegenüber dem Nationalsozialismus ändern.

In jenem Jahr 1941 hatte Hitler die Sowjetunion überfallen. In zügigen Vorstößen näherten sich die deutschen Truppen Leningrad und Moskau, standen im Südosten vor Stalingrad. Das nationalsozialistische Deutschland befand sich auf dem Zenit seiner militärischen Macht. In dieser Situation sahen sich etliche Emigranten nicht nur genötigt, die amerikanische Öffentlichkeit zu einem Umdenken zu bewegen, sie selbst mußten liebgewonnene pazifistische Ansichten unter dem Druck der realen Verhältnisse hinter sich lassen. So auch Annette Kolb, die ja einst wegen ihrer kriegsfeindlichen, pazifistischen Haltung 1917 ins Schweizer Exil gegangen war. Nun lernte sie einsehen, daß der Krieg als Mittel dann gerechtfertigt und nötig war, wenn es um die Abwendung größeren Unheils, um die Verteidigung der Freiheit ging. Am 17. Februar 1942 erschien in der Zeitung ›Eagle-News‹ in Poughkeepsie/New York ein Artikel der Journalistin Catherine C. Parker unter dem Titel ›Ceased Being Pacifist Day Hitler Took Power‹ [›An dem Tag, als Hitler die Macht übernahm, hörte sie auf, Pazifistin zu sein‹], worin sie ein Interview mit Annette Kolb verarbeitete:

»Fräulein Kolb sagt, daß alle ihr bekannten europäischen Pazifisten gezwungen waren, ihre Überzeugung zu ändern. Sie kämpfen nicht mehr gegen den Krieg. Sie kämpfen gegen Hitler. Fräulein Kolb bedauert, daß die Amerikaner nicht erkennen, was dieser Krieg bedeutet, daß sie nicht die ganze Bedrohung der Nazi-Macht begreifen. ›Hitler wird nicht aufhören. Er will die ganze Welt‹, warnt sie. Fräulein Kolb bildete sich ihr erstes Urteil über Hitler ebenso aufgrund seiner Stimme wie aufgrund seiner Taten. Sie machte kein Geheimnis aus ihrer Furcht vor ihm und vor dem, was er vorhat. ›Leider hatte ich recht‹, sagt sie jetzt. [...] Sie kämpft auf dem einzigen Weg, der ihr offensteht, und sie ist davon überzeugt, daß es unmöglich ist, ›heute Pazifist zu sein‹.«[13]

Viele der jüngeren deutschen Emigranten meldeten sich in diesen Jahren freiwillig zum Dienst mit der Waffe, um gegen Hitler-Deutschland zu kämpfen, so auch Klaus und Golo Mann. Erika Mann berichtete als Kriegskorrespondentin der BBC von der Front in Europa und im Orient. Thomas Mann wandte sich in den von der BBC London ausgestrahlten Reden ›Deutsche Hörer!‹ von Oktober 1940 bis November 1945 an das Gewissen der daheim gebliebenen Landsleute. Auch Annette Kolb versuchte, die deutsche Bevölkerung auf diese Weise zu erreichen. Im Nachlaß ist ein Skript mit dem Titel ›A radio-adress to the people of Germany‹ überliefert. Ob und wann sie es im amerikanischen oder britischen Rundfunk las, ist leider nicht bekannt. In dem Text appelliert sie, in offenkundiger Anlehnung an den rhetorischen Gestus Thomas Manns, an das »gute«, gewissenhafte Deutschland, wobei sie nun – im Gegensatz zu früher – darauf verweist, daß der Pazifismus erst dann wirklich werden könne, wenn die Feinde des Friedens mit Waffengewalt besiegt worden sind:

»Deutsches Volk: Euer Land wird heute von jenen brutalen Führern repräsentiert, die den Abscheu der zivilisierten Welt erregen. Deutschland trägt deren Stigma, und so wurde das Bild von Deutschland zerstört, eines Deutschlands, das so ehrenhaft einen Platz in der Gemeinschaft aller Völker innehatte. Diese Führer sind verantwortlich für die Tatsache, daß heute das ehrenhafte Deutschland der Vergangenheit angehört. [...] Aber die Menschen in unserer Mitte, die sich entschlossen, ihr Leben der Frage nach dem Frieden und der Auslöschung der Kriege zu widmen, diese Menschen sind nicht länger Außenseiter, Theoretiker oder Träumer; sie sind Menschen der Tat, getragen von Kraft, Einfluß und großem politischem Wissen – sie gehören den Regierungen ihrer Länder an. Und glaubt nicht, daß diese Menschen heute Pazifisten sind. Die Stunde des Pazifismus hat noch nicht geschlagen. Da sie Feinde der rohen Gewalt sind, sind sie nun unbeugsam dazu entschlossen, alle Mittel des Schreckens gegen die Söhne der Finsternis einzusetzen und so das Ende ihrer Tyrannei einzuläuten. Aber sie sind nicht die Feinde des deutschen Volkes, wie man euch einzureden versucht. Deutsches Volk, eure Führer wollen Schande über euch bringen und euren Schultern Verantwortung aufbürden, weil sie euch der Größe, die ihr einst besaßet, berauben wollen. Aber für unsere demokratischen Führer bilden Welt und Leben eine Einheit. Das ist einer der vielen Gegensätze, die sie von euren Nationalsozialisten abgrenzen, den Erzfeinden der Menschheit. Laßt mich euch sagen, daß die gelungenste Definition des Nationalsozialismus zwei Tage, bevor er an die Macht kam, von einem jungen Abgeordneten formuliert wurde, dessen Name [Kurt] Schumacher ist, und zwar in der letzten Sitzung des Reichstages. Sie blieb unveröffentlicht, und ich hörte sie durch Zufall. ›Was ist Nationalsozialismus?‹ rief Schumacher, ›Nationalsozialismus, meine Herrschaften, ist der Appell an das Entmenschte im Menschen.‹ [...] Aber die Nazis sind eure Herren, und sie werden euch die Last ihrer Verbrechen aufbürden, bevor sie die Arena verlassen müssen. [...] Wir im Ausland wissen, in welchem Ausmaß ihr durch den Terror niedergehalten werdet. [...] Schleift eure Tyrannen vor die Tribunale, bevor es zu spät ist. Sie wollen nicht, daß die Welt zwischen euch und ihnen unterscheidet. Und das ist die größte Gefahr, vor der ihr heute steht.«[14]

Zum Kummer über die weltpolitische Lage kam die Sorge um Freunde. Zu ihnen gehörte auch ihr alter Weggefährte Franz Blei, der ebenfalls 1941 nach New York geflohen war. Seit Jahren ohne Publikationsmöglichkeit, hungerte er hier förmlich. Annette Kolb versuchte in Briefen an Dorothy Thompson und Hermann Broch eine Hilfsaktion für Blei zu initiieren. Als Blei am 10. Juli 1942 in einem Armenhospital in Westbury/New York starb, hinterließ er nicht einmal genügend Geldmittel für ein Begräbnis. Annette Kolb, selbst in schweren Geldnöten, sammelte bei Freunden und beglich einen Teil der Bestattungskosten selbst. Zur Beerdigung des Freundes konnte sie, schwer krank, allerdings nicht kommen. An Broch schrieb sie am 22. Juli lakonisch: »Wirklich ich war nicht im Stande zur Beerdigung zu gehen, Sie hätten gleich darauf für die meinige sammeln können, (es wäre ja eine Lösung gewesen). Auch hätte ich ja gar nicht die Mittel gehabt für die Taxis von denen man mir sprach da es viel zu weit war um zu Fuss zu gehen. Aber wie elend traurig ist das Ganze. Und dazu die Schminke. Welch ein Land!«[15]

Triste Erlebnisse hatte sie nicht nur in Amerika, auch aus Europa erhielt sie erschütternde Nachrichten. Bereits im Juni 1941, wenige Monate nach ihrer Ankunft in New York, erfuhr sie, daß ihre gesamte Wohnungseinrichtung in Paris von der Gestapo beschlagnahmt worden sei und zur Versteigerung anstehe. Es gelang Freunden, den Brüdern Jean und Jacques Chilhaud-Dumaine (letzterer war Diplomat), das Inventar (darunter Bücher, Bilder, Manuskripte und Briefe) auszulösen und bei sich einzulagern. Aus Marseille bekam sie von Jacques Chilhaud-Dumaine eine Karte mit den triumphierenden Worten: »On les aura, et ils ne nous auront pas.« [»Wir kriegen sie, aber sie uns nicht.«] Die Freude über den gelungenen Coup währte nicht lange. Gegen Ende des Krieges erhielt sie von dem Freund den folgenden Brief: »Aber ach, liebe Annette, welche Trauer! Welche Leere! Die Gedanken wandeln zwischen den Gräbern einher. Der arme Jean wurde Anfang 1942 als Geisel verhaftet; im folgenden September entlassen, wurde er einen Monat später aufs Neue verhaftet. Er hat dann über ein Jahr im Lager von Weimar [Buchenwald] gelebt, bis Anfang dieses Jahres, als er in ein Internierungslager in Polen deportiert wurde. Vor drei Monaten habe ich die schreckliche Nachricht erhalten, daß er im vergangenen März von den Deutschen hingerichtet wurde. [...] Ich kann Ihnen gute Nachrichten über Ihre Möbel und Ihre Bücher geben. Dank Jean und Simone wurden sie in eine Wohnung von Jean gebracht. Simone geht von Zeit zu Zeit dorthin, um sich zu überzeugen, daß sie nicht beschädigt sind. Sie werden also den größten Teil Ihrer belongings wiederfinden.«[16]

Tragisch verlief auch das Schicksal Lotte Kronheims, der Mitexilantin Annette Kolbs, die sich in Vichy um die Dichterin gekümmert hatte. Von New York aus versuchte Annette Kolb, ein Visum für die Freundin zu beschaffen, die sich unterdessen zusammen mit ihrer Mutter in Nizza aufhielt. Doch waren alle

Bemühungen vergebens. Die Bürokratie verschleppte und vereitelte sämtliche Versuche. Lotte Kronheims Bruder wurde im August 1942 deportiert. Am 10. Oktober schrieb sie voll zärtlicher
Anhänglichkeit der Freundin in New York: »Für mich waren Sie
alles: lieber Gott u. große Welt u. kleine Welt u. Hölle u. Selig-
keit u. große Verzweiflung u. kleine Freude, alles in allem
[...]«[17] Am 18. Oktober 1942 antwortete Annette Kolb: »Meine
liebe Charlotte, dies um Ihnen zu sagen, daß ich an Sie denke,
daß wir neue Wege suchen, daß ich wünsche, Sie fänden den
Mut, die Geduld, derer Sie in so großem Maß bedürfen. Und in
meiner Verzweiflung hoffe ich immer noch, daß die Dinge ein
gutes Ende für Sie nehmen, trotz allem. Können Sie Ihrerseits – –
aber nein, das ist wohl unmöglich. Es scheint so unglaublich,
daß unsere Anstrengungen bis zu diesem Punkt [unleserlich]
sind, während andere Erfolg haben. Schreiben Sie mir, verlieren
Sie nicht die Hoffnung. Haben Sie von Ihrem Bruder gehört?
Schreiben Sie mir. Immer von Herzen Ihre Annette«[18] Der Brief
erreichte die Adressatin nicht, er ging nach New York zurück.
Erst später erfuhr Annette Kolb vom Schicksal der Freundin und
deren Mutter: Beide wurden verhaftet und ins Internierungslager Drancy gebracht, von dort am 20. Januar 1944 nach
Auschwitz deportiert und ermordet.

Trotz aller Hiobsbotschaften nahm Annette Kolb doch regen
Anteil am literarischen Leben und den Neuerscheinungen ihrer
Mitexilanten. Wie einst in Paris lud sie Gleichgesinnte zum literarischen Tee in ihre bescheidene Behausung, so Werner Richter und Willy Haas, den Begründer der Zeitschrift ›Die literarische Welt‹.[19] Sie verfolgte mit Interesse Klaus Manns Zeitschrift
›Decision‹ (die jedoch bereits im Februar 1942 eingestellt werden
mußte), nahm Kenntnis von der von ihm und Kesten herausgegebenen literarischen Anthologie ›Heart of Europe‹ (1943), las
mit Begeisterung Klaus Manns Autobiographie ›The Turning
Point‹ (1942) und seine Studie ›André Gide and the Crisis of
Modern Thought‹ (1943). Über Klaus Manns Erinnerungen
schrieb sie ihm: »Daß Sie mich eine ›alterslose Figur‹ nannten,
ließ mich einfach *schnurren*. Nichts konnte mir so schmeicheln,
mich so trösten und besänftigen. Nun denn! Ich kann nicht be-

haupten, nicht eine eitle Person zu sein, sonst müßte ich lügen.«[20] Im selben Brief jedoch klagte sie dem jüngeren Kollegen: »Ich bin sehr oft niedergedrückt, aber ich könnte Sie mit allem, was mir passiert, zum Lachen bringen.«

Trotz aller Verzagtheit wurde ihre Hoffnung aus verschiedenen äußeren Ereignissen genährt. Am 6. Juni 1944 begannen amerikanische, kanadische und britische Truppen erfolgreich mit der Invasion in der Normandie, der entscheidenden Wende an der Westfront. Am 18. Juni betrat General Charles de Gaulle, der Führer der französischen Exilregierung in London, in Bayeux zum erstenmal seit der Besetzung durch die Deutschen französischen Boden. Während sich die alliierten Verbände langsam nach Süden und Osten vorkämpften, besuchte de Gaulle Anfang Juli die Vereinigten Staaten zu Gesprächen mit Roosevelt und der amerikanischen Regierung. Am 10. Juli war er zu Gast der französischen Kolonie im Hotel Waldorf-Astoria in New York, eine Veranstaltung, die auch Annette Kolb als französische Staatsbürgerin besuchte. Über den Auftritt des Exilpräsidenten, der vielen überzeugten Republikanern wegen seines militärischen Status suspekt war, schreibt die Dichterin:

»Würden wir nicht einige seiner persönlichen Freunde kennen, hätten wir dann nicht Sorge empfunden über seine unvorteilhafte Presse; gewisse Leute, die ihn nur ungenau kannten, berichteten, seine Haltung sei unfreundlich, kalt, ja sogar skrupellos, und sie warnten, obwohl sie ihm große Fähigkeiten zugestanden, er könne sich als typischer Diktator entpuppen. [...] Am 10. Juli, bei einem Empfang für die französische Kolonie, sahen seine Gäste einen großgewachsenen Mann in Weiß, der Jugendlichkeit, Aufrichtigkeit und Vornehmheit ausstrahlte. Sie schauten in ein feines, offenes Gesicht, [hörten] eine Rede, die freundlich, aber kurz war. [...] Die halbe Stunde brachte ein glänzendes ›Dementi‹ dessen, was ihm nachgesagt worden war. [...] Aber Hoffnung lag in der Luft an jenem 10. Juli. De Gaulle schien selbst freudig erregt über den Empfang, den man ihm bereitete. Als er über seine ›Freunde der ersten Stunde‹ sprach, hatte er ein gutmütiges

Lächeln für seine ›Freunde der letzten Stunde‹; etwas uner-
wartet schlug er vor, die Marseillaise zu singen und stimmte
sie selbst mit recht bewegender Einfachheit an; so beendete er
den Empfang, er stieg vom Podium herab, ging langsam, aber
ohne stehenzubleiben, durch die jubelnde Menge und war
verschwunden.«[21]

De Gaulle wurde für Annette Kolb zum Symbol. Bereits seit diesem ersten Treffen verschmolz sie die Person des Generals mit
der Folie ihrer Wünsche und Erwartungen. Der französische Politiker – dem sie zu einer Zeit persönlicher Schmach und Niedergeschlagenheit begegnet war – wurde für sie zum »Heilsbrin-
ger«, zum Garant ihrer seit Jahrzehnten verfochtenen geistigen
und politischen Visionen. In einem anderen Aufsatz aus jener
Zeit setzt sie ihn allen Ernstes mit Karl dem Großen und der
Idee eines vereinten Europas unter französischer Führung in
Verbindung: »Der erste der drei Versuche, ein geeintes Europa
zu schaffen – jedes Mal von Frankreich ausgehend –, war die
ruhmreiche, wenngleich nur teilweise vollzogene Verwirklichung
durch Karl den Großen, unter dessen Zepter die gallische Rasse
und die germanischen Stämme lange Zeit in glücklicher Gemeinschaft lebten, die zu gut war, um anzudauern. Der zweite
Versuch wurde von Henri IV. ins Auge gefaßt. Dieser Versuch
wurde durch Henris Ermordung vereitelt. Der dritte Versuch
wurde von langer Hand von Napoleon geplant, und Goethe
wünschte von ganzem Herzen, es möge ihm gelingen. Nichts
von all dem bleibt, aber Frankreich allein könnte in der Lage
sein, ein weiteres Mal die notwendige und gigantische Aufgabe
zu übernehmen.«[22] Wenngleich Annette Kolb hier grob verein-
fachende, ja verfälschende Geschichtsklitterung betreibt, so
speiste sich ihre Vision von einem vereinten, freien und friedlichen Europa unter der Federführung eines aufgeklärten, zivilisierten Frankreich schlicht aus dem Wunsch, der barbarischen,
menschenverachtenden Ideologie der Nationalsozialisten eine
Idee entgegenzusetzen, die kraft ihrer historischen Dimension
legitimiert und realisierbar sei.
Nur sechs Wochen nach der Begegnung mit de Gaulle in New

York zog dieser am 26. August an der Spitze französischer Verbände unter dem Jubel der Bevölkerung in das befreite Paris ein. Annette Kolb hörte von der Befreiung ihrer zweiten Vaterstadt im amerikanischen Rundfunk: »In meinem New Yorker Zimmer ausgestreckt, abends oder noch später, drehte ich das Radio an, und alsbald füllte sich der Raum mit einer einzigartigen, nie vernommenen Musik. War sie es, war es das Ding an sich?, selbstherrlich ihrer eigenen Substanz entrungen?, unkomponiert, ohne Rhythmus, ohne Melodie, ohne Kunst, nur eine Linie, nur Stimmen, keine Noten, aber Töne, die weit wie ein Orchester sich zusammenschlossen mit einer Schönheit ohnegleichen, Rufe, auch Schreie unter ihnen, aber ohne Schrille, wie flüssiges Gold mit ihnen verwoben. Es war der Jubel der Pariser Bevölkerung über ihre Befreiung, der zum nächtlichen Himmel stieg.«[23]

Als sich im Frühjahr 1945 die alliierten Truppen auf Berlin zubewegten und das Ende des Krieges abzusehen war, erwachte in Annette Kolb der heiße Wunsch, nach Europa zurückzukehren. An Thea Sternheim schrieb sie bereits Ende März: »Ich rechne damit, diesen Sommer nach Stockholm zurückzukehren. Hier [in Amerika] hatte ich keinerlei Erfolg. Diese vier Jahre waren in dieser Hinsicht ein schwerer Mißerfolg, aber was ist dieses Elend schon, verglichen mit unserer allgemeinen Not!«[24] Und Ilse Gräfin Seilern hatte sie bereits 1944 bekannt: »Ich schaffe es noch, ich arbeite noch, ich bemühe mich noch zu hoffen, und ich will bestimmt in Europa sterben.«[25] Noch immer hatte sie die Worte Jacques Chilhaud-Dumaines im Ohr, der ihr aus Paris geschrieben hatte: »Alles, was von der Familie Dumaine übrig ist, wird Sie mit Begeisterung in Empfang nehmen und sagt Ihnen mit allen Wünschen zum Jahresende ›auf bald‹ [...]«[26] Es gab Freunde, die ihr von einer frühen und übereilten Rückkehr in den vom Krieg entstellten Kontinent, in ungewisse und ungesicherte Lebensverhältnisse, dringend abrieten, so auch Hermann Broch: »Daß Sie schon nach Frankreich zurückwollen, ist natürlich mehr als verständlich; trotzdem ist es noch zu früh. Der nächste Winter wird dort wahrscheinlich noch fürchterlich schwierig sein, und dieses riskante Experiment sollten Sie nicht auf sich nehmen.«[27] Broch bot ihr eine günstige Unterkunft auf Long Island an, abseits des Getriebes der Großstadt, und versuchte sie als Autorin an Wieland Herzfelde, früher Leiter des Malik Verlages, nun im Aurora Verlag in New York tätig, zu vermitteln.

Sie war unterdessen als Schriftstellerin nicht untätig: Im Sommer 1945 nahm sie Kontakt mit Kurt Wolff auf und bot ihm ein Manuskript an (Fragmente davon sind im Nachlaß unter dem Titel ›Mr. Hollycourt‹ erhalten). Der Verleger, den sie seit über dreißig Jahren kannte und der nun im New Yorker Verlag Pantheon Books tätig war, antwortete ihr abschlägig: »Als Verleger an sich und als Europäer Kurt Wolff würde ich glücklich sein, durfte [sic] ich dies Buch hier verlegen. Aber als verantwortlicher Pantheon publisher muss ich mir sagen: es ist out of question. Was wir Europäer da associieren, geniessen, zwischen den Zeilen lesen, bleibt taub und tot, was übrig bleibt ist das bischen plot, das allein so wenig besagt.«[28]

Kurt Wolff sprach eine Tatsache aus, die nicht nur für den amerikanischen Buchmarkt galt. Annette Kolb mußte in den ihr noch verbleibenden 22 Jahren nach Ende des Zweiten Weltkrieges erkennen, daß das Skizzenhafte, Feuilletonistische, Assoziative ihrer Bücher, das seit ihrem Erstlingsroman ›Das Exemplar‹ von 1913 die Leserschaft so fasziniert hatte, nun allmählich einer geänderten Rezipientenhaltung der breiten Masse wich, die von einem Buch Spannung, Unterhaltung, Handlung und Direktheit erwartete.

Doch ahnte Annette Kolb 1945 hiervon noch nichts. Für sie waren der schriftstellerische Mißerfolg und die Nicht-Beachtung untrennbar mit den schwierigen Bedingungen des Exils verbunden. So rüstete sie zur Rückkehr. Der ehemalige Reichskanzler Heinrich Brüning, der 1970 im amerikanischen Exil starb, gab der alten »Privatdiplomatin« noch Ratschläge an die christlich-konservativen Politiker in Deutschland auf den Weg: »Richten Sie bitte Dr. [Ernst Gottlieb] Föhr aus, daß ich nur eine Lösung für ihn und seine Freunde sehe. Und zwar, Windthorsts alte Idee einer inter-konfessionellen christlichen Partei aufzugreifen, die konstitutionell demokratisch ist, progressiv in sozialen Fragen, aber konservativ in der Bewegung. Ich würde von jeder Form einer katholischen Partei abraten.«[29]

Seit Juli 1945 wartete sie ungeduldig und vergeblich auf einen freien Platz auf einem Schiff nach Europa.[30] Endlich erhielt sie ein Ticket in einem Passagierflugzeug. Am 25. Oktober 1945 bestieg sie die Maschine: »Ja, so flog ich – weit zurückgelehnt – mit einem Sonnenuntergang vor Augen, den nach kaum erbleichtem Himmel bald neu entflammt ein Sonnenaufgang göttlich schön überflutete, über den Atlantischen Ozean.«[31] Ihr erschien es wie ein später Neubeginn, der ihr – 75jährig – noch einmal geschenkt wurde. Von ihrem Verkehrsunfall her noch an Krücken humpelnd, ging sie in Foynes (heute Shannon) in Irland von Bord. Dort kam sie bei ihrer Schwester Germaine unter. Die grüne Insel war vom Krieg verschont geblieben. Sie ahnte nicht, wie verwüstet ihre beiden Vaterländer Deutschland und Frankreich waren, wie zerstört von Krieg, Leid, Hunger und Haß deren Bevölkerung. Sie glaubte, heimgekommen zu sein, und ahnte nicht, daß ihr ein unstetes, sechzehnjähriges »Exil nach dem Exil« bevorstand.

»Aber einer muß es ihnen doch sagen.« – Schwierige Rückkehr (1945–1961)

Nachdem sich Annette Kolb ein paar Wochen bei Germaine erholt hatte, fuhr sie im November zu Freunden nach Estavayer in der Schweiz, dann nach Paris. Hier wollte sie nach ihrem untergestellten Mobiliar und nach ihrer einstigen Wohnung in der Rue Casimir Périer sehen. Erst in Frankreich wurde ihr bewußt, wieviel Leid und Zerstörung Krieg und Besetzung hinterlassen hatten: »Was für grausame Begebenheiten, was für Lücken, wieviel angehäuftes Unglück überall, welcher Haß!«[1] Ein Graben zog sich mitten durch das französische Volk; Kollaborateure und Patrioten standen einander gegenüber. Sie erfuhr, daß die einstige Mitexilantin Lotte Kronheim und deren Mutter von Franzosen denunziert worden waren.

An eine Rückkehr in ihre Wohnung war nicht zu denken. Nachdem die Gestapo die Zimmer beschlagnahmt hatte, waren Kollaborateure eingezogen. Annette Kolb versuchte, diese auf dem Gerichtsweg hinauszuklagen. Um die Anwaltskosten zu begleichen, mußte sie sich in Schulden stürzen. An den befreundeten Schriftsteller Werner Richter schrieb sie vor der Verhandlung: »Am 11. Juli [1946] sitzt das Tribunal wegen meiner Wohnung auf. Aber alle warnen mich, dass alle moralischen Beweise im Hochglanz nichts wiegen gegen das Verfehlen eines Termins durch Unkenntnis desselben. So hat das Collaboristenpaar, das durch Gestapogunst meine Wohnung bezog sehr prächtige Chancen gegen mich, die von derselben Gestapo behufs Deportierung zur Gaskammer kurzer Hand zur Jüdin dekretiert wurde. Was sagt Ihr? Habt Ihr das schon gewusst? ›Die Jüdin A. Kolb‹ so wurde ich vom Gauleiter genannt.«[2] Sie verlor den Prozeß und konnte nicht mehr in ihre Wohnung zurückkehren. Ständiges Domizil wurde ihr in jenen Jahren daher das Hotel Cayré am Boulevard Raspail 4. Hier brachte sie sogar einen Teil ihrer geretteten Möbel und ihren Flügel unter. Alfred Döblin, der ganz in der Nähe wohnte, besuchte sie dort des öfteren.

So gern sie in Paris war, wartete sie doch ungeduldig auf

Nachrichten aus Badenweiler und München. Da sie französische Staatsbürgerin war und Deutschland keine Souveränität mehr besaß, mußte sie erst bei den Verwaltungen der Besatzungsmächte eine Besuchserlaubnis beantragen. Dies zog sich hin. Unterdessen vernahm sie von den hitzigen Debatten, die in ihrer Heimatstadt München um die politische Zukunft Bayerns geführt wurden. Bereits im Herbst 1945 wurde darüber in Zeitungen diskutiert, ab 1946 dann auch in der verfassunggebenden Landesversammlung. Insbesondere die Frage, ob Bayern ein eigenständiger Staat oder föderaler Teil Deutschlands unter Verzicht auf seine Souveränität werden solle, erhitzte die Gemüter. Es wurde sogar die Möglichkeit diskutiert, ob nicht das seit 1918 entmachtete Haus Wittelsbach den bayrischen Staatspräsidenten stellen solle. Die Front der verschiedenen Positionen ging quer durch die politischen Parteien. Politiker wie Wilhelm Hoegner von der SPD (er war der erste bayrische Ministerpräsident nach 1945) und Alois Hundhammer von der CSU wollten beide ein vom übrigen Deutschland unabhängiges Bayern und begründeten dies mit den schlechten historischen Erfahrungen, die man seit der von Preußen dominierten Reichsneugründung 1871 gemacht hatte. Hoegner schrieb: »Wir Bayern haben aus dem bitteren Weg von 1866 bis 1945 und dem Schlagwort von dem ›einen Volk, dem einen Führer und dem einen Reich‹ übergenug. Wir Bayern haben es satt, uns von oben herab behandeln zu lassen. Wir wollen Deutsche sein und bleiben, jedoch kraft freiwilliger Einordnung in ein größeres Vaterland, nicht durch einen Befehl von Berlin.«[3] Und Hundhammer aus dem konservativen Lager forderte einen bayrischen Freistaat, der zusammen mit den süd- und westdeutschen Ländern Deutschland führen solle, da man »nicht noch einmal sich vom norddeutschen Osten den Weg vorschreiben lassen«[4] wolle. Interessant an diesen Äußerungen ist, daß sie ziemlich genau Annette Kolbs Meinung und Vorbehalte gegenüber einem von Preußen geführten Deutschland widerspiegeln. Auch die alliierten Kontrollmächte hatten ihre historisch bedingten Ängste und lösten per Gesetz vom 25. Februar 1947 das Land Preußen auf. Die infolge der weltpolitischen Lagerspaltung in Ost und West vollzogene Teilung Deutschlands und Berlins in drei Westsektoren und einen Ostsektor sowie die daraus resultierende Gründung zweier deutscher Staaten im Jahre 1949 machte die Angst vor einem Wiedererstarken Deutschlands obsolet. Inwiefern Annette Kolb sich in ihrer alten Abneigung gegen preußische und deutsche Herrschaftssucht angesichts der politischen Spaltung Deutschlands bestätigt fühlte, kann nicht eindeutig belegt werden. Früh jedoch äußerte sie in Briefen ihre Hoffnung auf einen bayrischen Alleingang. Daß der bayrische Landtag allerdings am 20. Mai 1949 das deutsche Grundgesetz ablehnte und die Klausel verabschiedete, es solle nur dann in Bayern Geltung erlangen, wenn es mit der vorgeschriebenen Zweidrittelmehrheit der deutschen Länder angenommen werde, mag Annette Kolbs bayrischen Nationalstolz bestärkt haben. Ihr Patriotismus äußerte sich oft in Alltäglichkeiten. Als sie einmal mit Prinz Konstantin von Bayern im Auto zu einer Kundgebung Charles de Gaulles fuhr und der Ordner ihnen zurief: »Vous êtes allemands?«, kurbelte sie das Fenster herunter und schrie hinaus: »Non, nous sommes bavarois!«[5] Ihrer Ansicht nach sollte Bayern »in Deutschland selbst eine Zone der Gefahrlosigkeit und der Beruhigung [...] schaffen, eine *Ile d'Allemagne*, ein Irland des Kontinents ... Hier wäre eine Position zu gewinnen mit einer Aussicht auf Befriedung, ja der Harmonie!«[6]

Hieraus sprach nicht nur bayrischer Patriotismus, sondern auch Sorge um Deutschland und Europa: Wiederholt setzte sie sich in Briefen mit dem Kalten Krieg und der atomaren Bedrohung auseinander. An Werner Richter schrieb sie besorgt: »Hier [in Paris] ist grosse Angst vor dem Osten. Es wird München [sie meint das Münchner Abkommen von 1938] auf va banque gespielt, dass die Fetzen fliegen. Was sagt man bei Euch [in New York] zu diesen Aspekten. Auch atomistisch warnen hier Experten. Ist diese Welt noch einen Atomspuck [sic] wert? Sie lernt ja nichts. Am grünen Tisch die grünen Weisen immerdar.«[7]

Doch bei aller Lebenserfahrung überlagerte eine nostalgische Frankophilie die bittere Realität. Hatte sie 1944 nach der Begegnung mit Charles de Gaulle diesen noch indirekt mit Karl dem Großen verglichen, so schrieb sie nun – ohne wahrhaben zu wol-

240

len, daß die deutsche Bevölkerung vor allem in der französischen Besatzungszone unter gigantischen Demontagemaßnahmen der verbliebenen Industrie und Infrastruktur zu leiden hatte: »Es war ein Unglück von ganz großem Ausmaß, daß im Jahre 1945 die Okkupation Bayerns nicht von den Franzosen übernommen wurde. Ihnen war dieses musische Volk mit dem keltischen Einschlag von den napoleonischen Zeiten her viel weniger fremd als den anderen Okkupationsmächten. Die latenten Sympathien, die bei ihm bestanden, hätten sie nicht mißverstanden und nicht lange zurückgewiesen.«[8] Zu sehr waren ihre Vorstellungen von völkerverbindender Freundschaft von der Salonkultur ihrer Mutter bestimmt. Das Ausmaß von Haß, das 1945 diesseits und jenseits des Rheins die Bevölkerung vergiftete, war ihr, die seit jeher in beiden Nationen ihre Vaterländer sah, vollkommen fremd und verstandesmäßig nicht nachvollziehbar.

Aus dieser Überzeugung heraus schöpfte sie jedoch auch positive Kraft und mahnte unermüdlich – wie schon vor 1914 und nach 1918 – eine deutsch-französische Aussöhnung an. Bereits am 15. Oktober 1946 hielt sie im »Comité des Refugiés intellectuels« in Genf (und nochmals am 1. November in der »Société des Gens des Lettres« in Bern) eine Rede, worin sie die materiellen und geistigen Zerstörungen des Krieges beklagte und zu einer Freundschaft zwischen Deutschland und Frankreich als Grundlage einer europäischen Einheit aus dem Geiste Karls des Großen aufrief. »Es gibt heute einige berufene Menschen, die uns bedeuten, daß ein Weg aus unserem Wirrsal führt«[9], so die Rednerin. Mit den Berufenen meinte sie einige katholische Schriftstellerkollegen, zu denen sie Kontakt pflegte, so Georges Bernanos und Reinhold Schneider; letzteren gar betrachtete sie als »geistigen Bruder«[10] des verstorbenen Freundes René Schickele. In der Politik jedoch sah sie Charles de Gaulle und den seit 1949 amtierenden ersten deutschen Bundeskanzler Konrad Adenauer als Hoffnungsträger ihrer europäischen Friedensutopie auf der Grundlage christlich-katholischer Werte.

Endlich erhielt sie ein Einreisevisum und konnte 1946 München und Badenweiler besuchen. Über die Vaterstadt schreibt sie: »Unauffindbar das Haus, selbst die Straße, in der wir einst

lebten, nur Trümmer rings umher. Straßenbahnen mit ausge-
mergelten Gestalten zum Ersticken voll, auch an die Stufen der
Zugänge geklammert, auf welchen man sie mitfahren ließ, weil
ihre Füße sie nicht mehr trugen.«[11] Mehr als die Zerstörung der
Städte entsetzte sie die Uneinsichtigkeit großer Teile der Bevölkerung, die Unfähigkeit, Reue zu empfinden und Trauerarbeit
zu leisten. Revanchismus und trotzige Verweigerung machten
sich breit und erinnerten sie an die Jahre nach dem Ersten Weltkrieg. Als sie wenige Jahre später einmal im Bayerischen Rundfunk sprach, wurde sie vorab zurechtgewiesen. Ruth Landshoff-
Yorck erzählte sie: »Und da sagt der Mann an der Radio-Station,
dies kann man den Deutschen nicht sagen, und jenes nicht. Aber
einer muß es ihnen doch sagen.«[12] Sie mußte an das letzte Gespräch mit Schickele denken, der ihr 1939 genau diese kollektive
Verweigerungshaltung vorausgesagt hatte. Die Nürnberger Pro-
zesse gegen die Hauptverantwortlichen des Naziregimes konnten nur symbolische Bedeutung haben, die Entnazifizierung war
unzulänglich und bot zu viele Schlupflöcher. Annette Kolb berichtet: »Eines war ersichtlich: Wer von ihnen nicht auf frischer
Tat ertappt und vor Gericht gekommen war, der wußte von
nichts, der war es nicht gewesen. Sein Neid richtete sich gegen
die Aufrechten, er mißgönnte den Opfern ihr Prestige und war
darauf bedacht, es zu vernichten. Die Meinung, der Verdacht,
daß die Deutschen, von denen keiner ein Nazi sein wollte, es
samt und sonders gewesen seien, ihm kam die Meinung zugute.
Die Sieger kannten sich nicht mehr recht aus, sie machten nicht
mehr viel Unterschiede, sie waren auch keine Engel, und sie hatten andere Sorgen, wie Schickele es voraussah. Dies löste aber
eine unsagbare Enttäuschung in den Unschuldigen aus.«[13]

Annette Kolb blieb eine Fremde im eigenen Land, das fühlte
sie alsbald. Bis zu ihrer endgültigen Rückkehr nach München
(1961) blieb sie eine unruhige Wanderin zwischen den Städten
und Ländern. Paris blieb ihr hauptsächlicher Aufenthaltsort, daneben logierte sie immer wieder bei Freunden in der Schweiz.
War sie auf Besuch in München, waren das Regina Palast Hotel
und das Hotel Continental ihre Stammhäuser. Auch in Badenweiler fand sie sich nicht mehr recht ein. Ihr Haus vermietete sie

meist an Kurgäste, später an ihren Neffen Fred Kolb (den Sohn
Paul Kolbs) und dessen Familie. Sie selbst kam bei ihren Besuchen in dem Kurort meist bei Anna Schickele unter, die nach
dem Krieg aus dem südfranzösischen Exil zurückgekehrt war.[14]
Da sie verschuldet war, dachte sie unmittelbar nach dem Krieg
sogar daran, das dringend reparaturbedürftige Haus, das im
Krieg von Soldaten verwüstet worden war[15], zu verkaufen. Zu
dem Gefühl, in Badenweiler fremd, ja unerwünscht zu sein, trugen auch Ressentiments in der örtlichen Bevölkerung bei, wie sie
ihr bereits 1923/24 entgegengeschlagen waren. An Mary Gräfin
Dobržensky schrieb sie am 17. Juni 1949: »Nur in Bayern fühle
ich mich in Deutschland nicht fremd. Ich habe Germaine nach
Badenweiler auf 3 Monate gebeten ob alles glatt dort gehen
wird? Der Maire [Bürgermeister] ist ein früherer Nazi und stellt
mir nach. *Ich* kann gut Karten schlagen.«[16] Annette Kolb hätte
wohl kaum geglaubt, daß sich Badenweiler bereits wenige Jahre
später mit seiner berühmten Bürgerin schmücken würde.

Oft suchte sie im nahen Basel bei der Freundin Theodora Von
der Mühll Unterschlupf, oder auch bei Carl Jacob Burckhardt in
Paris, der von 1945 bis 1949 Schweizer Gesandter in Frankreich
war. Rastlos und umtriebig war die Dichterin trotz ihres hohen
Alters und erfüllte den Haushalt so manchen Gastgebers mit
heiterer Unruhe. Hinzu kam ihre sprichwörtliche »Abgewandtheit«. Daß sich ihre Marotten und Eigenheiten vielfach – selbst
im Freundeskreis – in den Vordergrund schoben, zeigt ein par-
odistischer Brief Burckhardts an den Literaturkritiker Max
Rychner:

»Lieber Max, Annettes Glück, im Besitz Deiner Briefe zu sein,
läßt sich nicht beschreiben. Sie trägt sie im Hause herum,
schiebt sie in Mauerlücken, fremde Hüte, ausgediente Lexiken,
zur Wäsche bereite Büstenhalter. Dann beginnt das Läuten:
ach, Léon [der Diener], wo ist Dr. Rychners Brief, wissen Sie,
der schöne Brief von der Stange Geld, [...] wissen Sie, Rychner
erinnert an Shelley, ach, meine Cousine in Irland kannte alle
Feen, lassen Sie doch François kommen, er ist so ruhig, vielleicht erinnert er sich, ich war doch gar nicht im Eßzimmer, bei

Schubert ist so eine schöne Stelle, wissen Sie, wo er das Thema verliert, es sucht, warten Sie, ich muß Ihnen das rasch spielen, ach, daß ihr keinen Lift nicht habt's, in Amerika hatten sie alle Lifts, ah! Carl, ich habe Rychners Brief verloren, wissen Sie, bisweilen hasse ich die Amerikaner, die Freiheitsstatue hab' ich gehaßt wie den Tod, ja wie den Tod, diese Schurkerei, [...] der General [de Gaulle] wird Deutschland retten, er liebt Deutschland, ich weiß, ah, meine Mutter sagte immer: ma chère, sagte sie, Jössas bei Rychners Brief war ja mein Paß [...]«[17]

Die unfreiwillige Heiterkeit solcher Szenen täuscht leicht über die existentielle Not hinweg, die Annette Kolb überhaupt erst zwang, ein unruhiges Wanderleben zu führen. Finanzielle Sorgen drückten sie wieder sehr. Der ebenfalls in Geldnöte geratenen Mary Gräfin Dobržensky schrieb sie: »[...] aber jetzt ist es einfach grässlich; wenn nicht bald etwas eintrifft [...] Ach Mary ich bin so tief gedemütigt dir nicht beispringen zu können, wie ich es so von Herzen im Eilschritt gern täte.«[18] Sie war mit nunmehr fast achtzig Jahren gezwungen, weiterhin Bücher zu schreiben. 1947 brachte der Verlag Rentsch in Zürich eine Neuauflage ihres ›Schubert‹. Im selben Jahr erschien beim Verlag Querido in Amsterdam ihr Buch ›König Ludwig II. von Bayern und Richard Wagner‹, die Darstellung der tragischen Freundschaft zwischen dem Künstler und seinem königlichen Mäzen, ein Buch, das insofern persönlichen Charakter hat, als Annette Kolb viele Erzählungen ihrer Mutter Sophie über Begegnungen mit Richard und Cosima Wagner, mit Hans von Bülow und Franz Liszt zitiert, aber auch eigene Kindheitserinnerungen an den mütterlichen Salon einflicht.

Klaus Mann rezensierte das Buch und befand treffend: »Zielt ihre Verehrung darauf, das Bild von Wagner zu verfälschen, indem sie es aller Häßlichkeit entkleidet? (In Annette Kolbs Darstellung ist der Hexenmeister von Bayreuth weder Nationalist noch Zyniker, weder Antisemit noch ein schlechter Freund; es ist immer wieder Cosima, die hier für Wagners Geschmacklosigkeit und Verrat zur Verantwortung gezogen wird.) Stilisiert die Autorin den neurotischen König von Bayern zu einem düsteren, strahlenden Helden? Vielleicht. Aber wer soll Anstoß nehmen an dergleichen halb absichtlichen, halb unbewußten Retuschen, die zum Charakter dieses Kunstwerks gehören? Denn wir haben es hier mit einem echten Kunstwerk zu tun – ein eigenartiges und kostbares Phänomen in dieser an künstlerischem Ausdruck so armen Zeit; ein leuchtender kleiner Trost in diesen finsteren Tagen.«[19]

Um ihre eigenen Werke auch im Ausland zu verbreiten, übersetzte sie diese zum Teil selbst: So erschien in ihrer Übertragung ›Ludwig II. von Bayern und Richard Wagner‹ im selben Jahr 1947 bei Albin Michel in Paris, im Jahr darauf übersetzte sie ›Das Exemplar‹ ins Französische (unter dem Titel ›Le Jet d'Eau‹). Auch die Fron des Übersetzens fremder Werke nahm sie wieder auf sich, um Geld zu verdienen: 1956 erschien in ihrer Übertragung Valéry Larbauds ›Sankt Hieronymus. Schutzpatron der Übersetzer‹. Wie stets fiel ihr das Schreiben – auch das nachschöpferische Übersetzen – schwer. »Über meinen Wagner – Ludwig bin ich schier verrückt geworden. Die deutsche Sprache in französisch übersetzen ist eine Marter. [...] Life is too much of an effort«[20], bekannte sie. Dennoch hatte sie 1948 bei der Währungsreform Hoffnung, der deutsche Buchmarkt werde sich bald erholen und die Leser würden nach ihren Werken verlangen: »Die deutsche Währung kommt und der Buchmarkt auch. Dort [in Deutschland] werden wir der Leser nicht ermangeln. Mein Wagner wurde 2 Mal in Zeitungen abgedruckt, hier [in der Schweiz] geht es ganz schlecht nur der Mozart geht, der Schubert auch nicht. Aber die Deutschen stürzen sich über alles Lesbare als sei es essbar! eins muss man ihnen lassen. Sie sind geistig höchst interessirt, ihre periodicals von niveau und sie sind [...] nicht provinziell geworden.«[21]

Die Hoffnung trog. Zwar wurden ihre Bücher, zum Teil auch die vor dem Krieg erschienenen, wieder veröffentlicht, der große Anklang bei der Leserschaft blieb jedoch aus. Diese wandte sich mehr und mehr der ausländischen, besonders der amerikanischen Literatur zu, die ab 1950 auch in billigen Taschenbuchausgaben auf den Markt kam, Literatur, von der man im Deutschland der Nazizeit abgeschnitten gewesen war, und auf die das

Publikum nun neugierig war. Die Exilautoren blieben weitgehend von der »Wiederentdeckung« ausgeschlossen. Hinzu kam der rasche Erfolg der jungen deutschen Autoren, die sich in der »Gruppe 47« um Hans Werner Richter scharten. Annette Kolb verfolgte diese jüngsten Strömungen mit Interesse. Mit Ilse Aichinger etwa stand sie in Briefkontakt, sie kannte auch Bücher von Heinrich Böll und Ingeborg Bachmann.

Kummer bereitete ihr ein anderer Kollege: Thomas Mann. Er veröffentlichte 1947 seinen Roman ›Doktor Faustus‹, worin er Annette Kolb in der Figur der Jeannette Scheurl für jeden entschlüsselbar porträtierte und auch Sophie Kolb und deren Salon beschrieb:

> »Allerdings war es auch hier, wo er [Adrian Leverkühn] zuerst die Bekanntschaft Jeannette Scheurls machte, einer vertrauenswürdigen Person von eigentümlichem Charme, gute zehn Jahre älter als er, Tochter eines verstorbenen bayerischen Verwaltungsbeamten und einer Pariserin, – einer gelähmt im Stuhl verharrenden, aber geistig energischen alten Dame, die sich niemals die Mühe gegeben hatte, Deutsch zu lernen: mit Recht, da ihr im Glücke phraseologischer Konvention auf Schienen laufendes Französisch geradezu für Geld und Stand aufkam. In der Nähe des Botanischen Gartens bewohnte Madame Scheurl mit ihren drei Töchtern, von denen Jeannette die Älteste, ein recht beschränktes Appartement, in dessen vollständig pariserisch anmutendem kleinem Salon sie außerordentlich beliebte musikalische Tee-Empfänge gab. [...] Jeannette angehend, so war sie Verfasserin, Romandichterin. Zwischen den Sprachen aufgewachsen, schrieb sie in einem reizend inkorrekten Privatidiom damenhafte und originelle Gesellschaftsstudien, die des psychologischen und musikalischen Reizes nicht entbehrten und unbedingt zur höheren Literatur zählten. Auf Adrian war sie sofort aufmerksam geworden und hielt sich zu ihm, der sich denn auch in ihrer Nähe, ihrem Gespräch geborgen fühlte. Von mondäner Häßlichkeit, mit elegantem Schafsgesicht, darin sich das Bäuerliche mit dem Aristokratischen mischte, ganz ähnlich wie in ihrer Rede das bayerisch Dialekthafte mit dem Französi-

schen, war sie außerordentlich intelligent und zugleich gehüllt in die naiv nachfragende Ahnungslosigkeit des alternden Mädchens. Ihr Geist hatte etwas Flatterndes, drollig Konfuses, worüber sie selbst aufs herzlichste lachte [...]«[22]

Beiläufig sei bemerkt, daß der im Roman genannte Altersunterschied zwischen Jeannette Scheurl und Adrian Leverkühn (»gute zehn Jahre älter als er«) auch ein reales Vorbild hat. Annette Kolb war fünf Jahre älter als der Schöpfer des ›Doktor Faustus‹. Wenngleich sie sich in ihren Unterlagen, Klappentexten und zum Teil gefälschten amtlichen Papieren meist fünf, bisweilen auch neun Jahre jünger machte (Geburtsjahr 1875 bzw. 1879), erzählte sie Fritz Landshoff einmal mit Freude an der Mogelei »die Szene, wie sie im Jahr [18]70 mit den Eltern aus Paris geflohen sei [beim Anmarsch deutscher Truppen]«. Katia Mann erinnerte sich 1976: »Tatsache war, daß aus der Episode, bei der sie doch mindestens fünf Jahre alt gewesen sein mußte, hervorging, daß sie etwa 1865 geboren war.«[23] Thomas Mann hatte dieses falsche Geburtsjahr bei der Beschreibung seiner Romanfigur aufgegriffen.

Sein Verhalten zeugte – wenngleich das Porträt der Jeannette Scheurl keineswegs unsympathisch ist – nicht eben von Diskretion und Loyalität. Annette Kolb war, wie auch später noch Katia Mann zugab, »sehr gekränkt«.[24] Vor allem die Porträtierung Sophie Kolbs erzürnte sie. Am 17. Mai 1948 schrieb sie deshalb einen Brief an den Kollegen:

»Lieber Thomas Mann

Gerade im Hinblick unserer langjährigen Freundschaft dürfte keine Unaufrichtigkeit zwischen uns bestehen. Ihre Worte über meine Mutter haben mich verletzt. Meines Wissens kannten Sie sie nicht oder kaum; sie war jedenfalls ganz anders und ich hatte sie und ihren unsäglich schweren Tod in der *Schaukel* geschildert. Ich mußte Ihnen dies sagen bevor ich Ihnen meinen Dank ausspreche für Ihren ergreifenden Brief und diesen Pfingstgruß an Sie entsende.

Annette Kolb«[25]

Der Kontakt zu Thomas Mann riß daraufhin ab. Wenige Wochen vor seinem Tod sprach er mit Carl Jacob Burckhardt über die Angelegenheit und bat ihn um Vermittlung. Dazu kam es allerdings nicht mehr. Thomas Mann starb am 12. August 1955, und Burckhardt setzte Annette Kolb tags darauf von diesem letzten Gespräch in Kenntnis:

»Liebe Annette.

Jetzt ist Thomas Mann gestorben. Vor einigen Wochen, kurz vor seinem achtzigsten Geburtstag, rief mich der alte noch viel ältere, neunzigjährige [Siegfried] Trebitsch an, um mir zu sagen, sein Freund der Romancier in Kilchberg habe den Wunsch geäußert mich zu sehn, er habe mir etwas zu sagen. Also wir frühstückten zusammen. Mann war sehr heiter (es war kurz vor seinen Geburtstagsfeierlichkeiten), gesprächig, natürlich und frisch, auch Frau Katja zeigte sich von ihrer freundlichsten Seite.
In einem bestimmten Moment, man sprach von Paris, meinte Mann: ›ach ja, Paris, da denke ich an Annette Kolb, eine jahrelange Freundschaft verband mich mit ihr, sie hat einen Passus aus dem ›Doktor Faust‹ übel genommen, ich hab ihr geschrieben, aber sie will nichts mehr von mir wissen. Es würde mir viel daran liegen mit ihr Frieden zu machen.‹ Gleich nach jenem Frühstück fuhr ich weg und ich sagte mir, der Annette erzähl ich's *mündlich*, und jetzt ist es zu spät. [...]«[26]

Annette Kolb war von diesem Gesprächsangebot Thomas Manns gerührt. In ihrem Kondolenzbrief an Katia Mann schrieb sie:

»Meine liebe Katia

Der Tod Deines Mannes ist mir sehr nahe gegangen, ich ermesse die Größe dieses Verlustes für dich und so weithin hinaus. Ich dachte oft und je länger je öfter mit Liebe an ihn, hatte aber eine Hemmung, und nun erhalte ich im Augenblick einen Brief von Burckhardt, der mir sagt er habe vor Wochen mit Euch in Kilchberg Stunden verbracht, und es sei da meiner gedacht worden. Hätte ich das früher gewußt! O es wäre nicht ohne ein Echo geblieben. Traurig schreibe ich dir dies. Es seien schreibt er mir schöne und heitere Stunden gewesen. Es sollte nicht sein, daß ich früher von ihnen hörte. Ich sage es mit großer Betrübnis, nimm es hin. Falls wir uns ein Mal sehen würde ich dir sagen warum diese Hemmung so groß war, doch sie war verjährt, aber ich hätte sie erklären müssen.«[27]

War Annette Kolbs Verhältnis zu Thomas Mann seit dem Erscheinen von ›Doktor Faustus‹ gestört, so verband sie zu dessen Sohn Klaus in dessen letzten Lebensjahren eine achtungsvolle Freundschaft. Schwer traf sie daher die Nachricht von seinem Selbstmord in Cannes am 21. Mai 1949. Als ein Jahr darauf Erika Mann im Querido Verlag Amsterdam das Gedenkbuch ›Klaus Mann zum Gedächtnis‹ herausgab, beteiligte sich auch Annette Kolb mit einem Nachruf: »Es kam nichts Kleinliches und nichts Schäbiges an Klaus Mann heran. Er war klug, talentiert, kurzweilig, schnell angeregt, hilfsbereit, kameradschaftlich, gütig. [...] Er hätte nicht gehen sollen. Wir vermissen ihn: seine gentillesse, diese so gewinnende Eigenschaft, für die es kein entsprechendes Wort in der deutschen Sprache gibt, und die ganz unbewußte Eleganz seiner Natur.«[28]
Noch ein zweiter großer Verlust traf sie in diesem Jahr 1949. Sie lud Germaine ein, mit ihr den Sommer in Badenweiler zu verbringen. Es wurden schöne Wochen. Kurz nach ihrer Rückkehr nach Irland starb Germaine Stockley im Alter von 81 Jahren. Annette Kolb war über den Tod der Lieblingsschwester untröstlich. Ihre Trauer formulierte sie gegenüber Ruth Landshoff-Yorck folgendermaßen: »So wie Geschwister ist niemand. Diese besondere Intimität. Das sind Zeugen von dir und von Anfang an. Sie lachen über dich und mit dir, und sie nehmen dich nie ganz ernst. Ich hab' jetzt niemanden mehr auf der Welt. [...] Wenn das Schreiben nicht wär' ... und der Zwiespalt. Zwei Vaterländer – –«[29]
Kraft floß ihr immer noch aus der Arbeit zu. 1954 erschien ihr Essayband ›Blätter in den Wind‹, der überwiegend vor dem Krieg publizierte Aufsätze versammelt. Doch auch einige Essays

aus den Jahren nach 1945, bislang nur in Zeitschriften erschienen, wurden nun zusammengefaßt, darunter ihre Kindheitserinnerungen ›Klosterleben‹, ihr Aufsatz ›René Schickele‹, die in Französisch geschriebenen Erinnerungen ›Mes Entretiens avec Camille Barrère‹ (›Meine Gespräche mit Camille Barrère‹), eine Betrachtung ›Letztes Albumblatt‹ und ihren großen Aufsatz über das Judentum und Israel ›Gelobtes Land – Gelobte Länder‹.

Darin schildert sie ihre eigenen Erlebnisse und Erfahrungen mit der Welt des Judentums, beginnend mit der Kindheit, ihrem ersten Disput mit der katholischen Kinderfrau Anna Knörr; dann ihre Erfahrungen mit den Kreisen der jüdischen Intelligenz in Berlin und Wien, ihre Begegnungen mit Samuel Fischer, Bertha Zuckerkandl, Franz Werfel, Max Scheler und anderen. Sie berichtet über ihr Schlüsselerlebnis auf der Reise nach New York (das sie bereits in ›Glückliche Reise‹ 1940 beschrieben hatte), als sie an Deck ein jüdisches Geschwisterpaar beobachtete und ihr bewußt wurde, daß das jüdische Volk ein Anrecht auf einen eigenen souveränen Staat habe. Schließlich erzählt sie auch die Anekdote, als sie 1935 in Nizza mit jüdischen Freunden zusammensaß und der Publizist Theodor Wolff das Glas erhob und ihre »Begeisterung« für die Juden pries: »Ich schnellte in die Höhe wie von der Tarantel gestochen: ›Begeisterung ist nicht das Wort, sondern Sympathie, Parteinahme, Solidarität‹, rief ich aus und setzte mich wieder.«[30] Mit Wohlwollen reagierte sie auf die Ausrufung des Staates Israel am 14. Mai 1948: »Die Unabhängigkeitserklärung eines jüdischen Staates dagegen vom 14. Mai 1948 kam einer Überrumpelung gleich. Ging es auch um einen auf dem Globus fast verschwindend kleinen, noch dazu parzellierten Flecken Erde, so war damit plötzlich und aus freien Stücken ein uraltes Volk als die jüngste aller Nationen mit allen Befugnissen, Hoheitsrechten und Kompetenzen erstanden. [...] Viele machten sich auf, sich an Ort und Stelle umzusehen, aus Neugierde oder um ihre Angehörigen – gerettete oder schon angesiedelte – zu besuchen, und alle nehmen teil an der Freude über die blonden und blauäugigen Kinder, die jetzt in der alten Heimat aufwachsen, aber ein Dorado finden sie nicht vor [...]«[31] Die Neugier, dieses von den Juden dem heißen Klima und den politischen Widrigkeiten abgetrotze Land zu sehen, erfaßte auch Annette Kolb. Sie träumte davon, einmal in den Nahen Osten zu reisen, und wagte es dennoch kaum zu hoffen: Zu teuer war die Reise, und sie selbst schien zu alt für eine solch anstrengende Fahrt zu sein.

Bei aller Semitophilie verleugnete sie doch nie den Blickwinkel der Katholikin: Das Judentum stand ihr nicht *über* dem Christentum (weil es etwa älter war), sondern gleichberechtigt *daneben*. In einer Buchrezension schrieb sie: »In der Tat: ein neues Blatt hat sich indessen für die Juden aufgetan. Sie sind wieder ein Volk. Nachdenklichen Auges begrüsst die Christenheit – an ihrer Spitze die römische – Israels Rückkehr in seine Heimat.«[32]

Unterdessen betonte sie die friedensstiftende Wirkung gerade der kleinen Staaten, die in der neu gegründeten UNO das entscheidende Gewicht haben könnten: »Auf die Größe eines Landes kommt es nicht an, sondern nur auf seine Souveränität. Die kleinen Länder sind heute oder morgen die Zünglein an der Waage: Irland, Finnland, Griechenland, Jugoslawien, Israel...«[33] Sie nannte unter den friedliebenden Völkern auch Bayern und hatte die utopische Idee von einer besonderen Rolle und Verpflichtung Bayerns innerhalb Europas: »Aber sie [die Bayern] waren nicht in der Lage, ihren Einfluß geltend zu machen. Deutsches Randvolk Österreichs und ein Herd der Attraktion inmitten der deutschen Lande, wäre Bayern zu einer segensreichen Rolle in Mitteleuropa berufen...«[34] Als Annette Kolb diese Worte 1950 niederschrieb, hatte sich Bayern bereits als »Freistaat« in die Föderation der Länder der 1949 gegründeten Bundesrepublik Deutschland eingegliedert. Verständlich, daß ihre Äußerungen, die an einer historisch bedingten Souveränität Bayerns festhielten, bei einigen Leuten Ablehnung hervorriefen. Der Redakteur von ›Hochland‹, worin der Aufsatz ›Gelobtes Land – Gelobte Länder‹ erscheinen sollte, forderte eine Streichung des Absatzes über Bayern. Sie bleib indes hart. An Werner Richter schreibt sie: »Ich muss Ihnen sagen, dass ich seit Ende 1950 tapfer wie ein einarmiger Zinnsoldat den Kampf gegen [Franz-Josef] Schön[ingh]. führte, der wünschte dass ich meinen Passus über Bayern aus meinem Essay: Gelobtes

Land gelobte Länder streichen sollte: [...] Ich gab nicht nach, er führte seine ganze Redaktion gegen mich ins Feld, ich sagte: sie möge mich desavouieren so viel sie wolle, ich müsse auf meinem Standpunkt beharren [...]«[35] Sie setzte sich durch, der Aufsatz erschien ungekürzt.

Die Repräsentanten des literarischen und öffentlichen Lebens ihrer beiden Vaterländer begannen in jenen Jahren, sich ihrer als der großen alten Dame der deutschen Literatur zu erinnern. Als im Juli 1949 die Akademie der Wissenschaften und der Literatur in Mainz gegründet wurde, wählte man Annette Kolb zum korrespondierenden Mitglied. Die Akademie gewährte ihr sogar ein monatliches Stipendium von 300 DM. Annette Kolb beantragte 1951 erfolgreich, die französischen Autoren André Malraux, Jules Supervielle und Jean Cocteau zu korrespondierenden Mitgliedern zu wählen, stand ansonsten der Akademie und ihren Repräsentanten jedoch skeptisch gegenüber, wie sie Werner Richter anvertraute:

»Sie sollten doch unbedingt der Academie angehören die in Mainz unter französischer Aegide gegründet wurde ich hielt mich deutschfranzösischen Annäherungsunternehmen immer fern. Aber franco-deutschen finde ich muss man sein Interesse zuwenden. Ich war auf der Tagung vom Ende Februar [1950] dort, bin aber Ende April nicht wieder hin. Denn die Professoren der Wissenschaft machen sich so breit und drückten alles mit ihren Mitgliedern die sie vorschlugen zurück, dass Literatur und Geist kaum zur Sprache kamen. Jetzt wollen wir das Ergebnis der letzten Tagung abwarten. Sehr optimistisch bin ich noch nicht. Aber ich verstehe von Elektronen und Atomen so wenig, dass ich da nicht mitreden kann. Ich kann die Herren und die Gesichter alle nicht leiden, und das ist kein Gesichtspunkt wird man mit Recht mir entgegnen.«[36]

1950 wurde sie Mitglied der Bayerischen Akademie der Schönen Künste, ein Jahr später verlieh ihr die Stadt München den Kunstpreis für Literatur des Jahres 1950. An Hermann Kesten schrieb sie, sie habe den Preis für ihren Essay ›Gelobtes Land – Gelobte

Länder‹ erhalten: »Für den Judenartikel bekam ich – und zwar wie E[rich]. Kästner mir sagte – *just* wegen der Bayernseite den Literaturpreis der Stadt München.« Statt vieler Ehrungen wäre der stets in Geldnot Stehenden ein höheres Preisgeld lieber gewesen: »1500 Mark sind nicht die Welt, aber die Geste freute mich. Unser armes Bayern lebt doch noch.«[37] Kesten antwortete lakonisch: »[...] die Münchener kommen noch langsam dahinter, dass es eine genialische Münchner Dichterin gibt. Ja, die Bayern sind eine künstlerische, aber sehr langsame Nation.«[38]

Kesten hinterfragte zwei Jahre später solch öffentliche Ehrungen, indem er zwar Annette Kolb moralische Integrität bescheinigte, zugleich aber den Mangel an Selbstkritik im deutschen Volk monierte: »Leben unter uns nicht eine Reihe großartiger Kunstgreise, Denker und Dichter, zwischen siebenzig und achtzig Jahren: Thomas Mann und Hermann Hesse, Alfred Döblin und Leonhard Frank, Annette Kolb und die Fürstin Lichnowsky, [...] lauter Schriftsteller, die seit 1945 Bücher veröffentlicht haben? Aber die literarische Selbstkritik versagte nach 1945, weil die deutsche Politik unselbständig, ratlos oder unaufrichtig war, weil die Moral des deutschen Volkes durch die schärfsten Krisen seit 1914 allzu tief gesunken war [...] Darum ist die zweite Aufgabe der deutschen Literatur die geistige, kritische und moralische Ordnung im eigenen Haus. Es fehlt nicht an Schriftstellern, es fehlt an Kritik.«[39]

Die Reihe der – meist wenig selbstkritischen – öffentlichen Ehrungen Annette Kolbs riß nicht ab. 1955 – man hatte im Februar dieses Jahres im allgemeinen Glauben ihren 80. Geburtstag statt des 85. gefeiert – folgte die Verleihung des Goethe-Preises der Stadt Frankfurt am Main. Oberbürgermeister Dr. Walter Kolb lobte in seiner Ansprache insbesondere Annette Kolbs Einmischung in öffentliche und gesellschaftliche Angelegenheiten: »Auch Sie haben ja diese Stunde erlebt, in der Sie sich, Zeugnis abzulegen, aufgerufen fühlten, und sich diesem Aufruf nicht entzogen ... Wie es da vor uns liegt, scheint es eher auf Bezauberung auszugehen als auf zielsichere Führung, und so ist es, eben durch seine künstlerische Vollendung, in Gefahr, Ihr schriftstellerisches Anliegen vergessen zu machen. Aber gerade Das sollte nicht sein! Wir wollen Ihre führende Stimme nicht entbehren; sie soll gehört werden, besser gehört werden, – und dieser Wunsch war nicht der letzte Anlaß für die Auszeichnung, die wir Ihnen zugedacht haben.«[40] In ihrer Dankesrede verwies Annette Kolb auf die Übernationalität von Goethes Denken und Werk, auch auf seine Liebe zu Frankreich: »Er liebte Frankreich. ›Wie könnte ich es hassen, da ich ihm einen so großen Teil meiner Bildung verdanke!‹ rief er aus, als ihm eines Tages mit nationalistischen Redensarten zugesetzt wurde. So fremd wie unleidlich wären ihm heute gewisse Parteiparolen, der Parteisinn und all die verjährten Zankäpfel, die in einer Zeit wie dieser ein friedliches Zusammenleben gefährden.«[41] Sie selbst, so betonte sie, habe ein Leben lang im Dienste des Völkerfriedens gestanden. Doch scheute sie sich nicht, auch den Hang zur Verdrängung im Deutschland der Nachkriegszeit zu kritisieren, indem sie auf die zahlreichen Bekannten und Unbekannten des Widerstands in der NS-Zeit erinnerte.

Die Feier in der Frankfurter Paulskirche fand am 28. August statt, zu den Ehrengästen gehörte u.a. Albert Schweitzer. Tags darauf wurde bei einer routinemäßigen Sitzung des Gemeinderats zu Badenweiler die Rede auf die Frankfurter Ehrung Annette Kolbs gebracht. Daraufhin beschloß der Gemeinderat, Annette Kolb die Ehrenbürgerschaft anzutragen.[42] Sie war von der so plötzlichen Ehrung einer Gemeinde, in der sie nach dem Ersten Weltkrieg zunächst öffentlich angefeindet worden war, und in der sie nun, 1955, nur noch sporadisch wohnte, überrascht. Dennoch dankte sie dem Bürgermeister Dr. Friedrich Karl von Siebold und nahm die Ehrenbürgerschaft an. Die Feier fand am 14. Oktober im Roten Saal des Kurhauses statt und wurde wenig später vom Südwestfunk übertragen. Zugleich mit der Ehrenbürgerwürde wurde Annette Kolb die Ehrenmitgliedschaft des Süddeutschen Schriftstellerverbandes verliehen. Zu der Feier waren auch alte Freunde und Bekannte erschienen, so Anna Schickele, Helene Meier-Graefe, Gertrud von Le Fort, Hermann Kasack, Emil Bizer und Ernst Sander. Hatte man 1923 vor ihrem Haus und dem René Schickeles noch geschrien: »Franzosen heim!«, so lobte nun Bürgermeister von Siebold, »nie sei Annette Kolb müde geworden, Deutschland und Frankreich zu ermahnen, nicht nur Wächter des Rheins zu sein, sondern Wächter Europas zu werden«.[43] Annette Kolb selbst nahm die Kehrtwendung der Dinge mit der nachsichtigen Gelassenheit des Alters. In einem Brief an Bürgermeister von Siebold log sie noch 1958: »Ich habe nie gewusst dass man in Badenweiler so aufgebracht gegen mich war. [...] Es ist mir ja eine Zeitlang in Bayern nicht besser gegangen, so dass ich auf die Freundlichkeit als ich von America zurückkam, gar nicht vorbereitet war. Vier Jahre Abwesenheit hatten allen Groll beigelegt.«[44] Doch konnte sie es sich nicht verkneifen, in ihrer Dankesrede ein Zitat aus ›Daphne Herbst‹ einzuflechten, das gleichermaßen für 1928 wie für 1955 galt: »Niemand merkt es noch, wie dumm wir sind, weil wir so tüchtig sind. Lieber weniger tüchtig und nicht so dumm.«[45]

Die vielfachen Ehrungen überraschen nicht ganz, lebte sie, die über Jahrzehnte geschmähte »Frankophile«, nun doch endlich in einem Staat, der sich die Aussöhnung mit dem einstigen Erzfeind Frankreich und die politische Einbindung innerhalb Westeuropas zur Aufgabe machte. Daß Annette Kolbs Freund Wilhelm Hausenstein (1882–1957) 1950 deutscher Generalkonsul in Paris wurde, 1951 Geschäftsträger und 1953 gar Botschafter, erfüllte sie mit besonderer Freude. Hausenstein, eigentlich Kunstschriftsteller, kannte die Dichterin bereits seit 1903. Der engagierte Sozialdemokrat bereitete nun in den 50er Jahren auf dem diplomatischen Weg die Aussöhnungspolitik von Robert Schuman, Charles de Gaulle und Konrad Adenauer vor. Seine Frau Margot, ebenfalls mit Annette Kolb befreundet, war Mitbegründerin der Deutsch-Französischen Gesellschaft. Die Tochter des Ehepaares Hausenstein, Renée-Marie (geb. 1922), wurde das Patenkind Annette Kolbs.

Welchen europäischen Stellenwert Annette Kolb General Charles de Gaulle beimaß, ist bekannt. Bald jedoch wurde sie auch eine glühende Parteigängerin des ersten Bundeskanzlers der Bundesrepublik Deutschland, Konrad Adenauer (er war von 1949 bis 1963 im Amt). Was sie für ihn einnahm, waren sein Katholizismus, die Erfahrungen der gleichen Generation (Adenauer war 1876 geboren), ein Lebensweg, der in der Nazizeit von Verfolgung geprägt war (er kam 1944 ins KZ Köln und ins Zuchthaus Brauweiler) und nicht zuletzt seine Verdienste bei der Wiederherstellung von Sicherheit, Ordnung, Wohlstand, außenpolitischer Achtung und Souveränität nach 1949. In ihren ›Zeitbildern‹ (1964) umreißt sie diese Emotionen, die Millionen anderer mit ihr teilten, indem sie Adenauer fast messianische Züge verleiht:

> »Die Emigranten, die dann nach Deutschland kamen, um ihre Freunde zu suchen, hatten das Chaos vor sich: zerstörte Städte, viele Tausende unter den Trümmern, Konzentrationslager, die von den Siegern geöffnet wurden. Die Wahrheit, die grausame Wahrheit trat zutage. Von den Schuldigen hatten sich soundsoviele rechtzeitig davonmachen können. Keiner von ihnen wollte es gewesen sein.
> Und da entstand den Deutschen in dieser ihrer Lage eines geschlagenen, ja rechtlos gewordenen Volkes ein Staatsmann, der sie innerhalb von zehn Jahren aus dem Sumpf und Abgrund ans Licht zog; der größte Staatsmann, den Deutschland je hatte, von einer Ausstrahlung ohnegleichen, international anerkannt, der sich von der deutschen Geschichte als ihr Retter abheben wird: der eminente Konrad Adenauer.«[46]

In ihr regte sich wieder der alte Hang zur »Privatdiplomatie«. Mit den höchsten Politikern ihrer beiden Vaterländer wechselte sie in den 50er und 60er Jahren Briefe, so mit Charles de Gaulle (der seit 1958 wieder französischer Staatspräsident war), André François-Poncet (1931 bis 1938 und 1949 bis 1955 französischer Botschafter in Berlin bzw. Bonn), Theodor Heuss (von 1949 bis 1959 deutscher Bundespräsident), Heinrich von Brentano (deutscher Außenminister von 1955 bis 1961), Alfons Goppel (bayrischer Ministerpräsident von 1962 bis 1978) und nicht zuletzt auch mit ihrem Idol Konrad Adenauer. Auch das Haus Wittelsbach, dessen letzten König Ludwig III. sie einst so geschmäht hatte, wurde nun – vielleicht auch ein wenig wegen ihrer eigenen illegitimen wittelsbachischen Abkunft – brieflich mit Sympathie bedacht. Umgekehrt zollten ihr Kronprinz Rupprecht von Bayern (gest. 1955) und Prinz Franz von Bayern (geb. 1933) Lob und Verehrung, und Prinz Konstantin von Bayern (1920–1970) interviewte sie im November 1960 in einem fast anderthalbstündigen Gespräch für den NDR Hamburg.

Die Korrespondenz mit Politikern beschränkte sich nicht auf gegenseitige Gratulationen und auf die Zusendung ihres jeweils jüngsten Buches, vielmehr nahm Annette Kolb noch regen Anteil an der öffentlichen Diskussion. Als sie 1963 in einem Brief an den ehemaligen Außenminister Heinrich von Brentano ihre Sorge um die Weiterführung der Aussöhnungspolitik zwischen Deutschland und Frankreich zum Ausdruck brachte, antwortete ihr dieser:

»Hochverehrte, gnädige Frau,

erlauben Sie mir, daß ich Ihnen ganz besonders herzlich für Ihren ermutigenden Brief vom 13. März danke. Sie dürfen überzeugt sein, daß ich alles tun werde, um die unbeirrbare Fortsetzung der deutschen Außenpolitik zu gewährleisten.
Die europäische Einigung ist eine Schicksalsfrage; von der Antwort auf diese Frage wird die Zukunft unseres Kontinents abhängen. Und dieser Kontinent ist nicht etwa ein zufälliger geographischer Begriff; er ist die Wiege der abendländischen Kultur, die ebenso im Christentum wie im Humanismus wurzelt. Wer heute an politischen Entscheidungen mitzuwirken bereit ist, muß die verpflichtende Kraft respektieren, die diese große Tradition vermittelt.
Mit dem Ausdruck meiner besonderen Verehrung und mit herzlichen Grüßen,

Ihr aufrichtig ergebener vBrentano«[47]

Die an Europa und Frankreich orientierte Politik, die Brentano hier nennt, wurde zu Beginn der 50er Jahre von Konrad Adenauer und Robert Schuman ins Leben gerufen. Meilensteine waren 1951 die Unterzeichnung des Vertrages über die Montanunion durch Belgien, die Bundesrepublik Deutschland, Frankreich, die Niederlande, Italien und Luxemburg (eine Wirtschaftsunion und Vorform der späteren Europäischen Gemeinschaft) und 1952 der Vertrag über die Europäische Verteidigungsgemeinschaft. Allerdings gab es auch Rückschläge in den deutsch-französischen Beziehungen: So scheiterte die anvisierte Europäische Verteidigungsgemeinschaft dann doch 1954 am Widerstand der französischen Nationalversammlung, die eine Beschneidung der französischen Souveränität befürchtete. Auf anderen Gebieten jedoch ging die Aussöhnung mit dem Nachbarland voran: 1955 wurde nach einer Volksabstimmung das Saarland wieder an die Bundesrepublik Deutschland angegliedert, 1957 die Europäische Wirtschaftsgemeinschaft gegründet. Am 14. September 1958 schließlich, nach der Wahl Charles de Gaulles zum französischen Staatspräsidenten, kam es in Colombey-les-deux-Églises zu einer denkwürdigen ersten Begegnung mit Konrad Adenauer. Im Laufe der folgenden Jahre stellte sich heraus, daß die Ängste von deutschen Diplomaten und Politikern unbegründet waren, die in de Gaulle, der nach der neuen Verfassung der Fünften Republik eine immense Staatsgewalt innehatte, einen nationalistischen Verweigerer der Aussöhnungspolitik hatten sehen wollen. Das Verhältnis der beiden Staatsmänner wurde zunehmend entspannter. Es gipfelte im Juli 1962 im ersten offiziellen Staatsbesuch Adenauers in Frankreich, dem im September desselben Jahres ein Gegenbesuch de Gaulles in der Bundesrepublik folgte. In Bonn und München wurde der französische Staatspräsident von der Bevölkerung mit Begeisterung empfangen. Annette Kolb schrieb später über den Besuch ihres persönlichen »Herzenskönigs« de Gaulle, nicht ohne patriotischen Stolz:

»Das bayrische Volk ist wieder, wie es war: friedliebend und ohne Haß für andere Völker. Und wie hatten die Bayern ihre alte Anhänglichkeit beim Tode des Kronprinzen Rupprecht [1955] an den Tag gelegt, wie einen König ihn betrauert – nur, weil er wirklich einer gewesen wäre. Wie hat es die von der Bonner Regierung zustandegebrachte deutsch-französische Versöhnung und Verständigung von Herzen aufgenommen! Wie spontan empfing es General de Gaulle bei seiner Ankunft und bei seinem Einzug in München! In großen Scharen folgte es ihm auf seinem Weg zur Residenz, immer mit dem Ruf ›Vive de Gaulle!‹ – diese guten Bayern, von denen die wenigsten ein Wort Französisch lernen durften [...]«[48]

Als sie diese Zeilen schrieb, konnte sie sich guten Gewissens überschwengliches patriotisches Gefühl erlauben, empfand sie sich in ihrer zeitlebens geforderten Utopie einer deutsch-französischen Symbiose doch bestätigt – sowohl durch die Politik als auch durch die ihr zuteil gewordenen Auszeichnungen: 1958 war ihr die Mitgliedschaft in der Ehrenlegion verliehen worden, im selben Jahr erhielt sie das Große Verdienstkreuz des Verdienstordens der Bundesrepublik Deutschland und die dazugehörende Urkunde, unterzeichnet von Bundespräsident Theodor Heuss. Bei der Zeremonie in Paris sagte der deutsche Gesandte Jansen:

»Sie hatten den Mut, in einer schmachwürdigen Phase unserer Geschichte, Ihr Vaterland – ohne dazu genötigt zu sein, zu verlassen und in fremdem Lande die Fahne des ›besseren Deutschlands‹ hochzuhalten. Sie sind nach dem Ende des Naziregimes in die Heimat zurückgekehrt und haben durch Ihre Werke und durch Ihre Existenz dem neuen Deutschland – der Bundesrepublik – unschätzbare Dienste geleistet.
In den Bemühungen um die Neuordnung Europas stehen die Verbesserung der deutsch/französischen Beziehungen, die Konsolidierung einer wahren Freundschaft zwischen den beiden Nachbarländern an erster Stelle. Wer konnte dieser hohen Aufgabe besser dienen als gerade Sie? *Zwei* Vaterländern gehören Sie an: dem am Fuße der bayerischen Alpen und dem an den Ufern der Seine. Durch Ihre Werke, die hüben und drüben gelesen werden, durch den Reichtum Ihrer persönlichen Beziehungen in Frankreich und Deutschland wurden Sie zum beispielhaften Sinnbild aller Möglichkeiten, die für die Konstituierung einer echten deutsch/französischen Freundschaft gegeben sind.«[49]

Daß Annette Kolb 1933 Deutschland keineswegs verließ, »ohne dazu genötigt worden zu sein«, mag ihr bei der Verleihung aufgestoßen sein; so sehr sie sich über die verschiedenen Auszeichnungen in jenen Jahren freute, wird sie wohl auch geahnt haben, daß man sie instrumentalisierte und sich mit ihrem Namen und dem Nimbus ihrer Unbeugsamkeit und ihrer Courage bequem schmückte. Sie selbst äußerte einmal, diese Ehrungen und Lobreden seien ihr »unangenehm«. Ihre Gleichgültigkeit tat sie allen kund, als sie einmal bei einer Festveranstaltung ihr zu Ehren in Bamberg einschlief, weil sie sich langweilte. Später mußte sie herzhaft darüber lachen.[50]

Doch war damit der Feierlichkeiten noch kein Ende: 1961 wurde sie zum Ritter der Ehrenlegion ernannt. Beim Ausfüllen des Mitgliedsausweises tat sie, was sie stets gern tat: sie mogelte. Als Geburtsjahr gab sie diesmal 1879 an, als Geburtsort Paris, was sie so rechtfertigte: »Pour la légion d'honneur il faut mettre Paris [Für die Ehrenlegion muß man Paris angeben]. Und so geschah's.«[51] Im selben Jahr schließlich erhielt sie noch den Bayerischen Verdienstorden durch den bayrischen Ministerpräsidenten Hans Ehard und den Literaturpreis der Stadt Köln für das Jahr 1960 (Heinrich Böll erhielt den Preis für das Jahr 1959). In einer Doppelzeremonie wurden ihr und Böll die Preise am 27. Mai 1961 von Oberbürgermeister Theo Burauen überreicht.

Viel geehrt und schlecht bezahlt: Das galt für Annette Kolb auch in diesen Jahren. Mit Verlagen wie dem Düsseldorfer Verlag Bourg (er veröffentlichte 1951 nochmals ›Daphne Herbst‹) lag sie im Streit, weil sie sich übervorteilt glaubte. Den »Schutzverband der deutschen Schriftsteller«, dem sie erst im September 1952 beigetreten war, verließ sie unter Protest bereits im März des folgenden Jahres, weil sie sich schlecht vertreten fühlte. Sie schrieb, um Geld zu verdienen, weiterhin für verschiedene Zeitschriften und Almanache, so für ›Die neue Rundschau‹, ›Jahresring‹ und für ›Hochland‹. Sie las und sprach verschiedentlich im Rundfunk (so im BR, SDR, HR, NDR). Als Zeitzeugin eines bewegten 20. Jahrhunderts war sie plötzlich gefragt. Im Rundfunk nahm sie die Ideen Coudenhove-Kalergis auf und trug sie weiter: Nicht nur Deutschland und Frankreich sollten aufeinander zugehen, Ziel müsse vielmehr ein geeintes Europa sein. In einer feierlichen Silvester-Ansprache aus Paris, ›Gruß an Deutschland‹ (1954), sagte sie im Rundfunk: »Aber wenn wir heute jemand bei uns einen Europäer nennen, ist das keine Feststellung, sondern nur ein Kompliment. Der Weg wäre kurz, aber er leidet Gewalt. Er kann nicht über die Vergangenheit führen, es gälte vielmehr, diese tief unter sich zu lassen. Der Preis wäre hier jede Hintansetzung wert. Denn Deutschland und Frankreich sind die tragenden Pfeiler Europas. Es lebe Deutschland – es lebe Frankreich. Ohne ihre Einigung kann Europa nicht erstehen. Es lebe Europa!«[52]

Auch nahm sie, inzwischen im neunten Lebensjahrzehnt stehend, den anstrengenden Broterwerb der Lesereisen wieder auf sich. Sie eröffnete am 22. Januar 1956 mit einer Rede in Zürich das Mozart-Gedenkjahr anläßlich seines 200. Geburtstages, kritisierte darin einen »Mißbrauch, eine Veruntreuung« und warnte vor »der Gefahr der Übersättigung«[53], eine Äußerung, die gerade zur Eröffnung des Mozartjahrs wie ein Schlag ins Gesicht gewirkt haben mag. Im September desselben Jahres hielt sie im Straßburger Europahaus in Anwesenheit Anna Schickeles eine Gedenkrede auf ihren langjährigen Freund, den Elsässer René Schickele. Im März 1957 las sie in der Bibliothek des deutschen Botschafters in Rom, ein Jahr darauf im wiedereröffneten Cuvilliéstheater in München. Die Journalistin Ursula von Kardorff erinnert sich an einen der Auftritte der alten Annette Kolb: »Sie las schnell, ganz uneitel, fast unverständlich, so wie man einer altgedienten Sekretärin etwas diktiert, die sich gut auskennt. Sie las nach Seiten suchend, die Brillen wechselnd, Ausrufe einwerfend wie *ja, wo geht's denn weiter ... ach, da ist ja die Seite,* und ehe man genau verstand, war es schon vorbei.«[54] Erschienen ihre Lesungen manchem auch als unverwechselbare Auftritte eines Originals, so darf doch nicht vergessen werden, wieviel Energie und Disziplin diese sie gekostet haben müssen.

Neben all dem schrieb sie unter immensem Kraftaufwand – das Arbeiten fiel ihr immer schwerer – ein Buch, das 1960 erschien: ›Memento‹. Es ist der Bericht über ihre Jahre im Exil von 1933 bis 1945, ihre Flucht vor Verhaftung und Deportation, und ihre Rückkehr in das zerstörte Europa der Jahre 1945/46. In seiner Knappheit und Schnörkellosigkeit, seiner dramatischen Pointierung und sprachlichen Herbheit ist es das wohl bewegendste Buch der Dichterin. Nach eigenen Angaben zerriß sie während der jahrelangen Arbeit Hunderte von Blättern, bis nur noch ein Kondensat übrigblieb, ein Büchlein von 60 Seiten, das bis heute zu erschüttern vermag.

Die Honorare aus Lesungen und Veröffentlichungen reichten bei weitem nicht aus, um ihren Lebensunterhalt zu sichern. Auch die verschiedenen Preisgelder waren nur ein Tropfen auf den heißen Stein. Immerhin bezog sie noch Mieteinnahmen aus ihrem Häuschen in Badenweiler. Dennoch gestand sie 1956 in einem Brief an Wilhelm Hausenstein, sie habe 22 000 Mark Schulden beim Fischer-Verlag.[55] In ihrer Not entschloß sie sich 1956, einen Antrag auf eine staatliche Entschädigungsrente als Opfer des Naziregimes zu stellen. Dabei half ihr Magnolia Meier-Graefe, die den Text des Antrags vorformulierte, wobei der Wortlaut, kennt man die genauen Lebensumstände ihres Exils, noch recht harmlos wirkt: »[...] Während meines Aufenthaltes in Amerika hatte ich *keine regelmässigen* Einnahmen, sondern lebte von den jeweiligen Zuwendungen meiner Freunde, die ich natürlich so wenig wie möglich belasten wollte. Ich konnte mich nur durch äusserst kärgliches Leben aus dieser Notzeit retten. [...]«[56]

Angesichts solcher Kämpfe und Widrigkeiten verlor die Vielgeehrte oft den Mut, die Kraft drohte sie zu verlassen. Klagen wie die folgenden durchziehen ihre Briefe: »Ach lieber Kesten mit Ihnen kann man so gut lachen und sind die Zeiten noch so finster. [...] Ich lache so selten, meine Lachmuskeln sind ganz eingerostet ich merke es beim Lachen.«[57] Oder an Hausenstein: »Die Welt gefällt mir täglich weniger. Ich will es ihr noch sagen bevor ich sie verlasse. Gott gewähre mir dass ich mich nicht überlebe.«[58] Daß sie allein zurückbliebe, war eine häufige Angst, geschürt durch den Tod von Verwandten, Freunden und Weggenossen: 1947 starb Aline Mayrisch, 1948 Richard von Kühlmann, 1949 Germaine Stockley und Klaus Mann, 1955 Thomas Mann, es folgten 1957 Wilhelm Hausenstein, 1958

Mechtilde Lichnowsky und Reinhold Schneider, 1960 die Pianistin Clara Haskil, mit der Annette Kolb in Briefwechsel gestanden hatte.

Trost bot ihr der Glaube – trotz ihres aus der Kindheit resultierenden Abscheus vor dem Klerus. Doch auch hier sah sie alte Werte gefährdet. Besonders der Angriff auf die lateinische Messe schien ihr verwerflich. An Hausenstein schreibt sie: »In München ist wenigstens glaube ich die Messe nicht so schauderös gelesen oder täusche ich mich? hier [in Paris] hielt ich es letzten Sonntag keine 10 Minuten darin aus.«[59] Ihr Festhalten am lateinischen Ritus (die Messe in der jeweiligen Landessprache wurde durch das Zweite Vatikanische Konzil unter den Päpsten Johannes XXIII. und Paul VI. in den Jahren 1962 bis 1965 endgültig eingeführt) mag psychologisch so zu erklären sein, daß ihr, der rastlosen Exilantin, die in ihrem 90jährigen Leben schon so viele Reiche, Ideen, Ideologien und Werte hatte untergehen sehen, die römisch-katholische Kirche mit ihrer fast 2000jährigen Geschichte ein Orientierungspunkt war, ein Fels inmitten der Brandung der Zeitgeschichte, und die lateinische Messe die täglich erfahrbare Bestätigung dessen. So ist es auch nicht verwunderlich, daß sie in einem Aufsatz mit dem Titel ›Gefährdung der Messe‹ (1952) gegen eine falsch verstandene Ökumene aus dem Geiste der Lauheit wetterte: »Es ist Zeit, alle Feindseligkeiten abzuwerfen, sind wir doch alle Christen. Eine Anbiederung, wie die geschilderte aber ist kein Weg, sie ist Häresie. Denn es gibt keine deutsche, keine französische, keine englische, es gibt nur eine lateinische Messe. Auch kein deutsches Requiem gibt es, Brahms oder nicht Brahms.«[60] Garant kirchlicher Beständigkeit war ihr der Papst, der Sachwalter Christi. Mit dem reformerisch eingestellten Johannes XXIII. konnte sie wenig anfangen. Dagegen war ihr dessen Vorgänger, der autoritär herrschende Pius XII. (Eugenio Pacelli), ein Wächter in einer Welt laxen Werteverfalls. Nebenbei ist anzumerken, daß Pacelli von 1917 bis 1920 apostolischer Nuntius in Bayern war. Hätte Sophie Kolb etwas länger gelebt und ihren Salon weiterführen können, so wäre er sehr wahrscheinlich, wie die römischen Nuntii vor ihm, zu Gast im Haus Sophienstraße 7 in München gewesen.

Die in den 50er und 60er Jahren hochwallende Kritik an Pius XII. und dem nachgiebigen Reichskonkordat, das 1933 zwischen dem Vatikan und dem Deutschen Reich geschlossen worden war, und an dessen Zustandekommen Pacelli als Kardinalstaatssekretär des Vatikans maßgeblich beteiligt gewesen war, wollte Annette Kolb so nicht gelten lassen. Auch das Theaterstück ›Der Stellvertreter‹ (1963) von Rolf Hochhuth, das die Rolle von Pius XII. zur Zeit des Nationalsozialismus thematisiert, verwarf sie: »Aber nur selten können wir uns wehren. Als nach dem großen Stück ›Der Nachfolger‹ [von Reinhard Raffalt] das große Machwerk ›Der Stellvertreter‹ erschien, stand unter den Einführungen ein falsches Zitat von mir. Vor vielen Jahrzehnten entfiel mir, weil Pius XII. eine so dekorative und schöne Erscheinung war, die profane Bemerkung: er sei die Duse der Klerisei. Das falsche Zitat ›Die Duse der Kardinäle‹ aber war ein Angriff, der mir denkbar ferne lag und viele Insulten eintrug.«[61]

In einem Nekrolog auf Pius XII. mit dem Titel ›Mein letztes Zeitbild‹ (1958) warnte die greise Dichterin vor einer weiteren Gefahr für die Menschheit, dem Materialismus: »Die halbe Welt war beteiligt an dem Verlauf und dem Bestand des 3. Reiches. Seine Erben sind dort, wo es gewütet hat. Eine materialistische Gesellschaft ist die Folge. Mutige, die sie heute warnen vor der Verdorbenheit, die sie bedroht, sind ihr nicht genehm. An sie aber erging das Wort, vor dem wir hier innehalten. (›ich komme bald!‹) Die, an welche es gerichtet ist, sind davon getragen und beseelt, denn es ist ja schon die Erfüllung, die es verkündet. Wir glauben, wir halten unseren Glauben aufrecht, er ist nicht leicht, wir geben ihn nicht preis!«[62]

1960 schrieb Annette Kolb resigniert an Hermann Kesten: »Leider geht es mit meinen Augen nicht gut, eine Allergie nach der anderen ich wollte ja gerne in Pension gehen aber nicht mit einer lädirten Sehkraft von der Literatur entlassen werden. Für ein paar Aphorismen mag es noch reichen, aber sonst bin ich a.d. wie ein alter General.«[63] An einen Ruhestand war dennoch nicht zu denken, immerhin bereitete sie nach dem Erscheinen von ›Memento‹ bereits ein weiteres Buch vor. Dennoch gab sie dem vielfachen Drängen von Freunden und Verwandten nach und kündigte 1961 ihr Zimmer im Hotel Cayré in Paris, das ihr in den 16 Jahren ihres »Exils nach dem Exil« so etwas wie ein Zuhause geworden war. »Ich werde umgezogen«[64], meinte sie skeptisch, als sie am 16. Mai eine feste Wohnung in der Händelstraße 1 in München-Bogenhausen bezog. Die Gegend war ihr bekannt. Ganz in der Nähe befanden sich die einstigen Häuser von Adolf von Hildebrand und Thomas Mann, wo sie bereits vor dem Ersten Weltkrieg ein und aus gegangen war. Die Händelstraße 1 wurde ihr letztes Domizil. Aber noch hatte sie einige Pläne und Wünsche.

»Dein Land ist schon mein Land geworden!!« – Sehnsucht nach dem Heiligen Land (1961–1967)

Sie fand sich in die Enge der Vaterstadt nicht mehr recht ein. Zu sehr war ihr die Fremde Heimat geworden, das Reisen ein Zustand der Selbstfindung. Die Wohnung war komfortabel, sie hatte eine Haushälterin, in späteren Jahren stand ihr Gräfin Marie José Dürckheim als Pflegerin zur Seite, und auch der Bruder Paul Kolb besuchte sie häufig. Dennoch fühlte sie sich zunächst nicht wohl in ihrem Domizil. So ist es nicht verwunderlich, daß sie noch bis 1965 häufig München verließ und allein und ohne Hilfe nach Salzburg, Badenweiler und vor allem nach Paris reiste.

Freilich ließen die körperlichen und geistigen Kräfte in jenen Jahren nach. Mehrmals stürzte sie und mußte ins Krankenhaus. Die Augen wurden schwächer; eine Lupenbrille konnte nur wenig ausgleichen. Klagen über ihre schlechte Schrift füllen ihre späten Briefe. An Werner Richter schrieb sie: »[...] ich hoffe Sie können mich gut lesen denn zum schreiben gibt es noch keine Lupen. Die hat man noch nicht erfunden.«[1] Zumindest die häufigen Schlafstörungen, unter denen sie seit Jahrzehnten zu leiden gehabt hatte, konnte sie trickreich bekämpfen. Aus den letzten Lebensjahren findet sich ein unveröffentlichter Aufsatz mit dem Titel ›Therapeutische Winke eines Laien‹. Darin heißt es:

»[...] Wohl konnte es sein, dass, auch ohne Mittel, zu Anbeginn der Nacht der Schlaf mich überfiel, aus dem ich aber oft schon nach einer einzigen Stunde [...] mit einem Gefühl treibender Müdigkeit erwachte; Schlafmittel, selbst schwere, wirkten nicht mehr länger als von Mitternacht bis vier höchstens fünf Uhr morgens. Da sie denn nichts mehr halfen und ihre zerstörende Wirkung immer unverkennbarer wurde, faßte ich, koste es was es wolle, den Entschluß, sie aufzugeben. Zu verlieren war da nichts mehr.« In dieser Situation nahm sie ein herzstärkendes Mittel ein und »erwachte gegen Mittag, nach einem 8stündigen Schlaf, wie ich ihn seit vielen Monaten nicht mehr gefunden hatte. Ich schloß daraus, daß manche Schlaflosigkeit lediglich aus einer unruhigen oder gestörten Tätigkeit des Herzens herrührte und nahm seit jenem Tage nie mehr Schlaf- wohl aber Herzmittel; Herzmittel als Schlafmittel und nie mehr Herzmittel bei Tag.«[2]

Trotz ihrer schlechten Augen arbeitete sie unermüdlich an einem neuen Buch. An Werner Richter schrieb sie: »Im Herbst [1962] gehe ich endlich in Pension, bis dahin muss ich noch hart arbeiten, fahre nach Paris so lang ich noch kann.«[3] Und ein andermal: »Vielleicht haben Sie auch wie ich nie so viel gearbeitet im Leben. Und ich muss was mich anlangt immer an ein Trinklied denken, wo der Wirt zu jungen Leuten sagt indem er ihnen einen Fingerhut voll reicht: ›Kommt Burschen und sauft Euch voll.‹ So viel schaut auch bei mir heraus, wenn ich den ganzen Landsturm aufbiete.«[4]

Das Buch, eine Sammlung von alten und neuen Aufsätzen mit dem Titel ›1907–1964. Zeitbilder‹, schritt nur langsam voran. Mehrmals fuhr sie deswegen nach Frankfurt zum Fischer Verlag und verhandelte mit den Lektoren Rudolf Hirsch, Klaus Harpprecht und Peter Härtling. Der Verlag bezahlte ihr für das letzte Buch eine kleine Rente anstelle eines Honorars. Einmal vergaß sie ihre Brille im Verlagsgebäude, die sich später auf unerklärliche Weise in der Handtasche Katia Manns wiederfand und ihr von Luise Rinser nach München gebracht wurde.[5] Ihre Vergeßlichkeit und »Abgewandtheit« nahm zu. Sie selbst konstatierte dies mal mit gelassener Selbstironie, mal mit Ungeduld. Werner Richter gestand sie schmunzelnd: »Tausend Dank für Ihren lieben Brief. Ich habe ihn so sorglich auf die Seite gelegt, dass ich ihn erst heute wieder fand, so bin ich leider!«[6] Durchaus ernst gemeint ist ihre Klage über böse Kobolde, von deren Existenz sie, wie auch von der von Feen, seit ihren Aufenthalten in Irland fest überzeugt war: »Sie [die Iren] glauben an Wesen unter verschiedenen Bezeichnungen, die wir Kobolde nennen. Ihr Element ist die Unordnung. Von diesen Wesen weiß leider auch ich. Sie sind eine Quälerei am laufenden Band. Ich stehe vor einem gut aufgeräumten Schreibtisch wie vor einer schönen Landschaft: sie wird zu einem Wirrwarr, sobald ich mich in ihr aufhalte. Ich hasse die Unordnung, sie folgt mir auf dem Fuß.«[7]

Nach mehrmaligen Verzögerungen – bei der Zusammenstellung erschien sie sich selbst als »Zuchthäuslerin«[8] – erschien das Buch ›1907–1964. Zeitbilder‹ im Jahre 1964. Der Band bietet – wie der Titel schon andeutet – einen Querschnitt älterer Arbeiten, so auch Auszüge aus ›Festspieltage in Salzburg und Abschied von Österreich‹ und aus ›Glückliche Reise‹, daneben aber auch verschiedene Reden und Nachrufe aus den 50er Jahren. Neu aufgenommen waren ein Glückwunsch zur vierten Wahl Konrad Adenauers zum Bundeskanzler im September 1961 sowie verschiedene kurze Feuilletons über Irland, über ihre Liebe zu Blumen und zur klassischen Musik, sowie resümierende Erinnerungen über ihre Jahre nach dem Ersten und Zweiten Weltkrieg. So wenig Neues oder gar »Bedeutendes« das Buch zu bieten hat, so sehr zeugt es doch von einer Schreib- und Gesprächskultur, die ihre Blütezeit im 18. und 19. Jahrhundert hatte: der Causerie. Dieser heitere, amüsante, charmante Plauderton, der etwa auch bei Theodor Fontane zu finden ist, durchzieht dieses letzte Buch Annette Kolbs in prägnanter Weise. Die ebenfalls in München wohnende Lyrikerin Oda Schaefer (1900–1988) umschrieb dies in einem feuilletonistischen Porträt ihrer Kollegin treffend:

»Auch der Dichterin liegt das achtzehnte Jahrhundert im Blut, mit seinen Pastellfarben – vor allem dem welkenden Vieux rose – der aufgeklärten Bildung, der feinen Ironie, der Passion für alles Gesellschaftliche. Helles A-Dur-Gelächter dieses Zeitalters klingt aus den scheinbar federleicht hingeworfenen Sätzen. Und doch sind die Untertöne dunkel, tragisch gefärbt, Schatten des Lebens in schwerer Moll-Tonart. Es ist, als wäre Mozart, dessen Musik sie liebt und spielt, über den sie eine Biographie schrieb, einer ihrer Lehrmeister gewesen.
Annette Kolb hat die deutsche Sprache geschmeidig gemacht, biegsam wie einen jungen Zweig, etwas Gallisches aufokuliert. Der Stil – wer handhabt ihn noch so graziös wie ein blitzendes Florett? – verrät, wes hohen Geistes diese Frau ist [...] Mit ihr sehen wir die Welt in den schimmernden Porzellantönen eines Renoir, im Regenbogenlicht, aber auch das Aktu-

elle, das Politische, das, was gerechte Urteile fordert, mit scharfen und kritischen Augen. So mag sie schon in jungen Jahren melancholisch und zugleich etwas médisante, mit dem spöttischen Zug um die Lippen gegen alles Dilettantische durch die Salons geschritten sein, die grosse Nase vorn im Winde, Kleidung und Bewegung von dem unerhörten Chic der Mageren. [...] Grazie – das ist der Inbegriff ihrer Dichtung. Und Grazie heisst auch Gnade.«[9]

Nicht alle urteilten so lobend über die greise Dichterin und ihre späten Schriften. Die Zeichnerin und Schriftstellerin Erna Pinner, die Annette Kolb seit den 20er Jahren kannte, schrieb in einem Brief an ihren einstigen Lebensgefährten Kasimir Edschmid: »Ich habe Annette Kolb nicht gratuliert. Sie schreibt mir hie und da. Wenn ich ihr antworte hat jedesmal ein ›Kobold‹, der ihr stets auf den Fersen ist, meinen Brief gestohlen und dasselbe beginnt von vorn. Offen gestanden, konnte ich mit dem Büchlein [›1907–1964. Zeitbilder‹], das gerade erschienen ist, nichts anfangen. Niveau – natürlich, aber aus der Mottenkiste.«[10]

Diese Kritik greift zu kurz. Noch besaß Annette Kolb neben ihrem Charme der Plauderei auch den Geist, kritische, ja unbequeme Fragen aufzuwerfen. In einer Zeit des blühenden deutschen Wirtschaftswunders, als Ludwig Erhards Buch über die freie Marktwirtschaft ›Wohlstand für alle‹ zu einem Bestseller, ja zu einer materialistischen Bibel wurde, rührten die folgenden Worte der Dichterin in die vom Konsum nur oberflächlich verhüllten Wunde einer konfliktscheuen, saturierten und geistig bequemen bundesdeutschen Gesellschaft:

»Wie wären nicht Neid, Mißgunst, schierer Undank, Bosheit, Geldgier im ungewohnten Maße die Hinterlassenschaft einer so unmenschlichen Epoche [der NS-Zeit], die mit solcher Macht bestehen und sich behaupten durfte. Wie nie zuvor schwelen sie im Parteigeist, wie nie zuvor sehen wir die Anbetung des Goldenen Kalbes so im vollen Schwung. Die Welt wurde auf den Kopf gestellt, es war gar nicht so schwer. Man bedachte dabei nicht die Windungen der neu eingeschlagenen

Wege, und daß sie nicht nur rund war, sondern auch sich drehte, diese Welt! Die meisten Monarchen wurden abgeschafft, und statt ihrer wurde der Reichtum auf den Thron gesetzt. Er hat die Macht, und die Reichen sowie die sich Bereichernden, gebildet oder nicht, sind heute sein Hofstaat. Nach Belieben kann er den Anstreicher oder Maurer auf Stundenlohn beschäftigen. Dieser wird seiner Tage froh. Bald, oh bald schwebt ihm der in der Tat so begehrenswerte Volkswagen vor, als dessen Herr er über Stadt und Land einer Autostraße zusausen kann.«[11]

Trotz dieser harschen Worte wurde sie immer mehr zum Schmuckstück, zum Aushängeschild der sich selbst vergewissernden Bundesrepublik und ihrer Repräsentanten. Weitere öffentliche Ehrungen wurden ihr zuteil: Im Juli 1966 wurde sie in den Orden Pour le mérite für Wissenschaften und Künste aufgenommen. Dieser geht auf Friedrich II. von Preußen zurück und umfaßt nur 30 stimmberechtigte und 30 nicht stimmberechtigte Mitglieder. Annette Kolb erhielt den Orden, den vor ihr der Dichter Thomas Stearns Eliot (1888–1965) getragen hatte. Die feierliche Aufnahmezeremonie wurde in der Bayerischen Akademie der Schönen Künste unter dem Vorsitz des Ordenskanzlers Professor Percy Ernst Schramm vollzogen. Zugleich mit ihr wurde auch der österreichische Maler und Bildhauer Hans Wimmer ausgezeichnet, der in den Jahren 1965–67 mehrere Porträts und Büsten der greisen Dichterin anfertigte. In einem Brief an Annette Kolb, worin er ihr die Zuwahl mitteilte, schrieb Schramm: »Sie sind die letzte aus dem großen Dreigestirn deutscher Frauen, von denen Ricarda Huch und Mechtilde Lichnowsky nicht mehr am Leben sind. Nun dürfen wir wenigstens Sie in der Liste unserer Mitglieder anführen.«[12]

Im März 1967 erhielt Annette Kolb schließlich noch das Große Verdienstkreuz mit Stern des Verdienstordens der Bundesrepublik Deutschland, verliehen von Bundespräsident Heinrich Lübke und überreicht vom bayrischen Ministerpräsidenten Alfons Goppel.

Sehr gefreut haben mag sie sich über den Brief einer Deutschlehrerin des Mädchen-Gymnasiums in Traunstein. Die Schule hatte sich im März 1966 nach Annette Kolb benannt, und die Lehrerin fragte bei der greisen Dichterin an, ob sie zu einer Lesung nach Traunstein kommen wolle.[13]

Ein Ereignis ihrer späten Münchner Jahre wurde für Annette Kolb jedoch zur Bestätigung ihres eigenen lebenslangen Engagements und Wirkens: Die offizielle Aussöhnungspolitik ihrer beiden Vaterländer wurde unter Charles de Gaulle und Konrad Adenauer entscheidend vorangetrieben. Im September 1962 besuchte der französische Staatspräsident München. Vor der Feldherrnhalle hielt er eine Rede und rief den hunderttausend Menschen auf dem Odeonsplatz zu: »Es lebe Bayern, es lebe Deutschland, es lebe die Freundschaft zwischen dem französischen und dem bayerischen Volk!«[14] Daß de Gaulle ausdrücklich das bayerische, nicht das deutsche Volk nannte, erfüllte Annette Kolb mit Stolz; in ›1907–1964. Zeitbilder‹ verweist sie ausführlich auf dieses Ereignis.[15] Auch wurde sie zum Empfang des französischen Staatspräsidenten in der Münchner Residenz geladen.

Vier Monate später, am 22. Januar 1963, unterzeichneten Adenauer und de Gaulle im Pariser Elysée-Palast den deutsch-französischen Freundschaftsvertrag »in der Überzeugung«, so die gemeinsame Erklärung, daß die Versöhnung zwischen dem deutschen und dem französischen Volk »ein geschichtliches Ereignis darstellt, das das Verhältnis der beiden Völker zueinander von Grund auf neu gestaltet«, und »in der Erkenntnis, daß die Verstärkung der Zusammenarbeit zwischen den beiden Ländern einen unerläßlichen Schritt auf dem Weg zu dem vereinigten Europa bedeutet, welches das Ziel beider Völker ist«.[16] Der Vertrag legte ein Programm zur außenpolitischen Annäherung fest, so auch die Abstimmung in außen- und verteidigungspolitischen Fragen. Kulturpolitisch wurde die Gründung gemeinsamer kultureller und pädagogischer Einrichtungen vorgesehen, das Erlernen der jeweils anderen Sprache sollte durch vermehrten Fremdsprachenunterricht und Schüleraustausch gefördert werden.

Der 87jährige Konrad Adenauer mußte am 15. Oktober 1963 auf Druck der Koalition von CDU/CSU und FDP als Bundes-

kanzler zurücktreten. Nachfolger wurde der bisherige Bundes-
wirtschaftsminister Ludwig Erhard. Annette Kolb sah das mit
großem Bedauern. 1961, nach Adenauers vierter Wahl zum Bundeskanzler, war in der Koalition abgesprochen worden, daß er
sein Amt nach der Hälfte der Legislaturperiode niederlegen
müsse. Bereits damals hatte Annette Kolb die Öffentlichkeit ge-
mahnt: »Es geht heute nicht mehr um unwürdige Parteiinteres-
sen, um Parteigeist, Parteisinn, sondern nur um die Schicksale
der Welt. Nur Adenauer, diesem Prestigewunder, gebührt die
Macht, eine unbefristete Macht. Das Ausland empfindet es mit
Recht als grobe Anstößigkeit, sie befristen zu wollen.«[17]
    Was sie an Adenauers Politik in dessen letzten Jahren schätzte,
war nicht nur die Aussöhnung mit Frankreich, sondern auch die
Annäherung an Israel. Seit der Gründung des Staates Israel
(1948) und ihrem Essay über die jüdische Frage ›Gelobtes Land –
gelobte Länder‹ (1950) verfolgte sie die Entwicklung im Nahen
Osten und die Frage einer deutsch-israelischen Annäherung
nach den Greueln des Holocaust mit Interesse und Sorge. Adenauer hatte den israelischen Ministerpräsidenten David Ben Gurion (1886–1973) bereits 1960 bei einem privaten Treffen im
New Yorker Hotel Waldorf-Astoria kennengelernt und die ersten Anstöße zu einer deutsch-israelischen Aussöhnung gegeben. 1966 trafen sich die beiden Politiker, inzwischen ihrer
Staatsämter ledig, nochmals im israelischen Kibbuz Sde Boker.
    Das Interesse Annette Kolbs für Israel vertiefte sich seit 1963
nach der Begegnung mit dem jüdischen Schriftsteller Elazar
Benyoëtz. Geboren 1937 in Wien, lebte er seit 1939 in Jerusalem.
1963 kam er nach Deutschland, um am Projekt einer ›Bibliogra-
phia Judaica‹, einem bio-bibliographischen Sammelwerk aller
jüdisch-deutschen Schriftsteller, zu arbeiten. Bei den Recherchen
lernte er Annette Kolb kennen, von der er sich Auskünfte über jüdische Schriftstellerkollegen ihrer Generation erhoffte. Aus der
Bekanntschaft erwuchs eine innige Freundschaft, die bis zu Annette Kolbs Tod bestand. Benyoëtz gab später eine Auswahl seiner Tagebücher und der Korrespondenz mit Annette Kolb, vermehrt um essayistische Betrachtungen, unter dem Titel ›Annette
Kolb und Israel‹[18] heraus. In ihren Briefen sprach Annette Kolb

Benyoëtz gerne mit »lieber Israelit« oder »wilder Hebräer« an, wobei sie eine Formulierung Else Lasker-Schülers aufgriff. In seinem Tagebuch vom 11. Juli 1963 notiert er zum ersten Mal ihren Wunsch, Israel zu besuchen: »Sie lud mich ein, mit ihr ins ›Luitpold‹ zu kommen. Mit Annette und ihrem Bruder Paul im Café Luitpold. [...] Sie liebt Rychner und B[uber]. Wir müßten eine Reise nach Israel organisieren, wir müßten alle gemeinsam fahren. Immer wieder sagt sie, daß sie nach Israel fahren möchte.«[19] Und vier Tage später zitiert er ein Gespräch mit ihr: »›Euch – Israel – kann nichts Schlimmes geschehen. Ein junges Volk, das dem Mammon nicht nachjagt. Euch geschieht nichts Böses, das weiß ich. [...]‹. Sie hört gar nicht auf, im Lob unseres Volkes fortzufahren. Mit ganzem Herzen will sie ins Land kommen.«[20]

Man dachte zunächst an eine offizielle Lesereise, die Annette Kolb als französische Staatsbürgerin unternehmen und auf der sie französisch vortragen sollte. Benyoëtz bemühte sich um eine Einladung von offizieller Seite – doch ohne Erfolg. Manche Freunde wie etwa Max Rychner warnten vor einer Israelreise, da sie fürchteten, die Strapazen würden der Greisin schlecht bekommen. Annette Kolb jedoch, im Wissen, daß ihr nur noch wenig Zeit beschieden sein würde, verfolgte den Plan mit Zähigkeit. Da sie selbst das Geld für die Reise nicht aufbringen konnte, schaltete sie Carl Jacob Burckhardt ein. Dieser sammelte bei Freunden und Bekannten und trug so einen Grundstock zusammen. Auch arbeitete er generalstabsmäßig einen Reiseplan aus und kümmerte sich um Empfang und Versorgung der Freundin in Israel.

Alles schien bereits in greifbare Nähe gerückt – und doch scheiterte das Projekt mehrmals. Im Oktober 1964 ließ sie selbst die Reise platzen, und Burckhardt schrieb fassungslos und entnervt: »[...] alles schien in bester Ordnung zu sein. Und jetzt? Haben Sie keine Lust mehr? Etes-vous dégoutée de ce Hin und Her? J'ai vraiment tout fait ce qui était possible, que s'est-il passé? Ecrivez-moi un petit mot pour m'éclairer. [Sind Sie abgestoßen von diesem Hin und Her? Ich habe wirklich alles getan, was möglich war, was ist vorgefallen? Schreiben Sie mir ein Wort der Erklärung.]«[21]

Unterdessen wurde sie durch die Feierlichkeiten zu ihrem angeblich 90. Geburtstag in Anspruch genommen, zu dem wieder Gratulationen aus der literarischen und politischen Welt eintrafen. Der bayrische Ministerpräsident Alfons Goppel schrieb in einem Glückwunschbrief: »Sehr verehrte gnädige Frau! Ihr 90. Geburtstag ist für alle der Literatur zugewandten Deutschen ein Freudentag, besonders aber für uns Bayern, da Sie als gebürtige Münchnerin und Ihrer bayerisch-französischen Abstammung nach zu den unseren gehören. Bayern rechnet es sich daher zur Ehre an, daß dem deutschen Volke in Ihrem Namen ein Leitstern erschienen ist auf dem gemeinsamen Weg der Freundschaft mit der französischen Nation.«[22] Sie selbst muß es gewesen sein, die nun endlich die Fälschung der Daten in ihren Ausweispapieren eingestand. Kasimir Edschmid schrieb erheitert an Erna Pinner: »Gestern feierte Annette Kolb ihren Neunzigsten. Und tatsächlich wurde als besondere Sensation enthüllt, daß sie in Wahrheit fünfundneunzig sei.«[23]

Ihr Terminkalender war auch mit anderen Verpflichtungen reichlich gefüllt: Sonntags besuchte sie häufig die stille Messe in der Theatinerkirche und ging hinterher mit Freunden und Verwandten zum Frühschoppen in den »Franziskanerkeller«, nachmittags traf sie sich gerne mit Benyoëtz in einer Gastwirtschaft im Englischen Garten. Donnerstags lud sie ihre Freunde, so auch Prinz Franz von Bayern, zu »Herrenabenden« ins Barockstüberl des Hotels Continental. Auch wurde sie in den Jahren 1964/65 noch des öfteren an der Ludwig-Maximilians-Universität in den Vorlesungen zur französischen Literatur bei Professor Alfred Noyer-Weidner gesehen. Sie saß stets in der ersten Reihe, ihr Hütchen auf dem Kopf, ihre Handtasche neben sich, und machte sich eifrig Notizen auf kleine Zettel.[24] Zudem beschäftigte sie sich mit Vorarbeiten zu einem Buch über Bayern und Irland.[25]

Auch der literarische Nachlaß fand in jenen Jahren seine archivarische Heimat. Der langjährige Leiter der Handschriftenabteilung der Münchner Stadtbibliothek Richard Lemp lernte im Herbst 1963 über Margot Hausenstein die Dichterin kennen. Als er einmal die Sprache auf Manuskripte und Briefe brachte, meinte sie ungläubig: »Ja, sag'n S', Herr Bibliothekar, was woll'n

S' denn mit all dem Papier? Das ist doch nichts wert. Was gut ist von dem, was ich geschrieben hab', das ist doch ›druckt‹ und das andere soll man wegwerfen!«[26] Weggeworfen wurde natürlich nichts. Annette Kolb und Richard Lemp einigten sich, den Nachlaß (rund 100 Manuskripte und ca. 1400 Korrespondenz-Autographen von 303 Briefpartnern!) der Münchner Stadtbibliothek zu überlassen. Die Stadt München überwies ihr dafür einen größeren Geldbetrag. Annette Kolb war darüber erstaunt, hatte sie doch offensichtlich die Nachlaßgabe als Geschenk betrachtet. Als sie von dem Geld erfuhr, umarmte sie Lemp mit den Worten: »Sie, das freut mich! Jetzt fahr' ich gleich nach Paris!«[27]

Richard Lemp erzählt noch eine andere Anekdote: Paul Kolb habe ihm gegenüber einmal Andeutungen über das wahre Alter seiner Schwester Annette gemacht (sie war sechs Jahre älter) und auch dunkel erwähnt, daß es mit der Abstammung von Max Kolb »nicht seine Richtigkeit« habe. Als Richard Lemp daraufhin Annette Kolb diesbezüglich vorsichtig ansprach, meinte sie ärgerlich über den »petit frère«, wie sie Paul nannte: »Ach, glauben S' doch dem Paul nicht! Der ist alt und bringt alles durcheinander.«[28]

Am 5. April 1965 starb ihr Bruder Paul, für Annette Kolb ein herber Schlag. Um so bewußter wurde ihr nun wieder, daß ihr selbst auch nur noch kurze Zeit beschieden war. Sie nahm also mit Burckhardts Hilfe wieder ihren Plan einer Israelreise vor. Er besprach die Angelegenheit mit Dr. Joseph Cohn vom Zürcher Weizmann-Institut und nutzte dessen Kontakte nach Israel. Eine offizielle Einladung für Annette Kolb und Carl Jacob Burckhardt nach Israel schien bevorzustehen, und zwar im Gefolge Konrad Adenauers, der im November 1965 in seiner Funktion als Mitglied des Bundestages Israel besuchen wollte. Annette Kolb informierte Benyoëtz: »Ich soll, sagt B[urckhardt]., mit Adenauer nach Israel fahren. Das wäre ja sehr gut und schön. Ich bin ja die einzige, die ihm nicht untreu ist und nicht undankbar.«[29] Doch ein Verkehrsunfall Adenauers zerschlug wieder alle Hoffnungen. Als er schließlich im Mai 1966 doch noch nach Israel flog, geschah dies ohne Annette Kolb, da sie keine offizielle Einladung erhalten hatte.

Burckhardt organisierte nun neu und plante eine rein private Reise. Für November 1966 schien alles weitgehend vorbereitet: Der Flug von Zürich war avisiert, es war für eine Reisebegleiterin und eine Krankenschwester gesorgt, die sich um die Dichterin auf ihren Stationen Tel Aviv und Jerusalem kümmern sollten. In Jerusalem wollten der Literarhistoriker Werner Kraft und der Philosoph Gershom Scholem Annette Kolb empfangen. Kurz vor dem geplanten Abflugtermin scheiterte doch wieder alles an der nicht gänzlich gesicherten Finanzierung. Man kam überein, den Frühling abzuwarten, Burckhardt wollte bis dahin die noch fehlende Geldsumme sammeln. »Mir tut es furchtbar leid, dass dieser Reise ins heilige Land so viel Hindernisse im Wege standen«, schrieb er an Annette Kolb, »und dass das Hin und Her Sie gequält hat. Nun ist alles klar und Sie müssen die Expedition in ausgeruhtem Zustand nach einem ruhigen Winter antreten.«[30]

Endlich, im März 1967 – Annette Kolb hatte kurz zuvor ihren 97. Geburtstag begangen – fügte sich alles doch noch zum Guten: Zwei Tage vor dem Abflug besuchte Benyoëtz sie in ihrer Münchner Wohnung: »Am vorletzten Abend vor der Reise. Es kriselte ein wenig. Ich sagte, wir wollten nun noch einmal genau über die Garderobe sprechen und bat J. herein. Sie holte die verschiedenen Kleider, seidene, sehr hübsche. Mir machte diese Modenschau besonders viel Spaß, weil Annette sich wie ein Backfisch freute. Als ich sie verließ, war sie immer noch bester Stimmung.«[31]

Am Samstag, dem 18. März, versammelte sich auf dem Flughafen München-Riem eine Gruppe von Personen, die Annette Kolb verabschiedeten: Cornelia Edschmid (die Tochter Kasimir Edschmids), Horst Wiemer (der Cheflektor des Münchner Verlags C. H. Beck), seine Frau Madeleine Wiemer, Prinz Franz von Bayern, Gräfin Marie José Dürckheim und die Großnichte Annette Mallin-Ryder (eine Enkelin Germaine Kolb-Stockleys). Auch der Neffe Fred Kolb war gekommen, er sollte seine Tante auf der Reise begleiten. Benyoëtz war nicht anwesend, da Sabbat war. Vier Tage später erhielt er eine Karte von einem Bekannten in Israel: »Annette ist munter und eigensinnig wie immer.«[32]

In Begleitung des Neffen Fred besuchte Annette Kolb auf einer Rundreise Tel Aviv, Rehovot, Caesarea, Akko, Haifa, Nazareth, Kana, die Jesreel-Ebene, Afula, Berg Tabor, Capernaum und Jerusalem. Schriftliche Äußerungen über die Reise sind von ihr leider nicht überliefert, das Schreiben war ihr zu dieser Zeit schon fast unmöglich geworden. Benyoëtz bemerkt rückblickend: »Als Annette im März 1967 endlich reisen konnte, war es nur noch möglich, ein Programm durchzuführen, das ganz von der Rücksichtnahme auf ihr Alter und ihren Gesundheitszustand bestimmt war. Besichtigungsfahrten und Ruhepausen waren sehr sorgfältig geplant worden.«[33] Obwohl die Reise rein privat war, war es Benyoëtz gelungen, einen kleinen Empfang durch den Kulturattaché der französischen Botschaft in Jerusalem zu organisieren, eine Geste, über die sich die Dichterin sehr freute. Am See Genezareth (wo Jesus einst die Brüder Petrus und Andreas zu Jüngern erwählt und später die sogenannte Bergpredigt gehalten hatte) stand sie, so Benyoëtz, »lange am Ufer und schaute und drückte später ihre Freude darüber aus, daß sie dort allein gewesen sei.«[34] Stille, Besinnung und Einkehr bestimmten die Tage im Heiligen Land. Die Presse nahm von ihr kaum Notiz. Nur die Deutsche Presseagentur (dpa) meldete am 21. März in einer kurzen Notiz den Israel-Besuch der Dichterin. Mehr Aufsehen erregten Vortragsreisen von Günter Grass und Jean-Paul Sartre, die zur selben Zeit in Israel waren. Am 29. März, einen Tag früher als ursprünglich geplant (sie fühlte sich nicht mehr so wohl), flogen Annette und Fred Kolb nach München zurück.

Am 19. April starb der von ihr verehrte Konrad Adenauer 91jährig in Rhöndorf. Wenige Wochen später brach der sogenannte Sechstagekrieg zwischen Israel und Ägypten aus. Mit Benyoëtz, der von München aus sich um einen Flug nach Israel bemühte, um sich bei der Armee zu melden, besprach Annette Kolb in diesen Tagen besorgt die Lage. Noch immer nahm sie regen Anteil an den Nachrichten. Benyoëtz berichtet: »Da ich besorgt bin wegen der Lage in Israel, will mir Annette ein Radio schenken. Sie sucht das Geld, das sie nicht hat, lange Zeit immer wieder. Sie will mir ihr Radio leihen, ihr Radio ist eine ziemliche

Kiste.«[35] Schließlich bekam Benyoëtz die Nachricht, er könne nach Israel fliegen. Er und Annette Kolb trafen sich am 8. Juni noch einmal zum Essen. Dann kam der Abschied: »Ich schickte noch einen Handluftkuß – Annette erwiderte genauso. Ihr Gesicht, diese Bewegung der uralten Dame mit ihrer uralten Hand und dem welken Mund werde ich nie vergessen.«[36]

Auch nach Benyoëtz' Rückkehr nach Jerusalem blieben sie in Verbindung. Am 15. Juli erreichte ihn ihr letzter Brief: »Lieber Elazar! Danke für Deine liebe, schöne Karte, die mich sehr freute! Auch ich war in Sorge um Dich. Nun bin ich froh zu wissen daß es Dir gut geht! [...] Wann sehen wir uns wieder? Für heute grüßt Dich herzlich Deine alte Schwester Annette. Dein Land ist schon mein Land geworden!!«[37]

Noch unternahm sie im Sommer 1967 kleinere Ausflüge, so etwa an den Tegernsee. Im Herbst ließen ihre Kräfte spürbar nach, sie kränkelte. Lesen und schreiben konnte sie am Schluß gar nicht mehr, doch saß sie immer noch viel am Klavier und spielte auswendig Stücke von Mozart und Schubert. So zeichnete sie Hans Wimmer wenige Wochen vor ihrem Tod. Alfons Goppel sandte ihr Rosen und eine Karte mit Genesungswünschen. Am 3. Dezember spielte sie noch wie gewohnt Klavier, wenige Stunden später starb sie.

Beerdigt wurde Annette Kolb auf dem Friedhof von St. Georg in München-Bogenhausen, nur wenige Minuten von ihrem letzten Domizil in der Händelstraße entfernt. Ihre Ruhestätte liegt direkt neben dem Grab des Freundes Wilhelm Hausenstein (gest. 1957). Am Grab wurde Musik des von ihr porträtierten Mozart gespielt. Pater Willibrord O.S.B. las die Totenmesse. Zahllose Freunde und Bekannte, auch Personen des öffentlichen Lebens, hatten Kränze geschickt. Am Grab sprachen u.a. der bayrische Ministerpräsident Alfons Goppel, der französische Generalkonsul Saint-Mleux, Paul Schmitthenner vom Orden Pour le mérite, Clemens Graf Podewils von der Bayerischen Akademie der Schönen Künste und der Deutschen Akademie für Sprache und Dichtung, Klaus Harpprecht vom S. Fischer Verlag. Als Abgesandter des deutschen PEN-Zentrums und stellvertretend für die Freunde sprach Hermann Kesten die Abschiedsworte.

278

Annette Kolb selbst hatte mehr als vierzig Jahre zuvor in ihrer Erzählung ›Geraldine‹ Tröstliches über den Tod geschrieben, der das Ich aus seinem Gefängnis befreit und Erlösung aus dem Zwiespalt der zwei Vaterländer verheißt:

»Als Kind hatte sie sich an Erwachsene geklammert mit der Frage, ob man denn sein ganzes Leben sich selber bleiben müsse, ohne jemals von sich fort zu können, ohne je andere sein zu dürfen. Ihr früher Wunsch war wohl ein Vorgefühl, in welche Zeit ihr Ich hineinwachsen, welche Last es ihr aufbürden würde. Allein die Möglichkeit, die damals verneinte, die gab es dennoch. Schon rauschten ihr die Fittiche entgegen; das Leben war eine holde Landschaft, von verlockenden Linien; Fernen, sie nicht mehr betreffend, nahmen die beiden Länder ihres Herzens auf, deren Not war an Ereignisse gebunden, vergänglich wie sie selbst. In ihrer Wonne ließ sie sich gleiten. Sie sah Gras wachsen über ihr eigenes Grab, und es war alles eins.«[38]

Anmerkungen

Abkürzungen

DLA Marbach: Deutsches Literaturarchiv Marbach/Neckar.
Monacensia: Monacensia Literaturarchiv der Münchner Stadtbibliothek.
L: Verzeichnis der Schriften Annette Kolbs in der Monacensia, dargestellt von Richard Lemp: Annette Kolb, Mainz 1970.

Vorbemerkung

[1] Hermann Kesten, Nachwort zu: A. Kolb, Wera Njedin. Erzählungen und Skizzen, Frankfurt/M. 1983, S. 113.
[2] A. Kolb, Befohlenes Selbstporträt für Quartaner. In: Beschwerdebuch, Berlin 1932, S. 136.
[3] Brief Franz Bleis an A. Kolb, 4.12.1925, Monacensia.
[4] A. Kolb, Memento, Frankfurt/M. 1960, S. 63 f.
[5] A. Kolb, Brief an René Schickele, 7.2.1935. In: Annette Kolb, René Schickele, Briefe im Exil 1933–1940, Mainz 1987.

»Sympathie zwischen Bayern und Frankreich« – Herkunft und geistige Voraussetzungen

[1] A. Kolb, Bayern, Typoskr., Monacensia, L 3832 C.
[2] Vgl. den Briefwechsel A. Kolb – Éditions ATAR, Monacensia.
[3] Ich beziehe mich hier auf ein Gespräch mit der Tochter Ulla Kolbs, Frau Sibyll-Ann Kolb-Mertineit, 18.9.2000.
[4] Vgl. Annette Kolb / René Schickele, Briefe im Exil . . ., 1987, S. 29.
[5] Laut Auskunft von Frau Sibyll-Ann Kolb-Mertineit.
[6] Kompositionen und Aufsätze von Sophie Danvin-Kolb sind im Nachlaß Annette Kolbs in der Monacensia archiviert.
[7] A. Kolb, Ludwig II. von Bayern und Richard Wagner, Frankfurt/M. 1963, S. 11.
[8] A. Kolb, Bayern, Typoskr., Monacensia, L 3832 C.
[9] A. Kolb, Ludwig II. von Bayern und Richard Wagner, 1963, S. 11.
[10] A. Kolb, Ludwig II. von Bayern und Richard Wagner, 1963, S. 10.
[11] Zit. nach Brigitte Fischer, Sie schrieben mir, München 1981, S. 150.
[12] A. Kolb, Die Schaukel, Frankfurt/M. 1982, S. 12/24.

[13] A. Kolb, Die Schaukel, 1982, S. 36.
[14] A. Kolb, Die Schaukel, 1982, S. 11.
[15] Katia Mann, Meine ungeschriebenen Memoiren, Frankfurt/M. 1976, S. 124 f.
[16] A. Kolb, Ludwig II. von Bayern und Richard Wagner, 1963, S. 14.
[17] A. Kolb, Ludwig II. von Bayern und Richard Wagner, 1963, S. 15.
[18] A. Kolb, Ludwig II. von Bayern und Richard Wagner, 1963, S. 17.
[19] A. Kolb, Ludwig II. von Bayern und Richard Wagner, 1963, S. 39.
[20] A. Kolb, The Book of Dreams, Typoskr., Monacensia, L 3834 C, S. 16.
[21] A. Kolb, Ludwig II. von Bayern und Richard Wagner, 1963, S. 40.
[22] A. Kolb, Die Schaukel, 1982, S. 15.
[23] A. Kolb, Die Schaukel, 1982, S. 138.
[24] A. Kolb, Die Schaukel, 1982, S. 39.
[25] A. Kolb, Die Schaukel, 1982, S. 43.
[26] A. Kolb, Ludwig II. von Bayern und Richard Wagner, 1963, S. 46 f.

»Meine geistige Einzelhaft« – Kindheit und Jugend (1870–1888)

[1] Daten nach einer Kopie des Geburts- und Taufzeugnisses, ausgestellt vom Erzbischöflichen Stadtkommissariat München, 15.9.1964.
[2] Hier und im folgenden: A. Kolb, Klosterleben. In: Blätter in den Wind, Frankfurt/M. 1954, S. 7.
[3] A. Kolb, Klosterleben. In: Blätter in den Wind, 1954, S. 7.
[4] A. Kolb, Klosterleben. In: Blätter in den Wind, 1954, S. 8.
[5] A. Kolb, Klosterleben. In: Blätter in den Wind, 1954, S. 8.
[6] A. Kolb, Gelobtes Land – Gelobte Länder. In: Blätter in den Wind, 1954, S. 204.
[7] A. Kolb, Gelobtes Land . . . In: Blätter in den Wind, 1954, S. 204.
[8] A. Kolb, Gelobtes Land . . . In: Blätter in den Wind, 1954, S. 204 f.
[9] A. Kolb, Jugenderinnerungen, Ms., Monacensia, L 3845 C.
[10] A. Kolb, Jugenderinnerungen, Ms., Monacensia, L 3845 C.
[11] A. Kolb, Gelobtes Land . . . In: Blätter in den Wind, 1954, S. 205.
[12] A. Kolb, Gelobtes Land . . . In: Blätter in den Wind, 1954, S. 204.
[13] A. Kolb, Gelobtes Land . . . In: Blätter in den Wind, 1954, S. 207.
[14] A. Kolb, Gelobtes Land . . . In: Blätter in den Wind, 1954, S. 207.
[15] A. Kolb, Gelobtes Land . . . In: Blätter in den Wind, 1954, S. 207.
[16] A. Kolb, Die Schaukel, 1982, S. 8.
[17] Hermann Kesten, Nachwort zu: A. Kolb, Wera Njedin, 1983, S. 115.
[18] Hermann Kesten, Nachwort zu: A. Kolb, Wera Njedin, 1983, S. 113.
[19] A. Kolb, Klosterleben. In: Blätter in den Wind, 1954, S. 9.

20 A. Kolb, Klosterleben. In: Blätter in den Wind, 1954, S. 9.

21 A. Kolb, Klosterleben. In: Blätter in den Wind, 1954, S. 9.

22 A. Kolb, Jugenderinnerungen, Ms., Monacensia, L 3845 C.

23 A. Kolb, Klosterleben. In: Blätter in den Wind, 1954, S. 10 f.

24 Hermann Kesten, Nachwort zu: A. Kolb, Wera Njedin, 1983, S. 123.

25 A. Kolb, Klosterleben. In: Blätter in den Wind, 1954, S. 12.

26 A. Kolb, Klosterleben. In: Blätter in den Wind, 1954, S. 12.

27 A. Kolb, Die Schaukel, 1982, S. 39.

28 A. Kolb, Klosterleben. In: Blätter in den Wind, 1954, S. 13.

29 A. Kolb im Gespräch mit Harald von Troschke, SDR, 18.7.1965.

30 A. Kolb, Klosterleben. In: Blätter in den Wind, 1954, S. 15.

31 A. Kolb, Klosterleben. In: Blätter in den Wind, 1954, S. 15 f.

32 A. Kolb, Klosterleben. In: Blätter in den Wind, 1954, S. 16.

33 A. Kolb, Klosterleben. In: Blätter in den Wind, 1954, S. 16.

34 A. Kolb, Münchner Albumblatt. In: Blätter in den Wind, 1954, S. 127.

35 Vgl. Martha Schad, Ludwig II., München 2000, S. 25 f.

36 Ich beziehe mich auf ein Gespräch mit Frau Annette Mallin-Ryder, München, 11.5.2000.

37 A. Kolb, Torso. In: Wera Njedin, Berlin 1925, S. 69.

38 A. Kolb, Torso. In: Wera Njedin, 1925, S. 70.

39 A. Kolb, Torso. In: Wera Njedin, 1925, S. 71.

40 A. Kolb, Spitzbögen. In: Blätter in den Wind, 1954, S. 66.

41 A. Kolb, Spitzbögen. In: Blätter in den Wind, 1954, S. 67.

42 A. Kolb, Musik. In: 1907–1964. Zeitbilder, 1964, S. 195. Richtig lauten die erwähnten Titel R. Wagners eigentlich: ›Über das Dirigieren‹ und ›Religion und Kunst‹.

43 A. Kolb, Spitzbögen. In: Blätter in den Wind, 1954, S. 67.

44 A. Kolb, Spitzbögen. In: Blätter in den Wind, 1954, S. 72.

45 A. Kolb, Spitzbögen. In: Blätter in den Wind, 1954, S. 72.

46 A. Kolb, Spitzbögen. In: Blätter in den Wind, 1954, S. 73.

47 A. Kolb, Spitzbögen. In: Blätter in den Wind, 1954, S. 76.

48 A. Kolb, Spitzbögen. In: Blätter in den Wind, 1954, S. 68.

49 A. Kolb, [Autobiographische Skizze] In: Die literarische Welt 7 (1931), Nr. 3, S. 1–2 (Selbstdarstellungen deutscher Dichter 6.). Das Zitat bezieht sich auf eine Auseinandersetzung im Vorfeld zur Veröffentlichung von ›Torso‹ in Die neue Rundschau 16 (1905).

»Nichtstun –, das wird nicht länger gehen.« –
Literarische Anfänge (1888–1899)

[1] A. Kolb, Münchner Albumblatt. In: Blätter in den Wind, 1954, S. 125.
[2] A. Kolb, The Book of Dreams, Typoskr. Monacensia, L 3834 C, S. 15 [Original in engl. Sprache].
[3] A. Kolb, Erinnerungen an Habermann. In: Kleine Fanfare, Berlin 1930, S. 251.
[4] A. Kolb, Erinnerungen an Habermann. In: Kl. Fanfare, 1930, S. 252.
[5] A. Kolb, Erinnerungen an Habermann. In: Kl. Fanfare, 1930, S. 260 f.
[6] A. Kolb, Erinnerungen an Habermann. In: Kl. Fanfare, 1930, S. 257.
[7] A. Kolb, Erinnerungen an Habermann. In: Kl. Fanfare, 1930, S. 257.
[8] A. Kolb, Über Deutschlands Diplomatie, Ms., Monacensia, L 3837.
[9] A. Kolb, Münchner Albumblatt. In: Blätter in den Wind, 1954, S. 121.
[10] A. Kolb, Bei Barrère. In: Wege und Umwege, Leipzig 1914, S. 36.
[11] A. Kolb, Bei Barrère. In: Wege und Umwege, 1914, S. 36.
[12] A. Kolb, Mes entretiens avec Camille Barrère. In: Blätter in den Wind, 1954, S. 137 [Original in frz. Sprache].
[13] A. Kolb, Bei Barrère. In: Wege und Umwege, 1914, S. 35.
[14] A. Kolb, Memento, 1960, S. 18.
[15] Richard von Kühlmann, Erinnerungen, Heidelberg 1948, S. 79.
[16] A. Kolb, Präludium zu einem Traumbuch. In: Blätter in den Wind, 1954, S. 17.
[17] Ich verdanke diese Auskünfte Herrn Prof. Dr. H. Wiesner, Münchner Tierpark Hellabrunn, Brief vom 10.11.2000.
[18] A. Kolb, Präludium … In: Blätter in den Wind, 1954, S. 18.
[19] A. Kolb, Präludium … In: Blätter in den Wind, 1954, S. 18 f.
[20] A. Kolb, Präludium … In: Blätter in den Wind, 1954, S. 20.
[21] A. Kolb, Präludium … In: Blätter in den Wind, 1954, S. 20.
[22] A. Kolb, Drei Anfänge, Typoskr., Monacensia.
[23] A. Kolb, Bayern, Typoskr., Monacensia, L 3832 C.
[24] A. Kolb, Nach dem Zweiten Weltkrieg. In: 1907–1964. Zeitbilder, Frankfurt/M. 1964, S. 205.
[25] A. Kolb, Drei Anfänge, Typoskr., Monacensia.
[26] A. Kolb, Nie wieder. In: Beschwerdebuch, 1932, S. 121 f.
[27] A. Kolb, Bei Taine. In: Wege und Umwege, 1914, S. 9.
[28] A. Kolb, Bei Taine. In: Wege und Umwege, 1914, S. 12.
[29] A. Kolb, Bei Taine. In: Wege und Umwege, 1914, S. 12.
[30] A. Kolb, Bei Rodin. In: Wege und Umwege, 1914, S. 17 f.
[31] A. Kolb, La Musique aujourd'hui, Typoskr., Monacensia, L 3883 [Original in frz. Sprache].

[32] A. Kolb, [Debussy], Ms., Monacensia, L 3831 H [Original in engl. Sprache].
[33] A. Kolb, Mes entretiens ... In: Blätter in den Wind, 1954, S. 159.
[34] A. Kolb, Spitzbögen. In: Blätter in den Wind, 1954, S. 30.
[35] A. Kolb, Spitzbögen. In: Blätter in den Wind, 1954, S. 34.
[36] A. Kolb, Spitzbögen. In: Blätter in den Wind, 1954, S. 34 f.
[37] A. Kolb, Spitzbögen. In: Blätter in den Wind, 1954, S. 45.
[38] A. Kolb, Mes entretiens ... In: Blätter in den Wind, 1954, S. 158.

»Hofnarrenposten« –
Auf dem diplomatischen Parkett (1899–1906)

[1] A. Kolb, Mes entretiens ... In: Blätter in den Wind, 1954, S. 158.
[2] A. Kolb, Le revenant. In: Kurze Aufsätze, München 1899, S. 27 [Original in frz. Sprache].
[3] A. Kolb, Herbstlied. In: Kurze Aufsätze, 1899, S. 33.
[4] A. Kolb, Der Walchensee. In: Kurze Aufsätze, 1899, S. 37.
[5] A. Kolb, Die Heruntergekommenen. In: Kurze Aufsätze, 1899, S. 42.
[6] A. Kolb, Das Traumbuch. In: Kurze Aufsätze, 1899, S. 51.
[7] A. Kolb, Das Traumbuch. In: Kurze Aufsätze, 1899, S. 53.
[8] A. Kolb, Franz Blei. In: Berliner Tageblatt, 1.12.1925.
[9] A. Kolb, Das Exemplar. In: Die Romane, Frankfurt/M. 1968, S. 4.
[10] A. Kolb, Rufford Abbey. In: Sieben Studien, München 1906. S. 66.
[11] A. Kolb, Rufford Abbey. In: Sieben Studien, 1906. S. 77 f.
[12] A. Kolb, Zu einem Buch. In: Beschwerdebuch, 1932, S. 111 f.
[13] A. Kolb, Die Ballonfahrt. In: Wege und Umwege, 1914, S. 139.
[14] A. Kolb, Die Ballonfahrt. In: Wege und Umwege, 1914, S. 140.
[15] A. Kolb, Über Deutschlands Diplomatie, Ms., Monacensia, L 3837.
[16] A. Kolb, Über Dtld.s Diplomatie, Ms., Monacensia, L 3837, Bl. 8/9.
[17] A. Kolb, Über Dtld.s Diplomatie, Ms., Monacensia, L 3837, Bl. 10.
[18] A. Kolb, Über Dtld.s Diplomatie, Ms., Monacensia, L 3837, Bl. 10/11.
[19] A. Kolb, Über Dtld.s Diplomatie, Ms., Monacensia, L 3837, Bl. 12/13.
[20] A. Kolb, Das Exemplar. In: Die Romane, 1968, S. 36.
[21] Brief John Fords an A. Kolb, 8.2.1904, Monacensia.
[22] A. Kolb, Über Dtld.s Diplomatie, Ms., Monacensia, L 3837, Bl. 14.
[23] A. Kolb, Über Dtld.s Diplomatie, Ms., Monacensia, L 3837, Bl. 15.
[24] Brief Richard von Kühlmanns an A. Kolb, o. D., wahrscheinlich Tanger 1904/05, Monacensia.
[25] A. Kolb, Über Dtld.s Diplomatie, Ms., Monacensia, L 3837, Bl. 15.

26 A. Kolb, Über Dtld.s Diplomatie, Ms., Monacensia, L 3837, Bl. 15/16.

27 A. Kolb, Über Dtld.s Diplomatie, Ms., Monacensia, L 3837, Bl. 14.

28 A. Kolb, Über Dtld.s Diplomatie, Ms., Monacensia, L 3837, Bl. 14/15.

29 A. Kolb, Yvonne Müller. In: Wege und Umwege, 1914, S. 272.

30 Hier und im folgenden: A. Kolb, Yvonne Müller. In: Wege und Umwege, 1914, S. 273–278.

31 Vgl. A. Kolb, Über Dtld.s Diplomatie, Ms., Monacensia, L 3837, Bl. 16.

32 A. Kolb, Monseigneur Duchesne. In: Kleine Fanfare, 1930, S. 196.

33 A. Kolb, Monseigneur Duchesne. In: Kleine Fanfare, 1930, S. 200.

34 A. Kolb, Monseigneur Duchesne. In: Kleine Fanfare, 1930, S. 194.

35 A. Kolb, Monseigneur Duchesne. In: Kleine Fanfare, 1930, S. 201.

36 A. Kolb, Monseigneur Duchesne. In: Kleine Fanfare, 1930, S. 204.

37 Ich verweise hier insbesondere auf die Darstellung in Charlotte Marlo Werner, Annette Kolb. Biographie einer literarischen Stimme Europas, Königstein 2000, darin die Kapitel: ›Annette und die Rolle der Frauen‹ und ›Die feministische Pazifistin‹.

38 A. Kolb, Catharina von Siena die Friedenstifterin (1906), wieder abgedruckt in: Kleine Fanfare, 1930, S. 122.

39 A. Kolb, Catharina von Siena die Friedenstifterin (1906), wieder abgedruckt in: Kleine Fanfare, 1930, S. 122.

40 A. Kolb, Catharina von Siena die Friedenstifterin (1906), wieder abgedruckt in: Kleine Fanfare, 1930, S. 126.

41 Zit. nach Ruth Landshoff-Yorck: Erinnerungen eines sehr schönen Mädchens aus sehr gutem Hause. Süddt. Rundfunk Stuttgart 1962 [Sendetyposkript], S. 55.

42 A. Kolb, Sieben Studien, München 1906, S. 9.

43 A. Kolb, Sieben Studien, 1906, S. 27.

44 A. Kolb, Mes entretiens … In: Blätter in den Wind, 1954, S. 158 f.

45 A. Kolb, Sieben Studien, 1906, S. 27.

»Ich würde Ihnen alle Blumen ins Haus schicken« – Der literarische Durchbruch (1907–1913)

1 A. Kolb, Das Leben der Heiligen Walpurga. In: Wege und Umwege, 1914, S. 101.

2 A. Kolb, Das Exemplar. In: Die Romane, 1968, S. 40.

3 A. Kolb, Monseigneur Duchesne. In: Kleine Fanfare, 1930, S. 188 f.

4 A. Kolb, Monseigneur Duchesne. In: Kleine Fanfare, 1930, S. 188.

5 A. Kolb, Randglosse zur Psychologie der Nationen (1907). In: Wege und Umwege, 1914, S. 145 f.

6 A. Kolb, Die Schaukel, 1982, S. 18f.

7 Franz Blei, Das große Bestiarium der Literatur. Frankfurt/M. 1982, S. 48 [Erstausgabe Berlin 1922].

8 Franz Blei, Annette Kolb. In: Glanz und Elend berühmter Frauen, Berlin 1927, S. 285 f.

9 Postkarte Felix Mottls an A. Kolb, 9.1.1905, Monacensia.

10 A. Kolb, 1907. In: 1907–1964. Zeitbilder, 1964, S. 6.

11 Postkarte Felix Mottls an A. Kolb, 5.4.1907, Monacensia.

12 A. Kolb, Tagebuch 1908, Monacensia.

13 A. Kolb, Tagebuch 31.12.1908, Monacensia.

14 Ich verdanke diese Hinweise Frau Annette Mallin-Ryder, München.

15 Nach Auskunft von Frau Annette Mallin-Ryder, München.

16 A. Kolb, Bayern, Essay, Monacensia, L 3832 C.

17 z. B. der Essay ›Bayern‹, geschrieben um 1965, Monacensia, L 3832 C; ebenso der Essay ›Irland – England – Shakespeare‹, geschrieben nach 1964, Monacensia, L 3845 A.

18 A. Kolb, Landung in Südirland, Typoskr., 1928, Monacensia, L 3845 B, Bl. 3–5.

19 A. Kolb, Landung in Südirland, Typoskr., 1928, Monacensia, L 3845 B, Bl. 6 f.

20 »Sagen Sie bitte Fräulein zu mir«. Ein Gespräch mit Kölns Literaturpreisträgerin. Von Günther Holland. Kölner Stadtanzeiger, 2.4.1961.

21 A. Kolb, Gelobtes Land . . . In: Blätter in den Wind, 1954, S. 213 f.

22 Zit. nach A. Kolb, Gelobtes Land . . . In: Blätter in den Wind, 1954, S. 214.

23 A. Kolb, Gelobtes Land . . . In: Blätter in den Wind, 1954, S. 214.

24 A. Kolb, Gelobtes Land . . . In: Blätter in den Wind, 1954, S. 215.

25 Brief Henri Bergsons an A. Kolb, 22.11.1911, Monacensia [Original in frz. Sprache].

26 A. Kolb, Berlin. In: Kleine Fanfare, 1930, S. 76.

27 A. Kolb, Unpolitisches zu Bayern, Ms., Monacensia, L 3839 B, Bl. 1.

28 A. Kolb, Glosse zu Genf, Ms., Monacensia, L 3842 B, Bl. 2.

29 Brigitte B. Fischer, Sie schrieben mir, München 1981, S. 146.

30 A. Kolb, Nach dem zweiten Weltkrieg. In: 1907–1964. Zeitbilder, 1964, S. 203.

31 Brigitte B. Fischer, Sie schrieben mir, 1981, S. 147.

32 A. Kolb, Das Exemplar. In: Die Romane, 1968, S. 52.

33 Pauline de Pange, Alte Schlösser – Neue Zeit, München 1968, S. 342 f.

34 A. Kolb, Befohlenes Selbstporträt für Quartaner. In: Beschwerdebuch, 1932, S. 136.

35 Hedwig Fischer, Lebendiger Anteil. Hier zit. nach Brigitte B. Fischer, Sie schrieben mir, 1981, S. 149.

36 Brief Franz Bleis an A. Kolb, o. D., Monacensia.

37 A. Kolb, Befohlenes Selbstporträt für Quartaner. In: Beschwerde-buch, 1932, S. 136.

38 Brief Rainer Maria Rilke an A. Kolb, 9.1.1913. In: R. M. Rilke, Briefe, Wiesbaden 1950, S. 393.

39 Brief Franz Bleis an A. Kolb, 7.5.1913, Monacensia.

40 Brief Hugo von Hofmannsthals an A. Kolb, 2.6.1913. Zit. nach Sigrid Bauschinger (Hg.), Ich habe etwas zu sagen. Annette Kolb 1870–1967, München 1993, S. 85.

41 A. Kolb, Das Exemplar. In: Die Romane, 1968, S. 71 f.

42 A. Kolb, Das Exemplar. In: Die Romane, 1968, S. 78.

43 A. Kolb, Das Exemplar. In: Die Romane, 1968, S. 78.

44 A. Kolb, Das Exemplar. In: Die Romane, 1968, S. 77.

45 A. Kolb, Das Exemplar. In: Die Romane, 1968, S. 135.

46 A. Kolb, Das Exemplar. In: Die Romane, 1968, S. 77.

47 A. Kolb, Das Exemplar. In: Die Romane, 1968, S. 137 f.

48 A. Kolb, Das Exemplar. In: Die Romane, 1968, S. 138.

49 Max Rychner, Annette Kolb. In: Merkur 18, 1964.

50 A. Kolb, Befohlenes Selbstporträt für Quartaner. In: Beschwerde-buch, 1932, S. 136 f.

51 Brief Richard von Kühlmanns an A. Kolb, 3.5.1913, Monacensia.

52 Vgl. Ruth Landshoff-Yorck, Erinnerungen . . ., 1962, S. 50.

53 Mechtilde Lichnowsky an A. Kolb, 19.4.1913, Monacensia.

54 Brief Richard von Kühlmanns an A. Kolb, 21.12.1912, Monacensia.

55 Brief Franz Bleis an A. Kolb, o. D. [wahrscheinlich um 1913/14], Monacensia.

56 Brief Samuel Fischers an A. Kolb, 21.11.1912, Monacensia.

»Jene Meisterprobe männlicher Stupidität« – Erster Weltkrieg und Schweizer Exil (1914–1918)

1 Brief A. Kolbs an Kurt Wolff, 14.2.1914. In: Kurt Wolff. Briefwechsel eines Verlegers 1911–1963. Hg. von Bernhard Zeller und Ellen Otten, Frankfurt/M. 1966, S. 185.

2 A. Kolb, Die Ballonfahrt. In: Wege und Umwege, 1914, S. 140.

3 A. Kolb, Torschlußtypen. In: Wege und Umwege, 1914, S. 304.

4 A. Kolb, Randglossen zur heutigen englischen Literatur. In: Be-schwerdebuch, 1932, S. 82.

5 Vgl. Richard von Kühlmann, Erinnerungen, Heidelberg 1948, S. 382 f.

6 Ernst Toller, Eine Jugend in Deutschland, Reinbek 1988, S. 39.

7 A. Kolb, Mes entretiens . . . In : Blätter in den Wind, 1954, S. 172 f.

[8] A. Kolb, Mes entretiens . . . In : Blätter in den Wind, 1954, S. 173.

[9] Brief Franz Bleis an A. Kolb, November 1914, Monacensia.

[10] Brief Richard von Kühlmanns an A. Kolb, Oktober 1914. Zit. nach Sigrid Bauschinger (Hg.); Ich habe etwas zu sagen, 1993, S. 96.

[11] A. Kolb, Mes entretiens . . . In : Blätter in den Wind, 1954, S. 173.

[12] A. Kolb, Mes entretiens . . . In : Blätter in den Wind, 1954, S. 175.

[13] Zit. nach A. Kolb, Briefe einer Deutsch-Französin, Berlin 1916, S. 132.

[14] A. Kolb, Die Internationale Rundschau und der Krieg. In: Briefe einer Deutsch-Französin, 1916, S. 142 ff.

[15] Thomas Mann, zit. nach A. Kolb, Briefe einer Deutsch-Französin, 1916, S. 156 f.

[16] A. Kolb, Die Internationale Rundschau und der Krieg. In: Briefe einer Deutsch-Französin, 1916, S. 157.

[17] A. Kolb, Die Internationale Rundschau und der Krieg. In: Briefe einer Deutsch-Französin, 1916, S. 158 f.

[18] Münchner Neueste Nachrichten, 26.1.1915, Morgenblatt. Zit. nach Sigrid Bauschinger (Hg.): Ich habe etwas zu sagen, 1993, S. 93.

[19] A. Kolb, Mes entretiens . . . In: Blätter in den Wind, 1954, S. 173.

[20] A. Kolb, Mes entretiens . . . In: Blätter in den Wind, 1954, S. 173.

[21] A. Kolb, Briefe einer Deutsch-Französin, 1916, S. 64 f.

[22] A. Kolb, Briefe einer Deutsch-Französin, 1916, S. 92.

[23] A. Kolb, Briefe einer Deutsch-Französin, 1916, S. 12 f.

[24] A. Kolb, Briefe einer Deutsch-Französin, 1916, S. 74 f.

[25] A. Kolb, Briefe einer Deutsch-Französin, 1916, S. 74 f.

[26] A. Kolb, Briefe einer Deutsch-Französin, 1916, S. 89.

[27] A. Kolb, Briefe einer Deutsch-Französin, 1916, S. 88 f.

[28] A. Kolb, Briefe einer Deutsch-Französin, 1916, S. 79.

[29] A. Kolb, Briefe einer Deutsch-Französin, 1916, S. 94.

[30] A. Kolb, Briefe einer Deutsch-Französin, 1916, S. 101.

[31] A. Kolb, Briefe einer Deutsch-Französin, 1916, S. 93 (Anm.)

[32] A. Kolb, Briefe einer Deutsch-Französin, 1916, S. 128.

[33] A. Kolb, Briefe einer Deutsch-Französin, 1916, S. 130 f.

[34] A. Kolb, Briefe einer Deutsch-Französin, 1916, S. 21.

[35] Brief Franz Bleis an A. Kolb, 15.2.1916, Monacensia.

[36] Brief A. Kolbs an René Schickele, [Januar] 1916, DLA Marbach.

[37] Brief A. Kolbs an René Schickele, München, 2.2.1916, DLA Marbach.

[38] Brief Otto Vrieslanders an A. Kolb, o.D. [wohl Frühjahr 1916]. Hier und im folgenden zitiert nach Akten des Bayerischen Hauptstaatsarchivs / Kriegsarchivs München, StGenkdo I. AK, 1919 und 1934.

[39] Brief A. Kolbs an Mechtilde Lichnowsky, 1916. Zit. nach: Mechtilde

Lichnowsky. Bearbeitet von Wilhelm Hemecker, Marbacher Magazin 64/1993, S. 26.

[40] Romain Rolland, Zwischen den Völkern. Aufzeichnungen und Dokumente aus den Jahren 1914–1919, Bd. 2, Stuttgart 1955, S. 39 f.

[41] Der Briefwechsel zwischen A. Kolb und R. Rolland wurde 1994 ediert: Anne-Marie Saint-Gille (Hg.): La vraie patrie, c'est la lumière! Correspondance entre Annette Kolb et Romain Rolland (1915–1936), Série II, Gallo-Germanica 13, Frankfurt/M. 1994.

[42] Romain Rolland, Zwischen den Völkern ... Bd. 2, 1955, S. 42.

[43] Brief Romain Rollands an A. Kolb, Genf, 11.3.1915. In: Anne-Marie Saint-Gille (Hg.): La vraie patrie ..., 1994, S. 42 [Orig. in frz. Sprache].

[44] Romain Rolland, Zwischen den Völkern. Bd. 2, 1955, S. 40.

[45] Zit. nach S. Bauschinger (Hg.): Ich habe etwas zu sagen, 1993, S. 96.

[46] Romain Rolland, Zwischen den Völkern. Bd. 2, 1955, S. 42.

[47] Romain Rolland, Zwischen den Völkern. Bd. 2, 1955, S. 41.

[48] Katia Mann, Meine ungeschriebenen Memoiren, Frankfurt/M. 1976, S. 127.

[49] Annette Kolb, die »Deutsch-Französin«. In: Münchner Neueste Nachrichten, 5.5.1917. Zit. nach dem Zeitungsausschnitt im Bayerischen Hauptstaatsarchiv / Kriegsarchiv, StGenkdo I. AK, 1919 und 1934.

[50] Hans Krell in: München-Augsburger Abendzeitung, 2.5.1917. Zit. nach dem Zeitungsausschnitt im Bayerischen Hauptstaatsarchiv / Kriegsarchiv, StGenkdo I. AK, 1919 und 1934.

[51] A. Kolb, Zarastro. Westliche Tage, Berlin 1921, S. 11.

[52] A. Kolb, Zarastro, 1921, S. 188.

[53] Stefan Zweig, Die Welt von Gestern, Frankfurt/M. 1991, S. 301.

[54] Stefan Zweig, Die Welt von Gestern, 1991, S. 277.

[55] Stefan Zweig, Die Welt von Gestern, 1991, S. 319.

[56] A. Kolb, Zarastro, 1921, S. 127.

[57] A. Kolb, Zararstro, 1921, S. 127.

[58] Stefan Zweig, Die Welt von Gestern, 1991, S. 315.

[59] A. Kolb, Zarastro, 1921, S. 9.

[60] A. Kolb, Zarastro, 1921, S. 127.

[61] Brief Leonhard Franks an A. Kolb, Zürich, 1.3.1917, Monacensia.

[62] A. Kolb, Lettre d'une Allemande, Journal de Genève, 5.4.1917. Hier zit. nach S. Bauschinger (Hg.) : Ich habe etwas zu sagen, 1993, S. 102.

[63] Vgl. A. Kolb, Zarastro, 1921, S. 99.

[64] Brief Richard von Kühlmanns an A. Kolb, 2.7.1917, Monacensia.

[65] A. Kolb, Zarastro, 1921, S. 123.

[66] Brief Franz Bleis an A. Kolb, 30.11.1917, Monacensia.

[67] Brief Romain Rollands an A. Kolb, 6.4.1917. Zit. nach: Anne-Marie Saint-Gille (Hg.): La vraie patrie ..., 1994, S. 95 [Orig. in frz. Sprache].

[68] Vgl. hierzu auch St. Zweig, Die Welt von Gestern, 1991, S. 296–300.
[69] Bertha Zuckerkandl, Österreich intim. Erinnerungen 1892–1942. Hg. von Reinhard Federmann, Frankfurt/M., Berlin, Wien 1970, S. 117.
[70] Bertha Zuckerkandl, Österreich intim, 1970, S. 118.
[71] A. Kolb, Zarastro, 1921, S. 154 f.
[72] A. Kolb, Rede, gehalten am 15. Oktober 1946 im Comité des Refugiés intellectuels in Genf – und am 1. November 1946 in der Société des Gens des Lettres in Bern, Ms., Monacensia, L 3872, S. 8.
[73] A. Kolb, Zarastro, 1921, S. 43.
[74] A. Kolb, Zarastro, 1921, S. 162 f.
[75] A. Kolb, Zarastro, 1921, S. 95.
[76] A. Kolb, Zarastro, 1921, S. 53.
[77] A. Kolb, Zarastro, 1921, S. 54.
[78] A. Kolb, Zarastro, 1921, S. 109.
[79] A. Kolb, Zarastro, 1921, S. 121.
[80] A. Kolb, Zarastro, 1921, S. 129.
[81] A. Kolb, Zarastro, 1921, S. 130.
[82] Vgl. den Aufsatz über Busoni in: A. Kolb, Zarastro, 1921, S. 134–139.
[83] Vgl. A. Kolb, Zarastro, 1921, S. 99.
[84] A. Kolb, Freiheit, Gleichheit und Brüderlichkeit. In: Die Last, Zürich 1918, S. 12.
[85] A. Kolb, Wiederholungen. In: Die Last, 1918, S. 13.
[86] A. Kolb, Zarastro, 1921, S. 190 f.
[87] A. Kolb, Zarastro, 1921, S. 191.
[88] A. Kolb, Tagebuch vom 17.1.1919, Monacensia [Orig. in frz. Sprache].
[89] A. Kolb, Zarastro, 1921, S. 181.
[90] A. Kolb, Zarastro, 1921, S. 181.
[91] A. Kolb, Zarastro, 1921, S. 193.

»René guckst du nach meinem Rosengarten?« –
Neubeginn in Badenweiler (1919–1923)

[1] A. Kolb, Zarastro, 1921, S. 197.
[2] A. Kolb, Zarastro, 1921, S. 209.
[3] Marta Feuchtwanger, Nur eine Frau, Berlin 1984, S. 116.
[4] A. Kolb, Zarastro, 1921, S. 198.
[5] A. Kolb, Zarastro, 1921, S. 198 f.
[6] A. Kolb, Zarastro, 1921, S. 199 f.
[7] A. Kolb, Zarastro, 1921, S. 200.
[8] A. Kolb, Zarastro, 1921, S. 201.

⁹ A. Kolb, Zarastro, 1921, S. 200.

¹⁰ A. Kolb, Zarastro, 1921, S. 204. Ähnlich reserviert äußert sie sich auch in ihren Tagebucheinträgen vom 15.4., 16.4. und 2.5.1919, Monacensia.

¹¹ A. Kolb, Zarastro, 1921, S. 204.

¹² Vgl. eine Postkarte Kautskys an A. Kolb vom 19.2.1919, Monacensia.

¹³ A. Kolb, Tagebuch, 4.11.1918, Monacensia.

¹⁴ A. Kolb, Tagebuch, 12.11.1918, Monacensia.

¹⁵ Vgl. A. Kolb, Tagebuch, 9.5. und 28.6.1919, Monacensia.

¹⁶ Brief Harry Graf Kesslers an A. Kolb, 21.5.1919, Monacensia.

¹⁷ Vgl. Briefe Richard Coudenhove-Kalergis an A. Kolb, 26.3.1923 und 26.5.1965, Monacensia.

¹⁸ Brief A. Kolbs an René Schickele, 31.8.1919, DLA Marbach.

¹⁹ Brief A. Kolbs an René Schickele, 10.9.1919, DLA Marbach.

²⁰ A. Kolb, Paris. In: Kleine Fanfare, 1930, S. 53.

²¹ Brief Ferruccio Busonis an A. Kolb, Silvester 1920, Monacensia.

²² Brief A. Kolbs an Mary Gräfin Dobržensky, 10.1.1920, DLA Marbach.

²³ Brief Carl Seeligs an A. Kolb, 14.6.1919, Monacensia.

²⁴ René Schickele, Erlebnis der Landschaft. In: Werke in drei Bänden, Dritter Band, Köln, Berlin 1965, S. 548.

²⁵ René Schickele, Erlebnis der Landschaft. In: Werke in drei Bänden, Dritter Band, 1965, S. 551 f.

²⁶ Vgl. den Brief A. Kolbs an René Schickele, 3.7.1933. In: Annette Kolb – René Schickele. Briefe im Exil 1933–1940, 1987, S. 66 f.

²⁷ A. Kolb, Glückliche Reise, Stockholm 1940, S. 84 f.

²⁸ A. Kolb, Badenweiler. In: Beschwerdebuch, 1932, S. 134 f.

²⁹ A. Kolb, Glückliche Reise, 1940, S. 85.

³⁰ Brief A. Kolbs an René Schickele, 29.10.1924, DLA Marbach.

³¹ A. Kolb, Berlin. In: Kleine Fanfare, 1930, S. 78.

³² Postkarte Else Lasker-Schülers an A. Kolb, 12.12.1921, Monacensia.

³³ A. Kolb, Memento, 1960, S. 6.

³⁴ Brief A. Kolbs an René Schickele, 24./25.10.1924, DLA Marbach.

³⁵ Brief A. Kolbs an René Schickele, 24./25.10.1924, DLA Marbach.

³⁶ Brief A. Kolbs an René Schickele, 16.10.1922, DLA Marbach.

³⁷ Brief A. Kolbs an René Schickele, 17.10.1922, DLA Marbach.

³⁸ Brief A. Kolbs an René Schickele, 21.10.1922, DLA Marbach.

³⁹ Brief A. Kolbs an René Schickele, 18.1.1923, DLA Marbach.

⁴⁰ Brief A. Kolbs an René Schickele, 18.1.1923, DLA Marbach.

⁴¹ A. Kolb, Paris. In: Kleine Fanfare, Berlin 1930, S. 60.

⁴² Vgl. den Brief A. Kolbs an René Schickele, 24.3.1925, DLA Marbach.

⁴³ A. Kolb, Toscanini. In: Kleine Fanfare, 1930, S. 237.

[44] A. Kolb, Letztes Albumblatt. In: Blätter in den Wind, 1954, S. 244.

[45] Als Annette Mallin, die Enkelin Germaine Kolbs, in den 60er Jahren aus Irland zum Gesangsstudium nach München kam und dort in Kontakt mit ihrer Großtante Annette Kolb trat, hörte sie sie noch des öfteren am Klavier spielen, jedoch ausschließlich Werke der Klassik und Romantik. Es sei auch undenkbar gewesen, so Frau Mallin, in Gegenwart Annette Kolbs ernste Musik des 20. Jahrhunderts zu spielen. (Gespräch mit Annette Mallin-Ryder vom 11.5.2000.)

[46] Vgl. A. Kolb, Donaueschingen im Sommer 1923. In: Wera Njedin, Berlin 1925, S. 119 f.

[47] A. Kolb, Donaueschingen . . . In: Wera Njedin, 1925, S. 122.

[48] Postkarte A. Kolbs an René Schickele, 30.7.1923, DLA Marbach.

[49] Brief A. Kolbs an René Schickele, 11.–14.11.1923, DLA Marbach.

[50] Gedicht A. Kolbs an René Schickele, 9.3.1923, DLA Marbach.

»Meine Liebe, es ist ziemlich aussichtslos.« – Das Badenweiler Jahrzehnt (1923–1933)

[1] A. Kolb, Veder Napoli e partire. In: Kleine Fanfare, 1930, S. 12 und 26.

[2] A. Kolb, Veder Napoli e partire. In: Kleine Fanfare, 1930, S. 20 f.

[3] René Schickele, Tagebuch vom 20.4.1923. Hier zitiert nach: Hans Wagener, René Schickele, Gerlingen 2000, S. 131.

[4] René Schickele, Tagebuch vom 9.8.1923. Hier zitiert nach: Hans Wagener, René Schickele, 2000, S. 131.

[5] Brief René Schickeles an Thea Sternheim vom 24.9.1924. Zitiert nach: Hans Wagener, René Schickele, 2000, S. 132.

[6] Nach Mitteilung von Herrn Bürgermeister Engler, Badenweiler, Brief vom 19.6.2001, ist das Schreiben, auf das A. Kolb hier Bezug nimmt, nicht mehr im Gemeindearchiv zu finden.

[7] Brief A. Kolbs an René Schickele, o. D. [wohl Jan. oder Feb. 1924], DLA Marbach.

[8] Brief Emil Bizers an A. Kolb, Februar 1924, im Konvolut der Briefe A. Kolbs an René Schickele, DLA Marbach.

[9] Brief A. Kolbs an René Schickele, 8.10.1926, DLA Marbach.

[10] A. Kolb, Geständnisse. In: Beschwerdebuch, 1932, S. 104.

[11] Diese klischeehafte Auffassung vertreten auch Hans Wagener (2000) und Charlotte Werner (2000), offensichtlich, ohne die noch unedierten Briefe Annette Kolbs an René Schickele im DLA Marbach zur Kenntnis genommen zu haben.

[12] Brief A. Kolbs an René Schickele, 22.9.1924, DLA Marbach.

[13] Brief A. Kolbs an René Schickele, 30.9.1924, DLA Marbach.

[14] Brief A. Kolbs an René Schickele, 21.10.1926, DLA Marbach.
[15] Brief A. Kolbs an René Schickele, 29.10.1924, DLA Marbach.
[16] Brief A. Kolbs an René Schickele, 29.10.1924, DLA Marbach.
[17] Brief A. Kolbs an René Schickele, 17.8.1927, DLA Marbach.
[18] Brief A. Kolbs an René Schickele, 5.11.1924, DLA Marbach.
[19] Brief Ernst Ludwig Kirchners an A. Kolb, 2.6.1926. Zit. nach: S. Bauschinger, Ich habe etwas zu sagen, 1993, S. 145.
[20] Brief A. Kolbs an René Schickele, 5.11.1924, DLA Marbach.
[21] Brief A. Kolbs an René Schickele, 9.11.1924, DLA Marbach.
[22] Brief A. Kolbs an René Schickele, 26.3.1925, DLA Marbach.
[23] Brief A. Kolbs an René Schickele, 2.2.1927, DLA Marbach.
[24] Brief A. Kolbs an René Schickele, 24./25.1.1927, DLA Marbach.
[25] Brief A. Kolbs an René Schickele, 24./25.1.1927, DLA Marbach.
[26] Brief A. Kolbs an René Schickele, 24./25.1.1927, DLA Marbach.
[27] A. Kolb, Schiffahrt und Eisenbahn. In: Wera Njedin, 1925, S. 103.
[28] A. Kolb, Schiffahrt und Eisenbahn. In: Wera Njedin, 1925, S. 105 f.
[29] Brief A. Kolbs an René Schickele, 25.1.1926, DLA Marbach.
[30] Brief A. Kolbs an René Schickele, 24.3.1925, DLA Marbach.
[31] Brief A. Kolbs an René Schickele, 16.3.1925, DLA Marbach.
[32] Brief A. Kolbs an René Schickele, 24.3.1925, DLA Marbach.
[33] Brief Franz Bleis an A. Kolb, 3.10.1923, Monacensia.
[34] Thomas Mann, Tagebucheintrag vom 28.7.1920. Tagebücher 1918–1921, hg. von Peter de Mendelssohn, Frankfurt/M. 1979.
[35] Brief A. Kolbs an Thomas Mann, 10.1.1925. Zit. nach: S. Bauschinger, Ich habe etwas zu sagen, 1993, S. 137.
[36] Brief. A. Kolbs an René Schickele, 21.8.1925, DLA Marbach.
[37] Brief. A. Kolbs an René Schickele, 26.12.1927, DLA Marbach.
[38] Brief A. Kolbs an René Schickele, 21.12.1927, DLA Marbach.
[39] Brief A. Kolbs an René Schickele, 21.12.1927, DLA Marbach.
[40] Brief A. Kolbs an René Schickele, 26.12.1927, DLA Marbach.
[41] Brief A. Kolbs an René Schickele, 1.5.1926, DLA Marbach.
[42] Brief A. Kolbs an René Schickele, 4.12.1931, DLA Marbach.
[43] A. Kolb, Prinz Alexander Hohenlohes letzte Lebensjahre. In: Kleine Fanfare, 1930, S. 168 und 171.
[44] A. Kolb, Geraldine. In: Wera Njedin, 1925, S. 88.
[45] Brief A. Kolbs an René Schickele, 26.11.1924, DLA Marbach.
[46] Brief A. Kolbs an René Schickele, 8.12.1924, DLA Marbach.
[47] A. Kolb, Die Frau in der Politik [zuerst 1925]. In: Kleine Fanfare, 1930, S. 109.
[48] A. Kolb, Die Frau in der Politik [zuerst 1925]. In: Kleine Fanfare, 1930, S. 110.
[49] So etwa Charlotte Werner, Annette Kolb, Königstein 2000.

[50] Vgl. hierzu auch Heidy Margrit Müller: »Mariclée«, »Flick« und »Mathias«. Verbindungen zwischen Privatleben und Romanfiguren bei Annette Kolb. In: S. Bauschinger, Ich habe etwas zu sagen, 1993, S. 39–43.

[51] A. Kolb, Daphne Herbst, Frankfurt/M. 1982, S. 74.

[52] A. Kolb, Daphne Herbst, 1982, S. 52.

[53] A. Kolb, Daphne Herbst, 1982, S. 8.

[54] A. Kolb, Daphne Herbst, 1982, S. 52.

[55] A. Kolb, Daphne Herbst, 1982, S. 78 f.

[56] A. Kolb, Daphne Herbst, 1982, S. 94.

[57] Brief A. Kolbs an René Schickele, 31.10.1931, DLA Marbach.

[58] Brief A. Kolbs an René Schickele, 29.1.1928, DLA Marbach.

[59] Brief A. Kolbs an René Schickele, 24.1.1928, DLA Marbach.

[60] Brief Jakob Wassermanns an A. Kolb, 9.5.1928. Zit. nach: S. Bauschinger, Ich habe etwas zu sagen, 1993, S. 140.

[61] Brief Hugo von Hofmannsthals an A. Kolb, 20.8.1928. Zit. nach: S. Bauschinger, Ich habe etwas zu sagen, 1993, S. 139.

[62] A. Kolb, Daphne Herbst, 1982, S. 189 f.

[63] Brief A. Kolbs an René Schickele, 31.1./1.2.1928, DLA Marbach.

[64] Brief A. Kolbs an René Schickele, 24.1.1928, DLA Marbach.

[65] Brief A. Kolbs an René Schickele, 7.2.1928, DLA Marbach.

[66] Brief A. Kolbs an René Schickele, 18.3.1928, DLA Marbach.

[67] Brief Richard von Kühlmanns an A. Kolb, 20.3.1928, Monacensia.

[68] Brief A. Kolbs an René Schickele, 9.6.1928, DLA Marbach.

[69] Brief A. Kolbs an René Schickele, Paris, o.D. [1929], DLA Marbach.

[70] Brief A. Kolbs an René Schickele, 17.12.1929, DLA Marbach.

[71] A. Kolb, Versuch über Briand, Berlin 1929, S. 109.

[72] A. Kolb, Versuch über Briand, 1929, S. 114.

[73] A. Kolb, Geraldine. In: Wera Njedin, 1925, S. 84.

[74] A. Kolb, Marseille. In: Wera Njedin, 1925, S. 132 f.

[75] Brief A. Kolbs an René Schickele, 20.5.1931, DLA Marbach.

[76] Brief A. Kolbs an Olaf Gulbransson, 3.10.1930. Zit. nach: S. Bauschinger, Ich habe etwas zu sagen, 1993, S. 142.

[77] Brief A. Kolbs an René Schickele,15.7.1932, DLA Marbach.

[78] A. Kolb, Mr. Hollycourt I–VII, Interlude: History in a Hazelnut Shell, L 3844 A, Monacensia.

[79] Brief A. Kolbs an René Schickele, 31.12.1930, DLA Marbach.

[80] Brief Richard von Kühlmanns an A. Kolb, 1.10.1930, Monacensia.

[81] Brief Richard von Kühlmanns an A. Kolb, 3.6.1931, Monacensia.

[82] Gottfried Bermann Fischer, Bedroht – bewahrt. Weg eines Verlegers, Frankfurt/M. 1967, S. 56.

[83] Vgl. den Brief A. Kolbs an René Schickele, 27.5.1932, DLA Marbach.

84 Vgl. den Brief A. Kolbs an René Schickele, 27.3.1928, DLA Marbach.

85 Vgl. den Brief René Schickeles an A. Kolb, 5.1.1933. In: Annette Kolb – René Schickele, Briefe im Exil, 1933–1940, Mainz 1987, S. 37.

86 Brief Joseph Roths an A. Kolb, 5.7.1932, Monacensia.

87 Brief Ernst Robert Curtius' an A. Kolb, 22.12.1932, Monacensia.

88 A. Kolb, Notizblock. In: Beschwerdebuch, 1932, S. 118.

89 A. Kolb, Notizblock. In: Beschwerdebuch, 1932, S. 118.

90 A. Kolb, Ausrufungszeichen. In: Beschwerdebuch, 1932, S. 141 f.

91 A. Kolb, Ausrufungszeichen. In: Beschwerdebuch, 1932, S. 143.

92 Brief Erna Pinners an A. Kolb, 10.4.1964. Zit. nach: S. Bauschinger, Ich habe etwas zu sagen, 1993, S. 128.

93 A. Kolb, Nie wieder. In: Beschwerdebuch, 1932, S. 125.

94 A. Kolb, zit. nach: Ruth Landshoff-Yorck: Erinnerungen..., Süddeutscher Rundfunk, 1962 [Sendemanuskript], S. 51.

95 A. Kolb, Le Briandisme en Allemagne. In: Beschwerdebuch, 1932, S. 164.

96 A. Kolb, Le Briandisme... In: Beschwerdebuch, 1932, S. 171.

97 Brief A. Kolbs an Kurt Tucholsky, 4.3.1932, Monacensia.

98 Brief A. Kolbs an René Schickele, April 1932, DLA Marbach.

99 Brief A. Kolbs an René Schickele, 15.7.1932, DLA Marbach.

100 Brief A. Kolbs an Wilhelm Hausenstein, 15.6.1932, DLA Marbach.

101 Brief René Schickeles an A. Kolb, 30.11.1932. In: Annette Kolb – René Schickele, Briefe im Exil, 1933–1940, 1987, S. 29.

102 Brief Carl von Ossietzkys an A. Kolb, 30.11.1932, Monacensia. Bereits veröffentl. in: S. Bauschinger, Ich habe etwas zu sagen, 1993, S. 128.

103 Brief A. Kolbs an Kurt Tucholsky, 8.8.1931, Monacensia.

104 Brief A. Kolbs an Kurt Tucholsky, 9.10.1931, Monacensia.

105 Brief Kurt Tucholskys an A. Kolb, 29.2.1932, Monacensia. Bereits zit. in: S. Bauschinger, Ich habe etwas zu sagen, 1993, S. 127.

106 Brief A. Kolbs an Kurt Tucholsky, 4.3.1932, Monacensia.

107 Vgl. hierzu: Sanary-sur-Mer. Deutsche Literatur im Exil. Bearbeitet von Heinke Wunderlich und Stefanie Menke, Stuttgart 1996; Manfred Flügge: Wider Willen im Paradies. Deutsche Schriftsteller im Exil in Sanary-sur-Mer, Berlin 1996. Außerdem die einschlägigen Autobiographien, Erinnerungen, Tagebücher, Briefe von: Albert Drach, Lion Feuchtwanger, Marta Feuchtwanger, Wilhelm Herzog, Alfred Kantorowicz, Hermann Kesten, Golo Mann, Klaus Mann, Thomas Mann, Ludwig Marcuse, Arnold Zweig u.a. (s. auch die Bibliographie).

108 Brief A. Kolbs an René Schickele, April 1932, DLA Marbach.

109 A. Kolb, Memento, Frankfurt/M. 1960, S. 16.

110 A. Kolb, Memento, 1960, S. 16.

[111] A. Kolb, Nachträgliches zu München im Jahre 1922, Ms., Bl. 10 f., L 3853 B, Monacensia.

[112] Brief A. Kolbs an René Schickele, 22.8.1929, DLA Marbach.

[113] Brief René Schickeles an Julius Meier-Graefe, 13.6.1932. Zit. nach: Hans Wagener, René Schickele, 2000, S. 133.

[114] Brief Richard von Kühlmanns an A. Kolb, 10.10.1932, Monacensia.

[115] A. Kolb, Festspieltage in Salzburg. In: 1907–1964. Zeitbilder, Frankfurt/M. 1964, S. 34–38.

[116] A. Kolb, Memento, 1960, S. 5.

[117] A. Kolb, Nach dem Ersten Weltkrieg. In: 1907–1964. Zeitbilder, 1964, S. 198 f.

[118] A. Kolb, Memento, 1960, S. 27.

[119] A. Kolb, Memento, 1960, S. 10.

[120] Vgl. den Brief René Schickeles an A. Kolb, 2.2.1933. In: Annette Kolb – René Schickele, Briefe im Exil, 1933–1940, 1987, S. 39.

[121] Brief A. Kolbs an René Schickele, 10.2.1933. In: Annette Kolb – René Schickele, Briefe im Exil, 1933–1940, 1987, S. 40.

[122] In ›Memento‹, S. 10, nennt sie als Datum den 11. Februar. In ›1907–1964. Zeitbilder‹, S. 38 dagegen den 5. Februar. Laut Briefen an Schickele muß die Lesung jedoch *vor* dem 10. Februar stattgefunden haben.

[123] A. Kolb, Memento, 1960, S. 10.

[124] Brief A. Kolbs an René Schickele, 17.2.1933. In: Annette Kolb – René Schickele, Briefe im Exil, 1933–1940, 1987, S. 46.

[125] Vgl. den Brief A. Kolbs an René Schickele, 16.2.1933. In: Annette Kolb – René Schickele, Briefe im Exil, 1933–1940, 1987, S. 43.

[126] Brief Manfred Hausmanns an A. Kolb, 18.2.1933, Monacensia. Bereits zit. in: S. Bauschinger, Ich habe etwas zu sagen, 1993, S. 151 f.

[127] Brief A. Kolbs an René Schickele, 16.2.1933. In: Annette Kolb – René Schickele, Briefe im Exil, 1933–1940, 1987, S. 44.

[128] Brief Regina Ullmanns an A. Kolb, 16.1.1933, Monacensia.

[129] A. Kolb, Memento, 1960, S. 13.

[130] A. Kolb, Festspieltage in Salzburg. In: 1907–1964. Zeitbilder, 1964, S. 39.

[131] A. Kolb, Memento, 1960, S. 14.

[132] A. Kolb, Memento, 1960, S. 14.

[133] A. Kolb, Memento, 1960, S. 14.

[134] A. Kolb, Memento, 1960, S. 14.

»Aber wir werden nicht zu Schanden werden« –
Europäisches Exil (1933 – 1941)

[1] Brief A. Kolbs an René Schickele, 25.1.1936. In: Annette Kolb – René Schickele. Briefe im Exil. 1933 – 1940, Mainz 1987, S. 263.

[2] Brief A. Kolbs an René Schickele, 9.7.1935. In: Annette Kolb – René Schickele. Briefe im Exil. 1933 – 1940, 1987, S. 235.

[3] Brief René Schickeles an A. Kolb, 4.11.1937. In: Annette Kolb – René Schickele. Briefe im Exil. 1933 – 1940, 1987, S. 303.

[4] A. Kolb, Memento, 1960, S. 19.

[5] Vgl. den Brief René Schickeles an A. Kolb, 29.6.1938. In: Annette Kolb – René Schickele. Briefe im Exil. 1933 – 1940, 1987, S. 328.

[6] Brief A. Kolbs an René Schickele, 20.11.1934. In: Annette Kolb – René Schickele. Briefe im Exil. 1933 – 1940, 1987, S. 164.

[7] Brief A. Kolbs an René Schickele, 16.1.1935. In: Annette Kolb – René Schickele. Briefe im Exil. 1933 – 1940, 1987, S. 183.

[8] Brief A. Kolbs an René Schickele, 6.2.1935. In: Annette Kolb – René Schickele. Briefe im Exil. 1933 – 1940, 1987, S. 186.

[9] Brief A. Kolbs an René Schickele, 21.2.1934. In: Annette Kolb – René Schickele. Briefe im Exil. 1933 – 1940, 1987, S. 114.

[10] Brief A. Kolbs an René Schickele, 3.7.1933. In: Annette Kolb – René Schickele. Briefe im Exil. 1933 – 1940, 1987, S. 65.

[11] Brief A. Kolbs an René Schickele, 31.7.1933. In: Annette Kolb – René Schickele. Briefe im Exil. 1933 – 1940, 1987, S. 68.

[12] Brief Richard von Kühlmanns an A. Kolb. Zit. nach: Brief A. Kolbs an René Schickele, 29.10.1933. In: Annette Kolb – René Schickele. Briefe im Exil. 1933 – 1940, 1987, S. 81.

[13] Brief A. Kolbs an René Schickele, 7.11.1933. In: Annette Kolb – René Schickele. Briefe im Exil. 1933 – 1940, 1987, S. 83.

[14] Brief A. Kolbs an René Schickele, 3.7.1933. In: Annette Kolb – René Schickele. Briefe im Exil. 1933 – 1940, 1987, S. 67.

[15] Brief Thomas Manns an Klaus Mann, 13.9.1933. In: Klaus Mann, Briefe und Antworten, 1922 – 1949. Hg. von Martin Gregor-Dellin, Reinbek 1991, S. 132.

[16] Brief A. Kolbs an René Schickele, 2.11.1933. In: Annette Kolb – René Schickele. Briefe im Exil. 1933 – 1940, 1987, S. 82.

[17] Brief A. Kolbs an René Schickele, 13.11.1933. In: Annette Kolb – René Schickele. Briefe im Exil. 1933 – 1940, 1987, S. 87.

[18] Brief A. Kolbs an René Schickele, 15.4.1934. In: Annette Kolb – René Schickele. Briefe im Exil. 1933 – 1940, 1987, S. 124.

[19] Brief A. Kolbs an René Schickele, 11.11.1933. In: Annette Kolb – René Schickele. Briefe im Exil. 1933 – 1940, 1987, S. 85.

[20] Brief A. Kolbs an René Schickele, 7.11.1933. In: Annette Kolb – René Schickele. Briefe im Exil. 1933–1940, 1987, S. 84.

[21] Brief A. Kolbs an René Schickele, 3.12.1933. In: Annette Kolb – René Schickele. Briefe im Exil. 1933–1940, 1987, S. 96.

[22] Brief A. Kolbs an René Schickele, 20.4.1934. In: Annette Kolb – René Schickele. Briefe im Exil. 1933–1940, 1987, S. 127.

[23] Brief A. Kolbs an René Schickele, 1.3.1933. In: Annette Kolb – René Schickele. Briefe im Exil. 1933–1940, 1987, S. 47.

[24] A. Kolb, Die Schaukel, 1982, S. 135.

[25] Brief A. Kolbs an René Schickele, 29.12.1933. In: Annette Kolb – René Schickele. Briefe im Exil. 1933–1940, 1987, S. 102.

[26] Brief A. Kolbs an René Schickele, 4.10.1933. In: Annette Kolb – René Schickele. Briefe im Exil. 1933–1940, 1987, S. 74.

[27] René Schickele, Tagebücher 1934. Zit. nach: S. Bauschinger, Ich habe etwas zu sagen, 1993, S. 158.

[28] Brief J. Roths an A. Kolb, 30.9.1934 [Poststempel], Monacensia. Bereits veröffentlicht in: S. Bauschinger, Ich habe etwas zu sagen, 1993, S. 159 f.

[29] Brief A. Kolbs an René Schickele, 28.11.1933. In: Annette Kolb – René Schickele. Briefe im Exil. 1933–1940, 1987, S. 94.

[30] Brief A. Kolbs an René Schickele, 12.8.1934. In: Annette Kolb – René Schickele. Briefe im Exil. 1933–1940, 1987, S. 146.

[31] Brief A. Kolbs an René Schickele, 20.11.1934. In: Annette Kolb – René Schickele. Briefe im Exil. 1933–1940, 1987, S. 163.

[32] Brief René Schickeles an A. Kolb, 22.11.1934. In: Annette Kolb – René Schickele. Briefe im Exil. 1933–1940, 1987, S. 164.

[33] Brief René Schickeles an A. Kolb, 22.11.1934. In: Annette Kolb – René Schickele. Briefe im Exil. 1933–1940, 1987, S. 165.

[34] Leopold Schwarzschild, in: Das Neue Tage-Buch, Jg. 3, 1935, Nr. 3. Zit. nach: S. Bauschinger, Ich habe etwas zu sagen, 1993, S. 161.

[35] Brief A. Kolbs an René Schickele, 17.12.1934. In: Annette Kolb – René Schickele. Briefe im Exil. 1933–1940, 1987, S. 174.

[36] Bertolt Brecht, Die Bücherverbrennung. In: Die Gedichte von Bertolt Brecht in einem Band, Frankfurt/M. 1984, S. 694.

[37] Brief A. Kolbs an René Schickele, 3.12.1933. In: Annette Kolb – René Schickele. Briefe im Exil. 1933–1940, 1987, S. 96.

[38] Brief A. Kolbs an den Reichsverband Deutscher Schriftsteller, 17.12.1933, [Entwurf]. Bei: Briefe A. Kolbs an René Schickele, 1934, DLA Marbach.

[39] Brief A. Kolbs an René Schickele, 21.2.1934. In: Annette Kolb – René Schickele. Briefe im Exil. 1933–1940, 1987, S. 115.

[40] Briefe A. Kolbs an René Schickele, 29.12.1933 und 2.1.1934. In:

Annette Kolb – René Schickele. Briefe im Exil. 1933–1940, 1987, S. 102.

[41] Vgl. den Brief A. Kolbs an René Schickele, 20.12.1933. In: Annette Kolb – René Schickele. Briefe im Exil. 1933–1940, 1987, S. 100.

[42] Notiz A. Kolbs an René Schickele, beiliegend bei: Brief A. Kolbs an den Reichsverband Deutscher Schriftsteller, 17.12.1933, [Entwurf], bei: Briefe A. Kolbs an René Schickele, 1934, DLA Marbach.

[43] Brief A. Kolbs an René Schickele, 29.12.1933. In: Annette Kolb – René Schickele. Briefe im Exil. 1933–1940, 1987, S. 101.

[44] Brief A. Kolbs an René Schickele, 22.1.1934. In: Annette Kolb – René Schickele. Briefe im Exil. 1933–1940, 1987, S. 108.

[45] Briefe René Schickeles an A. Kolb, 3.3. und 31.3.1936. In: Annette Kolb – René Schickele. Briefe im Exil. 1933–1940, 1987, S. 274 und 276.

[46] Brief A. Kolbs an René Schickele, 16.1.1935. In: Annette Kolb – René Schickele. Briefe im Exil. 1933–1940, 1987, S. 182.

[47] Brief René Schickeles an A. Kolb, 9.4.1936. In: Annette Kolb – René Schickele. Briefe im Exil. 1933–1940, 1987, S. 277.

[48] A. Kolb, Memento, 1960, S. 23.

[49] Brief A. Kolbs an René Schickele, 16.1.1936. In: Annette Kolb – René Schickele. Briefe im Exil. 1933–1940, 1987, S. 260.

[50] Brief A. Kolbs an René Schickele, 25.1.1936. In: Annette Kolb – René Schickele. Briefe im Exil. 1933–1940, 1987, S. 263.

[51] Brief A. Kolbs an René Schickele, 16.1.1936. In: Annette Kolb – René Schickele. Briefe im Exil. 1933–1940, 1987, S. 260.

[52] Brief A. Kolbs an René Schickele, 25.1.1936. In: Annette Kolb – René Schickele. Briefe im Exil. 1933–1940, 1987, S. 262.

[53] A. Kolb, Jean Giraudoux. In: 1907–1964. Zeitbilder, 1964, S. 167.

[54] Brief A. Kolbs an René Schickele, 12.8.1934. In: Annette Kolb – René Schickele. Briefe im Exil. 1933–1940, 1987, S. 146.

[55] A. Kolb, Festspieltage in Salzburg und Abschied von Österreich. In: 1907–1964. Zeitbilder, 1964, S. 12.

[56] A. Kolb, Festspieltage in Salzburg und Abschied von Österreich. In: 1907–1964. Zeitbilder, 1964, S. 13.

[57] A. Kolb, Festspieltage in Salzburg und Abschied von Österreich. In: 1907–1964. Zeitbilder, 1964, S. 103.

[58] René Schickele, Annette Kolb zum 60. Geburtstag. In: Werke in drei Bänden, Bd. 3, 1965, S. 929.

[59] Brief A. Kolbs an René Schickele, 12.11.1933. In: Annette Kolb – René Schickele. Briefe im Exil. 1933–1940, 1987, S. 88.

[60] Brief René Schickeles an A. Kolb, 21.4.1935. In: Annette Kolb – René Schickele. Briefe im Exil. 1933–1940, 1987, S. 216.

61 A. Kolb, Mozart. Sein Leben, Gütersloh o. J., S. 184.

62 A. Kolb, Mozart. Sein Leben, Gütersloh o. J., S. 184.

63 Brief René Schickeles an A. Kolb, 22.3.1936. In: Annette Kolb – René Schickele. Briefe im Exil. 1933–1940, 1987, S. 275.

64 Brief René Schickeles an A. Kolb, 18.10.1936. In: Annette Kolb – René Schickele. Briefe im Exil. 1933–1940, 1987, S. 298.

65 Zit. nach: Gottfried Bermann Fischer, Bedroht – bewahrt. Weg eines Verlegers, Frankfurt/M. 1967, S. 100 f.

66 Brief A. Kolbs an René Schickele, 8.2.1936. In: Annette Kolb – René Schickele. Briefe im Exil. 1933–1940, 1987, S. 267.

67 Vgl. das Typoskript L 3843 A, Monacensia.

68 Vgl. das Typoskript L 3879 A, Monacensia.

69 Brief René Schickeles an A. Kolb, 25.10.1938. In: Annette Kolb – René Schickele. Briefe im Exil. 1933–1940, 1987, S. 341.

70 Brief Thomas Manns an Ferdinand Lion, 27.7.1938. Zit. nach: S. Bauschinger, Ich habe etwas zu sagen, 1993, S. 162.

71 A. Kolb, Vernichtete Existenzen. In: Sozialistische Warte, Jg. 14, 1939, Heft 24.

72 A. Kolb, Glückliche Reise, Stockholm 1940, S. 15.

73 A. Kolb, Glückliche Reise, 1940, S. 25 f.

74 A. Kolb, Glückliche Reise, 1940, S. 27.

75 A. Kolb, Glückliche Reise, 1940, S. 34.

76 A. Kolb, Glückliche Reise, 1940, S. 39.

77 A. Kolb, Glückliche Reise, 1940, S. 53 f.

78 A. Kolb, Glückliche Reise, 1940, S. 54.

79 A. Kolb, Glückliche Reise, 1940, S. 63.

80 A. Kolb, Glückliche Reise, 1940, S. 65.

81 A. Kolb, Glückliche Reise, 1940, S. 75 f.

82 A. Kolb, Glückliche Reise, 1940, S. 78.

83 A. Kolb, Glückliche Reise, 1940, S. 80.

84 A. Kolb, Glückliche Reise, 1940, S. 94.

85 A. Kolb, Glückliche Reise, 1940, S.165 f.

86 Katia Mann, Meine ungeschriebenen Memoiren, Frankfurt/M. 1976, S. 121.

87 A. Kolb, Glückliche Reise, 1940, S. 148.

88 A. Kolb, Glückliche Reise, 1940, S. 183.

89 Brief A. Kolbs an René Schickele, 12.9.1939. In: Annette Kolb – René Schickele. Briefe im Exil. 1933–1940, 1987, S. 350.

90 A. Kolb, René Schickele. In: Blätter in den Wind, 1954, S. 201.

91 Brief A. Kolbs an René Schickele, 22.8.1938. In: Annette Kolb – René Schickele. Briefe im Exil. 1933–1940, 1987, S. 334.

92 Brief Anna Schickeles an A. Kolb, 11.2.1940, Monacensia.

93 A. Kolb, René Schickele. Zit. nach: Friedrich Bentmann (Hg.), René Schickele. Leben und Werk in Dokumenten, Nürnberg 1974, S. 227 f.

94 A. Kolb, Memento, 1960, S. 31.

95 A. Kolb, Schubert, Gütersloh o. J., S. 24.

96 A. Kolb, Memento, 1960, S. 32.

97 A. Kolb, Memento, 1960, S. 35.

98 A. Kolb, Memento, 1960, S. 35.

99 A. Kolb, Memento, 1960, S. 37.

100 A. Kolb, Memento, 1960, S. 38.

101 A. Kolb, Memento, 1960, S. 38.

102 Briefe Thea Sternheims an A. Kolb, 9.10.1940 und 18.10.1940, Monacensia.

103 A. Kolb, Memento, 1960, S. 46.

104 A. Kolb, Memento, 1960, S. 48.

105 A. Kolb, Memento, 1960, S. 51.

106 A. Kolb, Memento, 1960, S. 52.

107 Vgl. Hermann Kesten, Lauter Literaten, Wien, München, Basel 1963, S. 441.

108 Brief A. Kolbs an Hermann Kesten, 14.2.1941, Monacensia. Bereits veröffentlicht in: S. Bauschinger, Ich habe etwas zu sagen, 1993, S. 169.

109 Brief A. Kolbs an Hermann Kesten, 3.3.1941, Monacensia.

110 Vgl. den Brief A. Kolbs an Hermann Kesten, 3.3.1941, Monacensia.

111 Brief A. Kolbs an Hermann Kesten, 9.3.1941, Monacensia.

112 Brief A. Kolbs an Hermann Kesten, 15.3.1941, Monacensia.

113 Gottfried Bermann Fischer, Bedroht – bewahrt. Weg eines Verlegers, 1967, S. 57.

114 Gespräch A. Kolbs mit Konstantin von Bayern, NDR, 13.11.1960.

115 Brief Klaus Manns an Katia Mann, 29.3.1941. In: Klaus Mann, Briefe und Antworten, 1922–1949, 1991, S. 444.

116 A. Kolb, Memento, 1960, S. 54.

»Dankbar und unglücklich« – Amerikanisches Exil (1941–1945)

1 Alma Mahler-Werfel, Mein Leben, Frankfurt/M. 1960, S. 350.

2 Brief A. Kolbs an Ilse Gräfin Seilern, 27.7.1944, Monacensia. Zit. nach: S. Bauschinger, Ich habe etwas zu sagen, 1993, S. 175.

3 A. Kolb, Letters! Words!, Typoskript, L 3849 A, Monacensia [Original in engl. Sprache].

4 Carl Zuckmayer, Als wär's ein Stück von mir. Erinnerungen, Frankfurt/M. 1969, S. 447.

[5] Gottfried Bermann Fischer, Bedroht – bewahrt. Weg eines Verlegers, Frankfurt/M. 1967, S. 57.

[6] Ruth Landshoff-Yorck, Erinnerungen eines sehr schönen Mädchens aus sehr gutem Hause, [Funkmanuskript], Süddt. Rundfunk, 17.7.1962, S. 50.

[7] Brief A. Kolbs an Hermann Kesten, 28.5. o. J. (Briefkopf The Bedford, New York), Monacensia.

[8] Erika und Klaus Mann, Escape to Life. Deutsche Kultur im Exil, hg. von Heribert Hoven, München 1991, S. 83 f.

[9] Brief Klaus Manns an Katia Mann, 20.4.1941. In: Klaus Mann, Briefe und Antworten 1922–1949, Reinbek 1991, S. 455.

[10] Brief Klaus Manns an Katia Mann, 25.5.1941. In: Klaus Mann, Briefe und Antworten 1922–1949, 1991, S. 457.

[11] A. Kolb, La Débâcle. In : Decision, Vol. 2, 1941, Nos. 5–6. Zit. nach S. Bauschinger, Ich habe etwas zu sagen, 1993, S. 171 [Original in engl. Sprache].

[12] Ich beziehe mich hier auf die Erkenntnisse der Untersuchung: Alexander Stephan, Im Visier des FBI. Deutsche Exilschriftsteller in den Akten amerikanischer Geheimdienste, Stuttgart 1995 (später: Berlin 1998). Allerdings sind bis heute nur Teile der Dossiers des FBI freigegeben. Vieles, was Stephan an Material zugänglich gemacht wurde, wurde vorher zensiert und geschwärzt.

[13] Catherine C. Parker, Ceased Being Pacifist Day Hitler Took. In: Eagle-News, Poughkeepsie/New York, 17.2.1942, Monacensia [Original in engl. Sprache].

[14] A. Kolb, A radio-adress to the people of Germany, Typoskript, L 3874, Monacensia [Original in engl. Sprache].

[15] Brief A. Kolbs an Hermann Broch, 22.7.1942, DLA Marbach.

[16] Brief Jacques Chilhaud-Dumaines an A. Kolb. Zit. nach: S. Bauschinger, Ich habe etwas zu sagen, 1993, S. 176.

[17] Brief Lotte Kronheims an A. Kolb, 10.10.1942. Zit. nach: S. Bauschinger, Ich habe etwas zu sagen, 1993, S. 173.

[18] Brief A. Kolbs an Lotte Kronheim, 18.10.1942, Monacensia. Zit. nach: S. Bauschinger, Ich habe etwas zu sagen, 1993, S. 172 [Original in frz. Sprache].

[19] Vgl. den Brief A. Kolbs an Werner Richter, 17.3.1943, DLA Marbach.

[20] Brief A. Kolbs an Klaus Mann, o. D., Monacensia.

[21] A. Kolb, In memoriam of July 10th 1944, Typoskript, L 3876, Monacensia.

[22] A. Kolb, Mr. Hollycourt I–VIII, Typo., L 3844 A, Bl. 27, Monacensia.

[23] A. Kolb, Letztes Albumblatt. In: Blätter in den Wind, 1954, S. 232.

24 Brief A. Kolbs an Thea Sternheim, 30.3.1945, DLA Marbach [Original in frz. Sprache].

25 Brief A. Kolbs an Ilse Gräfin Seilern, 27.7.1944. Zit. nach: S. Bauschinger, Ich habe etwas zu sagen, 1993, S. 179 [Original in engl. Sprache].

26 Brief Jacques Chilhaud-Dumaines an A. Kolb. Zit. nach: S. Bauschinger, Ich habe etwas zu sagen, 1993, S. 176.

27 Brief Hermann Brochs an A. Kolb, 18.5.1945. Zit. nach: S. Bauschinger, Ich habe etwas zu sagen, 1993, S. 176.

28 Brief Kurt Wolffs an A. Kolb, 23.8.1945, Monacensia.

29 Brief Heinrich Brünings an A. Kolb, 18.10.1945, Monacensia [Original in engl. Sprache].

30 Brief A. Kolbs an Thea Sternheim, 7.7.1945, DLA Marbach.

31 A. Kolb, Memento, 1960, S. 57.

»Aber einer muß es ihnen doch sagen.« – Schwierige Rückkehr (1945–1961)

1 A. Kolb, Memento, 1960, S. 57.

2 Brief A. Kolbs an Werner Richter, 28.6.1946, DLA Marbach.

3 Wilhelm Hoegner, Süddeutsche Zeitung vom 13.11.1945. Zit. nach: Franz Herre, A wie Adenauer. Erinnerungen an die Anfänge der Bonner Republik, Stuttgart 1997, S. 11.

4 Alois Hundhammer. Zit. nach: Franz Herre, A wie Adenauer. 1997, S. 13.

5 Gespräch A. Kolbs mit Konstantin von Bayern, NDR, 13.11.1960.

6 A. Kolb, Gelobtes Land – Gelobte Länder. In: Blätter in den Wind, 1954, S. 226.

7 Brief A. Kolbs an Werner Richter, 28.6.1946, DLA Marbach.

8 A. Kolb, Gelobtes Land … In: Blätter in den Wind, 1954, S. 227.

9 A. Kolb, Rede, gehalten am 15. Oktober 1946 im Comité des Refugiés intellectuels in Genf…, Typoskript, L 3872, Monacensia, S. 5.

10 A. Kolb, René Schickele. In: Blätter in den Wind, 1954, S. 202.

11 A. Kolb, Memento, 1960, S. 58.

12 A. Kolb, zit. nach Ruth Landshoff-Yorck, Erinnerungen eines sehr schönen Mädchens…, Süddt. Rundfunk, 1962 (Sendemanuskript), S. 51.

13 A. Kolb, René Schickele. In: Blätter in den Wind, 1954, S. 201.

14 Ich verdanke diese Auskünfte Frau Sibyll-Ann Kolb-Mertineit.

15 Vgl. den Brief A. Kolbs an Mary Tucholsky, 3.3.1957, Monacensia.

16 Brief A. Kolbs an Mary Gräfin Dobržensky, 17.6.1949, DLA Marbach.

[17] Brief Carl Jacob Burckhardts an Max Rychner, 9.2.1946. Zit. nach: S. Bauschinger, Ich habe etwas zu sagen, 1993, S. 183.

[18] Brief A. Kolbs an Mary Gräfin Dobržensky, 4.6.1947, DLA Marbach.

[19] Klaus Mann, Von neuen deutschen Werken. In: Vrij Nederland, Amsterdam, 28.2.1948. Zit. nach: Klaus Mann, Auf verlorenem Posten. Aufsätze, Reden, Kritiken 1942–1949, Reinbek 1994, S. 457 f.

[20] Brief A. Kolbs an Werner Richter, 2.5.1946, DLA Marbach.

[21] Brief A. Kolbs an Werner Richter, 28.12.1947, DLA Marbach.

[22] Thomas Mann, Doktor Faustus, Frankfurt/M. 1986, S. 268 f.

[23] Katia Mann, Meine ungeschriebenen Memoiren, Frankfurt/M. 1976, S. 126 f.

[24] Katia Mann, Meine ungeschriebenen Memoiren, 1976, S. 124.

[25] Brief A. Kolbs an Thomas Mann, 17.5.1948. Zit. nach: S. Bauschinger, Ich habe etwas zu sagen, 1993, S. 181.

[26] Brief Carl Jacob Burckhardts an A. Kolb, 13.8.1955, Monacensia. Bereits veröffent. in: S. Bauschinger, Ich habe etwas zu sagen, 1993, S. 182.

[27] Brief A. Kolbs an Katia Mann, 16.8.1955. Zit. nach: S. Bauschinger, Ich habe etwas zu sagen, 1993, S. 182.

[28] A. Kolb, in: Klaus Mann zum Gedächtnis, hg. von Erika Mann, Amsterdam 1950.

[29] A. Kolb, zit. nach Ruth Landshoff-Yorck, Erinnerungen eines sehr schönen Mädchens..., Süddt. Rundfunk, 1962 (Sendemanuskript), S. 56.

[30] A. Kolb, Gelobtes Land... In: Blätter in den Wind, 1954, S. 224.

[31] A. Kolb, Gelobtes Land... In: Blätter in den Wind, 1954, S. 225.

[32] A. Kolb, Ein Commentar zu Wilhelm Speyers »Glück der Andernachs«, L 3869, Monacensia.

[33] A. Kolb, Gelobtes Land... In: Blätter in den Wind, 1954, S. 226.

[34] A. Kolb, Gelobtes Land... In: Blätter in den Wind, 1954, S. 227.

[35] Brief A. Kolbs an Werner Richter, 11.1.1951, DLA Marbach.

[36] Brief A. Kolbs an Werner Richter, 1.5.1950, DLA Marbach.

[37] Brief A. Kolbs an Hermann Kesten, 20.5.[1951], Monacensia.

[38] Brief Hermann Kestens an A. Kolb, 14.6.1951, Monacensia.

[39] Hermann Kesten, Der Geist der Unruhe, München 1953, S. 166.

[40] Walter Kolb, Ansprache bei der Goethe-Preis-Verleihung, 28.8.1955. Zit. nach: Doris Rauenhorst, Annette Kolb. Ihr Leben und ihr Werk, Freiburg/Schweiz 1969, S. 61.

[41] A. Kolb, Ansprache nach der Verleihung des Goethe-Preises 1955. In: 1907–1964. Zeitbilder, 1964, S. 173.

[42] Ich stütze mich hier und im folgenden auf Akten des Gemeindearchivs Badenweiler / Hauptverwaltung aus den Jahren 1955 ff.

[43] Zit. nach: Badische Volkszeitung, Karlsruhe, 15.10.1955.

[44] Brief A. Kolbs an Bürgermeister Friedrich Karl von Siebold, 16.6.1958, Gemeindearchiv Badenweiler.

[45] A. Kolb, Dankesrede in Badenweiler, 14.10.1955. Zit. nach: Charlotte Marlo Werner, Annette Kolb, Königstein 2000, S. 249.

[46] A. Kolb, Nach dem Zweiten Weltkrieg. In: 1907–1964. Zeitbilder, 1964, S. 200 f.

[47] Brief Heinrich von Brentanos an A. Kolb, 27.3.1963, Monacensia. Zit. nach: S. Bauschinger, Ich habe etwas zu sagen, 1993, S. 180.

[48] A. Kolb, Nach dem Zweiten Weltkrieg. In: 1907–1964. Zeitbilder, 1964, S. 201.

[49] Ansprache des Geschäftsträgers der Deutschen Botschaft in Paris, Gesandter Jansen, anläßlich der Verleihung des Großen Verdienstkreuzes an die Schriftstellerin Annette Kolb am 10. November 1959, Monacensia.

[50] Gespräch A. Kolbs mit Konstantin von Bayern, NDR, 13.11.1960.

[51] A. Kolb, zit. nach: Bauschinger, Ich habe etwas zu sagen, 1993, S. 185.

[52] A. Kolb, Gruß an Deutschland. Sendemanuskript einer Rundfunkansprache A. Kolbs, Paris 31.12.1954, L 3843 B, Monacensia.

[53] A. Kolb, Der 200. Jahrestag von Mozarts Geburtstag. Rede zur Eröffnungsfeier in Zürich am 22.1.1956. In: 1907–1964. Zeitbilder, 1964, S. 177.

[54] Ursula von Kardorff, Gewitztes Fräulein ein Leben lang. In: Die Zeit, 4.11.1983.

[55] Vgl. den Brief A. Kolbs an W. Hausenstein, 9.6.1956, DLA Marbach.

[56] Wortlaut eines Antrags A. Kolbs, nach einem Brief von Magnolia Meier-Graefe, Januar 1956, Monacensia.

[57] Brief A. Kolbs an Hermann Kesten, 31.12.1950, Monacensia.

[58] Brief A. Kolbs an W. Hausenstein, vor dem 2.9.1955, DLA Marbach.

[59] Brief A. Kolbs an W. Hausenstein, vor dem 2.9.1955, DLA Marbach.

[60] A. Kolb, Letztes Albumblatt. Gefährdung der Messe. In: Blätter in den Wind, 1954, S. 229 f.

[61] A. Kolb, Nach dem Zweiten Weltkrieg. In: 1907–1964. Zeitbilder, 1964, S. 203.

[62] A. Kolb, Mein letztes Zeitbild, L 3887 A, Monacensia.

[63] Brief A. Kolbs an Hermann Kesten, 25.1.1960, Monacensia.

[64] A. Kolb, zit. nach: Bauschinger, Ich habe etwas zu sagen, 1993, S. 190.

»Dein Land ist schon mein Land geworden!!« –
Sehnsucht nach dem Heiligen Land (1961–1967)

1 Brief A. Kolbs an Werner Richter, 3.8.1962, DLA Marbach.
2 A. Kolb, Therapeutische Winke eines Laien, L 3863, Monacensia.
3 Brief A. Kolbs an Werner Richter, 3.8.1962, DLA Marbach.
4 Brief A. Kolbs an Werner Richter, o. D. [um 1960], DLA Marbach.
5 Brief des S. Fischer Verlags, 17.10.1961, Monacensia.
6 Brief A. Kolbs an Werner Richter, 5.9.1962, DLA Marbach.
7 A. Kolb, Nach dem Zweiten Weltkrieg. In: 1907–1964. Zeitbilder, 1964, S. 203 f.
8 Brief A. Kolbs an Werner Richter, 14.8.1963, DLA Marbach.
9 Oda Schaefer, Dichterinnen dieser Zeit: Annette Kolb. In: Süddeutsche Zeitung, 7.3.1962.
10 Brief Erna Pinners an Kasimir Edschmid, 4.3.1965. In: Ulrike Edschmid: »Wir wollen nicht mehr darüber reden.« Erna Pinner und Kasimir Edschmid – Eine Geschichte in Briefen, München 1999, S. 224.
11 A. Kolb, Nach dem Zweiten Weltkrieg. In: 1907–1964. Zeitbilder, 1964, S. 202.
12 Brief Percy Ernst Schramms an A. Kolb, 12.7.1966, Monacensia. Zit. nach: S. Bauschinger, Ich habe etwas zu sagen, 1993, S. 186.
13 S. das Konvolut »Verlagskorrespondenz«, Monacensia.
14 Zit. nach: Franz Herre, A wie Adenauer. Erinnerungen an die Anfänge der Bonner Republik, Stuttgart 1997, S. 181.
15 A. Kolb, Nach dem Zweiten Weltkrieg. In: 1907–1964. Zeitbilder, 1964, S. 201.
16 Zit. nach Franz Herre, A wie Adenauer. 1997, S. 183.
17 A. Kolb, Zur vierten Wahl Konrad Adenauers. In: 1907–1964. Zeitbilder, 1964, S. 186.
18 Elazar Benyoëtz, Annette Kolb und Israel, Literatur und Geschichte Bd. 2, Heidelberg 1970. Was Annette Kolbs Beziehungen zu Israel und Benyoëtz anbelangt, so kann in dieser Biographie vieles nur angerissen werden. Deswegen verweise ich den Leser dringend auf Benyoëtz' Buch.
19 Elazar Benyoëtz, Annette Kolb und Israel, 1970, S. 104.
20 Elazar Benyoëtz, Annette Kolb und Israel, 1970, S. 105.
21 Brief Carl Jacob Burckhardts an A. Kolb, 20.8.1964, Monacensia.
22 Brief Alfons Goppels an A. Kolb, 2.2.1965, Monacensia.
23 Brief Kasimir Edschmids an Erna Pinner, 1.2.1965. In: Ulrike Edschmid: »Wir wollen nicht mehr darüber reden.« Erna Pinner und Kasimir Edschmid – Eine Geschichte in Briefen, 1999, S. 224.
24 Ich verdanke diesen Hinweis Frau Dr. Marianne Gesemann, Puchheim, Telefonat vom 24.3.2001.

[25] Wenige Skizzen dazu sind im Nachlaß A. Kolbs, Monacensia, erhalten.

[26] A. Kolb, zit. nach Richard Lemp, Meine Erinnerungen an Annette Kolb. In: S. Bauschinger, Ich habe etwas zu sagen, 1993, S. 52.

[27] A. Kolb, zit. nach Richard Lemp, Meine Erinnerungen an Annette Kolb. In: S. Bauschinger, Ich habe etwas zu sagen, 1993, S. 53.

[28] A. Kolb, zit. nach Richard Lemp, Meine Erinnerungen an Annette Kolb. In: S. Bauschinger, Ich habe etwas zu sagen, 1993, S. 54.

[29] Zit. nach Elazar Benyoëtz, Annette Kolb und Israel, 1970, S. 146.

[30] Brief Carl Jacob Burckhardts an A. Kolb, 29.10.1966, Monacensia.

[31] Elazar Benyoëtz, Annette Kolb und Israel, 1970, S. 149.

[32] Elazar Benyoëtz, Annette Kolb und Israel, 1970, S. 151.

[33] Elazar Benyoëtz, Annette Kolb und Israel, 1970, S. 88.

[34] Elazar Benyoëtz, Annette Kolb und Israel, 1970, S. 89.

[35] Elazar Benyoëtz, Annette Kolb und Israel, 1970, S. 152.

[36] Elazar Benyoëtz, Annette Kolb und Israel, 1970, S. 157.

[37] Brief A. Kolbs an Elazar Benyoëtz, 15.7.1967. Zit. nach: Elazar Benyoëtz, Annette Kolb und Israel, 1970, S. 157.

[38] A. Kolb, Geraldine. In: Wera Njedin, 1925, S. 90 f.

Bibliographie

1. Quellen

1.1. Einzelne Werke (chronologisch)

Kurze Aufsätze, München 1899.

Sieben Studien. L'âme aux deux patries, München (Jaffe) 1906.

Das Exemplar. Roman. Berlin (S. Fischer) 1913.

Das Exemplar. Roman. Berlin (S. Fischer) 1931.

Das Exemplar. Roman. Stockholm (Bermann-Fischer); Amsterdam (Allert de Lange, Querido) 1939.

Wege und Umwege. Leipzig (Verlag der weißen Bücher) 1914.

Wege und Umwege. Berlin (Hyperion) 1919.

Briefe einer Deutsch-Französin. Berlin (Reiss) 1916.

Die Last. Zürich (Rascher) 1918.

Zarastro. Westliche Tage. Berlin (S. Fischer) 1921.

Westliche Tage. Berlin (Reiss) 1922.

Wera Njedin. Erzählungen und Skizzen. Berlin (Propyläen) 1925.

Spitzbögen. Berlin (S. Fischer) 1925.

Daphne Herbst. Roman. Berlin (S. Fischer) 1928.

Daphne Herbst, Roman. Düsseldorf (Bourg) 1951.

Daphne Herbst. Roman. Frankfurt/M. (Suhrkamp) 1997.

Versuch über Briand. Berlin (Rowohlt) 1929.

Kleine Fanfare. Berlin (Rowohlt) 1930.

Beschwerdebuch. Berlin (Rowohlt) 1932.

Die Schaukel. Roman. Berlin (S. Fischer) 1934.

Die Schaukel. Roman. Frankfurt/M. (Fischer) 1951.

Die Schaukel. Roman. Frankfurt/M. (Fischer) 1960.

Die Schaukel. Roman. Frankfurt/M. (Fischer) 1978.

Festspieltage in Salzburg. Amsterdam (Allert de Lange) 1937 (202 S.).

Festspieltage in Salzburg und Abschied von Österreich. Amsterdam (Allert de Lange) 1938 (251 S.).

Festspieltage in Salzburg und Abschied von Österreich. Amsterdam (Allert de Lange) 1950.

Mozart. Wien (Bermann-Fischer) 1937.

Mozart. Erlenbach-Zürich (Rentsch) 1952.

Mozart. Trad. par Denise van Moppès. Préface de Jean Giraudoux. Paris (Albin Michel) 1938.

Glückliche Reise. Stockholm (Bermann-Fischer) 1940.

Franz Schubert. Sein Leben. Stockholm (Bermann-Fischer) 1941.

Franz Schubert. Sein Leben. Erlenbach-Zürich (Rentsch) 1947.

König Ludwig II. von Bayern und Richard Wagner. Amsterdam (Querido) 1947.

König Ludwig II. von Bayern und Richard Wagner. Frankfurt/M. (Fischer) 1963.

Le roi Louis II de Bavière et Richard Wagner. Paris (Albin Michel) 1947.

Blätter in den Wind. Frankfurt/M. (S. Fischer) 1954.

Memento. Frankfurt/M. (Fischer) 1960.

1907–1964. Zeitbilder. Frankfurt/M. (Fischer) 1964.

Die Romane. Das Exemplar. Daphne Herbst. Die Schaukel. Frankfurt/M. (Fischer) 1968.

1.2. Beiträge in Zeitschriften und Sammelwerken (chronologisch)

1.2.1. Lyrik
Aus einem Traumbuch. In: Dt. Almanach a. d. J. 1907 (Zeitler), S. 59.

Aus einem Traumbuch. In: Almanach S. Fischer 74 (1960), S. 28.

1.2.2. Drama
Der Schatten. Ein Dialog. In: Hyperion 2, I (1909), S. 111–125.

Kriegsvorabend 1914. 1. Akt. In: Maß und Wert 2 (1938/39), S. 227–239.

1.2.3. Prosa
Zur Pianistenfrage. In: Wiener Rundschau 3 (1898/1899), S. 285–286.

Wagner-Entweihung. In: Wiener Rundschau 3 (1898/1899), S. 389–390.

Bayreuth. In: Wiener Rundschau 3 (1898/1899), S. 494.

Don Juan u. Fra Diavolo. In: Wiener Rundschau 3 (1898/99), S. 603–605.

Ein Quartett in Rom. In: Wiener Rundschau 4 (1900), S. 45–47.

Gabriele d'Annunzio, Il Fuoco. Roman. [um 1897 in ital. Sprache] In: Wiener Rundschau 4 (1900), S. 237–238.

Wagner u. das »Repertoire«. In: Wiener Rundschau 4 (1900), S. 375–377.

Die Apotheose. In: Wiener Rundschau 5 (1901), S. 13.

Richard Strauss. In: Wiener Rundschau 5 (1901), S. 75.

Ritz. In: Die neue Rundschau 15 (1904), S. 891–893.

Torso. [Erzählung] In: Die neue Rundschau 16 (1905), S. 727–745.

Sieben Studien. München [um 1906]. In: Die Zukunft 56 (1906), S. 113.
Randglossen zur Psychologie der Nationen. In: Deutscher Almanach a. d. J. 1907 (Zeitler), S. 60–61.
Memoiren. [Hornsteins Memoiren. Rez.]. In: Morgen 2 (1908), S. 569.
Memoiren. In: Morgen 2 (1908), S. 1465–1466.
Traum und Hellsehen. In: Die neue Rundschau 20 (1909), S. 1087–1088.
Caterina Godwin, Begegnungen mit Mir. 1910. [Rez.] In: Österreichische Rundschau 25 (1910), S. 87.
Lady Beatrix. [Erz.] In: Hyperion-Almanach a. d. J. 1911, S. 174–179.
Ballonperspektive. In: Almanach S. Fischer 25 (1911), S. 250–255.
Der unverstandene Mann. In: Die neue Rundschau 22 (1911), S. 883–885.
Die neuen Männer. In: Der lose Vogel 1 (1912), S. 9–17.
Das Exemplar. Roman. In: Die neue Rundschau 23 (1912).
Alexander Gleichen-Rußwurm, Antikes Leben in Briefen. [Rez.] In: Österreichische Rundschau 30 (1912), S. 240.
[Anonyme Beiträge] In: Der lose Vogel 1 (1912/1913).
Don Juan. [Erzählung] In: Almanach S. Fischer 27 (1913), S. 177–183.
Etwas über den Geiz. [Glosse] In: März 7, II (1913), S. 469–471.
Die rückständige Eisenbahn. In: Die neue Rundschau 25 (1914). S. 1016–1022.
Die Ballonfahrt. In: Die Schaubühne 10 (1914), Bd. 2, S. 543–546.
Besuch bei Duchesne. In: Die weißen Blätter 1 (1914), S. 517–524.
Der Künstler als Pädagog. In: Das Forum 1 (1914–1915), S. 220–222.
Ich denke zurück ... In: Zeit-Echo. Ein Kriegs-Tagebuch der Künstler. 1914/1915, S. 8.
Briefe an einen Toten. In: Zeit-Echo ... 1914/15, S. 99–102.
Die internationale Rundschau und der Krieg. Ein Vortrag. In: Die weißen Blätter 2 (1915), S. 269–284.
Briefe an einen Toten. In: Die weißen Blätter 2 (1915), S. 675–680.
In Dresden. Sechster und siebenter Brief an einen Toten. In: Die weißen Blätter 2 (1915), S. 1155–1165.
Brief an einen Toten. In: Die weißen Blätter 2 (1915), S. 1402–1406.
Erlebnis. [Prosa] In: O. M. Fontana, Die Aussaat. Konstanz: 1915 (Reuß & Itta), S. 27. (Die Zeitbücher. 29) Aus: Zeitecho.
Die drei letzten Briefe an einen Toten. In: Die weißen Blätter 3, II (1916), S. 122–132.
Ein gutes Buch. Glosse. In: Die weißen Blätter 3, III (1916), S. 101.
[Rez.] Ein gutes Buch. Hans Vorst, Im Kriege durch Frankreich und England. 1916. In: Die weißen Blätter 3, III (1916), S. 101.
Epilog zu den Briefen an einen Toten. In: Die weißen Blätter 3, III (1916), S. 199–200.

Lettre d'une Allemande. In : Journal de Genève, 5.4.1917.

Freiheit, Gleichheit und Brüderlichkeit. In: Die Friedens-Warte, Jg. 20 (1918), Nr. 3.

Aus dem Berner Tagebuch. In: Die weißen Blätter 6 (1919), S. 29–31.

Busoni. In: Der Neue Merkur 3 (1919/1920), S. 398–400.

Tagore und [Heinrich] Mann. In: Das Tagebuch 1 (1920), S. 1495–1496.

Bruchstücke der Tage. In: Der Feuerreiter 1 (1921), S. 149–152.

Briefe einer Deutsch-Französin. [Teilabdruck] In: Die Entfaltung. Hg. von Max Krell. Berlin 1921, S. 126–133.

Ein kleiner Kommentar zu Flaubert. In: Ganymed Bd. 3 (1921), S. 93–95.

Alfred H. Fried. In: Die Weltbühne 17, I (1921), S. 600–601.

Wiesbaden. In: Die Weltbühne 17, II (1921), S. 341–343.

Theater in München. In: Die neue Rundschau 33 (1922), S. 862–863.

Erinnerung an Gerhart Hauptmann. In: Die neue Rundschau 33 (1922), S. 1155–1156.

Meraner Intermezzo. In: Die Weltbühne 18, I (1922), S. 543–544.

Mehr Kameradschaft! In: Die Weltbühne 18, I (1922), S. 586.

Varramista. [Erzählung] In: Die neue Rundschau 34 (1923), S. 639–652.

Geraldine oder die Geschichte einer Operation. In: Die neue Rundschau 34 (1923), S. 1122–1130.

Voltaire. [Zur Voltaire-Biographie von Georg Brandes] In: Die Weltbühne 19, II (1923), S. 176–177.

Donaueschingen. In: Die Weltbühne 19, II (1923), S. 598–600.

Die Frau in der Politik. In: Faust 2 (1923/1924), H. 7, S. 1–2.

Mahatma Gandhi. [Rez. zu R. Rollands Gandhi-Biographie] In: Die Weltbühne 20, I (1924), S. 89–90.

Fahrt durch Frankreich. In: Die Weltbühne 20, I (1924), S. 225–228.

Prinz Alexander Hohenlohe. In: Die Weltbühne 20, I (1924), S. 834–838.

Himmel, Hölle, Geisterwelt. [Zu einer v. W. Hasenclever hg. Ausw. Swedenborgischer Schriften]. In: Die literarische Welt 1 (1925), Nr. 11, S. 5.

Spitzbögen. Novelle. In: Die neue Rundschau 36 (1925), S. 351–390.

Kleine Fanfare. [Prosa] In: Das Tagebuch 6 (1925), S. 1929–1938.

Neue Bücher. [Rez.] In: Die Weltbühne 21, II (1925), S. 263–265.

Kata Sterna [Tänzerin]. In: Die Weltbühne 21, II (1925), S. 509.

Franz Blei. In: Berliner Tageblatt, 1.12.1925.

François Mauriac, »Le jeune Homme«. 1926. [Rez.] In: Europäische Revue 2 (1926), S. 406–407.

Colette. In: Die literarische Welt 2 (1926), Nr. 17, S. 5.

Münchner Albumblatt. In: Die literarische Welt 2 (1926), Nr. 33, S. 3.

Erinnerungen an Felix Mottl. In: Die neue Rundschau 37 (1926) Bd. 2, S. 188–195.

Dichtung und Christentum. [Antwort auf eine Umfrage] In: Ostwart-Jahrbuch 1926, S. 160.

Die schöne Landschaft. Badenweiler. In: Schwarzwald und Oberrhein 1 (1926), Nr. 2, S. 4–5.

Wenn Ideen triumphieren. In: Das Tagebuch 7 (1926), S. 1752–1756.

Paul ist gut. [Zu dem gleichnamigen Buch von Hans Siemsen] In: Die Weltbühne 22, II (1926), S. 753.

Mozart. In: Die Weltbühne 22, II (1926), S. 893.

Hausenstein, W.: Rembrandt. [Rez.] In: Das Tagebuch 8 (1927), S. 858.

Versailles. Von K. Fr. Nowak. In: Das Tagebuch 8 (1927), S. 2088–2092.

Briefe von Wagner [Ausgew. von Wilhelm Altmann]. In: Die Weltbühne 23, I (1927), S. 829–830.

Einer bläst die Hirtenflöte. [Rez. zu Victor Auburtin, Einer bläst die Hirtenflöte. München 1928] In: Das Tagebuch 9 (1928), S. 2282–2283.

Gruß an Knut Hamsun. In: Die literarische Welt 5 (1929), Nr. 31, S. 1.

Besuch bei Briand. In: Die literarische Welt 5 (1929). Nr. 42. S. 3–4.

Zu S. Fischers 70. Geb.. In: Die literar. Welt 5 (1929), Nr. 51/52, S. 1.

Adolf Hildebrands Briefwechsel mit Conrad Fiedler. In: Die neue Rundschau 40 (1929), Bd. 2, S. 576.

Bücher, die ungerecht behandelt wurden. Eine Umfrage. [Beitr. verschiedener Autoren, u.a. A. Kolb] In: Das Tagebuch 10 (1929), S. 461–468.

Zu [Bernhard Fürst von] Bülows Memoiren. In: Die Weltbühne 26, II (1930), S. 753–754.

Die drei Träume der steigenden Betrübnis. In: Neue Schweizer Rundschau Jg. 23 (1930), S. 505–506.

Selma Lagerlöfs Silbergrube. In: Das Tagebuch 11 (1930), S. 1248.

[Autobiographische Skizze] In: Die Literarische Welt 7 (1931), Nr. 3, S. 1–2 (Selbstdarstellungen deutscher Dichter. 6.).

[Rez.] Ruth Landshoff, Die Vielen und der Eine. [Roman] Berlin [um 1930]. In: Die literarische Welt 7 (1931), Nr. 4, S. 5.

Randglossen zur heutigen englischen Literatur. In: Die neue Rundschau 42 (1931), Bd. 1, S. 114–123.

Insel der Toten. In: Neue Schweizer Rundschau Jg. 24 (1931), S. 959.

Die besten Bücher des Jahres 1931. In: Das Tagebuch 12 (1931), S. 1895–1896.

Das Land, in dem ich leben möchte. [Antwort auf eine Rundfrage] In: Die literarische Welt 8 (1932), Nr. 21, S. 3.

Der einzige freie Beruf. [Bemerkung über die deutsche Buchkritik] In: Die Weltbühne 28, II (1932), S. 765.

Die besten Bücher des Jahres 1932. In. Das Tagebuch 13 (1932), S. 2015.

[Rez.] Beschwerden. [kurze Bemerkungen zu Ernst Robert Curtius, Deutscher Geist in Gefahr. Stuttgart 1932; Carl Jacob Burckhardt, Maria Theresia. Biographie. Lübeck 1932; Walter Bauer, Die notwendige Reise. Berlin 1932] In: Die Weltbühne 29, I (1933), S. 226–227.

[Wege und Umwege, Auszug]. – Der Futurist (1913). In: Der Querschnitt 14 (1934), S. 60–62.

Aus einem Mozartbuch. In: Die neue Rundschau 47 (1936), S. 337–351.

Harry Kessler. In: Maß und Wert 1 (1937/1938), S. 630–631.

Vernichtete Existenzen. In: Sozialistische Warte, Jg. 14 (1939), H. 24.

René Schickele. In: Maß und Wert 3 (1939/1940), S. 345–346.

La Débâcle. In: Decision, Vol. 2 (1941), Nos. 5–6.

Geburtstag. In: Die neue Rundschau, Sonderausg. Thomas Mann (1945), S. 77.

[Franz Schubert. Ausz.] Franz Schubert als Liederkomponist. In: Das Goldene Tor 2 (1947), S. 1012–1022.

Schreckensvision neunzehnhundertsiebzehn. [Aus: Briefe einer Deutsch-Französin] In: Prisma 1 (1947), H. 3, S. 5–6.

Prälud. zu einem Traumbuch. In: Das Goldene Tor 3 (1948), S. 483–487.

Zwei Hundegeschichten. In: Das Goldene Tor 4 (1949), S. 185–191.

Klosterleben. In: Merkur 3 (1949), S. 468–474.

Corinthen, Sultaninen, Ingwer und Zibeben. In: Die neue Rundschau 60 (1949), S. 545–555.

[Klaus Mann zum Gedächtnis] In: Klaus Mann zum Gedächtnis. [Hg. von Erika Mann] Amsterdam 1950, S. 90–91.

Um René Schickele. In: Die neue Rundschau 61 (1950), S. 278–282.

Gelobtes Land – Gelobte Länder. In: Hochland 43 (1950/51), S. 274–287.

Prälud. zu einem Traumbuch. In: Die neue Rundschau 62 (1951) H. 1, S. 92–98.

Wera Njedin. In: Gestalt und Gedanke 2 (1953), S. 97–101.

Münchner Albumblätter. 1950–1953. In: Neue literarische Welt 4 (1953), Nr. 15, S. 4.

Die Balkonfahrt. (1911). Präludium zu einem Traumbuch. (1946). [2 Skizzen. – Vorabdruck aus Annette Kolb, Blätter in den Wind.] In: Jahresring 1954, S. 97–107.

Ansprache nach der Verleihung des Goethe-Preises. In: Die neue Rundschau 66 (1955), S. 586–589.

Zum Mozart-Jahr. [Rede zur Eröffnungsfeier des Mozart-Jahres in Zürich am 22.1.1956] In: Jahresring 1956/1957, S. 333–335.

[Beschwerdebuch. Auszug:] Schriftstellers Klage. In: Texte und Zeichen 3 (1957), S. 119–120.

Präludium zu einem Traumbuch. In: Der goldene Schnitt. Große Erzählungen. Frankfurt/M. 1959, S. 261–266.

Abschied von Badenweiler. In: Merkur 14 (1960), S. 228–234.

Vögel. In: Dauer im Wandel. Festschrift zum 70. Geb. von Carl J. Burckhardt. Hg. von H. Rinn u. M. Rychner. München 1961, S. 221–224.

Wolken. In: J. Halperin, Als das Jahrhundert jung war. Stuttgart, Zürich 1961, S. 117–124.

Spitzbögen. In: Der Goldene Schnitt. Frankfurt/M. 1964, S. 533–567.

Zwei Hundegeschichten. In: Querschnitt. Frankfurt/M. 1967. S. 90–99.

Drei Anfänge. In: Reifenberg, Federlese. München 1967, S. 11–14.

Ein Selbstporträt. In: Reinhardt, Das Selbstporträt. Hamburg 1967, S. 177–189.

Zwei Auskünfte. – Bestelltes Selbstporträt für Quartaner. Schriftstellers Klage. In: Jemand der schreibt. München 1972, S. 322–324.

Radiofreuden und Radioleiden. [Nachdruck aus A. Kolb, Beschwerdebuch. 1932] In: Literatur und Rundfunk. Hildesheim 1975, S. 147–152.

1.3. Übersetzungen (alphabetisch)

Die Briefe der heiligen Catarina von Siena. Ausgewählt, eingeleitet und deutsch hg. von Annette Kolb, Leipzig 1906.

Chesterton, Gilbert Keith: Orthodoxie. Übersetzt von Annette Kolb und Franz Blei, München 1909.

Chevrillon; André: In Indien. Autorisierte deutsche Ausgabe in Übertragung von Annette Kolb, Leipzig 1911.

Giraudoux, Jean: Kein Krieg in Troja. Schauspiel in 2 Akten. (Autorisierte Übersetzung von Annette Kolb), Wien 1936.

Giraudoux, Jean: Der Trojanische Krieg wird nicht stattfinden. Stück in zwei Akten. (Aus dem Französischen übertragen von Annette Kolb. Mit einem Nachwort von Manfred Naumann), Leipzig 1984.

Giraudoux, Jean: Kein Krieg in Troja. Übersetzt von Annette Kolb. In: Französisches Theater. Frankfurt/M. 1959, S. 5–88.

Larbaud, Valéry: Der Schutzpatron der Übersetzer. [Aufsatz] Deutsch von Annette Kolb. In: Hochland 48 (1955–1956), S. 120–137.

Larbaud, Valéry: Sankt Hieronymus, Schutzpatron der Übersetzer. Annette Kolb, München 1956.

Philippe; Charles-Louis: [Contes du matin, dt.] Das Bein der Tiennette. Mit 24 Holzschnitten von Franz Masereel. (Übertragen aus dem Französischen von Annette Kolb), München 1923. 260 S.

Philippe, Charles-Louis: Das Bein der Tiennette und andere Erzählungen. Aus dem Französischen übertragen von A. Kolb, Stuttgart 1989. 160 S.

Villiers de l'Isle-Adam: Edisons Weib der Zukunft. Roman. (Übersetzt von Annette Kolb), München 1909. 420 S.

Villiers de l'Isle-Adam, Jean-Marie Comte de: Die Eva der Zukunft. Deutsch von A. Kolb. Nachwort Hermann Wetzel, München 1972. 432 S.

Wilhelmine Markgräfin von Bayreuth: Memoiren. (Für diese Ausgabe wurde der frz. Text der Mem. nach der Braunschw. Ausg. von 1810 durch A. Kolb neu übersetzt u. mit Nachwort versehen), Bd. 1–2, Leipzig 1910.

Wilhelmine Markgräfin von Bayreuth: Eine preußische Königstochter. Glanz und Elend am Hofe des Soldatenkönigs in den Memoiren der Markgräfin Wilhelmine von Bayreuth. Aus dem Französischen übersetzt und 1910 hg. von Annette Kolb. Neu hg. von Ingeborg Weber-Kellermann. Mit zahlreichen Illustrationen von Adolph Menzel und sieben zeitgenössischen Porträts, Frankfurt/M. 1988. 505 S.

1.4. Briefe und Tagebücher

Briefe Annette Kolbs:
Brief an Th. Mann vom 10.1.1925. In: Almanach S. Fischer Verlag 82 (1968), S. 45–46.

Brief an Th. Mann vom 23.11.1934 und 8.4.1935. In: Blätter der Thomas-Mann-Gesellschaft 14 (1974), S. 12–13.

Brief an Thomas Mann vom 30.11.1938 und 20.1.1939. In: Blätter der Thomas-Mann-Gesellschaft 15 (1975), S. 22–24.

Benyoëtz, Elazar: Annette Kolb und Israel. [mit Briefen Annette Kolbs an Benyoëtz von Juni 1963 bis Juli 1967] Heidelberg 1970.

Briefe an Annette Kolb:
Alfred W. Heymel, 19.6.1909. In: Für Rudolf Hirsch, Frankfurt (1975).

Ein Brief Rilkes an A. Kolb, 21.3.1919. Mitgeteilt von Charles A. Bentley. In: Monatshefte 44 (1952) S. 159–160.

Rilke, Rainer Maria: 19.1.1923. In: R. M. Rilke, Briefe aus Muzot. Hg. von Ruth Sieber-Rilke und Carl Sieber, Leipzig 1936, S. 175.

Rilke, Rainer Maria: Briefe, Wiesbaden 1950.

Mann, Thomas: Briefe 1937–1947. Hg. von Erika Mann, Frankfurt, 1963.

Mann, Thomas: Briefwechsel mit Autoren. Hg. von Hans Wysling. Frankfurt/M. 1988.

Hausenstein, Wilhelm: Ausgewählte Briefe 1904–1957. Hg., eingeleitet und kommentiert von Hellmut H. Rennert, Oldenburg 1999.

Briefwechsel:
Kurt Wolff. Briefwechsel eines Verlegers 1911–1963. Hg. von Bernhard Zeller und Ellen Otten, Frankfurt/M. 1966.
Annette Kolb – René Schickele. Götterdämmerung für uns. Aus dem Briefwechsel 1935. [8 unveröffentlichte Briefe; eingeleitet von Hans Georg Schwenk] In: Akzente 20 (1973), H. 6, S. 536–549.
Annette Kolb – René Schickele. Briefe im Exil 1933–1940. In Zusammenarbeit mit Heidemarie Gruppe hg. von Hans Bender. Hg. von der Akademie der Wissenschaften und der Literatur zu Mainz, Klasse der Literatur, Bd. 65, Mainz 1987.
La vraie patrie, c'est la lumière! Correspondance entre Annette Kolb et Romain Rolland (1915–1936). Documents réunis par Anne-Marie Saint-Gille. Contacts: Sér. 2, Gallo-Germanica; Vol. 13, Bern … 1994.

1.5. Tondokumente und Filme

Als Schallplatte bzw. CD erschien, gelesen von Annette Kolb:
A. Kolb spricht: Wera Njedin. Aus Erzählungen und Skizzen. Glosse zur Todesstrafe – Schriftstellers Klage. Aus: Beschwerdebuch. (Klappentext von Luise Rinser). Freiburg (Christophorus) 1962.
A. Kolb liest Annette Kolb. Marie Luise Kaschnitz liest Marie Luise Kaschnitz [CD; darauf von A. Kolb: Wera Njedin. Glosse zur Todesstrafe. Schriftstellers Klage]. Heidelberg (Christophorus) 1996.

Interviews und Lesungen im Rundfunk (nach Auskunft des Deutschen Rundfunkarchivs Frankfurt/M.):
A. Kolb liest: Von der Zunft des schlechten Gewissens (Albumblatt aus dem Jahre 1950 / Schriftstellers Klage / Klaviermusik). Bayerischer Rundfunk München, aufgenommen am 27.6.1955.
Sorgen um Europa. A. Kolb im Gespräch mit Reinhold Schneider. Gesprächsleitung: Gerold Benz. Süddt. Rundfunk Karlsruhe, aufgenommen in Badenweiler am 22.10.1956.
Interview mit A. Kolb (vor dem 24.7.1957). Süddt. Rundfunk, Karlsruhe.
Die Dichterin A. Kolb erzählt aus ihrem Leben. Gesprächspartner: Harald von Troschke, Süddt. Rundfunk Karlsruhe, 18.7.1965.
A. Kolb im Gespräch mit Ria Hans: Interview mit der Schriftstellerin über die Wandlungen ihres Lebensgefühls anhand ihrer Bücher. Hessischer Rundfunk Frankfurt, aufgenommen in München, 1959.
A. Kolb im Gespräch mit Konstantin von Bayern und Jürgen Schüddekopf: Porträt der Zeit im Zwiegespräch: Annette Kolb. Norddeutscher Rundfunk Hamburg, aufgenommen in München am 13.11.1960.

A. Kolb liest aus ›Daphne Herbst‹ und aus ›Blätter in den Wind‹ (den Abschnitt über R. Schickele). Bayer. Rundfunk München, 27.6.1955.
A. Kolb liest aus ›Daphne Herbst‹. Bayer. Rundfunk, 23.1.1956.
A. Kolb liest aus ›Memento‹. Bayerischer Rundfunk, 14.7.1960.
A. Kolb: Persönliche Erinnerungen an René Schickele. Norddeutscher Rundfunk Hamburg, 10.1.1951.
A. Kolb liest aus: ›Befohlenes Selbstporträt für Quartaner‹ (Anfang; aus: ›Beschwerdebuch‹); aus: ›Schriftstellers Klage‹ (aus: ›Beschwerdebuch‹); aus: ›König Ludwig II. und Richard Wagner‹; aus: ›Salzburger Festspiele‹; aus: ›13 Briefe einer Deutsch-Französin‹; aus: ›Memento‹ (3 Ausschnitte). Deutsches Rundfunkarchiv Frankfurt/M., aufgenommen 1963.

Als Film wurde nach einem Roman von Annette Kolb gedreht:
Adlon, Percy: Die Schaukel. Ein Film nach dem Roman von Annette Kolb. Auf und Nieder einer deutsch-französischen Familie in München vor hundert Jahren.

Dazu erschien ein Filmbuch:
Adlon, Percy: Die Schaukel. Ein Film nach dem Roman von Annette Kolb. Mit 80 Szenen- und Arbeitsfotos von Hermann Schulz, Frankfurt/M. 1983.

2. Literatur

2.1. Bibliographien / Hilfsmittel

Holzhausen, Hans-Dieter: Anette Kolb, ihre Dichtungen und ihre anderen Schriften aus der Sicht eines Sammlers. [Mit Abb.] In: Aus dem Antiquariat 1988, S. A96–A103.
Lemp, Richard: Annette Kolb. Nachlaßverzeichnis und Bibliographie. In: Richard Lemp: Annette Kolb. Mainz 1970, S. 33–67, 114–117.

2.2. Gesamtdarstellungen

Bauschinger, Sigrid (Hg.): Ich habe etwas zu sagen. Annette Kolb 1870–1967. Ausstellung der Münchner Stadtbibliothek anläßlich ihres 150jährigen Bestehens 24.9.–29.10.1993. Konzeption: Sigrid Bauschinger unter Mitarbeit von Ursula Hummel und Sabine Kinder, München 1993.
Rauenhorst, Doris: Annette Kolb. Ihr Leben und ihr Werk. [Diss.] Freiburg / Schweiz 1969.
Werner, Charlotte Marlo: Annette Kolb. Eine literarische Stimme Europas. Königstein/Ts. 2000.

2.3. Erinnerungen von Weg- und Zeitgenossen

Bermann Fischer, Gottfried: Bedroht – Bewahrt. Der Weg eines Verlegers. Frankfurt/M. 1967.

Blei, Franz: Glanz und Elend berühmter Frauen. Berlin 1927, S. 283–290.

Blei, Franz: Annette Kolb. In: Blei, Zeitgenössische Bildnisse. Amsterdam 1940. S. 304–310.

Blei, Franz: Die Kolbannette. In: Das große Bestiarium der Literatur. Mit farbigen Karrikaturen von Rudolf Grossmann, Olaf Gulbransson und Th. Th. Heine. Frankfurt/M. 1982, S. 48. (nach der 5.–8. Auflage. Berlin 1924).

Burckhardt, Carl J.: Memorabilien. Erinnerungen und Begegnungen. München 1977, S. 347–349.

Edschmid, Kasimir: Tagebuch 1958–1960. Wien, München, Basel 1960.

Edschmid, Kasimir: Lebendiger Expressionismus. Auseinandersetzungen, Gestalten, Erinnerungen. Wien, München, Basel 1961.

Edschmid, Ulrike (Hg.): »Wir wollen nicht mehr darüber reden.« Erna Pinner und Kasimir Edschmid – Eine Geschichte in Briefen. München 1999.

Feuchtwanger, Lion: Der Teufel in Frankreich. Erlebnisse. Rudolstadt 1954.

Feuchtwanger, Marta: Nur eine Frau. Jahre, Tage, Stunden. Berlin und Weimar 1984.

Fischer, Brigitte: Sie schrieben mir oder was aus meinem Poesiealbum wurde. München 1997.

Fischer, Hedwig: Lebendiger Anteil. Hedwig Fischer und der S. Fischer Verlag. Gedenkblätter. Frankfurt/M. 1953.

Flake, Otto: Es wird Abend. Bericht aus einem langen Leben. Gütersloh 1960.

Frank, Leonhard: Links wo das Herz ist. Berlin und Weimar 1967.

Hausenstein, Wilhelm: Impressionen und Analysen. München 1969.

Hausenstein, Wilhelm: Ausgewählte Briefe (1904–1957). Hg. von Hellmut H. Rennert. Oldenburg 1999.

Herzog, Wilhelm: Menschen, denen ich begegnete. Bern und München 1959.

Kantorowicz, Alfred: Exil in Frankreich. Merkwürdigkeiten und Denkwürdigkeiten. Frankfurt/M. 1986.

Kästner, Erich: Erinnerungen an Mademoiselle Kolb. In: Erich Kästner, Das große Erich Kästner-Buch. München 1975, S. 332–341.

Kessler, Harry Graf: Tagebücher 1918–1937. Hg. von Wolfgang Pfeiffer-Belli. Frankfurt/M. 1996.

Kesten, Hermann: Der Geist der Unruhe. Literarische Streifzüge. Köln, Berlin 1959.

Kesten, Hermann: Lauter Literaten. Porträts, Erinnerungen. Wien, München, Basel 1963.

Kesten, Hermann: Annette Kolb. In: Hermann Kesten, Meine Freunde die Poeten. Frankfurt/M., Berlin 1980, S. 59–65.

Kühlmann, Richard von: Erinnerungen. Heidelberg 1952.

Landshoff-York, Ruth: Erinnerungen eines sehr schönen Mädchens aus sehr gutem Hause. Ruth Landshoff-York erzählt von Samuel Fischer, Ernst Toller, Oskar Kokoschka, F. W. Murnau, Max Reinhardt, Marlene Dietrich und Annette Kolb. Süddt. Rundfunk Stuttgart 1962. 56 S. 4 [Masch.].

Mahler-Werfel, Alma: Mein Leben. Frankfurt/M. 1960.

Mann, Erika (Hg.): Klaus Mann zum Gedächtnis. Mit einem Vorwort von Thomas Mann. Amsterdam 1950.

Mann, Erika: Briefe und Antworten. Hg. von Anna Zanco Prestel. Bd. I: 1922–1950. München 1984. Bd. II: 1951–1969. München 1985.

Mann, Erika und Klaus: Escape to Life. Deutsche Kultur im Exil. Hg. und mit einem Nachwort von Heribert Hoven. Reinbek 1996.

Mann, Golo: Eine Jugend in Deutschland. Erinnerungen und Gedanken. Frankfurt/M. 1991.

Mann, Golo: Lehrjahre in Frankreich. Erinnerungen und Gedanken. Frankfurt/M. 1999.

Mann, Katia: Meine ungeschriebenen Memoiren. Hg. von Elisabeth Plessen und Michael Mann. Frankfurt/M. 1976.

Mann, Klaus: Der Wendepunkt. Ein Lebensbericht. Mit einem Nachwort von Frido Mann. Reinbek 1984.

Mann, Klaus: Briefe und Antworten. 1922–1949. Hg. und mit einem Vorwort von Martin Gregor-Dellin. Reinbek 1991.

Mann, Klaus: Tagebücher 1931–1949. 6 Bände. Hg. von Joachim Heimannsberg, Peter Laemmle und Wilfried F. Schoeller. (zuerst erschienen München 1989–1991.). Neubearbeitung des Anhangs unter Mitarbeit von Fredric Kroll und Roger Perret. Reinbek 1995. (Bd. 1: 1931–1933, Bd. 2: 1934–1935, Bd. 3: 1936–1937, Bd. 4: 1938–1939, Bd. 5: 1940–1943, Bd. 6: 1944–1949)

Marcuse, Ludwig: Mein zwanzigstes Jahrhundert. Auf dem Weg zu einer Autobiographie. Zürich 1975.

Mieg, Peter: Recuerdo de Annette Kolb. [Erinnerung] In: Humboldt 9 (1968), Nr. 35, S. 97–98.

Pange, Pauline de: Alte Schlösser – Neue Zeit. Eine Jugend zur Jahrhundertwende. München 1968.

Parker, Catherine C.: Ceased Being Pacifist Day Hitler Took Power. In: Eagle-News, Poughkeepsie, N. Y., 17.2.1942.

Rinser, Luise: Der Schwerpunkt. Frankfurt/M. 1960.

Rolland, Romain: Zwischen den Völkern. Aufzeichnungen und Dokumente aus den Jahren 1914–1919. Bd. 2. Stuttgart 1955.

Zuckerkandl, Bertha: Österreich intim. Erinnerungen 1892–1942. Hg. von Reinhard Federmann. Frankfurt/M. 1970.

Zuckmayer, Carl: Als wär's ein Stück von mir. Horen der Freundschaft, Frankfurt/M. 1969.

Zweig, Stefan: Die Welt von Gestern. Erinnerungen eines Europäers. Frankfurt/M. 1970.

2.4. Würdigungen

Ahl, Herbert: Tochter zweier Vaterländer. Annette Kolb. In: Herbert Ahl, Literarische Portraits. München, Wien 1962, S. 293–300.

Burckhardt, Carl Jacob: Annette Kolb. In: Burckhardt, Betrachtungen und Berichte. Zürich 1964, S. 453–462.

Ellmar, Paul: Annette Kolb. In: Neue Ziircher Nachrichten (1951) Nr. 51.

Fetzer, John F.: Annette Kolb. [Würdigung mit Schwerpunkt auf den Exiljahren in New York 1941–1945] In: Deutsche Exilliteratur seit 1933. Bd. 2, T. 1. Bern 1989, S. 461–479.

Flake, Otto: Annette Kolb. In: Die neue Rundschau 28 (1917), S. 1439–1440.

Grether, Bernd: Annette Kolb. In: Dichter am Oberrhein. Eine Vortragsreihe an der Volkshochschule Offenburg. Offenburg 1993, S. 125–167.

Hausenstein, Wilhelm: Geburtstagsbrief an Annette Kolb. In: Die Gegenwart 10 (1955), S. 79 f.

Hildebrandt, Irma: Europäerin in München. Annette Kolb, 1870–1967. In: Irma Hildebrandt, Bin halt ein zähes Luder. 15 Münchner Frauenporträts. München 1990, S. 91–105.

Holland, Günther: »Sagen Sie bitte Fräulein zu mir.« Ein Gespräch mit Kölns Literaturpreisträgerin [Annette Kolb]. In: Kölner Stadtanzeiger, 2.4.1961.

Kardorff, Ursula von: Annette Kolb, die Europäerin. In: Süddeutsche Zeitung (1951) Nr. 49.

Kardorff, Ursula von: Gewitztes Fräulein, ein Leben lang. In: Zeit-Magazin 45 (Nov. 1983).

Kästner, Erich: Annette Kolb. In: Merkur 14 (1960), S. 226–227.

Kesten, Hermann: Nachwort zu: Annette Kolb: Wera Njedin. Erzählungen und Skizzen, Frankfurt/M. 1983, S. 113–132.

Kraus, Karl: [Annette Kolb. Polemik anläßlich eines kritischen Aufsatzes der Schriftstellerin über Karl Kraus in den »Weißen Blättern«] In: Die Fackel 18 (1916/1917), Nr. 418–422; S. 48–51.

Kreuder, Ernst: Nachruf auf Annette Kolb. In: Jahrbuch Akademie der Wissenschaften und der Literatur. Mainz 1968, S. 51–53.

Pfemfert, Franz: [Annette Kolb. Glosse über ihre Haltung während des Weltkrieges.] In: die Aktion 5 (1915), Sp. 120.

Reifenberg, Benno: Gedenkwort für Annette Kolb. In: Jahrbuch Deutsche Akademie für Sprache und Dichtung. Darmstadt 1967, S. 102–108.

Rinser, Luise: Anne Kolb. Porträt. In: Frankfurter Hefte 10 (1955), S. 651–656.

Rychner, Max: Annette Kolb. In: Merkur. Deutsche Zeitschrift für europäisches Denken 18 (1964) 9, S. 814–826.

Schaefer, Oda: Dame, Dichterin, Prophet. Zum 85. Geburtstag. In: FAZ vom 1.2.1960.

Schaefer, Oda: Dichterinnen dieser Zeit: Annette Kolb. In: Süddeutsche Zeitung, München vom 7.3.1962.

Schaukal, Richard von: »L'âme aux deux patries«. In: Die Gegenwart 71 (1907), S. 11.

Schneider, Reinhold: Annette Kolb. In: Schneider, Pfeile im Strom. Wiesbaden 1958, S. 298–300.

Schneider, Reinhold: Annette Kolb. Zum 2. Februar 1955. In: Die neue Rundschau 66 (1955), S. 314–315.

Süskind, Wilhelm Emanuel: Annette Kolb. 2.2.1875–3.12.1967. In: Süskind, Gekannt, verehrt, geliebt. München 1969, S. 80–83.

2.5. Lebensbeziehurigen

Benyoëtz, Elazar: Annette Kolb und Israel. [mit Briefen Annette Kolbs an Benyoëtz von Juni 1963 bis Juli 1967] Heidelberg 1970.

Breitbach, Joseph: Rudolf Hirsch und Annette Kolb. In: Für Rudolf Hirsch. Frankfurt/M. 1975, S. 17.

Flügge, Manfred: Wider Willen im Paradies. Deutsche Schriftsteller im Exil in Sanary-sur-Mer. Berlin 1996, S. 55–64.

Helm, Johannes: Berühmte Persönlichkeiten in und aus Badenweiler.

Helm, Johannes: Badenweiler im Spiegel der Literatur. Müllheim 2000. Müllheim 1996.

Mechtilde Lichnowsky. Bearbeitet von Wilhelm Hemecker. Marbacher Magazin 64/1993.

Sanary-sur-Mer. Deutsche Literatur im Exil. Bearb. von Heinke Wunderlich und Stefanie Menke unter Mitwirkung von Gisela Klemt, Thomas Lambertz und Heidemarie Vahl. Stuttgart und Weimar 1996.

Sander, Ernst: Badenweiler und seine Dichter. In: Die Markgrafschaft 10 (1958), H. 9, S. 2–7.

Storck, Joachim W.: René Schickele und Annette Kolb im Spannungsfeld des Exils. Bemerkungen zur Rezeption ihres Briefwechsels. In: René Schickele aus neuer Sicht. Beiträge zur deutsch-französischen Kultur. Hildesheim 1991, S. 254–265.

Storck, Joachim W.: »Himmlische Landschaft«. René Schickeles Haus in Badenweiler. (Spuren 29) Marbach 1995 [darin auch über Annette Kolbs Beziehungen zu Badenweiler in den 20er und frühen 30er Jahren].

Wagener, Hans: René Schickele. Europäer in neun Monaten. Gerlingen 2000.

2.6. Werk

Bauschinger, Sigrid: »Ein Kind unserer Zeit.« Annette Kolb. In: Amsterdamer Beiträge zur neueren Germanistik 31–33 (1990/91), S. 459–487.

Liska, Vivian: »Die Moderne – ein Weib«. Am Beispiel von Romanen Ricarda Huchs und Annette Kolbs. Tübingen 2000.

Mueller, Heidy Margrit: Admirabile sed ineffabile. Die diskrete Paradoxie des Schönheitsideals in Annette Kolbs Romanen. In: Physiognomie und Pathognomie. Berlin 1994, S. 387–402.

Noe, Helga: Die literarische Kritik am ersten Weltkrieg in der Zeitschrift »Die weißen Blätter«: René Schickele, Annette Kolb, Max Brod, Andreas Latzko, Leonhard Frank. Konstanz 1986.

Saint-Gille, Anne-Marie: Les Idées politiques d'Annette Kolb. Bern 1993.

3. Archivalien / Nachlässe / Auskünfte von Zeitzeugen

Bayerisches Hauptstaatsarchiv / Kriegsarchiv, München
Deutsches Literaturarchiv, Marbach/Neckar
Gemeindearchiv Badenweiler / Hauptamt
Monacensia Literaturarchiv der Münchner Stadtbibliothek

Gespräch mit Annette Mallin-Ryder, München, 11.5.2000
Gespräch mit Sibyll-Ann Kolb-Mertineit, Badenweiler, 18.9.2000

Zeittafel

vor 1870	Max Kolb, geb. 28.10.1829 in München, als illegitimer Sohn der Juliana Lorz, Zofe der Königin Therese von Bayern, und eines unbekannten Adligen (vermutlich der nachmalige König Max II.). Der Lakai Dominikus Kolb unterschrieb nach der Geburt eine Vaterschaftserklärung. Max Kolb wird Landschaftsgärtner, seit 1855 in Paris.
	Sophie Danvin, geb. 1840 in Paris, Tochter der Landschaftsmaler Félix Danvin und Constance Amélie Lambert. Ausbildung zur Pianistin am Pariser Konservatorium.
1858	Hochzeit von Sophie Danvin und Max Kolb. 1860 zieht das Paar nach München, in die Sophienstr. 7. Max Kolb wird königlicher Gartenbauinspektor. Der Salon der Sophie Kolb wird zur festen Institution im Kulturleben Münchens. Die ersten drei Kinder sterben kurz nach der Geburt. 1865 Geburt von Louise (gest. 1890). Es folgen Germaine (1868–1949), Annette, Emil (gest. 1933), Paul (1876–1965) und Franziska (1880–1946).
1870	3.2. Geburt von Anna Mathilde, genannt Annette.
1876–1882	In der Klosterschule der Salesianerinnen bei Hall in Tirol.
1882	Ab Herbst Besuch des Instituts der Therese Ascher in München, Luitpoldstr. 1
1883	Annette Kolb lernt den Maler Hugo von Habermann kennen, der sie später mehrfach porträtiert.
1888	Annette Kolb begegnet im Salon der Mutter dem 27jährigen Diplomaten Camille Barrère. Um diese Zeit erster Artikel über einen Steinadler im Münchner Zoo.
1890	Tod von Louise. Um diese Zeit Begegnung mit Adolf von Hildebrand.
1892	Begegnung mit Hippolyte Taine in Paris. Um diese Zeit wohl auch Besuch bei Auguste Rodin.
1899	*Kurze Aufsätze*
1902	Der englische Diplomat John Ford kommt nach München. Er wird Vorbild für ›Das Exemplar‹
um 1903	Erste Reise nach Rom: Wiederbegegnung mit Barrère, erste Begegnung mit Duchesne.
1905	Erste Begegnung mit Jean Giraudoux im Salon der Mutter. *Torso* (Erzählung, in: Die neue Rundschau)
1906	*Sieben Studien* (Essays) und die Übersetzung der *Briefe der heiligen Catarina von Siena.*

1907	Verteidigung Felix Mottls gegen Angriffe in der Münchner Presse.
um 1909	Vorlesungen bei Max Scheler.
1910	*Wilhelmine von Bayreuth: Memoiren*, übersetzt von Annette Kolb.
1913	*Das Exemplar* (Roman). Fontane-Preis.
1914	*Wege und Umwege* (Essays). Erste Begegnung mit René Schickele, enge Freundschaft bis zu Schickeles Tod 1940.
1915	Januar: Vortrag in Dresden, Eklat und Vorwurf des Landesverrats. Annette Kolb lernt Romain Rolland kennen. Tod der Mutter am 2. Mai. Tod des Vaters am 22. November.
1916	Wegzug vom Elternhaus (Sophienstraße 7) zum Habsburgerplatz 3. *Briefe einer Deutsch-Französin*. März: Das Bayer. Kriegsministerium verhängt eine Reise- und Briefsperre.
1917	1. Februar: Emigration in die Schweiz, ermöglicht durch Walther Rathenau. Erste Begegnung mit Ferruccio Busoni in Bern.
1919	Februar: Teilnahme am »Berner Internationalen Sozialistenkongreß«, sie lernt Kurt Eisner und Hugo Haase kennen.
1921	*Zarastro. Westliche Tage*
1923	Hausbau in Badenweiler, Nachbarin von René Schickele.
1925	*Spitzbögen* (Erzählung). *Wera Njedin* (Erzählungen und Skizzen)
1928	*Daphne Herbst* (Roman)
1929	*Versuch über Briand*
1930	*Kleine Fanfare* (Essays)
1931	Gerhart Hauptmann-Preis.
1932	Führerschein, Kauf eines Autos. *Beschwerdebuch* (Essays). 7.3.1932: Tod Aristide Briands. 22.4.1932: Annette Kolb hält in Paris ihre Rede »Le Briandisme en Allemagne«.
1933	31.1.: Annette Kolb hört Hitlers Antrittsrede im Radio. 5.2.: Lesung im Kölner Rundfunk. 21.2.: Flucht in die Schweiz. Wechselnde Aufenthaltsorte in der Schweiz, in Luxemburg, Frankreich und Irland.
1934	*Die Schaukel* (Roman). Bezug einer eigenen Wohnung in Paris, Rue Casimir Périer. August: Annette Kolb und Mary Dobržensky fahren zum ersten Mal zu den Festspielen nach Salzburg (desgleichen noch in den Jahren 1935, 1936, 1937).

1936	Juni: Annette Kolb erhält die französische Staatsbürgerschaft. Übersetzung von Giraudoux' Stück *La guerre de Troie n'aura pas lieu* (gemeinsam mit Bertha Zuckerkandl und René Schickele).
1937	*Mozart. Sein Leben* und *Festspieltage in Salzburg*
1938	*Festspieltage in Salzburg und Abschied von Österreich*
1939	Mai: Teilnahme am Internationalen PEN-Kongreß in New York. Annette Kolb wird in Washington Präsident Roosevelt vorgestellt.
1940	31. Januar: Tod René Schickeles. Juni: Annette Kolb verläßt Paris, als die deutschen Truppen näherrücken, Flucht nach Vichy, Cusset und schließlich nach Genf. *Glückliche Reise* (Bericht über die Amerikafahrt)
1941	Januar–März: Emigration über Spanien und Portugal nach New York. *Franz Schubert. Sein Leben*
um 1943	*A radio-adress to the people of Germany* (Rundfunkansprache, unveröff.)
1944	10. Juli: Begegnung mit Charles de Gaulle bei einem Empfang im New Yorker Hotel Waldorf-Astoria. *In memoriam of July 10th 1944.* (unveröff.)
1945	25. Oktober Rückkehr nach Europa. Bis 1961 »Exil nach dem Exil«: wechselnde Aufenthalte in Paris, Irland, Badenweiler, Basel, Bern, Genf.
1946	Sie sieht das zerstörte München wieder. *Rede, gehalten am 15.10.1946 im Comité des Refugiés intellectuels in Genf – und am 1. November 1946 in der Société des Gens des Lettres in Bern.* (unveröff.)
1947	*König Ludwig II. von Bayern und Richard Wagner.* Th. Manns ›Doktor Faustus‹ erscheint, worin Annette Kolb in der Figur der Jeannette Scheurl porträtiert ist. Zerwürfnis mit Thomas Mann.
1949	Mitglied der Akademie der Wissenschaften und der Literatur in Mainz. Sommer: mit der Lieblingsschwester Germaine in Badenweiler. Tod Germaines.
1950	Mitglied der Bayerischen Akademie der Schönen Künste.
1951	Verleihung des Kunstpreises für Literatur des Jahres 1950 durch die Stadt München.
1954	*Blätter in den Wind* (Essays)
1955	Goethe-Preis der Stadt Frankfurt am Main. Ehrenbürgerschaft der Gemeinde Badenweiler.
1956	22. Januar: *Der 200. Jahrestag von Mozarts Geburtstag. Rede zur Eröffnungsfeier in Zürich am 22.1.1956*

1958	Mitglied der Légion d'honneur.
1959	Großes Verdienstkreuz des Verdienstordens der Bundesrepublik Deutschland
1960	*Memento* (Bericht über die Exiljahre 1933–1946)
1961	Chevalier de la Légion d'honneur. Bayerischer Verdienstorden. Literaturpreis der Stadt Köln. 16. Mai: Umzug nach München, Händelstr. 1.
1964	*1907–1964. Zeitbilder* (Essays)
1966	Pour le mérite für Wissenschaften und Künste.
1967	Großes Verdienstkreuz mit Stern des Verdienstordens der Bundesrepublik Deutschland. März: Reise nach Israel. Tod am 3. Dezember in München.

Bildnachweis

Die Fotografie Richard von Kühlmanns stammt aus dem Besitz der Gemeinde Ohlstadt.

Die Fotografie ›Elazar Benyoëtz und Annette Kolb‹ stammt aus dem Buch von E. Benyoëtz: Annette Kolb und Israel. Abdruck mit freundlicher Genehmigung des Autors.

Die Fotografie Romain Rollands stammt aus den Beständen der Bildagentur ullstein bild, Berlin.

Alle anderen Abbildungen stammen aus den Beständen des Monacensia Literaturarchivs der Stadtbibliothek München.

Personenregister

Adenauer, Konrad 9, 158, 241, 255 f., 258, 268, 271, 275, 277
Adlon, Percy 150, 195
Agoult, Marie d' 16
Aichinger, Ilse 246
Angelini, Klosterfrau 28
Altenberg, Peter 74
Arco-Valley, Anton von 129
Arndt, Ernst Moritz 95

Bach, Johann Sebastian 119
Bachmann, Ingeborg 246
Bahr, Hermann 74
Ball, Hugo 115
Barrère, Camille 36 ff., 42, 56 f., 60, 63, 67, 135, 199
Baudelaire, Charles 45, 49
Beckmann, Max 164
Beethoven, Ludwig van 14, 108, 202
Ben Gurion, David 272
Benjamin, René 169
Benyoëtz, Elazar 138, 272–278
Bergson, Henri 77 f., 154
Bermann Fischer, Gottfried 173 f., 182, 186, 190–194, 196 f., 202, 205 ff., 216, 221 f., 225
Bernanos, Georges 241
Bernhard, Georg 207
Binding, Rudolf G. 164
Bizer, Emil 136, 146, 149, 166, 254
Blei, Franz 7, 70 ff., 81 f., 89, 92, 97, 102, 117, 150, 153, 230
Böll, Heinrich 76, 246, 260
Brecht, Bert 220
Breitscheid, Rudolf 188 f., 192
Brentano, Heinrich von 256 f.

Briand, Aristide 133, 165–169, 175, 178
Broch, Hermann 225, 230, 235
Brüning, Heinrich 138, 158, 172 f., 176, 179, 225, 236
Buber, Martin 273
Bülow, Bernhard von 37, 55 f., 60, 87
Bülow, Hans von 16 f., 244
Burckhardt, Carl Jacob 180 f., 187, 217, 243, 248, 273, 275 f.
Busoni, Ferruccio 123, 135, 142, 149

Cambon, Jules Martin 199
Catharina von Siena 65, 68, 100, 171
Chesterton, Gilbert Keith 70 f.
Chevrillon, André 72
Chilhaud-Dumaine, Jacques 231, 235
Chilhaud-Dumaine, Jean 231
Churchill, Winston 101, 227
Clemenceau, Georges 118
Cocteau, Jean 252
Cohn, Joseph 275
Colette 196
Coudenhove-Kalergi, Richard von 133
Curtius, Ernst Robert 174, 183

Danvin, Constance, geb. Lambert 11, 13, 34
Danvin, Felix 11
Debussy, Claude 45 f., 73, 123, 198, 202
Delcassé, Théophile 61
Dobržensky, Mary Gräfin 135, 202 f., 243 f.

327

Armin Strohmeyr

Klaus Mann

dtv 3-423-31031-6

Annette Kolb bezeichnete Klaus Mann als klug, talentiert, kurzweilig, hilfsbereit, kameradschaftlich und gütig.

Große Männer haben niemals große Söhne, so sagt der Volksmund. Klaus Mann hatte beste Voraussetzungen dies zu widerlegen. Zeitlebens stand er im Schatten seines Vaters Thomas Mann und des Onkels Heinrich. Klaus Mann, der Autor des ›Mephisto‹ und zahlreicher anderer Romane, Reiseerzählungen, Theaterstücke und Essays, durchlebte nahezu ständig verzweifelte Identitätskrisen, war drogenabhängig und wählte im Alter von 42 Jahren den Freitod.

Armin Strohmeyr zeichnet hier nicht nur das kurze Leben Klaus Manns akribisch nach sondern gibt auch eine profunde Einführung in sein vielfältiges Werk.

»Armin Strohmeyr zeichnet sein Portrait mit
psychologischer Reinzeichnung und mit vielfachen
Begleitstimmen aus der Zeit und durch Zeitgenossen.«
Neue Luzerner Zeitung

»...bisher fehlte eine modernen Ansprüchen genügende
Einführung in das Leben Klaus Manns. Eine Lücke, die
Armin Strohmeyr mit seiner ebenso fundierten wie
lesbaren Biographie nun schließt.«
Donau-Kurier

Biographien bei dtv

Michael W. Blumenthal
Die unsichtbare Mauer
Die dreihundertjährige
Geschichte einer deutsch-
jüdischen Familie
dtv 3-423-30788-9

Peter Brown
Augustinus von Hippo
dtv 3-423-30759-5

Pang-Mei Natasha Chang
**Grüner Tee und
Coca-Cola**
Die Geschichte der
Chinesin Yu-i, von ihr
selbst erzählt
dtv 3-423-30763-3

Eugen Drewermann
Giordano Bruno
oder Der Spiegel des
Unendlichen
dtv 3-423-30747-1

Erica Fischer
**Das kurze Leben der
Jüdin Felice Schragen-
heim**
»Jaguar«, Berlin 1922
Bergen-Belsen 1945
dtv 3-423-30861-3

Manfred Flügge
Figaros Schicksal
Das Leben des Pierre-
Augustin Caron de
Beaumarchais
dtv 3-423-24235-3

**Heinrich Schliemanns
Weg nach Troia**
Die Geschichte eines
Mythomanen
dtv 3-423-24292-2

Albrecht Fölsing
Wilhelm Conrad Röntgen
Aufbruch ins Innere der
Materie · dtv 3-423-30836-2

Gertrud Fussenegger
Maria Theresia
dtv 3-423-30419-7

Françoise Giroud
Alma Mahler
oder die Kunst, geliebt
zu werden
dtv 3-423-30749-8
**Das Leben der
Jenny Marx**
dtv 3-423-30632-7
Cosima Wagner
Mit Macht und mit Liebe
dtv 3-423-30824-9

Sebastian Haffner
Geschichte eines Deutschen
Die Erinnerungen
1914–1933
dtv 3-423-30848-6

Hildegard Hamm-Brücher
**Freiheit ist mehr als ein
Wort**
Eine Lebensbilanz
1921–1996
dtv 3-423-30644-0